Die schönsten Rassekatzen in Farbe

Weiße und Rot Tabby British Kurzhaar-Kätzchen

Ein blauer Schildpatt-Weiß- (abgeschwächtes Calico) Perser (Langhaar)

Die schönsten Rassekatzen in Farbe

Dorothy Silkstone Richards

Amerikanische Beraterin
Charlene Beane

Tierärztlicher Berater
Michael Findlay

Illustriert von
John Francis

Aus dem Englischen übertragen von
Doris Driessen

2. Auflage
Mit 319 Abbildungen, davon 148 farbig

Verlag Paul Parey · Hamburg und Berlin

CIP-Titelaufnahme der Deutschen Bibliothek

Richards, Dorothy Silkstone:
Die schönsten Rassekatzen in Farbe / Dorothy Silkstone Richards. Amerik. Beraterin Charlene Beane. Tierärztl. Berater Michael Findlay. Ill. von John Francis. Aus d. Engl. übertr. von Doris Driessen. – 2., unveränd. Aufl. – Hamburg; Berlin: Parey, 1990.
(Deine Katze)
Einheitssacht.: A cat of your own <dt.>
ISBN 3-490-39312-0

Das Werk ist urheberrechtlich geschützt. Die dadurch begründeten Rechte, insbesondere die der Übersetzung, des Nachdrucks, des Vortrages, der Entnahme von Abbildungen und Tabellen, der Funksendung, der Mikroverfilmung oder der Vervielfältigung auf anderen Wegen und der Speicherung in Datenverarbeitungsanlagen, bleiben, auch bei nur auszugsweiser Verwertung, vorbehalten. Eine Vervielfältigung des Werkes oder von Teilen des Werkes ist auch im Einzelfall nur in den Grenzen der gesetzlichen Bestimmungen des Urheberrechtsgesetzes der Bundesrepublik Deutschland vom 9. September 1965 in der Fassung vom 24. Juni 1985 zulässig. Sie ist grundsätzlich vergütungspflichtig. Zuwiderhandlungen unterliegen den Strafbestimmungen des Urheberrechtsgesetzes.
© 1990 Verlag Paul Parey, Hamburg und Berlin
Anschriften: Spitalerstraße 12, D-2000 Hamburg 1;
Lindenstraße 44-47, D-1000 Berlin 61
ISBN 3-490-39312-0

Die englische Originalausgabe wurde unter dem Titel „A Cat of your own" im Verlag Salamander Books Limited, London, veröffentlicht.

© Salamander Books Limited 1981

Credits

Editors: Geoffry Rogers, Valerie Noel-Finch
Designer: Roger Hyde
Colour and monochrome reproductions: Bantam Litho Ltd., Essex, United Kingdom
Filmset: Modern Text Typesetting Ltd., Essex, United Kingdom.
Printed in Belgium by Henri Proost & Cie, Turnhout.

Siam lilac-point

Autorin

Dorothy Silkstone Richards B.Sc. schreibt als ehemalige Züchterin von Birmakatzen aus praktischer Erfahrung über Katzen. Ihre Katzen haben viele Ausstellungspreise gewonnen, und deren Nachfahren trifft man noch auf internationalen Ausstellungen. Nach der Katzenzucht wandte sie sich der geschäftlichen Seite der Katzenpflege zu und leitet nun eine Firma, die jeglichen Katzenbedarf anbietet. Sie hat zwei Bücher über Katzenzucht geschrieben und ist mitverantwortlich für eines über ihre Lieblingsrasse, die Birmakatzen. Als langjähriges Komiteemitglied in verschiedenen Katzenclubs und der Pet Trade Association, durch eigene Erfahrungen mit allen Rassen und weite Reisen hat Mrs. Richards eine großartige Einsicht in die Probleme und Temperamente aller Katzenrassen gewonnen, die diesem Buch voll zugute kommt.

Amerikanische Beraterin

Charlene Beane verfügt über große Erfahrungen innerhalb der amerikanischen Katzenscene. Sie schreibt regelmäßig Beiträge für das führende »International Cat Fancy Magazine«.

Tierärztlicher Berater

Michael A. Findlay B.V.M.S., M.R.C.V.S. ist in London praktizierender Tierarzt. Von ihm stammen mehrere Bücher oder Buchbeiträge zum Thema Pflege von Haustieren. Als Pressesprecher der British Small Animal Veterinary Association wird er häufig in Presse und Radio zitiert.

Übersetzerin

Doris Driessen lebt als freie Übersetzerin und Lektorin im Westerwald. Mit Vorliebe bearbeitet sie Themen der Bereiche Tierhaltung, Ernährung, Lebenskunde sowie Romane.

Inhalt

Teil I
Katzenrassenporträts
Ausführliche Porträts der wichtigsten Rassen, in lang- und kurzhaarige Katzen unterteilt.

Langhaar-Katzen	16—40	Scottish Fold	54
Perser (Langhaar)	18—29	Manx	56
Peke-faced Perser	30	Japanese Bobtail	56
Ragdoll	30	Siamkatzen	58
Colourpoint (Himalayan)	32	Colourpoint Kurzhaar	60
Himalayan Hybrids	32	Snowshoe	60
Kashmir	32	Havana Braun	62
Balinese & Javanese	34	Orientalisch Kurzhaar	62—66
Birmakatze	34	Ocicat	66
Norwegische Waldkatze	36	Egyptian Mau	66—68
Maine Coon	36	Burma	68
Angora	38	Tonkinese	70
Türkische Van-Katze	38	Bombay	70
Cymric	40	Russisch Blau	72
Somali	40	Korat	72
		Abessinier	74
Kurzhaar-Katzen	42—78	Singapura	74—76
British Kurzhaar	44—51	Rex	76
Amerikanisch Kurzhaar	52	Amerikanisch Rauhhaar	78
Orientalisch Kurzhaar	54	Sphynx	78

Ein Chocolate Schildpatt-Perser (Langhaar)

Teil II
Praktische Fragen

Wichtige Informationen für jeden, der eine Katze besitzt oder sich eine zulegen möchte.

Auswahl einer Katze	82
Das neue Kätzchen	86
Zum besseren Verständnis Ihrer Katze	92
Ernährung Ihrer Katze	100
Körperpflege Ihrer Katze	106
Gesundheitsfürsorge	112
Katzenzucht und -aufzucht	120
Geschichte und Vererbung	130
Die Katze auf Ausstellungen	136
Reisen und Unterbringung	148
Ihre Katze und das Gesetz	152
Verzeichnis der Rassen	154
Weiterführende englische Literatur	155
Bildnachweis	156
Weiterführende deutsche Literatur	156

Eine Chocolate Tortie Shaded Silver Orientalisch Kurzhaar

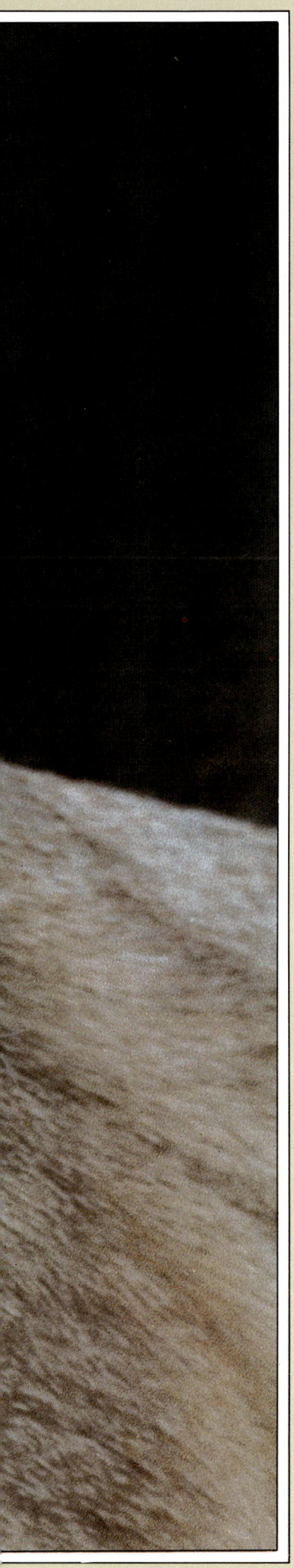

Teil I
Katzenrassen-Porträts

Ausführliche Porträts der wichtigsten Rassen, unterteilt in lang- und kurzhaarige Katzen

Teil I dieses Buches möchte dem künftigen Katzenbesitzer bei der Auswahl der zu ihm passenden Katze behilflich sein. Prächtige Illustrationen stellen typische Vertreter jeder Rasse vor, und in Detailzeichnungen wird der Kopf jedes Tieres gezeigt. Alternative Fellfarben und -zeichnungen werden auf den zahlreichen Farbfotos dargestellt.

Bei Katzen gibt es zweierlei Körperbau: die kraftvoll gebaute Katze mit rundem Kopf wie bei den Persern (Langhaar) und dem exotischen und britischen Kurzhaar; und die leichter gebaute Katze mit keilförmigem Kopf, zu finden unter den balinesischen Langhaar-, Siam- und anderen „ausländischen" Rassen. Dementsprechend gibt es fünf Fellarten: langhaarig, kurzhaarig, gelockt, rauhhaarig und haarlos. (Letzteres ist wirklich eine Fehlbezeichnung, da die Katze an etlichen Körperstellen sehr feines Fell aufweist.) Die verschiedenen Fellvarietäten und -farben werden auf den Seiten 10 bis 15 vorgestellt.

In den Rasseporträts wird jede Rasse, manchmal jeder Farbschlag, vorgestellt. Ihre Vorzüge werden aufgezeigt, und unter dem Vermerk „Zu beachten" werden mögliche Nachteile vor Augen geführt. Schließlich sind Temperament und Persönlichkeit genauso wichtig wie das Aussehen einer Katze. Die von jeder Rasse benötigte Pflege wird geschildert: es ist töricht, einen ausstellungsreifen Perser zu erwerben, wenn die Zeit zur Pflege seines langen Haares nicht gegeben ist (wahrscheinlich eine Stunde pro Tag für 20 Jahre). Für Leute mit weniger Zeit gibt es viele andere liebenswerte Katzen, die für ihr gutes Aussehen kaum Pflege benötigen.

Im Kapitel über „Herkunft und Geschichte" jeder Katze werden die sogenannten natürlichen Rassen vorgestellt und jene, die durch selektives Züchten entstanden sind entsprechend der Vererbungslehre. Aus „Züchten" und „Kätzchen" kann der kommende Züchter etwas erfahren über die gewünschten Zuchtresultate.

Die „Ausstellungskriterien" fassen die Standards jeder Rasse zusammen unter Überschriften wie Fell, Körper, Schwanz, Kopf und Augen. Diese ausführlichen Beschreibungen stellen die Anforderungen an eine erstklassige Ausstellungskatze dar.

Jedem Rasseporträt folgt eine Aufstellung der innerhalb der Rasse möglichen Farben und Fellzeichnungen. Katzen haben etwas an sich, was die Menschen dazu bringt, sich ihnen sklavisch zu unterwerfen oder sie vollständig abzulehnen; Indifferenz ist selten. Manche Menschen werden durch heuschnupfenähnliche Reaktionen auf Katzenhaare vom Besitz einer Katze abgehalten. Verschenken Sie kein Kätzchen, ohne sicherzustellen, daß es willkommen und kein Familienmitglied Allergiker ist. Es ist zweckmäßiger, das vor dem Erwerb eines Kätzchens zu klären.

Die Katzen in diesem Teil findet man auf internationalen Ausstellungen; nicht alle in jedem Land. Wenn Sie eine Rasse passend zu Ihrem Geschmack und Temperament ausgesucht haben, dann freuen Sie sich auf etwa 20 Jahre der Zuneigung, Freude und Kameradschaft Ihres Lieblingstieres.

FARBEN UND FELLZEICHNUNGEN

Self (Solid) und Bicolor-Katzen

Self- oder solid-coloured und bicolor-Katzen sind seit Jahrhunderten bekannt. Einige Farben sind in der Wildnis häufiger vertreten als andere wegen ihrer genetischen Dominanz, und diese verdunkeln die rezessiven Farben weitgehend.

1 Schwarz. Schwarz gehört zu den am längsten bekannten Fellfarben. Es wird hier vorgestellt durch eine schlanke Amerikanisch Kurzhaarkatze. Schwarze Katzen können ganz langhaarig sein wie die Perser-, Angora- Norwegische Waldkatze, Maine Coon- und Cymric- (langhaarige Manx, kum-rick ausgesprochen) Katzen; oder kurzhaarig wie die Amerikanisch, British und Orientalisch Kurzhaarkatzen, Scottish Folds; Manx-, Amerikanisch Kurzhaar-, Cornish und Devon Rex-Katzen und Sphynx (nicht ganz haarlos, sondern mit dichtem, kurzem Fell an einigen Körperstellen). Bei den fremdländisch gearteten Katzen erscheint Schwarz in den Bombay, Oriental (Foreign) Shorthair und der Japanese Bobtail. In Australien werden neuerdings Russisch-schwarz-Katzen gezüchtet.

2 Blau. Der hier gezeigte Blaue Perser gehört zu den aristokratischsten Katzen. Blau — genetisch eine rezessive Farbe — wird selten bei freilebenden Katzen angetroffen und daher auf Ausstellungen hochprämiert. Die Farbe wird selektiv gezüchtet. Perser, Norwegische Waldkatze, Angora, Maine Coon oder Cymric können als Langhaarkatzen in Blau auftreten; bei den kurzhaarigen trifft man Blaue unter den British Blauen, Chartreuse, Rauhhaar, Manx, Scottisch, Sphynx oder Orientalisch Kurzhaar; zu den fremdländisch gearteten Katzen gehören die Russisch-Blauen, Korats, Oriental (Foreign) Blues oder die Blue Burmese (nicht unbedingt self-coloured).

3 Rot. Die hier gezeigte rote Cornish Rex ist ein sehr stattliches Tier. Rot tritt oft nur bei Katern auf, weswegen es in einigen Rassen wenig oder überhaupt keine roten Weibchen gibt, die Kater sind rot und die Kätzinnen schildpatt. Rote solide Langhaarkatzen trifft man unter Persern, Peke-faced Persern, Angora, Cymric, Maine Coon oder Norwegische Waldkatze. Bei Kurzhaarkatzen erscheint Rot in Amerikanisch und Orientalisch Kurzhaar, Scottish Folds, Sphynx, Manx, Amerikanisch Rauhhaar und Rex. Bei den Ausländischen Katzen erscheint Rot in Oriental (Foreign) Kurzhaar, der Japanese Bobtail und der Red Burma, die aber nicht unbedingt eine self-coloured Katze ist. Das für Ausstellungen verlangte Dunkelrot unterscheidet sich deutlich von der Gingertönung der Zufallswürfe und wird selektiv gezüchtet. Auch sieht man neuerdings self-coloured Orientalen in Apricot, einem abgeschwächten Rot.

4 Creme. Die hier gezeigte, wunderbare British Kurzhaar creme führt ein abgeschwächtes Rot vor. Creme als rezessive Farbe wird nur durch selektives Züchten erlangt; selten sieht man es bei freilebenden Katzen. Langhaarige cremefarbige Katzen trifft man unter Persern, Peke-faced Persern, Cymric, Maine Coon oder Norwegische Waldkatze. Zu den kurzhaarigen cremefarbigen Katzen gehören British, Amerikanisch und Orientalisch Kurzhaar, Scottish Fold, Manx, Sphynx, Amerikanisch Rauhhaar sowie Cornish und Devon Rex. Bei Ausländischen Katzen können creme sein die Orientalisch (Ausländisch) Cremefarbigen, Japanese Bobtail oder Cream Burma (die nicht wirklich self-coloured ist). Beige ist eine neue Variante bei Orientalischen Ausstellungskatzen.

5 Weiß. Die hier gezeigte Orientalisch Kurzhaar Foreign White gehört trotz ihres zerbrechlichen, porzel-

1 Schwarz
Amerikanisch Kurzhaar

2 Blau
Perser (Langhaar)

3 Rot
Cornish Rex

4 Creme
British Kurzhaar

lanhaften Aussehens zu den robusten Rassen. Bei den weißen Katzen sorgt oft eine Genverschiebung für Schwerhörigkeit, und bei vielen Rassen können die blauäugigen Weißen schwerhörig sein. Langhaarige weiße Katzen trifft man unter Persern, Angora, Maine Coon, Norwegischen Waldkatze oder Cymric. Zu den kurzhaarigen Weißen gehören die Amerikanisch Rauhhaar, Rex und Sphynx. Weiß erscheint auch in der Japanese Bobtail. In Australien und anderswo werden Russisch-Weiß-Katzen gezüchtet.

6 Chocolate. Genetisch gesehen stellt die Havana die wahre chocolate self-coloured Katze dar. Das Chocolate ist, genau wie Braun, ein abgeschwächtes Schwarz. Als rezessive Farbe findet man es für gewöhnlich nicht in freier Wildbahn. Die langhaarigen chocolate-Katzen sind der Chocolate Perser, die Self-Chocolate Himalayan oder Kashmir und die Chocclate Angora. Unter den Kurzhaarkatzen kennen nur die ausländischen Rassen das Braun oder chocolate self-colouring, insbesondere die Havana und die Chocolate (Champagne) Burmese, die keine echte self-coloured Katze ist. Die braune (Sable) Burma ist genetisch schwarz, obwohl sie braun erscheint aufgrund einer genunterdrückenden Fellfarbe. Auf Ausstellungen trifft man als neue Variante der self-coloured Orientalen Cinnamon und Caramel.

7 Lilac. Lilac (Lavender) ist genetisch aus Chocolate (Braun) entstanden. Die hier vorgestellte Lilac Angora zeigt, wie hübsch es ist. Eine andere langhaarige Lilac-Rasse bilden die Self-Lilac Himalayan oder Kashmir. Zu den Lilac-Kurzhaarrassen zählen die Oriental (Ausländisch) Lilac (Lavender) und die Lilac (Platin) Burmese, die, obwohl keine echte self-coloured Rasse, wie eine self-coloured lilac Katze aussieht.

8 Bicolor. Die Bicolor-Fellzeichnung kann schwarz-weiß, blau-weiß oder rot-weiß sein, das Weiß sollte am unteren Teil des Körpers dominieren und idealerweise symmetrisch verteilt sein rundherum, mit einem umgedrehten „V" rund um die Nase. Diese Fellzeichnung ist seit Jahrhunderten bekannt. Hier wird eine schwarz-weiße Maine Coon vorgestellt. Zu den langhaarigen Bicolor-Katzen zählen Maine Coon, Perser, Ragdoll (in einer ihrer Farbstellungen), Norwegische Waldkatze und Cymric. Kurzhaarkatzen können sein die Amerikanisch, British und Orientalisch Kurzhaarkatzen, die Scottish Folds, Manx, Amerikanisch Rauhhaar und Sphynx (falls symmetrisch). Cornish Rex können bei symmetrischer Zeichnung bicolor sein, nicht aber Devon Rex.

9 Piebald. Eine fast weiße Katze, bei der sich die Farbe auf einige ungleiche Tupfer auf Kopf und Schwanz beschränkt. Sie erscheint in vielen alten chinesischen und anderen orientalischen Gemälden, und ist manchmal als Harlekin bekannt. Diese gescheckte Verteilung der Farbflecken ist sehr häufig bei Zufallswürfen wie der hier gezeigten Katze. In Amerika werden Katzen mit dieser Zeichnung, aber mehr Weiß, als Van-Katzen bezeichnet, deren Flecken self-coloured sind, oder tortie oder blau-creme.
Die Van-Zeichnung (weißer als gezeichnet) vertreten Perser, Türkische und türkische Angorakatzen bei den langhaarigen; und Amerikanisch und Orientalisch Kurzhaar. Auch die Japanese Bobtail.

6 Chocolate
Havana (Verein. Königreich)

5 Weiß
Orientalisch (Ausländisch) Kurzhaar

7 Lilac
Angora

8 Bicolor
Schwarz-weiße Maine Coon

9 Piebald
Schwarz-weiße Hauskatze

FARBEN UND FELLZEICHNUNGEN

Getippte und Particolor-Katzen

Getippte Katzen
Genetisch dominieren die Gene für weiße Unterwolle; so konnte man die getippten Katzen entwickeln, die zu den schönsten gehören.

1 Leichtes Tipping. Hier gezeigt an einer Cymric (langhaarigen Manx) mit Chinchillazeichnung. Dies sind Fellzeichnungen, wo das Deckhaar auf etwa $1/8$ seiner Länge ($6^{1}/_{32}$ in den USA) mit dunklerer Farbe getippt ist, was dem weißen oder blasser getönten Unterhaar einen funkelnden Effekt verleiht. Schwarzes Tipping wird Chinchilla genannt; bei blauem Tipping erhalten wir eine Blue-Chinchilla, bei Braun eine Golden Chinchilla; und bei Rot eine Shell Cameo oder Rot-Chinchilla. Trotz ihres zarten Aussehens sind diese Katzen sehr robust. Möglich ist auch Schildpatt-Tipping oder Blau-Creme-Tipping, oder sogar leicht getippte Katzen in Tabby-Zeichnung. Diese Fellzeichnung tritt auf in Langhaar-Maine Coon und -Persern und in den Amerikanisch, British und Orientalisch Kurzhaar, den Schottischen, Manx und Rauhhaar, und in den Orientalen.

2 Mittleres Tipping. Hier gezeigt an einer liebenswerten Red-Shaded Amerikanisch Kurzhaarkatze. Katzen, deren Deckhaar zu etwa $1/4$ seiner Länge ($1/3$ in den USA) getippt ist, sind als Shaded-Katzen bekannt. Sie sehen so aus, als trügen sie einen Mantel über dem weißen oder blasser getönten Unterfell. Bei schwarzem Tipping wird die Zeichnung Silver Shaded genannt; das Tipping kann auch in Braun, Schildpatt, Rot, Chocolate oder Lilac auftreten. Diese Fellzeichnung findet man bei den Langhaarigen in Persern, Maine Coon und Cymric. Bei den Kurzhaarigen trifft man sie in Rex, Amerikanisch, British, Orientalisch Kurzhaar, Rauhhaar, Scottish Fold, Manx und Orientalen.

3 Starkes Tipping. Hier wird eine prächtige Blue Smoke Perserkatze gezeigt. Katzen, deren Fell sehr stark getippt ist, etwa in der halben Länge oder mehr ($3/4$ in den USA), werden Smoke-Katzen genannt. Das Tipping kann schwarz, blau, rot oder schildpatt sein. Langhaarkatzen mit dieser Zeichnung findet man unter den Persern, Maine Coon oder Cymric. Bei den Kurzhaarigen können es sein die British, Amerikanisch, Orientalisch Kurzhaarkatzen, Scottish Fold, Manx, Amerikanisch Rauhhaar oder Rex. Bei den Orientalen gibt es auch Smoke-Katzen.

Particolor-Katzen
4 Schildpatt. Hier gezeigt an einer sehr hübschen British Kurzhaar Schildpatt. Die Schildpatt-Fellzeichnung ist sehr alt und seit Jahrhunderten aus jedem Land der Welt bekannt. Sie tritt nur bei Kätzinnen auf, Kater, die diese Zeichnung bei ihren Nachkommen produzieren, tragen solide oder self-coloured Farben. In der Natur sind die schwarz und roten oder creme-Töne eher vermischt als aufgetupft (aber aufgetupfter, da im Fell Weiß enthalten ist). Unter den Langhaarkatzen findet sich diese Zeichnung in Persern, Norwegischen Waldkatzen, Maine Coon, Angora und Cymric; und unter den Kurzhaarigen in British, Amerikanisch, Orientalisch Kurzhaar, den Schottischen, Manx, Rauhhaar, Sphynx und Rex. Zu den Ausländischen Katzen gehören die Oriental Torties und die Japanese Bobtail. Der Ton einer Tortie ist blau-creme.

5 Chocolate Schildpatt. Dieser Ton wird perfekt vorgeführt von dieser wunderbaren langhaarigen Chocolate Schildpatt-Perserkatze, bei der die hellfarbigen Flecken sich klar abzeichnen im Gesicht und über den Körper. Diese neuere Fellfarbe ergab sich durch das selektive Züchten, indem das

1 Leichtes Tipping
Chinchilla Cymric (Langhaarige Manx)

2 Mittleres Tipping
Amerikanisch Kurzhaar Red Shaded

4 Schildpatt
British Kurzhaar Braun Schildpatt

3 Starkes Tipping
Blue Smoke Perser (Langhaar)

schwarze Pigment ersetzt wurde durch Chocolate mit Rot und Creme. Bei Burma und Orientalen findet man diesen Farbton. Als abgeschwächte Form von Chocolate Tortie erhält man Lilac-Creme/Lilac Tortie. Beide nur bei Kätzinnen.

6 Blau-Creme (Schildplatt-Blau). Die Scottish Fold, eine völlig anders aussehende Katze, führt hier das blau-creme gefleckte Fell vor. Dies ist ein abgeschächtes Schildplatt und eine Mischung (Großbritannien) oder fleckenartige Verteilung (USA) von Blau mit Creme. Die natürliche Form wäre vermischt (aber mit Flecken, sobald Weiß hinzukommt). Diese Varietät tritt nur bei Kätzinnen auf, die Kater sind blau oder creme. Genetisch ist Blau ein abgeschwächtes Schwarz, und Creme ergibt sich aus Rot. Viele Katzen tragen diese Tönung: bei den langhaarigen die Perser, Maine Coon, Cymric und Norwegische Waldkatze; bei den kurzhaarigen die Amerikanisch, British, Orientalisch Kurzhaar, Scottish, Manx, Rauhhaar, Rex und Sphynx; bei den ausländischen Katzen gibt es blau-tortie Orientalen, blau-tortie Burma.

7 Lilac-Creme (Schildpatt-Lilac). Dies ist eine nachdenkliche Lilac Tortie Burma. Lilac Tortie ist die Entwicklung aus Schildpatt-Braun, wo das Schokoladenbraun durch Lilac mit Creme ersetzt wurde. Momentan gibt es erst wenige Katzen in diesem Ton. Aber mit unseren Kenntnissen der Genetik werden wir schon in einigen Jahren diese Felltönung in vielen anderen Katzenrassen züchten können. Noch sind die Chocolate- und Lilac-Farben rar. Es gibt Perser in Lilac Tortie (Lilac Creme) in Großbritannien. Die Oriental Lilac Tortie zeigt dieselbe Fellfarbe.

8 Schildpatt-Weiß (Calico). Diese faszinierende Amerikanisch Rauhhaar-Katze zeigt eine perfekte Schildpatt-Weiß-Zeichnung. Dies ist eine sehr alte, seit Jahrhunderten auf der ganzen Welt bekannte Fellfarbe. Bevor mit dem selektiven Züchten begonnen wurde, hatten solche Katzen mit Weiß im Fell neben Schwarz und Rot große, klar umrissene Farbflecken, im Gegensatz zu den vermischten Farben Schwarz und Rot ohne Weiß. Die Tortie-and-white (calico) Katze mit Stammbaum muß ein möglichst weißes Unterteil haben, und ein weißer Nasenspiegel wird bevorzugt. Langhaarkatzen mit dieser Zeichnung können sein Perser, Maine Coon, Cymric oder Norwegische Waldkatze; bei den Kurzhaarigen die British Kurzhaar, Manx, Rauhhaar, Rex oder Sphynx.

Die Japanese Bobtail wird in dieser Farbe angetroffen, obwohl das Fell mehr Weiß zeigt als das der Zuchtkatzen dieses speziellen Farbschlags.

Schildpatt-Weiß (schwächeres). Die abgeschwächte Form des Schildpatt-Weiß ist Blau-Creme und Weiß oder abgeschwächtes Schildpatt-Weiß und ebenso bei calico. Das Schwarze im Fell wird ersetzt durch Blau und das Rote durch Creme, und diese beiden Farben werden mit Weiß vermischt, was eine sehr hübsche Kombination ergibt.

Sofern Ihnen die Farben und Fellzeichnungen der hier vorgestellten Katzen zusagen, können Sie bei den Rassen mit diesen Farbschlägen nachschauen und dort mehr darüber lesen. Sicherlich werden Sie eine Katze in Ihrer Lieblingsfarbe finden.

5 Schildpatt Chocolate
Perser (Langhaar)

7 Lilac-Creme
Lilac Tortie Burma

6 Blau-Creme
Scottish Fold

8 Schildpatt-Weiß (Calico)
Amerikanisch Rauhhaar

FARBEN UND FELLZEICHNUNGEN

Tabby- und Himalayan-Katzen

Die Tabby-Fellzeichnung kennt man seit Jahrhunderten. Tatsächlich wurden vor Tausenden von Jahren Tabbies in ägyptischen Malereien, pompejanischen Reliefs und in der fernöstlichen Mythologie dargestellt. Manchmal waren die Katzen gestreift, manchmal spotted (unterbrochene Streifen), und einige der heutigen Wildkatzen haben noch diese Zeichnung.

1 Classic Tabby (Blotched Tabby) Das klassische Tabby-Fell wird hier vorgeführt von einer vorzüglichen British Kurzhaar Silver Tabby. Das klassische Muster findet man in Silver, Braun, Blau, Rot oder Creme in fast jeder Rasse, außer bei den „einfarbigen" oder denen mit „einer Fellzeichnung". Die Grundfarbe sollte einen guten Kontrast darstellen zu der darüberliegenden Farbe der Zeichnung. Die Zeichnung wirkt am besten bei Kurzhaarkatzen, obwohl langhaarige Tabbies sehr hübsch sind. In den Langhaarigen finden wir Perser, Peke-faced Perser (nur rote), Maine Coon, Norwegische Waldkatzen und Cymric. Bei den Kurzhaarigen die British, Amerikanisch, Orientalisch Kurzhaar, Scottish Manx, Sphynx, Rex und Rauhaar. Es gibt wunderbare Oriental Tabbies in den beschriebenen Farben sowie auch in einigen neugezüchteten Farbschlägen. Die klassischen Tabby-Zeichnungen werden auf Seite 50 gezeigt.

2 Mackerel Tabby. Hier illustriert an einem Creme Tabby Perser. Im Gegensatz zu dem klassischen oder blotched (gefleckten) Tabby weist der Mackerel Tabby vertikale Streifen entlang der Flanken auf. Diese Streifen sind bei einer Langhaarkatze weniger sichtbar, besonders bei den blasseren Varietäten. Mackerel Tabbies gibt es in denselben Rassen wie die Classic oder Blotched Tabbies. Die vollständige Mackerel Tabby Fellzeichnung wird auf Seite 50 gezeigt.

3 Spotted Tabby. Hier wird eine prachtvolle Oriental Cameo Tabby gezeigt. Mit der off-white Grundfarbe und den tiefdunklen roten Markierungen und den grünen Augen ergibt dies eine ungewöhnliche und attraktive Kombination. Bei der spotted Tabby sind die Streifen zu Flecken geworden und damit zu einem sehr hübschen, leopardenähnlichen Fellmuster. Die vollständige Fellzeichnung wird auf Seite 50 gezeigt. Spotted Tabbies sind normalerweise British Kurzhaar, Manx oder Rex. Ausländische spotted Katzen können sein die Orientalisch Kurzhaar, Ocicat oder die elegante Egyptian Mau.

4 Getickte Tabbies. Diese Klasse wird dargestellt an einer Blauen Abessinierkatze, einer der jüngsten Farben in dieser Rasse. Das getickte Fell der Wildkaninchen klingt an in den Somali- (einer langhaarigen Abessinierkatze) und den Angorakatzen. Die kurzhaarige Singapura, bei der das Ticking braun und die Grundfarbe wie gebleichtes Leinen ist, gehört zu den jüngsten Neuzüchtungen. Es gibt auch getickte Orientalisch Tabbies. Diese Art geticktes Fell wird genetisch als agouti bezeichnet.

5 Patched Tabby (Torbie). Das patched Tabby-Fell wird von einer bewundernswerten Brown Exotic Patched Tabby (Torbie) Kurzhaar vorgestellt. Eine Torbie ist eine Tabby mit Tortie Flecken. Dies ist eine anerkannte Fellzeichnung, die sehr häufig bei Wildkatzen vorkommt. Torbies können braun, blau oder silver tabby sein mit deutlichen Flecken in Rot und/oder Creme. Patched Tabbies (Torbies) findet man in Persern, Norwegi-

2 Mackerel Tabby
Creme Perser (Langhaar)

4 Getickte Tabby
Blaue Abessinierkatze

1 Classic Tabby
Silver Tabby
British Kurzhaar

3 Spotted Tabby
Cameo Tabby
Orientalisch Kurzhaar

schen Waldkatzen und Cymric bei den Langhaarkatzen; in Amerikanisch und Orientalisch Kurzhaarkatzen, Rex und Manx. Oriental Torbies gibt es in Standard und Silver Tabby-Zeichnung in Schwarz, Blau, Chocolate und Lilac.

6 Combination-Fell. Das Combination-Fell wird vorgestellt von einer Japanese Bobtail in glitzerndem Reinweiß mit deutlich rabenschwarzen Flecken und brauner Tabbyzeichnung. Viele Katzen zeigen eine Kombination aus einer der vorstehend genannten Farben mit Weiß, und man bezeichnet das mit combination coat pattern (Fellzeichnung). Bei den Langhaarigen ist dieses Fell zu sehen in den Maine Coon, Norwegischen Waldkatzen und Cymric, obwohl bei der Letzteren Kombinationen mit Chocolate oder Lilac nicht erlaubt sind. In den Kurzhaarigen kann die Sphynx ein combination coat tragen, falls es symmetrisch ist. Auch die Rauhhaar und die Japanese Bobtail können combination coats haben. Bei der Manx sind Kombinationen mit Chocolate oder Lilac nicht gestattet.

7 Himalayan-Fellzeichnung (Gepunktete Fellzeichnung). Hier wird eine Siam Sealpoint vorgestellt in einer der aufregendsten Katzenfarben. Bei der Himalayan-Zeichnung ist die Farbe auf die Spitzen konzentriert, das heißt auf die Maske, Ohren, Pfoten und Schwanz. Entsprechend der Rasse können die Spitzen Seal, Chocolate, Blau, Lilac, Tortie, Blau-Creme, Tabby, Torbie, Rot (Flamme) oder Creme sein. Zu den Langhaarkatzen mit der Himalayan-Zeichnung gehören die Colourpoint Langhaarkatzen, die Balinese und die Ragdoll in ihrer Colourpoint-Version. Bei den Kurzhaarigen die große Gruppe der Siamkatzen, Colourpoint Kurzhaar und die Devon-Si-Rex. In geringerem Maße zeigen die Burma diese Zeichnung, besonders die Kittens. Sie sind keine echten self-coloured Katzen, da sie verkümmerte Spitzen zeigen. Die Spitzen sind deutlicher bei den Tonkinese, einer Kreuzung aus Siam- und Burma Katze. Langhaarige Burma sind als Tiffany-Katzen bekannt. Die Himbur ist eine Kreuzung aus der Colourpoint (Himalayan) und der Burma, sie hat ein ähnliches, aber langhaariges, Fell wie die Tonkinese.

8 Himalayan Combination-Fell. Die Zeichnung zeigt eine sehr hübsche Birma lilacpoint, ähnlich der Colourpoint, aber mit vier symmetrischen Pfoten. Dieses Fell kombiniert das Himalayan-Muster mit Weiß, das genetisch aus einem Gen für weiße Flecken entstand. Andere Langhaarkatzen in dieser Fellzeichnung sind die Mitted Ragdoll; chocolate und lilac Bicolors werden gezüchtet aus den Self Chocolate und Lilac Langhaarkatzen (Kashmir). Normalerweise gibt es unter Bicolors keine Kombinationen mit Chocolate und Lilac. Bei den Kurzhaarigen gibt es die Snowshoe, sie ist eine farbige Siamkatze mit weißen Pfötchen und manchmal einem weißen Nasenspiegel; dies ist eine verhältnismäßig neue Züchtung, die vielerorts noch auf Anerkennung wartet.

Zusammenfassung

Die Seiten 10 bis 15 zeigen eine breite Auswahl an Fellarten, -zeichnungen und -typen bei Katzen. Die Zeichnungen umfassen solide Farben; Bicolors; Piebald (Van); Particolors; Tabbies; Fell-combination; Himalayan; und Kombinationen mit Himalayan. Das Fell ist kurzhaarig, langhaarig, gelockt, rauh und fast haarlos.

7 Himalayan-Zeichnung
Seal-point Siam

6 Combination-Fell
Japanese Bobtail

5 Patched Tabby (Torbie)
*Braune Torbie
Orientalisch Kurzhaar*

8 Himalayan
*Combination
Birma lilac-point*

Langhaarkatzen

Langhaarkatzen sind besonders hübsche Tiere, aber einige von ihnen verlangen sehr viel Aufmerksamkeit. Wenn Sie eine Langhaarkatze bevorzugen, stellen Sie rechtzeitig sicher, daß Sie oder ein Familienmitglied sie jeden Tag pflegen. Insbesondere benötigen die für Ausstellungen vorgesehenen Perser mit ihrem sehr langen Fell jeden Morgen und Abend eine gute halbe Stunde Fellpflege; nicht nur der Schönheit wegen, sondern auch, damit sie keine Fellreste runterschlucken und nicht zuletzt gegen Knotenbildung im Haar mit entsprechend schmerzhaften Folgen. Einige der anderen Langhaar-Rassen, beispielsweise die Bali- oder robuste Maine Coon-Katze, lassen sich leichter pflegen als ein Perser, das sollte man bei der Auswahl des Kätzchens berücksichtigen. In diesem Teil werden viele liebenswerte Katzen vorgestellt, und eine darunter ist genau richtig für Sie. Die Perser stehen hoch im Kurs und sind in über 30 Farbvarietäten zu haben. Sie ziehen vielleicht die deutlich markierte Colourpoint oder die ruhiger gezeichnete Birmakatze vor. Für ein Leben im Freien eignet sich die Norwegische Waldkatze ganz besonders, und an Anpassungsfähigkeit und Charme ist eine Angora kaum zu überbieten. Vielleicht entsprechen die schwanzlose Cymric oder die bezaubernde Somali mehr Ihrem Geschmack. Welche Rasse Sie auch auswählen mögen, prüfen Sie genau, ob ihr Temperament und ihre Persönlichkeit wirklich Ihren Vorstellungen entsprechen; urteilen Sie nicht nur dem Aussehen nach.

Eine elegante und wunderbar
gepflegte Shaded Cameo Perserkatze

Perser
(Langhaar)

Vorzüge
- *Hübsch und elegant*
- *Anschmiegsam*
- *Gesellig*
- *Anspruchslos*
- *Ruhig*
- *Anpassend*
- *Geeignet für die Etagenwohnung*

Zu beachten
- *Benötigt tägliche Pflege*
- *Krankheitsanfällig*
- *Wechselt das Fell*
- *Möchte nicht geärgert werden*

Der Perser ist eine attraktive, angenehme und anspruchslose Katze. Er ist anpassend, ruhig, ein guter Kamerad und elegant. Er liebt die Gesellschaft von Menschen und ist meist gutmütig, solange er nicht geärgert wird. Er muß jedoch vor Hunden und dem Straßenverkehr beschützt werden, da ihm seine kurzen Beine und der schwere Körper ein schnelles Fliehen erschweren.

Perser sind jedoch ruhiger und weniger abenteuerlustig als viele ihrer kurzhaarigen Vettern. Sie lassen sich deshalb auch in einem eingezäunten Gartenstück halten, aus dem eine langbeinigere Katze weglaufen würde. Trotzdem sollte man diese Katze nicht ständig sich selbst überlassen. Ein Perser fühlt sich genauso wohl in der Etagenwohnung, vorausgesetzt, er kann überall frei herumlaufen und hat genügend Frischluft.

Nachteilig ist beim Perser, daß er jeden Tag gepflegt werden muß. Die Katze wechselt ihr Fell jedes Jahr, insbesondere im Sommer, und wenn sie große Haarmengen verschluckt, können sich im Magen Haarbällchen bilden und Verstopfung verursachen, die schlimmstenfalls operativ behandelt werden muß. Wenn sie im Freien herumläuft, können der kurzen Beine wegen Blätter und Schmutz in ihrem langen Fell hängenbleiben. Wird das nicht entfernt, verknotet es sich zu harten Bällchen, die dann späteres Entfernen schmerzhaft machen.

Pflege
Tägliche Pflege ist unerläßlich und umfaßt das Entfernen aller Knoten und Knäuel (manchmal schwer sichtbar) mit einem weitzinkigen Kamm. Dann werden mit einem feinzinkigen Kamm abgestorbene Haare entfernt, und schließlich wird das Fell gebürstet mit einer Bürste aus reinen Borsten (gibt weniger elektrische Aufladung als Kunststoffborsten). Die Haarbüschel zwischen den Zehen sollten sorgfältig gekämmt werden, da hier Verfilzungen der Katze sehr unangenehm werden können. Die Augen sollten regelmäßig nachgesehen werden, da Perser zu verstopften Tränenkanälen neigen, und tränende Augen sich das Fell rund um die Nase verfärben.

Zur Ausstellungsvorbereitung der helleren Perser gehört ein Bad eine Woche vor der Ausstellung, dem das Einpudern mit Talkum oder ähnlich ungiftigem Pflegepulver folgt, um das Fell von fettigen Stellen zu befreien. Der Puder sollte gründlich bis zur Haarwurzel eingerieben, dann sorgfältig ausgebürstet werden. Das Haar wird mit der Bürste derart bearbeitet, daß jedes Haar vom Körper absteht und das Gesicht in anziehender Weise eingerahmt wird.

Herkunft und Geschichte
Langhaarkatzen sind in Europa seit dem sechzehnten Jahrhundert bekannt, aber ihr genauer Ursprung bleibt ungeklärt. Den Aufzeichnungen nach gab es zwei Arten von Langhaarigen, die eine aus der Türkei — die Angora —, und die andere aus Persien (heute Iran), obwohl es wahrscheinlich ist, daß beide russischen Ursprungs sind und mit Kaufleuten über Kleinasien nach Europa kamen. Während es heutzutage Langhaarkatzen sowohl in der Türkei als auch im Iran gibt, sind sie doch in gewissen Teilen Rußlands weitaus verbreiteter. Es ist denkbar, daß das dortige rauhe Klima die Entwicklung des langen Fells begünstigte.

Die sogenannten Perserkatzen hatten breitere, rundere Köpfe, kleinere Ohren, kürzere Körper und flauschigeres Fell als die Angoras, und waren zweifellos die Vorläufer des modernen Perser-Typs. Selektives Züchten dieser Katzen, insbesondere in den letzten hundert Jahren, hat den typischen Perser und die heute bekannten zahlreichen Farbvarietäten hervorgebracht.

AUSSTELLUNGSKRITERIEN
Allgemeine Erscheinung. Der Ausstellungsperser ist eine kräftige Katze mit sanft geschwungenen Linien. Er ist eine mittlere bis große Katze mit langem, wehendem Fell, einem ätherischen Aussehen und einem hübschen Gesicht.

Fell. Lang und dicht (bis zu 15 cm Länge), aber fein, weich und seidig, vom Körper abstehend, idealerweise jedes Haar einzeln. Das Fell sollte leuchtend, gesund aussehen. Rund um den Kopf verläuft eine dichte Halskrause und eine lange Krause zwischen den Vorderbeinen.

Körper. Gedrungen, fest und rund auf niedrigen Beinen. Tiefliegende Brust; massive Schultern und Rumpf. Beine kurz, dick und stämmig mit geraden Vorderbeinen. Pfoten groß, fest, rund mit Fellbüscheln.

Schwanz. Kurz und voll, besonders am Ansatz. Kein Knick.

Kopf. Breit, rund und massiv auf kurzem, dickem Hals. Breiter Schädel. Starkes, nicht vorspringendes Kinn. Volle Wangen. Nase fast stupsnasig, kurz und breit mit einem sauberen „Stop", wo sie in die Stirn übergeht. Der Stop ist besonders ausgeprägt bei amerikanischen Persern. Ohren zierlich, an den Spitzen abgerundet, weit auseinanderstehend und nach vorn gerichtet, niedrig auf dem Schädel angesetzt, mit langen Haarbüscheln.

Augen. Groß, rund und weit auseinanderstehend. Leuchtend, wach und ausdrucksvoll. Schrägstehende, ovale oder tiefliegende Augen sind Fehler. Augenfarbe kann mit dem Alter verblassen.

PERSER-FARBEN
Bei Persern gibt es bis jetzt etwa 30 Farbvarietäten, von denen einige nicht in allen Ländern ausstellungszugelassen sind. In Großbritannien wird jede Farbvarietät als eigene Rasse betrachtet und mit dem Namen „Langhaar" statt mit „Perser" klassifiziert, während in den Vereinigten Staaten die Farben lediglich als Perservarietäten aufgeführt werden.

Weißer Perser

Weiße Perser sind sehr hübsche Katzen und eine der ältesten Varietäten. Um die Jahrhundertwende wurden sie in den Londoner Salons oft als Statussymbol gehalten. Seit etwa 300 Jahren kennt man den weißen Perser in Europa, aber die frühesten Weißen hatten blaue Augen und lange, spitze Gesichter und waren oftmals taub. Weiße Katzen begannen um 1880, an Attraktivität zu gewinnen und wurden erstmals 1903 in London ausgestellt. Zu diesem Zeitpunkt wurden sie auch in den Vereinigten Staaten beliebt.

Heute gibt es drei Varietäten — Weiße Perser mit blauen Augen, mit orange Augen und mit ungleicher Augenfarbe (jedes andersfarbig) — aufgrund des Kreuzens mit anderen, insbesondere den Blauen Persern. Es scheint schwierig, den guten, blauäugigen Persertyp zu züchten, und die ausgestellten Weißen mit blauen Augen haben immer noch längere Ohren und Gesichter, obwohl ihr Fell meist besser ist als bei den orangeäugigen Weißen.

Nachteilig bei weißen Katzen ist, daß viele der blauäugigen Weißen von Geburt an taub sind, und einige der Katzen mit ungleichfarbigen Augen sind taub auf der Seite des blauen Auges. Taubheit läßt sich nicht gleich feststellen, weil die anderen Sinne des Kätzchens sie kompensieren können. Es birgt eine gewisse Verantwortung, eine taube Katze zu besitzen, denn sie muß Gefahren beschützt werden.

Pflege
Um das Katzenfell wirklich weiß zu halten, pudern Sie es täglich mit Talkum- oder einem ähnlichen kalkhaltigen Pflegepuder ein, den Sie anschließend sorgfältig ausbürsten und -kämmen. Jegliches Fett im Fell eines weißen Persers wird sich als gelbliche Markierung zeigen, besonders am Schwanz — und speziell bei Katern. Um diese Flecken zu entfernen, sollte der Schwanz in warmem Wasser mit etwas Boraxzusatz gewaschen und anschließend gut abgetrocknet werden.

Bei einer Ausstellungskatze wird sich einige Tage vor der Veranstaltung ein Bad bewähren, um das Fell in seiner ganzen Schönheit zur Geltung kommen zu lassen. Sonnenlicht schadet dem Fell nicht, Sie können die Katze also unbesorgt ins Freie lassen.

Zucht
Blauäugige Weiße haben kleinere Würfe, was dazu beitragen mag, daß es von ihnen weniger gibt als von den orangeäugigen Weißen. Auch ihre Taubheit könnte zu ihrer mangelnden Beliebtheit beitragen, und unglücklicherweise kann aus einem Elternpaar mit gesundem Gehör ein Wurf tauber Kitten fallen. Wenn Sie unerfahren sind, sollten Sie keine taube Katze für die Zucht verwenden. Eine taube Kätzin erfordert mehr Umsicht als ein normales Tier, da sie die Schreie ihrer Jungen nicht hören kann. Die taube Kätzin sollte man auf eine mit Zeitungspapier bedeckte harte Unterlage legen, so daß sie ihre Jungen und die Vibration ihrer Schreie fühlen kann.

Kätzchen
Alle Kätzchen werden blauäugig geboren, und es kann Wochen dauern, bevor sie sehen können, ob es blauäugige, orangeäugige oder verschiedenäugige Kätzchen in einem Wurf gibt. Es dauert ebenso einige Monate, bis sich die Tiefe der Augenfarbe entwickelt. Orange Augen sollten von tiefem Orange oder Kupfer sein, und wenn ein Kätzchen mit sechs oder sieben Monaten die tiefdunkle Augenfarbe noch nicht entwickelt hat, wird es diese auch danach nicht mehr bekommen. Bei der Geburt zeigen die Kätzchen eine blaßrosa Farbe, aber dieses Babyfell macht schon bald einem herrlich flauschigen weißen Fell Platz. Einige Kätzchen werden geboren mit einem Büschel schwarzer Haare auf der Kopfmitte. Dies deutet darauf hin, daß sie wenigstens auf einem Ohr normal hören werden. Der Tupfen verschwindet, sobald das Erwachsenenfell mit ungefähr neun Monaten zu wachsen beginnt.

AUSSTELLUNGSKRITERIEN
Das Fell muß rundum reinweiß sein, ohne Schattenbildung oder schwarze Haare. Nasenspiegel und Fußballen sind rosa. Augen tief blau, orange oder kupfer; oder eines orange oder kupfer und eines tiefblau. Blasse oder grüngetönte Augen sind Fehler.

Schwarzer Perser

Der Schwarze Perser ist eine sehr alte Varietät; Schwarz ist eine alte Katzenfarbe. Schwarze Perser gibt es jedoch noch nicht viele, wahrscheinlich weil ein perfektes Schwarz schwer zu züchten ist.

Wie andere schwarze Katzen auch, wird der Perser in einigen Ländern, besonders Großbritannien, als Glücksbringer angesehen; in anderen jedoch als Unglücksbringer. Wie andere Langhaarkatzen waren auch schwarze Perser in Europa im ausgehenden sechzehnten Jahrhundert schon bekannt, aber keiner kann ihren genauen Ursprung nachvollziehen, da es keine verläßlichen Unterlagen gibt. Mit Sicherheit steht jedoch fest, daß sie das erste Mal 1871 in England ausgestellt wurden. Die frühen schwarzen Katzen ähneln mehr den Angorakatzen als Persern aufgrund ihrer langen Nasen und großen Ohren. Diese Merkmale sind inzwischen aber weggezüchtet worden, und der heutige Champion

Perser *(Langhaar)*

Schwarzer Perser

Blauäugiger Weißer Perser

PERSER (LANGHAAR)

wird die typische Stupsnase, einen runden Kopf und zierliche Ohren aufweisen.

Pflege
Tägliche Pflege mit Kamm und Bürste ist unumgänglich. Ein Bad vor der Ausstellung ist nur nötig, wenn das Haar flauschiger werden soll. Verwenden Sie keinen Puder, denn Sie werden ihn nicht völlig ausbürsten können, was der Farbe schadet. Feuchtigkeit und volles Sonnenlicht geben dem Fell einen rostigen Schimmer, weswegen man Ausstellungskatzen vor beidem bewahren sollte.

Zucht
Aus einem schwarzen Elternpaar werden auch schwarze Kätzchen fallen, aber für bessere Zuchterfolge ist es wichtig, Schwarze mit einigen der anderen Farben zu kreuzen, insbesondere Blau oder Weiß. In diesem Falle werden nur die Kätzinnen aus einem solchen Kreuzungswurf zur weiteren Zucht verwandt. Schwarze Kater aus einem beidseitig schwarzen Elternpaar werden benutzt für die Züchtung von Persern in Schildpatt, Schildpatt-Weiß (Calicos), Weiß, Smoke, Creme und Bicolor.

Kätzchen
Alle Kätzchen werden mit blauen Augen geboren, die allmählich einen Kupferton annehmen. Die Kätzchen werden schwarz geboren, haben aber oft ein rostiges Fell oder einige weiße Haare, bevor das schwarze Erwachsenenfell wächst. Tatsächlich wird oft aus den häßlichsten Fellen der sechs Monate alten Kätzchen später zwischen 12 bis 18 Monaten das dichteste Schwarz der Erwachsenen.

AUSSTELLUNGSKRITERIEN
Das Fell muß rundum ein solides Schwarz aufweisen, und jedes Haar muß von der Spitze bis zur Wurzel schwarz sein. Ein durchgehendes Pechschwarz wird verlangt, ohne Tönung oder rostigen Schimmer, ohne weiße Haare und Tabbymuster. Nasenspiegel und Fußballen schwarz. Augen leuchtend orange oder tiefkupfer.

Blauer Perser

Blaue waren schon immer die beliebtesten Langhaarkatzen mit ihrem langen, wehenden Fell, dem sanften Blick und hübschen kleinen Gesicht.

Sie sollen aus Persien (heute Iran), der Türkei, China, Burma, Afghanistan und Rußland stammen. Über mehrere Jahrhunderte findet man sie in künstlerischen Darstellungen, aber sie waren in Europa vor dem ausgehenden 16. Jahrhundert weitgehend unbekannt. Sie waren jedoch sicherlich während der Renaissancezeit in Italien verbreitet und wurden in Indien geschätzt. Anfänglich vor allem in Frankreich und England gezüchtet, wo sie den Schutz Königin Victorias genossen, wurden sie später in die Vereinigten Staaten exportiert.

Die blaue Farbe ist genetisch ein abgeschwächtes Schwarz, möglicherweise ursprünglich das Ergebnis der Kreuzung einer schwarzen mit einer weißen Katze, aber vor 1889 gab es in England keine eigene Ausstellungsklasse für blaue Katzen, obwohl sie vorher wohl in gemischten Klassen zusammen mit Blau-Tabbies und Blau-und-Weiß-Bicolors gezeigt wurden. Seit es Ausstellungen gibt, machen sie besonders Furore. In Großbritannien gibt es sogar eine eigene Veranstaltung nur für sie, so zahlreich sind sie dort vertreten.

Pflege
Tägliche Pflege mit Kamm und Bürste ist unumgänglich. Normalerweise ist vor der Ausstellung kein Bad nötig. Etwaige Fettspuren können entfernt werden durch Einpudern mit Pflegepuder, der bis zu den Wurzeln aufgetragen und anschließend sorgfältig ausgebürstet werden sollte.

Zucht
Blaue werden oft zur Zucht von blau-creme Katzen verwendet und weil sie der hervorstechende Persertyp zu sein scheinen, auch zur Verbesserung der Augenfarbe der anderen Perser herangezogen.

Kätzchen
Bei der Geburt können die Kätzchen Tabbyzeichnung aufweisen, die aber mit der Entwicklung des Erwachsenenfells verschwindet. Tatsächlich wird oft aus einem deutlich gezeichneten Kätzchen später eine Katze mit dem besten, rundum blauen Fell. Die Kätzchen werden mit blauen Augen geboren, die im Laufe der Zeit sich zu tiefem Orange entwickeln.

AUSSTELLUNGSKRITERIEN
Das Fell sollte rundum ein gleichmäßig blasses Grau-Blau zeigen mit derselben Farbdichte von der Haarwurzel bis zur -spitze, ohne Anzeichen einer blasseren Unterwolle oder Tabbyzeichnung oder weißer Haare. Im allgemeinen werden die blasseren Blautönungen bevorzugt. Nasenspiegel und Fußballen schieferblau. Augen leuchtend Kupfer oder dunkles Orange ohne Grünschimmer.

Roter Perser

Der Rote Perser hat ein außergewöhnliches Aussehen mit seinem flammendroten, wehenden Fell. Die Bezeichnung „rot" ist irreführend, da das Fell mehr zum Orange tendiert als zum Scharlachrot, mehr flammenfarbig ist als hochrot.

Pflege
Tägliche Pflege ist unumgänglich. Einpudern vor einer Ausstellung wird dem Fell vor dem Vorführen guttun.

Zucht
Trotz der Vorherrschaft (bei wildlebenden Katzen) des männlichen Geschlechts bei Roten gibt es rote Kätzinnen. Man kann sie züchten durch die Paarung eines roten Katers mit entweder einer schildpatt oder blau-creme Kätzin (vorausgesetzt, daß der Kater nicht den Genfaktor für Blau in sich trägt). Es ist unklug, Rote mit Red Tabbies zu paaren, da dies wiederum Tabbyzeichnung hervorbringt. Am besten kreuzt man sie mit anderen self-coloured Katzen, wie beispielsweise den schwarzen. Rote werden herangezogen zur Züchtung von Schildpatt und schildpatt-weiß (Calico) Persern.

Kätzchen
Rote Kätzchen werden normalerweise mit Tabbyzeichnung geboren, die sie verlieren, oder auch nicht, sobald das Erwachsenenfell erscheint. Deswegen ist es oft schwer zu sagen, ob ein Wurf Rote oder Red Tabby-Kätzchen enthält, was die Zucht von Roten Persern erschwert.

AUSSTELLUNGSKRITERIEN
Das Fell sollte ein tiefes, sattes Rot zeigen ohne jegliche Markierung oder weiße Haare. Nasenspiegel und Fußballen ziegelrot. Augen tiefkupfer.

Creme Perser

Cremer Perser sind seltener als die anderen Perservarietäten, vielleicht aufgrund ihrer kleineren Würfe. Es sind sehr hübsche Katzen mit ihrem zart aussehenden Fell.

Das Creme wurde zum ersten Mal 1890 in Großbritannien registriert, aber anfänglich wurden solche Katzen allgemein als zu blaß geratene Rote betrachtet, die den Ausstellungsanforderungen nicht entsprachen und deshalb als Haustiere verkauft wurden. Andere wiederum wurden in die Vereinigten Staaten exportiert, wo Züchter schon immer an Creme Persern interessiert waren.

Pflege
Tägliche Pflege ist unumgänglich. Einige Tage vor einer Ausstellung mag ein Bad nötig sein, und Pflegepuder wird dem Fell den flauschigen Stand verleihen.

Zucht
Wenn man immer nur creme Perser miteinander paart, bedingt das eine graduelle Verschlechterung des Typs und deswegen sind Auskreu-

Rotes und Creme Perserkätzchen; die schwache Tabbyzeichnung kann mit etwa neun Monaten auswachsen.

zungen mit anderen Farbvarietäten nötig. Creme ist genetisch ein abgeschwächtes Rot und ist tatsächlich viel einfacher zu erzielen als das solide Rot. Am zuverlässigsten züchtet man creme Perser aus Paarungen zwischen blauen und creme Persern. Eine creme Kätzin wird nach der Paarung mit einem blauen Kater cremefarbige männliche und blau-creme weibliche Kätzchen werfen; ein creme Kater wird mit einer blauen Kätzin cremefarbige Kätzchen beiderlei Geschlechts, blaue Katerchen und blau-creme Kätzinnen hervorbringen.

Kätzchen
Creme Kätzchen werden oft mit schwacher Tabbyzeichnung geboren, die mit etwa neun Monaten verschwindet, wenn das Erwachsenenfell wächst.

AUSSTELLUNGSKRITERIEN
Das creme Fell sollte rundum tadellos sein, ohne jegliche Markierung und ohne dunklere Stellen entlang der Wirbelsäule. In Großbritannien wird eine mittlere Farbtiefe bevorzugt; amerikanische Vereinigungen ziehen einen blasseren, lederfarbenen Cremeton vor; rote („heiße") Farbe ist ein Fehler. Es darf auch nicht den Anschein einer blasseren Unterwolle geben; das Haar sollte von Wurzel bis Spitze denselben Ton aufweisen. Die Farbe darf etwas dunkler sein bei älteren Katzen oder kurz vor dem Fellwechsel. Nasenspiegel und Fußballen pink. Augen leuchtend tiefkupfer.

Bicolor Perser

Zweifarbige Katzen sind seit undenklichen Zeiten bekannt, aber noch relative Neulinge auf Ausstellungen. Dies kommt daher, daß man sie ursprünglich als Straßenkatzen unbekannter Herkunft einstufte. Sie können sein schwarz-und-weiß, blau-und-weiß, rot-und-weiß oder creme-und-weiß, obwohl die Letzteren sehr selten sind. In der Stammbaumzucht hat es sich als schwierig erwiesen, den Standard zu erreichen, demzufolge die Fellzeichnung der eines holländischen Kaninchens gleichen sollte, mit symmetrischen Farbflek-

PERSER (LANGHAAR)

Diese Golden Shaded zeigt das typische sealfarbene Tipping über der warmen creme Unterwolle.

ken auf Kopf und Rumpf; die Symmetrie scheint ein schwer zu erreichendes Charakteristikum darzustellen, und es gibt wenig vollkommene Bicolor. Wenn sie diese jedoch aufweist, kann sich eine Bicolor ihres Ausstellungserfolges sicher sein. Die 1979er Cat of the Year der Cat Fanciers Association war eine schwarz-und-weiße Perserkätzin von ungewöhnlicher Schönheit, was schon eine Leistung ist in einem Land mit über 45 Millionen Katzen (USA).

Pflege
Tägliche Pflege ist unumgänglich. Vor einer Schau mag ein Bad nötig sein. Puder sollte nicht angewendet werden, da er den Kontrast zwischen dem Schwarz und Weiß verwässert.

Zucht
Bicolor Perser erhält man durch das Paaren zweier Bicolor, einer Bicolor mit einer Schildpatt-Weiß, einer Bicolor mit einer soliden Farbe oder einer soliden Farbe mit einer Weißen. Sie gelten als die besten Vatertiere für die Zucht von Schildpatt-Weiß-Kätzchen. Bicolor-Kätzinnen geben hervorragende Mütter ab, und für gewöhnlich besteht ein Wurf aus drei oder vier auffallenden Kätzchen in den vorstehend beschriebenen Zeichnungen.

Kätzchen
Bicolor Kitten sind robust und kräftig. Zur Zucht verwendet, können sie Junge in nahezu jeder Farbe hervorbringen, entsprechend ihrer Abstammung und der ihres Partners. Die Kätzchen sind groß und werden früh geschlechtsreif.

AUSSTELLUNGSKRITERIEN
Der ausstellungsreife Bicolor Perser muß ein geflecktes Fell haben, bei dem nicht mehr als zwei Drittel farbig und nicht mehr als die Hälfte weiß sein darf. Das Muster sollte symmetrisch sein, mit Farbflecken im Gesicht, auf Kopf, Rücken, Flanken und Schwanz. Genehmigte Farben sind Schwarz-und-weiß (Magpie), Blau-und-weiß, Rot-und-weiß und Creme-und-weiß (selten). Tabbyzeichnung und weiße Stichelhaare innerhalb der Farbflecken sind Fehler. Weiß ist wünschenswert auf Unterkörper, Brust, Füßen, Beinen, Kinn und Lippen, und eine Gesichtsblesse wird bevorzugt. Ein weißer Kragen ist erlaubt. Nasenspiegel und Fußballen im allgemeinen pink oder analog der Fellfarbe. Augen leuchtend dunkelkupfer bis orange.

Chinchilla und Shell Cameo Perser

Die Chinchilla und Cameo gehören zu einer Gruppe der schönsten Langhaarkatzen, die am besten beschrieben wird als Katzen mit „getippter" Fellzeichnung. Charakteristisch für solche Katzen ist eine einfarbige (meist weiß, manchmal creme) Unterwolle und Deckhaar, das verschieden stark in unterschiedlichen, kontrastierenden Farben getippt ist. Diese Katzen werden klassifiziert danach, ob das Tipping leicht (Chinchilla und Shell Cameo), mittel (Shaded Silver und Shaded Cameo) oder stark (Smoke) ist.

In den Chinchilla und Shell Cameo ist die Unterwolle üblicherweise reinweiß. Das Tipping des Deckhaares in einer kontrastierenden Farbe macht etwa ein Achtel der Haarlänge aus und verleiht dem Fell einen schimmernden, glitzernden Effekt.

Der Name Chinchilla ist irreführend, denn das südamerikanische Nagetier, dessen Namen diese Katze bekam, hat dunklen Pelz an den Wurzeln und weißen an den Haarspitzen — genau umgekehrt zur Katze. Trotz dieses Unterschiedes werden Chinchilla Perser so seit etwa 1890 benannt, obwohl die frühen Chinchilla weitaus stärker gezeichnet waren und möglicherweise mehr den heutigen Silver Shaded ähnelten. Man vermutet ihre Entstehung aus Katzen mit Silver-Genen, vielleicht Silver Tabbies mit schwachen oder fast nicht vorhandenen Zeichnungen, die man mit blauen oder Smoke Persern gepaart hatte; weiteres selektives Züchten setzte nur die blassesten Kätzchen oder Nicht-Tabby-Kitten ein, die man mit blauäugigen Weißen Persern paarte. Frühe Silver Tabbies mögen haselnuß- oder goldfarbige Augen gehabt haben, und die ersten Chinchilla hatten auch haselnußfarbige Augen; wenn man diese Katzen mit blauäugigen Weißen Persern paarte, hatten einige der Kitten grüne oder blaugrüne Augen. Diese fanden sofort großen Anklang und auf ihnen begründete man den Standard. Nach dem Zweiten Weltkrieg fand eine Neuklassierung aller Stammbaumkatzen in Europa statt, und amerikanische Chinchilla wurden eingeführt zur Auffrischung der Varietät. In Europa und Australien sind Chinchilla seit Anbeginn feenhafte Katzen, zarter gebaut als andere Perser, aber in den Vereinigten Staaten sind sie größer und entsprechen mehr dem allgemeinen Perser-Standard.

Ihre zarte Erscheinung verschleiert ihre kräftige Natur; sie sind überhaupt nicht anfällig, sondern sehr robust und gesund. Ihr Babygesicht mit dem zarten Aussehen haben die Chinchilla Perser mit zu den beliebtesten Katzen werden lassen. Vor dem Zweiten Weltkrieg befand diese Rasse sich unter dem Schutz von Königin Victorias Enkelin, Prinzessin Victoria. Die ausgesprochen photogenen Katzen wurden bald weltweit bekannt, nicht zuletzt durch ihr häufiges Erscheinen im Fernsehen und den Illustrierten.

Obwohl der Name Chinchilla unweigerlich ein Bild heraufbeschwört von einer Katze mit einem Fell aus schwarzer Seide auf weißem Samt, ist der Name in den letzten Jahren ausgeweitet worden auf Katzen ähnlicher Erscheinung und Fellzeichnung, jedoch in anderer Farbe. Besonders auf die Golden Chinchilla, eine hübsche, braungetippte Varietät, die nun in den Vereinigten Staaten und Europa beliebt wird.

Die hübschen Shell Cameo Perser gleichen in der Fellzeichnung den Chinchilla. Sie wurden ab etwa 1955 meist in den Vereinigten Staaten durch selektives Züchten aus Silver Persern mit roten Katzen entwickelt. (In Großbritannien zog man auch Creme Perser hinzu.) Bei Verwendung von Chinchilla Persern waren die Kitten grünäugig, was unerwünscht war, so wurden Smoke Perser mit kupferfarbigen Augen eingeführt und gepaart mit Roten oder Schildpatt. Im allgemeinen setzt man keine Tabbies irgendeiner Farbe ein (außer für die Zucht von Cameo Tabbies), um die Tabbyzeichnung zu unterbinden. Solch gemischte Pärchen produzieren eine große Vielfalt an farbigen Cameo Persern, vom Roten bis zum Schildpatt und dem Blaucreme.

Alle Cameo Varietäten genossen sofortige Beliebtheit, weil sie so hübsch sind. Sie werden nun vielerorts gezüchtet und geschätzt in den Vereinigten Staaten, in Europa, Australien und Neuseeland.

Pflege
Vor einer Ausstellung sollten Chinchilla und Cameo Perser etwa acht Tage vorher gebadet und dann etwa vier oder fünf Tage täglich mit Babypuder eingepudert werden. Ein daran anschließendes tägliches Kämmen ist unumgänglich, um Knotenbildung zu verhindern. Am Tag vor der Schau müssen alle Puderspuren ausgebürstet werden, und jedes Haar wird einzeln vom Körper abstehen. Das ist der richtige Zustand für die Vorführung: Jedes Haar einzeln abstehend und das Fell wunderbar flauschig.

Sonnenlicht beeinträchtigt das weiße Fell und gibt ihm einen Gelbstich. Wenn Sie Ihre Katze also ausstellen möchten, sollten Sie sie von direktem Sonnenlicht fernhalten.

Zucht
Weibliche Perser entwickeln sich verhältnismäßig langsam, und man sollte sie das erste Mal nicht vor dem 12. bis 18. Monat belegen lassen. Das gibt den Kätzinnen Zeit, sich vor dem ersten Wurf gut zu entwickeln. Normalerweise sind sie gute Mütter. Um die Varietät in ihrem jetzigen Zustand zu erhalten, werden Chinchilla nur noch mit anderen Chinchilla gepaart, und es ist ratsam, die Katze von einem Deckkater belegen zu lassen, der alle ihr fehlenden oder zu gering ausgebildeten Eigenschaften aufweist. Wenn beispielsweise die Katze eine unzureichende Augenfarbe hat, muß ein Kater mit überdurchschnittlich guter Augenfarbe ausgesucht werden.

Das Züchten von Cameo Persern ist komplizierter. Erste Kreuzungen von kupferäugigen Smoke mit Roten oder Creme Persern, vorzugsweise ohne blaue Vorfahren, oder mit Schildpatt wird Cameo Katerchen hervorbringen, die nach einer Paarung mit den Blau-Creme, Schildpatt, Schildpatt Shaded oder Blue-cream Shaded Kätzinnen aus demselben Wurf Shell Cameo Kätzinnen produzieren.

Ein durchschnittlicher Chinchilla- oder Cameo-Wurf zählt drei oder vier Junge, obwohl einmal eine Chinchillakatze zehn Junge geworfen hat.

Kätzchen
Chinchilla-Kitten werden mit dunkler Zeichnung und Tabbyzeichnung, besonders auf dem Schwanz, geboren. Diese verschwindet aber mit vier bis sechs Wochen. Wenn ein Kitten im Alter von zehn Wochen noch gezeichnet ist, kann man es nicht für Ausstellungen verwenden. Cameo Kitten werden weiß geboren, das Tipping entsteht erst nach und nach. Sie sind ganz besonders anziehend, sobald sich ihre Farbe ausbildet.

AUSSTELLUNGSKRITERIEN
Chinchilla. Typ entspechend dem Perser-Standard (Vereinigte Staaten), oder etwas leichter gebaut und mit größeren Ohren (Großbritannien). Die Unterwolle sollte reinweiß sein, das letzte Achtel jedes Haares auf Rücken, Flanken, Beinen, Kopf und Schwanz schwarz getippt, was dem Fell einen silbrigen Glitzereffekt verleiht. Kinn, Ohrenbüschel, Bauch und Brust müssen reinweiß sein. Die Lippen, Nase und Augen sind tiefschwarz oder braun umrandet. Schnurrhaare sollten weiß, können aber nah am Gesicht auch schwarz sein. Nasenspiegel ziegelrot: ein blasser Nasenspiegel wird als Fehler angesehen. Fußballen schwarz. Augen smaragdgrün bis blaugrün.

Cameo Tabby Perser (im Fellwechsel)

Shell Cameo Perser

Perser (Langhaar)

Chinchilla Perser

PERSER (LANGHAAR)

Silver Masked Perser. Ein Chinchilla mit reinweißem Unterfell und leicht schwarz getipptem Deckhaar auf Rücken, Flanken und Schwanz, aber mit dunklerem, dichterem Tipping im Gesicht und an den Pfoten. Nasenspiegel ziegelrot. Fußballen schwarz oder dunkelbraun. Augen grün oder blaugrün.

Golden Chinchilla. Das Unterfell sollte ein sattes, warmes Creme zeigen. Das Fell ist leicht sealbraun getippt an Rücken, Flanken, Kopf und Schwanz. Das verleiht einen glänzend goldenen Effekt. Die Beine können sehr leicht getippt sein. Kinn, Ohrenbüschel, Bauch und Brust sollten creme sein. Lippen, Nase und Augen sollten sealbraun umrandet sein. Nasenspiegel tiefrosa. Fußballen sealbraun. Augen grün oder blaugrün.

Shell Cameo. (Red Chinchilla) Die Unterwolle sollte reinweiß sein und das Fell an Rücken, Flanken, Beinen und Schwanz leicht rot (und/oder creme in Großbritannien) getippt sein, was einen reizenden rosa Glitzereffekt gibt. Kinn, Ohrenbüschel, Bauch und Brust sind reinweiß. Tabbyzeichnung ist ein Fehler. Nasenspiegel und Fußballen rosa. Augen leuchtend kupfer, rosa umrandet.

Shell Schildpatt. (Schildpatt Cameo, Tortie-cream Cameo.) Nur bei Kätzinnen. Das Unterfell sollte reinweiß sein, leicht getippt in Rot, Schwarz und Creme in deutlichen Flecken, und im Gesicht gut unterbrochen. Kinn, Ohrenbüschel, Bauch und Brust sind weiß. Ein Hauch von rotem oder creme Tipping im Gesicht ist wünschenswert. Nasenspiegel und Fußballen schwarz, rosa oder Mischung aus beidem. Augen tiefkupfer.

Blau-Creme Particolor Cameo. Nur bei Kätzinnen. Das Unterfell soll reinweiß sein. Das Fell an Rücken, Flanken, Beinen und Schwanz ist leicht blau und creme vermischt getippt, um den Eindruck eines perlmuttfarbigen Mantels zu erwecken. Nasenspiegel und Fußballen blau, pink oder Mischung aus beidem. Augen tiefkupfer.

Cameo Tabby. Unterfell sollte gebrochen weiß sein, leicht rot getippt entweder in classic oder kupfer Tabbymuster. Nasenspiegel und Fußballen rosa. Augen leuchtend kupfer.

Shaded Perser

Ähnlich den Chinchilla und Shell Cameo haben die Shaded Perser ebenso blasses (meist weißes) Unterfell, aber etwa ein Viertel der Haarlänge ist getippt in einer kontrastierenden Farbe, was aussieht wie ein farbiger Umhang um den Körper.

Shaded Kätzchen stammen aus denselben Würfen wie Chinchilla und Cameo, und die über das Züchten vermittelten Informationen gelten auch für die Shaded Perser (Seite 22). Zu Beginn der gezielten Stammbaumzucht, als die Chinchilla noch dunkler waren als heute, war es schwierig, zu unterscheiden zwischen den beiden Typen. Erst seit kurzem ist man wieder interessierter an den Shaded Katzen und hat einen Standard für sie aufgestellt.

Pflege
Tägliche Pflege ist unumgänglich. Eine Ausstellungsvorbereitung erfordert dieselbe Behandlung wie bei den Chinchilla und Shell Cameo.

AUSSTELLUNGSKRITERIEN
Silver Shaded. Die Unterwolle sollte reinweiß sein, das Oberfell schwarz getippt, um den Eindruck eines schwarzen Mantels über dem Unterfell zu vermitteln. Tipping auf Rücken, Flanken, Gesicht, Beinen und Schwanz. Im allgemeinen dunkler als eine Chinchilla. Nasenspiegel und Fußballen ziegelrot. Augen grün oder blaugrün, schwarz umrandet.

Shaded Cameo. (Red Shaded) Das Unterfell sollte reinweiß sein, das Oberfell rot getippt, um den Eindruck eines roten Mantels über dem Unterfell zu vermitteln. Tipping auf Rücken, Flanken, Gesicht, Beinen und Schwanz. Im allgemeinen dunkler als die Shell Cameo. Nasenspiegel und Fußballen rosa. Augen leuchtend kupfer, rosa umrandet.

Golden Shaded. Das Unterfell sollte ein sattes, warmes Creme zeigen mit einem sealbraun getippten Oberfell, um die Wirkung eines goldenen Umhangs zu erzielen. Im allgemeinen dunkler als die Golden Chinchilla. Nasenspiegel tiefrosa. Fußballen sealbraun. Augen grün oder blaugrün, sealbraun umrandet.

Schildpatt Shaded. Das Unterfell sollte reinweiß sein mit einem Oberfell mit schwarzem, rot und creme Tipping in deutlichen Flecken der Schildpatt-Zeichnung. Allgemein viel dunkler als die Shell Schildpatt. Ein Hauch von Rot oder Creme im Gesicht ist wünschenswert. Nasenspiegel und Fußballen schwarz, pink oder eine Mischung aus beiden. Augen leuchtend kupfer.

Pewter. Das Unterfell sollte weiß sein, mit einem schwarz getippten Oberfell, um die Wirkung eines schwarzen Umhangs zu erzielen. Allgemein dunkler als die Chinchilla, aber ähnlich der Silver Shaded. Lippen, Nase und Augen schwarz umrandet. Nasenspiegel ziegelrot. Fußballen schwarz. Augen orange oder kupfer, ohne grünen Einschuß.

Smoke Perser

Wie die Chinchillas und Shaded Perser so werden auch die Smoke Perser charakterisiert durch ihr weißes Unterfell und das kontrastierende, schwarz getippte Oberfell. Aber diese Haare sind wenigstens zur Hälfte ihrer Länge farblich getippt, und auf den ersten Blick können Smoke Perser aussehen wie Perser in soliden Farben.

Erst bei der Bewegung kommt das wunderbar blasse Unterfell zum Vorschein. Die Halskrause und Ohrenbüschel sind allgemein blasser, was die Katzen mit zu den auffallendsten Persern zählen läßt.

Pflege
Mehr als die anderen Varietäten braucht der Smoke Perser häufige und fachmännische Pflege für sein gutes Aussehen. Es kann tatsächlich mehrere Wochen besonderer Bemühungen erfordern, bevor das kontrastfarbige Fell vollkommen ausstellungsreif ist.

Abgesehen von einem Bad etwa eine Woche vor der Ausstellung, um Fettspuren zu entfernen, muß das Unterfell tüchtig gebürstet werden, damit es durch das dunkle Oberfell hindurchschimmert. Diese Aufgabe erfordert Geduld und Geschicklichkeit; zu intensives Bürsten kann die Unterwolle rausreißen. Volles Sonnenlicht bleicht das Fell aus, so daß Smoke Perser am vorteilhaftesten in den Wintermonaten ausgestellt werden.

Zucht
Auskreuzungen zur Typauffrischung können erfolgen mit Schwarzen, Blauen oder Schildpatt Persern und werden Schwarze, Blaue oder Schildpatt Smoke Perser hervorbringen; dies wird die kupferfarbigen Augen erhalten. Silver Tabbies sollten nicht verwendet werden, da diese die grünen Augen und Tabbyzeichnung wieder einführen würden. Beides ist unerwünscht, obwohl grüne Augen früher einmal in Großbritannien erlaubt waren. Eine andere gute Kreuzung ist die mit einem Chinchilla, um das Unterfell zu verbessern, obwohl dadurch auch wieder die grünen Augen auftreten können.

Um reine Smoke-Kätzchen zu züchten, müssen die Eltern einen Smoke Perser unter den Vorfahren haben; aber Schwarz dominiert über Smoke, deshalb werden Paarungen zwischen Schwarzen und Smoke Persern vollständig schwarze Kitten ergeben. Selbst aus einem Smoke-mit-Smoke-Elternpaar können einige vollkommen schwarze Kitten fallen.

Kätzchen
Smoke-Kätzchen sind nach der Geburt schwer von ihren solid-farbigen Geschwistern zu unterscheiden, außer daß Smoke Kitten manchmal eine weiße Augenumrandung und einen blasseren Bauch aufweisen. Es kann einige Monate dauern, ehe man die Smoke erkennen kann, und die volle Fellfarbe und -zeichnung ist manchmal erst bei der erwachsenen Katze mit etwa zwei Jahren zu erkennen. Jene Kätzchen, bei denen das Unterfell am schnellsten blasser wird, werden meist die besten erwachsenen Smoke Perser.

AUSSTELLUNGSKRITERIEN
Black Smoke. Das Unterfell sollte weiß und an Rücken und Flanken stark schwarz getippt sein, um den Eindruck einer solid farbigen Katze zu vermitteln, bevor sich diese bewegt. Das Fell schattiert im unteren Flankenbereich zu Silver. Gesicht und Füße sind schwarz, ohne Zeichnung (solide Farbe bis zu den Wurzeln in Großbritannien; Weiß an den Wurzeln in den Vereinigten Staaten). Halskrause und Ohrenbüschel sind silver. Nasenspiegel und Fußballen schwarz. Augen leuchtend kupfer oder orange.

Blue Smoke. Das Unterfell sollte weiß und an Rücken und Flanken stark blau getippt sein, um den Eindruck einer solid farbigen blauen Katze zu vermitteln, bevor sich diese bewegt. Gesicht und Füße sind blau, ohne Zeichnung (solide Farbe bis zu den Wurzeln in Großbritannien; Weiß an den Wurzeln in den Vereinigten Staaten). Halskrause und Ohrenbüschel sind silver. Nasenspiegel und Fußballen blau. Augen leuchtend orange oder kupfer.

Cameo Smoke. (Red Smoke). Das Unterfell sollte weiß und an Rücken und Flanken stark rot getippt sein, um den Eindruck einer solid farbigen roten Katze zu vermitteln, bevor sich diese bewegt. Gesicht und Füße sind rot, ohne Zeichnung (solide Farbe bis zu den Wurzeln in Großbritannien; Weiß an den Wurzeln in den Vereinigten Staaten). Halskrause und Ohrenbüschel sind weiß. Nasenspiegel und Fußballen rosa. Augen leuchtend orange oder kupfer.

Ein schwarzer Smoke mit dem durchschimmernden blassen Unterfell.

Schildpatt Smoke. Das Unterfell sollte weiß und an Rücken und Flanken stark getippt sein in Schwarz, Rot und Creme in deutlichen Flecken, um den Eindruck einer Schildpatt-Katze zu erwecken, bevor sich das Tier bewegt. Gesicht und Füße solide rot, schwarz und creme, unter Bevorzugung einer roten oder creme Gesichtsblesse. (Solide Farbe bis zu den Wurzeln in Großbritannien; Weiß an den Wurzeln in den Vereinigten Staaten.) Halskrause und Ohrenbüschel weiß. Nasenspiegel und Fußballen schwarz, rosa, pink oder eine Mischung dieser Farben. Augen leuchtend kupfer.

Schildpatt Perser

Schildpatt wurden erstmalig zu Beginn des 20. Jahrhunderts ausgestellt, und sie wurden auf beiden Seiten des Atlantiks beliebt. Weil sie schwer zu züchten sind, gibt es noch nicht viele. Demzufolge übersteigt die Nachfrage nach Schildpatt Kitten die Anzahl der geborenen Kätzchen und macht diese somit teurer als andere Perser.

Pflege
Tägliche Pflege mit Kamm und Bürste ist das ganze Jahr über unerläßlich, will man das Haar in gutem Zustand halten. Pflegepuder sollte nicht verwendet werden, da er das Haar abstumpft.

Zucht
Da diese Varietät im Grunde nur bei Kätzinnen vorkommt, und die wenigen Kater immer zeugungsunfähig zu sein scheinen, ist eine Paarung von Schildpatt mit Schildpatt unmöglich, und die Zucht ist mühsam und nicht voraussehbar. Man kann sich nicht auf die Paarung einer Schildpatt mit anderen, self-coloured Katern — Schwarzen, Blauen, Roten oder Creme — oder mit Bicolors verlassen, nur um ein einziges Schildpatt-Kätzchen zu erhalten! Sie werden mehr durch Zufall in anderen Würfen geboren. Tabby-Kater sollten nicht eingesetzt werden, da sie unerwünschte Striche und Zeichnungen einführen würden.

Kätzchen
Wenn Schildpatt-Katzen von Katern verschiedener Farben belegt werden, ergibt das gewöhnlich sehr auffallende Kätzchen, die schnell ein neues Zuhause finden.

AUSSTELLUNGSKRITERIEN
Das Fell sollte gleichmäßig rot, creme und schwarz gefleckt sein. Alle Farben sollten klar und leuchtend statt vermischt erscheinen. Schwarz sollte nicht vorherrschen, und übergroße Flecken einer Farbe gelten als Fehler. Eine rote oder creme Blesse von der Stirn zur Nase ist wünschenswert. Die Farben sollten gut abgegrenzt sein an Kopf und Ohren, und das Fell sollte besonders lang sein an der Halskrause und dem Schwanz. Weiße Haare und Tabbyzeichnung sind Fehler. Nasenspiegel und Fußballen rosa oder schwarz. Augen kupfer oder tieforange.

Blaucreme Perser

Blaucreme gibt es nur unter Kätzinnen, genetisch sind sie eine abgeschwächte Form der Schildpatt, und eine höchst attraktive und beliebte Katze. Obwohl sie erst relativ spät ausstellungsanerkannt wurden durch den offiziellen Champion-Status von 1930 in Großbritannien, gibt es sie von Anbeginn der Stammbaumzucht an aus Paarungen zwischen Blauen und Creme Persern. Schon um 1900 wurden sie als Blauschildpatt in den Vereinigten Staaten ausgestellt.

Inzwischen ist allgemein anerkannt, daß sie eine gute Grundlage für die Zucht von Blauen, Creme und Blaucreme Persern darstellen. Die Kreuzung aus zwei Langhaarvarietäten hat sowohl den Blauen wie den Creme Persern gut getan, und die Blaucreme selber stellen eine sehr gesunde und robuste Varietät des guten Persertyps dar.

Der englische und amerikanische Standard sind leicht unterschiedlich. England: ein gleichmäßig über das ganze Fell vermischtes Blau und Creme; Amerika: gut abgesetzte Blau- und Creme-Flecken.

Pflege
Tägliche Pflege mit Kamm und Bürste ist unumgänglich. Vor der Ausstellung mag ein Bad nötig sein sowie ein wenig Pflegepuder, um dem Fell ausstellungsreifen Stand zu verleihen.

Zucht
Aus der Paarung zwischen einer Blaucreme-Katze und einem Creme Kater kommt alles andere aus, aber keine blauen Kätzinnen. Aus der Paarung zwischen einer Blaucreme-Katze und einem blauen Kater fallen auch keine creme Kätzinnen. Entsprechend wird eine blaue Katze mit einem creme Kater blaucreme Kätzinnen und blaue Katerchen werfen, wohingegen aus der Paarung eines blauen Katers mit einer creme Katze blaucreme Kätzinnen und creme Katerchen entstehen.

Kätzchen
Sie sind sehr hübsch und farbenfreudig, und in einem Wurf kann es Blaue, Creme und Blaucreme Kitten geben. Die mit dem blassesten Fell werden sich später meist zu den Erwachsenen mit dem schönsten, für eine Schau geeignetsten Fell entwickeln. Oftmals sieht ein sehr feines Blaucreme in den ersten Wochen sehr nach blassem Blau aus, was die Zucht von Blaucreme Persern sehr aufregend macht.

AUSSTELLUNGSKRITERIEN
Dem englischen Standard zufolge muß das Fell gleichmäßig in einem rundum leicht vermischten Blau und Creme pastellgetönt sein; der amerikanische Standard fordert ein blaues Fell mit klar abgegrenzten soliden creme Flecken an Körper, Beinen, Schwanz und Gesicht. Nasenspiegel und Fußballen blau oder rosa oder gemischt aus beidem. Augen tief kupfer oder orange.

Schildpatt Weiß Perser

(CALICO)

Schildpatt-Weiß (Calico) trifft man wiederum nur bei Kätzinnen an. Sie tragen ein wunderbar geflecktes Fell mit Schwarz, Rot und Creme mit Weiß. Wegen ihrer Schönheit sind sie sehr gefragt.

Obwohl kurzhaarige Schildpattweiß Katzen seit Jahrhunderten in Europa bekannt sind, liegt der Ursprung der langhaarigen Varietät im Dunklen. Genau wie die Schildpatt Perser, sollen sie wahrscheinlich durch Zufallswürfe aus solidfarbigen Persern mit mehrfarbigen Ahnen entstanden sein.

Die Farbe ist genetisch an das weibliche Geschlecht gebunden, und wenn selten genug ein Katerchen geboren wird, ist es unweigerlich unfruchtbar. Katzen mit dieser Fellzeichnung wurden früher „Chintz"-Katzen genannt aufgrund der deutlichen, strahlenden Flecken.

Auf Ausstellungen ist diese Stammbaumkatze verhältnismäßig jung, hat sie die Anerkennung doch erst in den fünfziger Jahren errungen. Vor noch kürzerer Zeit hat die abgeschwächte Varietät, Blau Schildpatt-Weiß (Calico), ausstellungsmäßige Anerkennung gefunden in Europa und den Vereinigten Staaten. Solche Katzen erscheinen oft in demselben Wurf wie Schildpatt-Weiß-Kätzchen und haben ein geflecktes Fell in Blau und Creme mit Weiß.

Pflege
Das Fell dieser Katze soll nicht von selbst verfilzen wie jenes der meisten Perser-Varietäten, trotzdem ist tägliches Bürsten und Kämmen empfehlenswert. Als Ausstellungsvorbereitung kann ein wenig Talkum in die helleren Fellpartien eingerieben und dann sorgsam ausgebürstet werden.

Zucht
Ähnlich den Schildpatt-Katzen sind die Schildpatt-Weiß-Katzen bekannt für Würfe mit Kätzchen in reicher Farbauswahl. Offensichtlich werden aber mehr Schildpatt-Weiß Kätzchen geboren, wenn der Vater zu den Rot-und-Weiß oder Schwarz-und-Weiß Bicolor-Katzen gehört. Die besten gefleckten Felle entstehen aus solchen Vätern, die, entsprechend dem Bicolor-Standard, zuviel Weiß im eigenen Fell haben. Tabbies sollten nicht verwendet werden, da sie unerwünschte Streifen und Zeichnungen einführen könnten.

Kätzchen
Die jungen Kätzchen zeigen oft ein dumpf blaues, tief cremefarbiges oder grauweißes Fell, aus dem sich bei der erwachsenen Katze tiefschwarze, leuchtend rote und reinweiße Flecken entwickeln. Blaue Schildpatt-Weiß Kätzchen aus demselben Wurf sind oft blasser in den Farben. In beiden Fällen ist eine Einschätzung der Fellfarben jedoch schwierig bei dem noch jungen Tier.

AUSSTELLUNGSKRITERIEN
Schildpatt-Weiß (Calico)
Die Katze sollte auffallend gefleckt sein mit Schwarz, Rot und Creme, durchsetzt mit Weiß. Die Flecken sollten gleichmäßig verteilt, leuchtend und klar sein, ohne weiße Haare (gescheckt) oder Tabbyzeichnung, und sollten gleichmäßig über den Körper verteilt sein mit Weiß an den Beinen, Füßen, Brust und Gesicht. Zuviel Weiß ist ein Fehler. Dem amerikanischen Standard zufolge muß das Weiß auf die Unterpartien beschränkt sein. Eine cremefarbige oder weiße Blesse von der Kopfmitte zur Nase ist wünschenswert, besonders wenn diese die schwarze Gesichtshälfte deutlich von der roten trennt. Nasenspiegel und Fußballen rosa, schwarz oder aus beidem gemischt. Augen leuchtend kupfer.

Blau Schildpatt-Weiß (Abgeschwächtes Calico). Das Fell sollte mit Blau und Creme gefleckt sein. Flecken sollten gleichmäßig über den Körper verteilt, klar und nicht gescheckt sein, mit Weiß an den Beinen, Füßen, Brust und Gesicht, und (in den Vereinigten Staaten) hauptsächlich im unteren Körperteil. Eine creme oder weiße Gesichtsblesse ist wünschenswert. Nasenspiegel und Fußballen rosa. Augen leuchtend kupfer oder orange.

Ein wunderbarer Blau Schildpatt-Weiß Perser.

Perser (Langhaar)

Schildpatt-Weiß (Calico) Perser

Schildpatt Perser

Blau-Creme Perser (Großbritannien)

Chocolate Schildpatt & Lilac-Creme Perser

Neue Züchtungen, entwickelt aus den Colourpoint (Himalayan) mit Auskreuzung zu Schildpatt und Creme Persern. In den Vereinigten Staaten werden sie als Himalayan-Abkömmlinge (Seite 32) betrachtet und können nicht ausgestellt werden. In Großbritannien jedoch haben sie die offizielle Anerkennung als Perservarietäten (Langhaar).

AUSSTELLUNGSKRITERIEN

Chocolate Schildpatt. Das Fell sollte chocolate, rot und creme gefleckt sein. Die Farben sollten leuchtend und satt und im Gesicht gut abgegrenzt sein. Nasenspiegel und Fußballen braun. Augen kupfer.

Lilac-creme. Die Fellschattierung von Lilac und Creme sollte durchgehend leicht vermischt sein, ohne weiße Haare. Nasenspiegel und Fußballen pink. Augen kupfer.

Tabby Perser

Obwohl die ursprünglichen Tabbyfarben braun und rot, oder eher ingwerfarben, waren, hat das selektive Züchten während der letzten 100 Jahre verschiedene andere Töne hervorgebracht, unter denen die eindrucksvolle Brown Tabby jedoch nicht weitverbreitet ist in Züchterkreisen. Wahrscheinlich, weil es ausgesprochen schwierig ist, eine Katze entsprechend dem geforderten Farbstandard zu züchten. Liebevoll als „Brownies" betitelt, sind sie bekannt für ihre Gesundheit, Stärke und Langlebigkeit.

Die Red Tabbies sind ganz besonders beliebt in den Vereinigten Staaten, genau wie die Silver Tabbies, die auf internationalen Ausstellungen immer die Aufmerksamkeit auf sich ziehen. In den Vereinigten Staaten wurden schon lange vor Beginn des Ausstellungswesens Silver Tabbies gezüchtet.

Die Varietät der Blue Tabbies wurde in den Vereinigten Staaten und Europa erst kürzlich zu den Ausstellungen zugelassen. Da Blau genetisch eine Abschwächung von Schwarz ist, erscheinen von Zeit zu Zeit Kätzchen in dieser Farbe in Brown Tabby-Würfen, besonders bei blauen Katzen in der Ahnenreihe.

Die durch den Ausstellungsstandard klar definierte Tabbyzeichnung ist nur schwer in all den Tabbies zu erzielen, aber ganz besonders in der Cream Tabby. Genetisch ein abgeschwächtes Rot, gibt es sehr wenig Kontrast zwischen der Grundfarbe und der Zeichnung, deshalb gibt es nur wenig gute Exemplare. Bis heute ist diese Varietät erst in den Vereinigten Staaten für Ausstellungen zugelassen.

Pflege
Um einen Tabby Perser optimal vorzuführen, muß das Fell für die Präsentation der Zeichnung entsprechend gebürstet werden. Dies erfordert ein Bürsten und Kämmen nur vom Kopf zum Schwanz hin, ohne Gegenstriche, um das Fell duftiger zu machen. So kann man auch bei einigen der self-coloured Katzen verfahren. Die Verwendung von Puder im Fell empfiehlt sich nicht, da dieser den Kontrast zwischen der Grundfarbe und der Zeichnung abstumpft.

Zucht
Die Paarung zweier Tabbies der gewünschten Farbe wird über Generationen einen guten Typ hervorbringen, aber letztlich ist das Auskreuzen mit einer soliden Farbe notwendig. Hier sollte in jedem Falle die solide Farbe des Deckhaares oder, alternativ, ein Schildpatt herangezogen werden. Am Beispiel eines Brown Tabby bedeutet das ein Auskreuzen mit einem soliden Schwarzen Perser; bei einem Red Tabby mit einem Roten oder Schildpatt Perser; bei einem Silver Tabby Auskreuzung mit einem Schwarzen; bei einem Blue Tabby die mit einem Blauen Perser; und bei dem creme Tabby Auskreuzung mit einem Creme Perser. Im Falle des Silver Tabby kann das die unerwünschte goldene Augenfarbe mit sich bringen, und konsequenterweise nimmt man lieber einen Chinchilla.

Kätzchen
Tabby-Kitten sind bei ihrer Geburt sehr farbenfreudig-flauschige Bällchen und tragen schon alle typischen Markierungen. Oft sind die bei der Geburt am dunkelsten gestreiften später diejenigen mit der klarsten Fellzeichnung. Für Ausstellungszwecke nicht geeignete Kätzchen können hervorragende Haustiere werden. Dies betrifft auch diejenigen mit weißen Haaren innerhalb der dunklen Zeichnung, weißen Flecken, einem weißen Schwanzflecken oder weißem Kinn, einer zu soliden Farbe entlang des Rückens und unkorrekter Augenfarbe; ebenso in Silver Tabbies mit einem Braun- oder Gelbstich im Fell.

AUSSTELLUNGSKRITERIEN

Classic Tabby-Zeichnung. Alle Zeichnungen sollten sich klar von der Grundfarbe absetzen. Die charakteristische Kopfzeichnung ist ein „M", das Stirnfalten ähnelt. Von den äußeren Augenwinkeln laufen durchgehende Linien zum Hinterkopf. Im Gesicht gibt es noch andere, bleistiftdünne Linien, die besonders auf den Backen wirbelförmig verlaufen. Von der Kopfmitte verlaufen Linien im Schmetterlingsmuster zu den Schultermarkierungen. Drei durchgehende Linien verlaufen parallel zueinander entlang der Wirbelsäule ab der Schulterzeichnung zum Schwanzansatz. Ein großer Fleck auf jeder Flanke wird eingekreist durch einen oder mehrere durchgehende Ringe; diese Zeichnung sollte symmetrisch auf beiden Körperseiten sein. Mehrere durchgehende Halsketten sollten Nacken und obere Brust umfassen, und eine doppelte „Knopf"-Reihe sollte von der Brust zum Bauch verlaufen. Sowohl Beine wie Schwanz sollten gleichmäßig beringt sein.

Ein besonders attraktiver Blue Classic Tabby Perser.

Mackerel Tabby-Zeichnung. (Selten bei Persern, aber in den Vereinigten Staaten anerkannt.) Der Kopf ist mit dem charakteristischen „M" gekennzeichnet, und eine durchgehende Linie verläuft von den äußeren Augenwinkeln zum Hinterkopf. Auf den Wangen gibt es weitere, bleistiftdünne Linien. Eine schmale, durchgehende Linie verläuft vom Hinterkopf zum Schwanzansatz. Der übrige Körper wird gezeichnet durch schmale, durchgehende Linien, die vertikal vom Rückgrat nach unten verlaufen. Diese Linien sollten möglichst schmal und zahlreich sein und sich idealerweise klar von der Grundfarbe abheben. Mehrere durchgehende Halsketten sollten Nacken und Brust umfassen, und eine doppelte „Knopf"-Reihe sollte von der Brust zum Bauch verlaufen. Beine und Schwanz sollten gleichmäßige, geschlossene Ringe aufweisen.

Brown Tabby. Grundfarbe warmes Gelbbraun bis Kupferbraun. Zeichnung tiefschwarz. Keine weißen Haare. Nasenspiegel ziegelrot. Fußballen schwarz oder dunkelbraun, wobei sich das Schwarz von der Pfote bis zur Hüfte aufwärts erstreckt. Augen leuchtend kupfer oder haselnußfarben.

Red Tabby. Grundfarbe sattes Rot. Zeichnung warmes Dunkelrot. Lippen und Kinn rot. Keine weißen Haare oder Flecken. Nasenspiegel ziegelrot. Fußballen pink. Augen leuchtend kupfer oder gold.

Silver Tabby. Grundfarbe Silver. Zeichnung tiefschwarz und klar abgehoben. Nasenspiegel ziegelrot. Fußballen schwarz. Augen grün oder haselnußfarben.

Blue Tabby. Grundfarbe, Lippen und Kinn blasses, blaugeticktes Elfenbein. Zeichnung sehr tiefes Schieferblau. Nasenspiegel tiefrosa pink. Fußballen rosa. Augen leuchtend kupfer.

Creme Tabby. Grundfarbe, Lippen und Kinn sehr blasses Creme. Zeichnung warmes Creme, nicht zu rot, aber dunkel genug, um sich von der Grundfarbe abzuheben. Nasenspiegel und Fußballen pink. Augen leuchtend kupfer.

Cameo Tabby. Grundfarbe, Lippen und Kinn gebrochen weiß. Zeichnung rot. Nasenspiegel und Fußballen rosa. Augen leuchtend kupfer bis gold.

Patched Tabby (Torbie)-Zeichnung. Zeichnung classic oder makkerel Tabby mit roten und/oder creme Flecken. Gesichtsblesse bevorzugt.

Brown. Grundfarbe kupferbraun. Zeichnung tiefschwarz, mit Rot und/oder Creme. Nasenspiegel ziegelrot. Fußballen schwarz oder braun. Augen leuchtend kupfer.

Silver. Grundfarbe blasses Silver. Zeichnung tiefschwarz mit Rot und/oder Creme. Nasenspiegel und Fußballen pink. Augen kupfer bis haselnußfarben.

Blue. Grundfarbe blasses Elfenbein. Zeichnung tiefes Schieferblau mit Rot und/oder Creme. Augen leuchtend kupfer.

Van Perser

Meist weiße Katzen mit Farbflecken an Kopf, Beinen und Schwanz. Nasenspiegel und Fußballen entsprechend der Fellfarbe oder pink. Augen kupfer/gold.

Van Bicolor. Flecken in Schwarz, Blau, Rot oder Creme.

Van Calico. Flecken in Schwarz-Rot.

Van Blau-Creme. Flecken in Blau und Creme.

Peke-Faced Perser

Vorzüge
- Anhänglich
- Intelligent
- Ruhig
- Geeignet für die Etagenwohnung

Zu beachten
- Benötigt tägliche Pflege
- Kann unter Atemwegsbeschwerden leiden
- Kann Freßprobleme bekommen

Von Zeit zu Zeit erscheint in Würfen von Red Self und Red Tabby Persern spontan ein fremdartig aussehendes Kätzchen mit einem Gesicht wie dem eines Pekingesen-Hundes. Solch eine Katze hat eine viel kürzere Nase und eine deutliche Einkerbung zwischen den Augen, was ihr den Namen Peke-faced Perser gegeben hat.

Obwohl die Peke-faced Perser hin und wieder auch anderswo anzutreffen sind, so kennt man sie bis jetzt eigentlich erst in den Vereinigten Staaten.

Pflege
Wie alle Perser benötigt auch der Peke-faced Perser tägliches Kämmen und Bürsten, um Knoten und Zotteln aus dem langen Fell zu entfernen. Auch den Augen muß besondere Aufmerksamkeit gegeben werden, da die Tränenkanäle leicht verstopfen.

Herkunft und Geschichte
Peke-faced Perser werden schon seit mehreren Jahren in den Vereinigten Staaten gezüchtet. Bereits seit den dreißiger Jahren werden sie dort ausgestellt und sind drüben sehr beliebte Katzen.

Zucht
Die Paarung zweier Peke-faced Katzen bringt nicht unbedingt Peke-faced Kätzchen hervor. Die besten fallen aus Red Tabby- und Peke-faced-Paarungen.

Kätzchen
Unter den Peke-faced Kitten gibt es eine hohe Sterblichkeitsrate aufgrund der Schwierigkeiten, die extrem stupsnasige (überzüchtete) Katzen beim Fressen und Atmen haben können. Die Kätzchen versuchen oft, das Futter mit ihren Pfötchen ins Maul zu bringen.

Wenn sie keinen genauen Gegenbiß haben, bekommen sie möglicherweise nicht genug zu fressen. Sie entwickeln sich langsam und scheinen länger als andere Perser Kitten zu bleiben.

AUSSTELLUNGSKRITERIEN
Der Peke-faced Perser ist eine stämmige gedrungene Katze vom Typ Perser, aber mit anderem Gesichtsausdruck, der einem Pekingesen-Hund ähnelt.
Fell. Lang, wehend, seidig und weich mit langer Halskrause.
Körper. Kurz, gedrungen und massiv. Kurze Beine. Große Pfoten mit dichten Haarbüscheln.
Schwanz. Kurz, gut gefedert, und besonders am Ansatz dicht.
Kopf. Groß, rund und schwer mit kurzer Stupsnase, mit deutlich sichtbarer Einkerbung zwischen den Augen. Das Schnäuzchen ist gerunzelt, und eine Hautfalte verläuft vom Augenwinkel zum Mund. Die Stirn wölbt sich über Nase und Augen. Der Nacken ist kurz und dick. Die Ohren sind klein, obwohl größer als bei anderen Persern.
Augen. Sehr auffallend, fast hervorstehend, rund und voll.

Peke-faced-Farben
Bisher sind lediglich zwei Farben wettbewerbsmäßig anerkannt, obwohl es Peke-faced Katzen auch in abgeschwächtem Rot (Creme) gibt.
Red. Körperfarbe ein gleichmäßig tiefwarmes Rot ohne Zeichnung oder weiße Haare. Nasenspiegel und Fußballen ziegelrot. Augen kupfer.
Red Tabby. Grundfarbe rot. Zeichnung entweder classic oder makkerel Tabby-Zeichnung in tiefwarmem Rot. Nasenspiegel und Fußballen ziegelrot. Augen leuchtend kupfer.

Ragdoll

Vorzüge
- Sanft und anhänglich
- Ruhig
- Verspielt
- Intelligent
- Geeignet für die Wohnung

Zu beachten
- Verwundbar
- Verfügt über hohe Schmerzgrenze

Es macht Spaß, die kuschelige Ragdoll um sich herum zu haben. Sie trägt einen dichten Pelz, der nicht verfilzen soll. Diese Katze ist sehr ruhig, anhänglich und ihrem Besitzer sehr ergeben und von ihm abhängig. Da sie keine Schmerzen fühlen soll, ist sie sehr verwundbar, und jegliche Verletzung kann unbemerkt erfolgen. Jeder, der sich eine Ragdoll anschaffen möchte, sollte sich darauf einstellen, völlig verantwortlich zu sein für sie, da diese Katze, mehr als alle anderen, umsorgt werden muß.

Die Ragdoll hat eine andere, einmalige Eigenschaft: Wenn sie hochgenommen und rumgetragen wird, entspannt sie sich völlig und wird schlaff wie eine Stoffpuppe. Obwohl dies der Rasse ihren Namen und darüber große Medienberichte eingetragen hat, haben wissenschaftliche Tests erwiesen, daß diese Katze vom Physiologischen her sich nicht von anderen unterscheidet.

Pflege
Weil die Ragdoll ein sehr langes Fell hat, braucht sie tägliche Pflege, wenn nicht der Knoten und Zotteln wegen, dann wegen der Entfernung abgestorbener Haare. Da sie während des Fellwechsels im Sommer stark haart, ist besonders zu dieser Zeit eine sorgfältige Pflege angebracht. Die Zotteln sollten mit einem weitzinkigen Kamm ausgekämmt, anschließend das Haar mit einer langborstigen Bürste sorgsam ausgebürstet werden.

Herkunft und Geschichte
Die Ragdoll stammt aus Kalifornien, und ihre Vorfahren sind unterschiedlicher Herkunft. Sie scheint zurückzugehen auf eine weiße Angora, eine Birma und eine Burma ohne Stammbaum. Diese Mischung hat große und kraftvolle Nachkommen ergeben. Die Würfe fallen immer innerhalb des anerkannten Farbspielraumes aus, so daß heute Ragdolls nur noch mit Ragdolls gepaart werden, obwohl zu Beginn der Zucht sehr viel zu den Katzen der Ursprungsgeneration rückgekreuzt wurde. 1965 wurde die Rasse in den Vereinigten Staaten als ausstellungsreif eingetragen.

Zucht
Um die Eigenarten dieser Rasse zu erhalten, werden Ragdolls nur mit Ragdolls gepaart. Es ist möglich, in jedem Wurf Ragdoll-Kätzchen der gewünschten Fellzeichnung und -farbe zu erhalten.

Kätzchen
Wie alle Himalayan-gezeichneten Katzen, so werden auch diese Kitten ganz weiß geboren, und die Farbspitzen und Fellschattierung entwickeln sich erst nach und nach. Ragdoll Kitten entwickeln sich sehr langsam, und es kann drei Jahre dauern, bevor sie ihr Erwachsenenfell bekommen.

AUSSTELLUNGSKRITERIEN
Die Ragdoll ist eine große, schwergebaute Katze mit einem langen, wehenden Fell und der charakteristischen Schlaffheit beim Getragenwerden.
Fell. Außergewöhnlich lang, voll und seidig. Verfilzt nicht. Überreiche Halskrause und besonders langes Haar an Brust und Bauch; im Gesicht kürzer. Das Fell ist bei kälterem Klima länger als bei warmem und wird während der Sommermonate gewechselt.
Körper. Sehr groß und schwer. Kater 6,5 bis 9 kg und Katzen 4 bis 5,5 kg, und etwas kürzer als die Kater. Schweres Hinterteil mit leicht muskulösem Bauch. An den Schultern genauso breit wie am Rumpf, mit tiefer Brust. Beine mittellang und -schwer, Hinterbeine etwas länger als Vorderbeine. Pfoten groß, rund und fest mit Fellbüscheln zwischen den Zehen.
Schwanz. Lang und dichtbehaart. Mitteldick am Ansatz und zum Ende hin verjüngt. Ein kurzer oder geknickter Schwanz zählt als Fehler.
Kopf. Mittelgroß, leicht keilförmig; beim Kater breiter als bei der Katze. Zwischen den Ohren ist der Schädel flach. Volle Wangen, die sich zu einem vollen, runden Kinn hin verjüngen. Mit deutlichem Absatz oberhalb der Nase, der zusammen mit dem flachen Kopf ein charakteristisches Profil ergibt. Die Ohren sind mittelgroß, am Ansatz breit, nach vorn geöffnet, an den Spitzen abgerundet und mit Ohrenbüscheln ausgestattet. Sehr große, sehr kleine oder überspitze Ohren sind Fehler.
Augen. Sehr groß, oval, weit auseinanderstehend. Runde oder mandelförmige oder schielende Augen sind Fehler.

RAGDOLL-FARBEN
Ragdolls werden in drei Fellfarben gezüchtet — Colourpoint, mitted und Bicolor, in Seal, Chocolate, Blau und Lilac-point innerhalb dieser Zeichnung. Alle sind in den Vereinigten Staaten für Ausstellungen zugelassen.

Colourpoint. Körperfarbe sollte eine gleichmäßige Schattierung bis zu den Haarwurzeln aufweisen. Spitzen (Ohren, Maske, Beine und Schwanz) dunkler, in deutlichem Kontrast zur Körperfarbe. Brust, Latz und Kinn in einer helleren Schattierung als die Körperfarbe. Ticking und weiße Flecken nicht zugelassen.

Mitted. Körperfarbe sollte eine gleichmäßige Schattierung bis zu den Haarwurzeln aufweisen. Spitzen (Ohren, Maske, Beine und Schwanz) dunkler, in deutlichem Kontrast zur Körperfarbe. Brust, Latz und Kinn weiß. Ein weißer Streifen verläuft vom Latz zwischen den Vorderbeinen bis zum Schwanzansatz. Weiße Handschuhe an beiden Vorderfüßen sollten gleichmäßige, bogenförmige Büschel sein. Die weißen Stiefelchen an den Hinterbeinen müssen ebenso symmetrisch sein. Farbflecken in weißen Bereichen oder Ticking in farbigen Bereichen sind Fehler.

Bicolor. Körperfarbe sollte eine gleichmäßige Schattierung bis zu den Haarwurzeln aufweisen. Die Ohren, Maske (mit Ausnahme eines umgekehrten, weißen „V" entlang der Nase) und Schwanz sind dunkler und klar abgesetzt. Brust, Bauch und Beine weiß. Das symmetrisch umgekehrte „V" im Gesicht beginnt zwischen den Ohren und umfaßt Nase, Schnurrhaare, Nacken und Latz. Es sollte über die äußeren Augenwinkel nicht hinausreichen. Auf den weißen Flächen darf es keine Farbflecken geben. Die Körperpartien dürfen kleine weiße Fleckchen aufweisen.

Seal-point. Körperfarbe ein blasses Rehbraun, mit Schimmer in ein blasses Creme am Unterkörper. Spitzen gut sealbraun. Nasenspiegel dunkelbraun. Fußballen dunkelbraun oder schwarz. Augen dunkelblau.

Chocolate-point. Körperfarbe rundum ein gleichmäßiges Elfenbein. Spitzen warmer Ton wie Milch-Schokolade. Nasenspiegel rosa. Fußballen lachsfarben. Augen tiefblau.

Blue-point. Körperfarbe ein gleichmäßiges Platingrau-Blau, mit Schimmer von hellerem Blau am Unterkörper. Spitzen tiefblau-grau. Nasenspiegel und Fußballen dunkelblau-grau. Augen tiefblau.

Lilac-(Frost-)point. Körperfarbe rundum gleichmäßig milchfarben. Spitzen eisgrau-pink. Ohreninnenseite sehr blaß pink. Nasenspiegel lila. Fußballen korallenrosa. Augen tiefblau.

Colourpoint
(Himalayan)

Vorzüge
- Hübsch
- Anhänglich
- Liebevoll
- Intelligent
- Eigenwillig
- Lernt schnell
- Gut zu Kindern

Zu beachten
- Benötigt tägliche Pflege
- Möchte frei herumlaufen

Eine Colourpointkatze ist eigentlich ein Perser mit der Farbgebung einer Siam-(Himalayan-)Katze. Sie ist weitaus anspruchsvoller und unternehmungslustiger als viele der anderen Perser, obwohl sie fügsamer und weniger demonstrativ als die Siamkatze ist. Wie alle Katzen, möchte auch die Colourpoint ihre Aktivitäten selbst bestimmen, und sie fühlt sich am wohlsten, wenn sie frei durch Haus und Garten spazieren kann.

Pflege
Wie bei allen langhaarigen Katzen, ist tägliche Pflege auch bei der Colourpoint unumgänglich. Bei Vernachlässigung verfilzt die Unterwolle zu festen Knoten, die schlimmstenfalls unter Narkose entfernt werden müssen. Trotz regelmäßiger Pflege bilden sich manchmal Verfilzungen, besonders wenn die Katze viel im Freien herumläuft. Geübte Hände können einen für Hunde bestimmten Verfilzungskamm benutzen, um eine Verfilzung so zu entfernen, daß kein Loch im Fell entsteht.

Mit einem weitzinkigen Kamm können Knoten entfernt werden, anschließend werden mit einem mittelzinkigen Kamm abgestorbene Haare entfernt. Schließlich wird das Fell mit einer langstieligen Naturborstenbürste gepflegt. Tägliche Wiederholung verleiht dem Fell ein seidiges Aussehen und wird von der Katze sehr geschätzt. Ein wenig Trockenpuder, vor dem Bürsten in das Fell gestreut, hilft im allgemeinen, das Haar zu entwirren, er sollte aber anschließend sorgfältig ausgebürstet werden.

Herkunft und Geschichte
Die Colourpoint oder Himalayan ist eine „künstliche" Zucht, von Züchtern besonders hervorgebracht. Sie ist keine Siamkatze mit langen Haaren, sondern eine Perserkatze mit Siam-(Himalayan-)färbung. Der Name Himalayan wird abgeleitet vom Fell des Himalayan-Hasen, wo sich die dunklere Farbe beschränkt auf Gesicht, Beine und Schwanz (wie bei der Siamkatze). Er stammt nicht aus dem geographischen Begriff Himalaya. Die Zucht dieser Katze erforderte umfassende wissenschaftliche Zuchtversuche, und es dauerte Jahre, bis sie in den korrekten Perser-Standard paßte.

Züchter hatten über viele Jahre Siamesen mit Persern gekreuzt, hatten als Ergebnis aber nur kurzhaarige self-coloured Kitten erhalten. Schließlich wurde in den vierziger Jahren eine Reihe von wissenschaftlichen Zuchtversuchen unternommen, indem man Siamesen mit langhaarigen schwarzen und blauen Perserkatzen kreuzte. Die daraus fallenden self-coloured Kätzchen erwiesen sich für die Zucht als sehr geeignet, da sie die Gene in sich trugen, um Colourpointkatzen hervorzubringen. Sie wurden untereinander und auch zurück mit ihren Eltern gepaart, bis daraus Colourpoint-Kitten fielen. Daraufhin wurden selektive Kreuzungen vorgenommen bis zurück zu blauen und schwarzen Langhaarpersern, um den Persertyp zu entwickeln. Die daraus fallenden Katzen brachten nach ihrer Paarung mit Colourpointkatzen hervorragende Colourpointkätzchen zur Welt. Endlich, nach 10 Jahren selektiven Züchtens, hatte man die langen Nasen und großen Ohren der Siamkatze weggezüchtet, aber die Himalayan-Fellzeichnung, blauen Augen und den Persertyp beibehalten. Die Colourpointkatzen waren geschaffen.

Zucht
Paarungen zwischen beidseitig Colourpointkatzen bringen unweigerlich nur Colourpointkätzchen hervor, aber zwecks Typerhaltung werden noch Auskreuzungen mit self-coloured Persern vorgenommen, und die daraus fallenden Nachkommen werden zurückgekreuzt zu den ursprünglichen Colourpointkatzen. Mit Auskreuzungen zu andersfarbigen Persern sind Spitzen in allen Farben erzielbar. Das Hin- und Herzüchten hat die Colourpoint zu einer ausgesprochen kräftigen Rasse entwickelt, und Würfe mit sechs Jungen sind keine Seltenheit.

Kätzchen
Die Kätzchen werden geboren mit cremig-weißem Fell und rosa Fußballen, Nase und Ohren. Die Tönung der Spitzen entwickelt sich während der nächsten Wochen.

AUSSTELLUNGSKRITERIEN
Die Colourpoint (Himalayan) ist im wesentlichen eine Katze vom Persertyp, obwohl sie etwas größer ist und das Fell der Himalayan-Katze trägt: Die Hauptfarbe beschränkt sich auf Maske, Beine und Schwanz. Der englische Standard gilt für alle Länder.

Fell. Lang, dicht, weich und seidig, gut vom Körper abstehend. Sehr volle Halskrause, die sich zwischen den Vorderbeinen fortsetzt.

Körper. Gedrungen und kurzbeinig. Tiefliegende Brust. Massive Schultern und Rumpf. Lange, schlanke, siamähnliche Linien sind fehlerhaft. Die Beine sind kurz und dick, gerade und stämmig. Große, runde und feste Füße mit langen Haarbüscheln.

Schwanz. Kurz, sehr voll und tiefliegend. Ein langer oder geknickter Schwanz ist fehlerhaft.

Kopf. Breit und rund mit weit auseinanderstehenden Ohren. Der Nacken ist kurz und dick. Das Gesicht ist gut abgerundet. Die Nase ist kurz und breit mit einem klaren Absatz. Die Ohren sind klein, an den Spitzen abgerundet, nach vorn geneigt und am Ansatz nicht zu weit geöffnet. Sie sind weit auseinanderstehend und niedrig am Kopf angesetzt und tragen lange Haarbüschel.

Augen. Groß, rund, leuchtend und voll, weitgeöffnet, mit niedlichem Ausdruck.

COLOURPOINT-FARBEN
Alle Farben sind, wie bei den Siamkatzen, für die Points möglich, obwohl noch nicht alle überall anerkannt werden. Die jüngeren Varietäten umfassen die nur bei Kätzinnen vorkommende Chocolate Tortie-point und Lilac-cream point; die Smoke-points; und die Tabby-(Lynx-)points, die nun in Europa anerkannt werden.

Fellzeichnung. Der Körper sollte eine gleichmäßig blasse Farbe tragen, und die kontrastierende Hauptfarbe sollte sich beschränken auf die Points (Maske, Ohren, Beine und Schwanz). Die Maske sollte das ganze Gesicht ausfüllen, nicht aber die Kopfmitte, und sollte mit den Ohren durch leichte Schattierung verbunden sein.

Seal-point. Körperfarbe ein gleichmäßig blasses Rehbraun bis warmes Creme, das an Brust und Bauch in ein helleres Creme übergeht. Points tief sealbraun. Nasenspiegel und Fußballen sealbraun. Augen lebhaftes Tiefblau.

Chocolate-point. Körperfarbe rundum elfenbein. Points in warmem Milch-Schokolade-Ton. Nasenspiegel und Fußballen zimtfarben-pink. Augen lebhaftes Tiefblau.

Blue-point. Körperfarbe eisfarbig, bläuliches Weiß, das in ein wärmeres Weiß übergeht an Brust und Bauch. Points schiefergrau. Nasenspiegel und Fußballen schiefergrau. Augen lebhaftes Tiefblau.

Lilac-point. Körperfarbe rundum magnolienfarben (Großbritannien) oder eisfarbig (USA). Points gletschergrau mit einem leicht rosa Ton (lilac). Nasenspiegel und Fußballen lavender-rosa. Augen lebhaftes Tiefblau.

Red-(Flame-)point. Körperfarbe cremeweiß. Points warmes Orange bis Rot. Nasenspiegel und Fußballen rosa oder korallenrosa. Augen lebhaftes Tiefblau.

Cream-point. Körperfarbe cremeweiß. Points lederfarben-creme. Nasenspiegel und Fußballen rosa oder korallenrosa. Augen lebhaftes Tiefblau.

Tortie-point. Körperfarbe und wesentliche Farbe der Points wie bei den Seal- und chocolate-point-Katzen. Points gefleckt mit Rot und/oder Creme. Eine Nasenblesse in Rot oder Creme ist wünschenswert. Nasenspiegel und Fußballen entsprechend der Grundfarbe der Points und/oder pink. Augen lebhaftes Tiefblau.

Blue-cream-point. Körperfarbe bläulich-weiß oder cremeweiß, das an Brust und Bauch weiß wird. Points blau mit creme Flecken. Nasenspiegel und Fußballen schiefergrau und/oder pink. Augen lebhaftes Tiefblau.

Lilac-cream-point. Körperfarbe rundum magnolienfarben (Großbritannien) oder eisfarbig (USA). Points gletschergrau, blaß cremefarbig gefleckt. Eine Gesichtsblesse ist wünschenswert. Nasenspiegel und Fußballen lavender-pink und/oder pink. Augen lebhaftes Tiefblau.

Tabby-(Lynx-)point. Körperfarbe entsprechend der Farbe der Points, die seal, chocolate, blue, lilac oder red sein können. Zu den Points gehören das charakteristische „M" auf der Stirn, Streifen im Gesicht und schwächere Ringe an Beinen und Schwanz, jeweils in der entsprechenden soliden Farbe und klar abgesetzt von einem blasseren Untergrund. Nasenspiegel und Fußballen entsprechend der Farbe der Points. Augen lebhaftes Tiefblau.

Himalayan Hybrids

Die für die Typverbesserung innerhalb der Colourpoint-Zucht durchgeführten Auskreuzungen zu anderen Persern brachten andersfarbige Langhaarkätzchen hervor. Einige dieser Katzen haben inzwischen in Großbritannien die offizielle Anerkennung erhalten als Perservarietät (Chocolate Tortie und Lilac-cream, Seite 28). In den Vereinigten Staaten jedoch werden diese Katzen als Himalayan Hybrids bezeichnet. Sie können gut für die Zucht von Himalayan-Katzen verwendet werden, da sie die entsprechenden Gene in sich tragen, aber sie können nicht ausgestellt werden. Sie sehen genauso aus wie Perserkatzen, kosten aber viel weniger und eignen sich somit hervorragend für Leute, die eine perserähnliche Katze wünschen, sie aber nicht ausstellen möchten.

Kashmir
(Self-coloured Himalayan)

Die self-coloured chocolate und lilac Katzen, die aus dem Zuchtprogramm der Colourpoints hervorgingen, werden in Großbritannien als self-coloured Perser bezeichnet, aber als solid-coloured Himalayan-Katzen oder Kashmir-Katzen (eine eigene Rasse) in den Vereinigten Staaten.

Sie erschienen zuerst in Colourpoint- oder Hybrid-Würfen nach einer Auskreuzung zu Persern, und es hat jahrelang gedauert, die vom Standard vorgeschriebene rundum gleichmäßige Körperfarbe und das lange, wehende Fell zu erzielen. Das Lilac ist eine abgeschwächte Form des Chocolate.

AUSSTELLUNGSKRITERIEN
Chocolate. Fellfarbe rundum mittel- bis dunkelschokoladenbraun, mit derselben Farbtiefe von der Wurzel bis zu jeder Haarspitze, und ohne blasseres Unterfell. Nasenspiegel und Fußballen braun. Augen tieforange oder kupfer.

Lilac. Fellfarbe rosa-taubengrau rundum, ohne blasseres Unterfell. Nasenspiegel rosa. Fußballen sehr blasses Rosa. Augen blaßorange.

Lilac Kashmir

Tortie-point Colourpoint

Colourpoint und Kashmir

Seal-point Colourpoint

Balinese
(Langhaar-Siam)

Vorzüge
- *Stimmlich ruhiger als Siamkatzen*
- *Lebhaft*
- *Anhänglich*
- *Gut zu Kindern*

Zu beachten
- *Möchte immer Gesellschaft haben*
- *Benötigt tägliche Pflege*

Eine Balinese ist ein ausgezeichnetes Haustier: Sie liebt Spaß und Spiele mit der Familie und Menschen ganz allgemein. Vom Ursprung her eine Langhaar-Siam, ähnelt sie der Siam in ihrer anmutigen Schönheit. Sie ist aber ruhiger in Stimme und Temperament und weniger stürmisch. Ihre Haltung ist unproblematisch.

Pflege
Die Balinese ist leicht zu pflegen. Trotz seiner Länge ist das Fell sehr seidig und verfilzt nicht. Es braucht jedoch tägliche Pflege, um abgestorbenes Haar zu entfernen und dem Fell sein gutes Aussehen zu erhalten.

Herkunft und Geschichte
Die Balinese entstand durch natürliche Mutation aus einem Siam-Elternpaar mit einer Genvariante für langes Haar. Zuerst fielen einige Langhaar-Kitten in Siam-Würfen in den Vereinigten Staaten. Züchter erkannten in ihnen sofort die Schönheit der späteren Erwachsenenkatzen. Das selektive Züchten begann. Zuerst 1963 als Rasse anerkannt, war die Balinese 1970 bereits von allen offiziellen Stellen in den Vereinigten Staaten anerkannt. Erst kürzlich kam sie nach Europa.

Zucht
Von Zeit zu Zeit fallen in einem Siam-Wurf Langhaarsiamkatzen. Werden zwei von ihnen gepaart, so bringen sie reine Balinese-Kitten zur Welt.

Kätzchen
Die Kätzchen werden weiß geboren, die Points färben sich in den ersten Wochen.

AUSSTELLUNGSKRITERIEN
Die Balinese ist eine mittelgroße, schlanke und zierliche Katze, jedoch geschmeidig und muskulös, mit langen, sich verjüngenden Siam-Umrissen und einem langen, seidigen Fell.
Fell. Hermelinartig, seidig-weich und wehend, etwa 5 cm lang (obwohl es im Sommer kürzer sein kann). Kein weiches Unterfell und keine Halskrause.
Körper. Mittelgroß, lang und schlank. Leichter Knochenbau, aber sehr muskulös. Kater können größer sein als Katzen. Beine lang und schlank, Hinterbeine länger. Füße zierlich, klein und oval.
Schwanz. Lang, dünn und zur Spitze hin verjüngt, gut gefedert.
Kopf. Lang, keilförmig verjüngt, bildet ein gleichmäßiges Dreieck von den Wangen zu den Ohren. Keine Einbuchtung an den Schnurrhaaren. Die Nase ist lang und gerade, ohne Einbuchtung. Nacken lang und schlank. Ohren breit am Ansatz, groß und spitz. Augen eng zusammenstehend.
Augen. Mittelgroß, mandelförmig und schrägstehend. Schielen gilt als Fehler.

Farben der Balinese
In Großbritannien werden alle bei der Siam zugelassenen Farben gezüchtet. In den Vereinigten Staaten nur Seal, Chocolate, Blue und Lilac als anerkannte Ausstellungsfarben der Balinese; Katzen mit anderen Siam-Farben sind als „Javanese" bekannt, tragen aber denselben Typ-Standard wie die Balinese.

Fellzeichnung. Der Körper sollte eine gleichmäßig blasse Farbe tragen, und die kontrastierende Hauptfarbe sollte sich beschränken auf die Points (Maske, Ohren, Beine und Schwanz). Die Maske sollte das ganze Gesicht ausfüllen, nicht aber die Kopfmitte, und sollte mit den Ohren durch leichte Schattierung verbunden sein. Ältere Katzen können dunklere Körperfarbe aufweisen.

Seal-point. Körperfarbe ein gleichmäßig blasses Rehbraun bis warmes Creme, das an Brust und Bauch in ein helleres Creme übergeht. Points tief sealbraun. Nasenspiegel und Fußballen sealbraun. Augen lebhaftes Tiefblau.

Chocolate-point. Körperfarbe rundum elfenbein. Points in warmem Milchschokolade-Ton. Nasenspiegel und Fußballen zimtfarben-pink. Augen lebhaftes Tiefblau.

Blue-point. Körperfarbe eisfarbig, bläuliches Weiß, das an Brust und Bauch in ein wärmeres Weiß übergeht. Points schiefergrau. Nasenspiegel und Fußballen schiefergrau. Augen lebhaftes Tiefblau.

Lilac-point. Körperfarbe rundum magnolienfarben (Großbritannien) oder eisfarbig (USA). Points gletschergrau mit einem leicht rosa-ton (Lilac). Nasenspiegel und Fußballen lavender-rosa. Augen lebhaftes Tiefblau.

Red-point. Körperfarbe cremeweiß. Points warmes Orange bis Rot. Nasenspiegel und Fußballen rosa oder korallenrosa. Augen lebhaftes Tiefblau.

Creme-point. Körperfarbe cremeweiß. Points lederfarben-creme. Nasenspiegel und Fußballen rosa oder korallenrosa. Augen lebhaftes Tiefblau.

Tortie-point. Körperfarbe und wesentliche Farbe der Points wie bei den Seal- und Chocolate-point-Katzen. Points gefleckt mit Rot und/oder Creme. Eine Nasenblesse in Rot oder Creme ist wünschenswert. Nasenspiegel und Fußballen entsprechen der Grundfarbe der Points und/oder pink. Augen lebhaftes Tiefblau.

Blue-creme-point. Körperfarbe bläulich-weiß oder creme-weiß, das an Brust und Bauch weiß wird. Points blau mit creme Flecken. Nasenspiegel und Fußballen schiefergrau und/oder pink. Augen lebhaftes Tiefblau.

Lilac-creme-point. Körperfarbe rundum magnolienfarben (Großbritannien) oder eisfarbig (USA). Points gletschergrau, blaß cremefarbig gefleckt. Eine Gesichtsblesse ist wünschenswert. Nasenspiegel und Fußballen lavender-pink und/oder pink. Augen lebhaftes Tiefblau.

Tabby-(Lynx-)point. Körperfarbe entsprechend der Farbe der Points, die seal, chocolate, blue, lilac oder red sein können. Zu den Points gehören das charakteristische „M" auf der Stirn, Streifen im Gesicht und schwächere Ringe an Beinen und Schwanz, jeweils in der entsprechenden soliden Farbe und klar abgesetzt von einem blasseren Untergrund. Nasenspiegel und Fußballen entsprechend der Farbe der Points. Augen creme tiefblau.

Birmakatzen
(Heilige Birmakatze)

Vorzüge
- *Charmant*
- *Intelligent*
- *Anpassungsfähig und gelehrig*
- *Gut zu Kindern*
- *Ruhig*

Zu beachten
- *Benötigt tägliche Pflege*
- *Möchte frei herumlaufen*

Birmakatzen sind vom Wesen her genau solche Individualisten wie vom Aussehen und verfügen über einen ruhigen, freundlichen Charme. Intelligent und gesellig, schließt sich die Birma voll der Familie an und verträgt sich auch gut mit anderen Haustieren.

Pflege
Obwohl das Fell der Birma nicht verfilzen soll, braucht es tägliches Kämmen und Bürsten, um abgestorbene Haare zu entfernen, damit diese nicht in großen Mengen heruntergeschluckt werden und im Magen Haarwürste formen können. Bei Ausstellungskatzen wird ein wenig in die helleren Partien des Fells eingeriebener Pflegepuder jegliche Fettspuren entfernen.

Herkunft und Geschichte
Man sagt der Birma, oder Heiligen Birmakatze, nach, ihren Ursprung in den Tempeln von Burma zu haben. Wenn das stimmt, wurde sie wahrscheinlich durch natürliche Paarungen zwischen Siamesen und langhaarigen Bicolors hervorgebracht. In Frankreich faßte sie etwa um 1920 Fuß und wurde dort 1925 offiziell anerkannt. Zu jenem Zeitpunkt wurde auch eine Linie in Deutschland begründet.

Zucht
Birmakatzen vermehren sich rein im Typ, und ein Wurf umfaßt gewöhnlich vier Kitten.

Kätzchen
Birmakätzchen sind groß und gesund und scheinen ihr verspieltes Betragen bis weit in die Erwachsenenzeit hinein beizubehalten.

AUSSTELLUNGSKRITERIEN
Die Birmakatze ist eine große, langhaarige Katze mit dem Fell der Himalayan, aber mit vier weißen Füßen.
Fell. Lang und seidig, um den Bauch herum wehend. Nicht verfilzend. Dicke, schwere Halskrause.
Körper. Mittellang, aber stämmig und niedrig. Schwere, mittellange Beine; Füße rund, fest und sehr groß, mit engstehenden Zehen.
Schwanz. Mittellang und buschig. Knicke nicht erlaubt.
Kopf. Stark, breit und abgerundet. Volle Wangen. Römische Nase mit niedrig angesetzten Nasenlöchern. Weit auseinanderstehende, an den Spitzen abgerundete Ohren.
Augen. Fast rund.

Birma-Farben
Innerhalb der Rasse gibt es lediglich vier natürliche Farben: Sealpoint, Chocolate-point, Blue-point und Lilac-point. Alle Birma tragen die charakteristischen weißen „Handschuhe" an den Füßen.

Fellzeichnung. Der Körper sollte eine gleichmäßig blasse Farbe tragen, und die kontrastierende Hauptfarbe sollte sich beschränken auf die Points (Maske, Ohren, Beine und Schwanz). Die Maske sollte das ganze Gesicht ausfüllen, auch rund um die Schnurrhaare, und ist mit den Ohren durch leichte Schattierung verbunden. Die weißen Fußabzeichen sollten symmetrisch sein. Die Vorderfüße tragen weiße Handschuhe, die in gerader Linie über den Fußknöcheln enden; bei den Hinterfüßen bedecken die weißen Handschuhe den ganzen Fuß und erstrecken sich hinten bis kurz unter das Sprunggelenk.

Seal-point. Körperfarbe ein gleichmäßiges blasses Beige bis Creme, warm im Ton mit einem charakteristischen Goldschimmer auf dem Rücken, besonders gut sichtbar bei erwachsenen Katern. Unterkörper und Brust sind leicht blasser. Points (außer den Handschuhen) dunkles Sealbraun. Handschuhe reinweiß. Nasenspiegel tiefes Sealbraun. Fußballen pink. Augen tiefes Violettblau.

Chocolate-point. Körperfarbe rundum gleichmäßig elfenbein. Points (außer Handschuhen) warm milchschokoladenfarben; Handschuhe reinweiß. Nasenspiegel zimtfarben-pink. Fußballen pink. Augen tiefes Violettblau.

Blue-point. Körperfarbe in kühlem Bläulich-weiß, an Bauch und Brust weniger kühler Ton. Points (außer Handschuhen) tiefblau; Handschuhe reinweiß. Nasenspiegel schiefergrau. Fußballen pink. Augen tiefes Violettblau.

Lilac-point. Körperfarbe kühler, eisfarbiger Ton. Points (außer Handschuhen) eisgrau; rosa; Handschuhe reinweiß. Nasenspiegel lavender-pink. Fußballen pink. Augen tiefes Violettblau.

Norwegische Waldkatze

Vorzüge
- Hübsch
- Kraftvoll
- Wasserdichtes Fell
- Gute Jägerin
- Verspielt

Zu beachten
- Benötigt tägliche Pflege
- Bevorzugt ein Leben im Freien
- Starker Fellwechsel im Frühjahr und Sommer

Die Norwegische Waldkatze ist eine aktive, robuste Katze von kräftigem Naturell, die am liebsten im Freien lebt. Amüsant ist zu sehen, wie sie hohe Bäume besteigt und spiralförmig, mit dem Kopf zuerst, wieder herunterklettert! Sie hat ein einmalig wasserdichtes Fell, das schon 15 Minuten nach dem stärksten Regen wieder trocken ist.

Pflege
Die Norwegische Waldkatze hat ein doppeltes Fell: ein dichtes, wolliges Unterfell und ein wasserabstoßendes, seidiges Fell darüber. Das Fell verfilzt nicht, muß aber täglich gekämmt und gebürstet werden, besonders in den ersten Sommermonaten, wenn das Unterfell abgelegt wird.

Herkunft und Geschichte
Man nimmt an, daß die Rasse sich aufgrund des rauhen skandinavischen Klimas entwickelt hat. Wahrscheinlich waren ihre Vorfahren sowohl Kurzhaarkatzen aus Südeuropa wie auch Langhaarkatzen aus Kleinasien, die mit Handelsleuten und Reisenden herüberkamen. Da Hauskatzen gewöhnlich zum Mäusefangen und nicht als Schmusekatzen gehalten wurden, lebten sie vorwiegend im Freien; und das rauhe Klima mag bewirkt haben, daß nur Katzen mit dem dichteren Fell die harten Winter überlebten.

In der letzten Zeit wurden Stammbaumzuchtlinien der Norwegischen Waldkatze begründet, und heute sind mehr als 500 eingetragen. Der Rasse wurde 1977 die Anerkennung verliehen von der FIFE (Fédération Internationale Féline d'Europe), und sie ist nun zu allen europäischen Ausstellungen zugelassen. Bisher jedoch ist die Rasse außerhalb Europas wenig bekannt, und die meisten Katzen werden in Norwegen gezüchtet.

Zucht
Von Natur aus robust, werfen die Kätzinnen leicht und sind aufmerksame Mütter.

Kätzchen
Norwegische Waldkatzen sind gesunde, verspielte Kätzchen. Das erste Erwachsenenfell beginnt nach drei bis fünf Monaten zu wachsen.

AUSSTELLUNGSKRITERIEN
Die Norwegische Waldkatze sollte den Eindruck der Stärke vermitteln, gut gebaut und muskulös sein, mit langem Körper und langen Beinen. Charakteristisch für sie ist das struppige, wasserabweisende Fell.

Fell. Sehr langes Überfell; Deckhaare sind weich und ölig, was das Fell wasserabstoßend macht. Dichtes, wolliges Unterfell. Im Herbst wächst eine Halskrause um Nacken und Brust, die aber im folgenden Sommer abgelegt wird. Die Fellqualität paßt sich den Lebensbedingungen an: mehr im Haus gehaltene Katzen haben ein weicheres, kürzeres Fell.

Körper. Lang, groß und schwergebaut. Lange Beine, mit längeren Hinterbeinen. Breite Füße mit schweren Ballen. Schmaler Typ gilt als Fehler.

Schwanz. Lang und dicht behaart.

Kopf. Dreieckig, mit einer langen, breiten, geraden Nase ohne Naseneinbuchtung. Langer Nacken. Volle Wangen. Schweres Kinn. Lange, hochangesetzte Ohren, aufrechtstehend und spitz zulaufend, innen mit langen Ohrenbüscheln. Lange, ausgeprägte Schnurrhaare. Fehlerhaft sind eine kurze Nase und kleine oder zu weit auseinanderstehende Ohren.

Augen. Groß, offen und weit auseinanderstehend.

NORWEGISCHE WALDKATZE-FARBEN
Jegliche Fellfarbe oder -zeichnung, mit oder ohne Weiß, ist zugelassen. Für gewöhnlich erscheint Weiß an Brust und Pfoten. Tabby-Katzen tragen allgemein dichteres Fell als die soliden und bicolor-Varietäten. Augenfarbe im selben Ton wie Fellfarbe.

Maine Coon

Vorzüge
- Abgehärtet
- Aktiv
- Liebt Spaß
- Ruhige, außergewöhnliche Stimme
- Anpassungsfähig
- Gut zu Kindern
- Ausgeglichen im Temperament
- Leicht zu pflegen
- Gute Mäusefängerin

Zu beachten
- Keine Nachteile bekannt

Die Maine Coon ist eine große, sehr ausdauernde und aktive Katze, gut zu Kindern, aber sehr scheu. Sie hat ein ausgeglichenes Temperament, ist leicht zu pflegen und zu versorgen. Sie liebt das Spielen und alle möglichen Tricks dabei, und hat eine angenehm ruhige, zwitschernde Stimme; keine zwei Maine Coon klingen gleich. Auffällig aussehend, ist die Katze vorn fast kurzhaarig und entlang des Rückens und Bauches langhaarig. An rauhe Klima- und Lebensverhältnisse gewöhnt, kann die Maine Coon in den seltsamsten Stellungen und Winkeln schlafen. Obwohl sie sich einem Leben inner- und außerhalb des Hauses anpaßt, braucht diese Katze viel Raum zum Herumstromern.

Pflege
Die Maine Coon hat nur wenig Unterwolle, so daß sie leicht zu pflegen ist. Einige leichte Kamm- und Bürstenstriche alle paar Tage genügen zum Entfernen abgestorbener Haare.

Ursprung und Geschichte
Wie bei vielen Katzenrassen, liegt der Ursprung der Maine Coon im dunkeln. Höchstwahrscheinlich entwickelte sie sich aus Paarungen zwischen heimischen Kurzhaarkatzen und Langhaarkatzen, die mit Kaufleuten aus Kleinasien nach Maine und anderen Teilen Neuenglands gebracht wurden, lange bevor man Katzenaufzeichnungen führte.

Möglicherweise ist die Maine Coon in ihrer Anfangszeit eine wildlebende Katze gewesen und erhielt den Namen „Coon-Katze" aufgrund ihrer Ähnlichkeit in Aussehen und Angewohnheiten mit dem heimischen Waschbär. Beide tragen ein langes Fell, klettern auf Bäume, und da alle freilebenden Katzen meistens gestreift sind, haben sie Fell ähnlicher Farbe sowie beringte Schwänze.

Obwohl es keine frühen Aufzeichnungen gibt, war die Maine Coon schon am Ende des 19. Jahrhunderts in den Ostküstenstaaten wohlbekannt. Sie wurden zum Mäusefangen gehalten, lange bevor sie auf Ausstellungen auftauchten, gehörten aber zu einer der ersten Ausstellungsrassen: zahlreiche Maine Coon wurden auf der ersten New Yorker Katzenausstellung von 1860 gezeigt, und eine Maine Coon wurde „Best Cat in Show" 1895 in New York in einer Madison Square Garden-Schau. Danach flaute das Interesse an dieser Rasse fast völlig ab, bis die Gründung des Maine Coon-Katzenclubs 1953 für neues Interesse sorgte und er regelmäßige Ausstellungen nur für sie veranstaltete.

Die Maine Coon ist nicht länger auf den Staat begrenzt, dessen Namen sie trägt, sondern ist überall in den Vereinigten Staaten, und jetzt sogar in Europa, bestens bekannt und gezüchtet.

Zucht
Maine Coon-Katzen haben für gewöhnlich nur einen Wurf pro Jahr und geben gute Mütter ab. Aufgrund der verschiedenartigen Vorfahren findet sich in einem Wurf oft eine farbenfreudige Kätzchen-Schar ein.

Kätzchen
Die großen, robusten Kätzchen brauchen lange zum Erwachsenwerden, und manchmal bis zu vier Jahren, ehe ihre volle Schönheit durchkommt.

AUSSTELLUNGSKRITERIEN
Die Maine Coon ist eine zähe, große und stämmige Katze, fest gebaut, mit weichem, struppigem Fell.

Fell. Schwer und struppig, aber von seidiger Textur, glänzend und wehend. Kurz an Gesicht und Schultern, aber länger an Bauch und Hinterbeinen, wo es lange, struppige Hosen formt.

Körper. Eine langgebaute Katze mit breiter Brust und ebenem Rücken, rechteckig wirkend. Kater 4,5 bis 5,5 kg; Katzen kleiner, 3,5 bis 4,5 kg. Muskulös, mit starken, weit auseinanderstehenden Beinen. Große, runde Füße. Pfoten mit Haarbüscheln.

Schwanz. Am Ende stumpf, aber gut mit langem Haar gefedert. Am Ansatz breiter. Knicke nicht erlaubt.

Kopf. Im Vergleich zum Körper klein, auf einem mittellangen, starken Nacken liegend. Viereckige Schnauze. Festes, nicht vorspringendes Kinn. Hohe Wangenknochen. Mittellange Nase, kann leichte Einbuchtung aufweisen. Ohren groß und mit dichten Büscheln, unten breiter und zur Spitze verjüngt; hoch am Kopf angesetzt.

Augen. Leicht schrägstehend, groß und weit auseinander.

Maine Coon-Farben
Maine Coon-Katzen werden in allen Fellfarben und -zeichnungen gezüchtet, und in Mischungen verschiedener Farben und Zeichnungen, wie Tabby mit Weiß. In diesem Falle sollten auch Lätzchen, Bauch und alle vier Pfoten weiß sein, und idealerweise ein Drittel des Körpers. Augen können grün, gold oder kupfer sein, obwohl weiße Katzen auch blau- oder verschiedenäugig sein können. Augenfarbe und Fellfarbe oder -zeichnung hängen nicht voneinander ab.

Die Farbstandards für Ausstellungskatzen sind dieselben wie bei Persern.

Gesunde Maine Coon-Kätzchen nehmen aktiv teil am Leben.

Angora
(Türkisch Angora)

Vorzüge
- *Sehr hübsch*
- *Anmutig*
- *Intelligent*
- *Treu*
- *Sanft*
- *Ruhig*
- *Anpassungsfähig*

Zu beachten
- *Benötigt tägliche Pflege*
- *Wechselt das Fell im Frühjahr und Sommer*

Eine Angora ist ein charmanter, niedlicher Gefährte und von der Erscheinung her sehr attraktiv mit ihrem langen, geschmeidigen Körper und gefederten Schwanz. Sie ist keine sehr „gesprächige" Katze, aber sie ist treu, anhänglich und anpassungsfähig; sie paßt sich dem Stadt- oder auch Landleben an, möchte aber frei im Haus herumlaufen. Munter, lebendig und intelligent, liebt sie das Spielen und Produzieren vor Publikum.

Angoras werden in den meisten Farben und Zeichnungen gezüchtet, obwohl Weiß wohl am beliebtesten ist. Einige der blauäugigen und verschiedenäugigen Weißen können taub sein.

Pflege
Obwohl die Angora leichter zu pflegen ist als eine Perserkatze, braucht sie doch ihre tägliche Pflegesitzung, die sie auch genießt. Entfernen Sie mit einem mittelzinkigen Griffkamm die abgestorbenen Haare. Pflege ist ganz besonders wichtig zur Zeit des Fellwechsels im Frühjahr und Sommer.

Ursprung und Geschichte
Die Angora gilt als die älteste langhaarige Rasse Europas. Ursprünglich stammt sie aus Ankara/Türkei, wo sie noch heute sowohl als freilaufende Hauskatze wie auch im Zoo gehalten wird.

Angoras kamen gegen Ende des 16. Jahrhunderts über Frankreich nach Großbritannien, weswegen sie zeitweise auch Französische Katzen genannt wurden. Im Anfang wurden sie leider wahllos mit anderen Langhaarkatzen (den ursprünglichen Persern) gepaart, so daß in der Folge der Persertyp dominierte und der Angoratyp sich bis vor kurzem nahezu verlor, mit Ausnahme der Türkei natürlich. Offensichtlich hatten die ersten Perser langes, dichtes Fell, ohne die Seidigkeit der Angorahaare und man nimmt an, daß Angoras zur Verbesserung des Persertyps verwendet wurden.

Zucht
Angorawürfe zählen meist vier oder fünf Kitten, obwohl auch sechs oder sieben nicht ungewöhnlich sind. Obwohl innerhalb der Rasse viele natürliche Farben auftreten, ist Weiß so dominierend, daß es fast immer im Fell durchkommt, und es ist schwierig, ausstellungsreife Angoras in anderen Farben zu züchten.

Kätzchen
Angorakätzchen sind charmant,

Eine anmutige, blauäugige Weiße Angora. Leider werden viele blauäugige Weiße taub geboren; prüfen Sie das vor dem Kauf, um spätere Probleme zu vermeiden.

flauschig und verspielt. Weiße Kätzchen mit einem Büschel schwarzer Haare auf der Kopfmitte bei ihrer Geburt hören wahrscheinlich wenigstens auf einem Ohr gut. Die Kätzchen entwickeln sich nur langsam, und das lange, seidige Fell ist erst nach zwei Jahren voll gewachsen.

AUSSTELLUNGSKRITERIEN
Die Angora ist eine mittelgroße Katze, fest gebaut, aber anmutig und geschmeidig, mit einem langen, wehenden Fell.
Fell. Mittellanges, seidiges Haar; leicht wehend, besonders am Bauch. Keine dicke Unterwolle. Das Haar ist am Unterkörper und der Halskrause lang, und kürzer entlang des Rückens und im Gesicht.
Körper. Mittlere Größe, lang, anmutig und geschmeidig. Fein, aber schwer gebaut. Lange, aber kräftige Beine; Hinterbeine leicht länger. Füße klein, oval bis rund und zierlich; dicke Haarbüschel an den Zehen.
Schwanz. Lang und am Ansatz breiter und verjüngt zur gut gefederten Spitze hin. In der Bewegung wird der Schwanz horizontal über dem Rücken getragen, manchmal fast den Kopf berührend.
Kopf. Mittelgroß, breit, leicht keilförmig. Gerade Nase ohne Stop. Langer, schlanker Nacken. Ohren hoch angesetzt, groß und spitz, am Ansatz breiter und mit Haarbüscheln.
Augen. Groß, rund bis oval und leicht schräggestellt.

ANGORA-FARBEN
Kreideweiß ist die beliebteste Farbe, aber alle anderen Farben der Langhaarkatzen sind gestattet. Besonders beliebt sind Schwarz, Blau, Chocolate und Lilac in Self- und Tabby-Zeichnung, Red, Schildpatt, Zimt und Bicolors. (Chocolate und Lilac sind in den Vereinigten Staaten nicht zugelassen.) Augen sind bernstein bei allen Farben, aber Brown und Silver Tabbies können grüne oder haselnußfarbene Augen haben, und Weiße können blau- oder verschiedenäugig.

Türkische Van-Katzen

Vorzüge
- *Auffällige Erscheinung*
- *Elegant*
- *Intelligent*
- *Abgehärtet*
- *Lebhaft*
- *Liebt Wasserspiele und kann schwimmen*

Zu beachten
- *Benötigt tägliche Pflege*
- *Wechselt das Fell im Frühjahr und Sommer*

Die Türkische Van-Katze ist ein andersartig-exotisches Haustier mit ihrem hübschen, kreideweißen Fell und auffallend kastanienbraunen Gesicht und Schwanz. Ihre Originalität zeigt sich vorwiegend darin, daß sie schwimmen kann und das Spiel mit dem Wasser liebt. In kälteren Zonen muß darauf geachtet werden, daß die Katze sich nicht erkältet, obwohl die Winter in ihrer türkischen Heimat sehr streng sind, und türkische Katzen im allgemeinen kräftig und abgehärtet sind.

Diese Rasse ist noch wenig verbreitet, so daß Sie möglicherweise sehr viel bezahlen und lange auf ein Kätzchen warten müssen, da nicht genügend geboren werden. Das Warten lohnt sich jedoch, da die Türkische Van-Katze lebhaft und anhänglich ist und ein charmanter, intelligenter Kamerad. Ein kastrierter Kater wird ein hervorragendes Haustier sein und kann günstiger erworben werden, da nicht soviel Zuchtkater benötigt werden wie Kätzinnen.

Pflege
Die Türkische Van-Katze ist leicht zu pflegen, sollte trotzdem aber täglich gekämmt werden, um abgestorbene Haare zu entfernen, besonders während des Fellwechsels im Frühjahr und Sommer. Gelegentlich kann etwas ungiftiger Pflegepuder in das Fell eingepudert werden, um Fettspuren zu vermeiden, die der wundervollen kreideweißen Erscheinung abträglich wären. Anders als viele andere Katzen, wird die Türkische Van-Katze ein Bad genießen, halten Sie das Tier aber hinterher gut warm und schützen es vor Erkältung.

Ursprung und Geschichte
Die Türkische Van-Katze soll das Ergebnis natürlicher Selektion sein aufgrund der Kreuzungen innerhalb einer geografisch abgeschlossenen Region, dem Van-Gebiet in der Türkei, wo diese Katzen seit Jahrhunderten als Haustiere gehalten wurden. Sie kamen das erstemal in den fünfziger Jahren nach Großbritannien, als ein Züchter englischer Katzen ein Pärchen von der Türkei mitbrachte. Die Linie wurde stufenweise aufgebaut, indem weitere Katzen aus der Türkei importiert wurden, und wird nun in Europa immer beliebter.

Bisher ist die Rasse in den Vereinigten Staaten noch nicht ausstellungsanerkannt, obwohl Tiere als Haustiere gezüchtet und gehalten werden.

Zucht
Türkische Van-Katzen vererben sich rein, die Kätzchen gleichen immer ihren Eltern, und die Rasse wird rein gehalten, indem man sie nicht zu anderen Rassen oder Farbvarietäten auskreuzt. Ein durchschnittlicher Wurf bringt vier Kätzchen.

Kätzchen
Die Kätzchen werden kreideweiß geboren — nicht rosa, wie die meisten ganz weißen Tiere — mit der schon gut sichtbaren kastanienbraunen Zeichnung. Ihre Augen öffnen sich schon sehr früh, mit vier oder fünf Tagen, und sind blau und werden zusehends blaß bernsteinfarben.

AUSSTELLUNGSKRITERIEN
Die Türkische Van-Katze ist eine mittelgroße Katze, kräftig und stark gebaut, mit einem langen, seidigen Fell. Kater sind etwas größer und muskulöser als die Katzen.
Fell. Sehr seidiges, langes, gerades Fell ohne dicke Unterwolle.
Körper. Lang, aber kräftig, mit mittellangen Beinen. Schmale, runde Füße mit Fellbüscheln an den Zehen.
Schwanz. Mittellang und -voll.
Kopf. Kurz und keilförmig. Mittellanger Nacken. Nase lang, nicht stupsnasig. Große, gerade, engstehende Ohren, innen muschelrosa und mit dicken Haarbüscheln.
Augen. Rund, rosa umrandet.

FARBEN DER TÜRKISCHEN VAN-KATZE
Kreideweiß mit kastanienbraunen Markierungen im Gesicht, rund um und unterhalb der Ohren, mit weißer Blesse bis über die Ohren. Nase, Wangen und Kinn sind weiß. Der Schwanz ist beringt in zweierlei Kastanienbraun-Tönen, und diese Markierung ist besonders deutlich bei den Kätzchen. Kleine kastanienbraune Markierungen sind auch anderswo am Körper erlaubt. Nasenspiegel und Fußballen blaßrosa. Augen blaß bernstein.

Cymric

(Langhaarige Manx)

Vorzüge
- Intelligent
- Ruhig
- Treu
- Anhänglich
- Stark
- Sanft
- Gute Mäusefängerin
- Verträglich mit Kindern und Hunden

Zu beachten
- Benötigt tägliche Pflege

Ihre einmalige Erscheinung unterscheidet die Cymric von allen anderen Katzen: sie ist schwanzlos und unterscheidet sich auch noch durch ihr langes Fell von der Manx. Die Cymric weist dasselbe Temperament auf wie die Manx, sie ist treu und anhänglich, intelligent und freundlich, mutig und stark. Sie ist ein hervorragendes Haustier, verträgt sie sich doch mit Kindern und Hunden und ist gleichermaßen amüsant wie sensibel.

Pflege
Trotz des langen Haares verfilzt das Fell nicht, was die Katze pflegeleicht macht. Lediglich tägliches Durchkämmen zur Entfernung abgestorbener Haare ist notwendig. Ihre Augen und Ohren sollten regelmäßig auf Schmutz oder Milben hin kontrolliert werden.

Herkunft und Geschichte
Die Manx ist eine altbekannte Rasse, besonders verbreitet auf der Man, aber auch anderswo. Offensichtlich gab es die ersten Langhaarkätzchen in Manx-Würfen in den sechziger Jahren in Kanada. In der ganzen Geschichte seit Beginn der eingetragenen Katzenzucht ist eine Manx nie wissentlich mit einer Langhaarkatze ausgekreuzt worden, aber es ist wohl denkbar, daß ein rezessives Gen für Langhaarigkeit seit vielen Generationen bewahrt worden sein muß. Somit ist die Cymric eine relativ junge Ausstellungsrasse und momentan noch auf Nordamerika beschränkt.

Zucht
Die Paarung zweier Cymrics bringt hundertprozentige Cymric-Kätzchen hervor, aber schwanzlose Katzen tragen einen todbringenden Faktor, wenn sie immer nur untereinander gepaart werden; des besseren Ergebnisses wegen sollten deshalb Katzen mit Schwanz oder Stummelschwanz mit schwanzlosen Katzen gepaart werden.

Kätzchen
Cymric-Kätzchen sind sehr mutig und unternehmungslustig und sehr verspielt, obwohl ihnen das Spielzeug versagt ist, das anderen Rassen ins Körbchen gelegt wird — Mutters Schwanz.

AUSSTELLUNGSKRITERIEN
Das besondere Merkmal der Ausstellungs-Cymric ist ihre völlige Schwanzlosigkeit. Die Katze sollte einen runden, hasenähnlichen Eindruck vermitteln, mit kurzem Rücken und langen Hinterbeinen.
Fell. Mittel bis lang. Das Unterfell ist dicht und wollig. Das Oberfell ist seidig und glänzend.
Körper. Eine gedrungene, rundliche Katze, mit kurzem Rücken, abgerundetem Rumpf, sehr tiefen Flanken und muskulösen Oberschenkeln. Die Vorderbeine sind weit auseinanderstehend, kurz und schwerknochig. Die Hinterbeine sind länger. Der Rücken wölbt sich von der Schulter zum Rumpf. Die Füße sind zierlich und rund.
Schwanz. Nicht vorhanden, mit deutlicher Vertiefung am Ende der Wirbelsäule. Ein angedeuteter Schwanz gilt als Fehler.
Kopf. Groß und rund, mit hervorstehenden Wangenknochen. Kurzer, dicker Nacken und festes Kinn. Nase mittellang mit leichter Einbuchtung. Der Ansatz der Schnurrhaare ist abgerundet, mit deutlicher Einbuchtung. Ohren sind groß, breit am Ansatz und verjüngen sich zum leicht spitzen Ende zu, sind hoch am Kopf angesetzt und mit Ohrenbüscheln ausgestattet.
Augen. Groß, rund und ausdrucksstark; im Winkel zur Nase angesetzt, die äußeren Augenwinkel stehen leicht höher als die inneren.

Cymric-Farben
Erlaubt sind alle Fellfarben und -zeichnungen sowie Kombinationen dieser, wie Weiß und Tabby. Chocolate, Lilac und die Himalayan-Zeichnung sind jedoch nicht zugelassen, noch diese Farben mit Weiß. Den Farbstandard finden Sie bei Persern.

Somali

Vorzüge
- Leicht zu pflegen
- Fast stimmlos
- Amüsant und unterhaltsam
- Anhänglich
- Sanft
- Ausgeglichen im Temperament
- Gut zu Kindern
- Leicht zu versorgen

Zu beachten
- Möchte frei herumlaufen

Die Somali ist eine langhaarige Abessinierkatze, dieser in Temperament und Farbe gleich, aber weniger ungestüm. Die Somali ist ein interessantes Haustier, da sie verspielt und lebhaft ist, aber sehr ruhig, fast stimmlos im Ausdruck. Sanft und ausgeglichen, ist sie eine ausgezeichnete Familienkatze.

Aber genau wie die Abessinierkatze, so liebt auch die Somali es sehr, wenn sie überall frei herumstromern kann; eingesperrt, kann sie krank werden.

Pflege
Obwohl relativ lang, verfilzt das Fell der Somali nicht, und tägliche Pflege ist nicht so wichtig. Ein leichtes Durchkämmen mit einem mittelzinkigen Kamm ist jedoch hilfreich für das Entfernen abgestorbener Haare und wird sicher von der Katze geschätzt werden.

Herkunft und Geschichte
Langhaarkätzchen traten zuerst in den Sechziger Jahren in Abessinierwürfen in Kanada und den Vereinigten Staaten, ja sogar in Europa, auf und wurden als natürliche Mutation angesehen. Ihre Ahnenreihe kann jedoch nahezu immer zurückverfolgt werden zu Abessinierkatzen in Großbritannien, die man versuchshalber mit Langhaarkatzen gekreuzt hatte. Demzufolge nimmt man heute an, daß das Gen für Langhaarigkeit von Züchtern eingebracht wurde.

Der erste Züchterclub wurde 1972 gegründet, und 1978 wurde die Rasse offiziell anerkannt von allen offiziellen amerikanischen und kanadischen Vereinigungen.

Zucht
Die Paarung zweier Somalis wird nur Somalikitten hervorbringen, diese können aber auch aus Abessinierwürfen fallen, bei denen beide Eltern das Langhaar-Gen in sich tragen. Zur Typauffrischung können Somalis auch mit Abessiniern gepaart werden.

Kätzchen
Somaliwürfe umfassen selten mehr als drei bis vier Kätzchen, und es werden viel mehr Katerchen geboren. Die Kitten sind etwas größer als Abessinierkitten und brauchen länger zur Entwicklung ihres Erwachsenenfells.

AUSSTELLUNGSKRITERIEN
Die Somali ist eine mittelgroße, geschmeidig gebaute Katze, stark und muskulös, mit langem Fell und charakteristischer Farbe.
Fell. Voll, dicht, seidig und fein texturiert. Halskrause und „Höschen" sind wünschenswert. Am Bauch ist das Fell länger und an den Schultern kürzer. Bis zur Entwicklung des Erwachsenenfells können zwei Jahre vergehen.
Körper. Mittellang, geschmeidig, anmutig und muskulös. Brustkorb abgerundet. Rücken leicht gewölbt. Beine lang und schlank. Füße klein und oval, mit büscheligen Zehen.
Schwanz. Voller Schweif; dick am Ansatz und leicht verjüngt am Ende.

Kopf. Rund, kurz, keilförmig, alle Linien leicht geschwungen. Breit zwischen den Ohren, die groß und aufmerksam sind, spitz, unten breiter, etwas auf dem Hinterkopf angesetzt und mit langen Ohrbüscheln ausgestattet. Kinn rund, stark und voll. Keine Schnurrhaareinbuchtung. Leichte Naseneinbuchtung.
Augen. Mandelförmig, groß, leuchtend und ausdrucksstark.

Somali-Farben
Bis jetzt ist die Somali in zwei Farben anerkannt — Ruddy und Red —, da die Abessinier aber in mehreren Farbschlägen gezüchtet werden, sind bald weitere Farben zu erwarten.

Wildfarben. Fellfarbe orangebraun, jedes Haar schwarz getickt (andersfarbig gestreift). Der erste Streifen sollte direkt an der Haut beginnen, und zwei- oder dreifache Streifen sind wünschenswert. Die Rückenschattierung ist dunkler, sie verläuft in einer Linie entlang der Wirbelsäule zum Schwanzende und bildet dort das schwarze Ende. Die Ohren sollten schwarz oder dunkelbraun getippt sein. Das Gesicht wird charakterisiert durch eine kurze, dunkle, vertikale Linie über jedem Auge, eine weitere Linie verläuft vom oberen Augenlid zum Ohr. Die Augen sind dunkelumrandet und von blasserem Fell umgeben. Unterkörper, Beininnenseiten und Brust sollten in gleichmäßig rötlichem Ton, ohne Ticking oder andere Zeichnung, sein. Die Zehenbüschel an allen vier Füßen sind schwarz oder dunkelbraun, mit Schwarz zwischen den Zehen, das an den Hinterbeinen aufsteigt. Weiß oder gebrochenes Weiß ist nur erlaubt unter der Kehle, an Lippen und Nasenlöchern. Nasenspiegel ziegelrot. Fußballen schwarz oder braun. Augen goldfarbig oder grün, tiefere Töne bevorzugt.
Red. Körperfarbe warmes, glänzendes Rot, schokoladenbraun getickt. Tieferes Rot bevorzugt. Ohren und Schwanz sollten schokoladenbraun getippt sein. Unterkörper, Beininnenseiten und Brust sollten rötlichbraun, ohne Ticking oder sonstige Zeichnung, sein. Die Zehenbüschel sind schokoladenbraun, die Farbe steigt leicht über die Füße hinauf. Nasenspiegel rosa-pink. Fußballen pink. Augen goldfarbig oder grün, tiefere Töne bevorzugt.

Eine nachdenkliche Red Somali. Diese hübschen Katzen — richtige Abessinier mit langem Fell — sind sanft und leicht zu versorgen.

Blue Schildpatt-Weiße (abgeschwächtes Calico) Cymric

Cymric

Red Somali Kätzchen

Ruddy Somali

Somali

Kurzhaar-Katzen

Katzenliebhaber, die nicht viel Zeit für die Pflege einer Katze erübrigen können, sollten sich lieber eine Kurzhaarkatze anschaffen. Die Auswahl ist groß, von den plüschfelligen British Kurzhaar bis zum glatten Fell der Katzen „ausländischen" Typs wie den sehr beliebten Siam- und Burma-Katzen. Für die Liebhaber des Besonderen dürfte die gelockte Rex eine gute Wahl darstellen. In den USA oder Kanada könnten Sie sich sogar begeistern für eine Rauhhaar-Katze oder sogar eine völlig haarlose Katze, wenn Sie das mögen. Diejenigen, die das Ungewöhnliche lieben, fühlen sich vielleicht angezogen von der Scottish Fold mit ihren seltsam „herabgeknöpften Ohren". Die schwanzlose Manx und die charmante Japanese Bobtail üben ebenfalls einen besonderen Reiz aus. Die Neuzüchtung der Snowshoe, einer Siamkatze mit weißen Füßen und Schnäuzchen, mag Ihnen ins Auge fallen. Oder Sie bevorzugen eher die geschmeidige Eleganz einer der reinen Orientalisch Kurzhaarkatzen. Ihre Wahl mag fallen auf die anhängliche Tonkinese, eine Kreuzung aus Siam- und Burma-Katze, oder vielleicht gefällt Ihnen besser die schlanke Bombay mit ihrem schwarzglänzenden Fell und den leuchtenden, kupferfarbenen Augen. Die ruhigen Russisch Blau und Korat mögen Ihrem eigenen Temperament entsprechen, oder vielleicht entspricht die unabhängige Natur einer Abessinierkatze mehr Ihrem eigenen Lebensstil. Lesen Sie sich durch die Seiten dieses Teiles und Sie werden mit Sicherheit die harmonisch zu Ihnen passende Kurzhaarkatze finden.

Der fragende Blick einer Blue Orientalisch (Ausländisch) Kurzhaar.

British Kurzhaar

Vorzüge
- *Stark und kräftig*
- *Gesund*
- *Gute Mäusefängerin*
- *Anhänglich*
- *Gut zu Kindern und Hunden*
- *Ruhig*
- *Leicht zu pflegen*

Zu beachten
- *Keine Nachteile bekannt*

Da die British Kurzhaar eine natürliche, nicht den Launen eines Züchters unterworfene Rasse ist, gilt sie als gesund an Körper und Geist. Unanfällig für Krankheiten und ausgeglichen im Temperament, ist sie die ideale Katze für Kinder und alte Menschen. Die wohl beliebteste Farbe ist Blau, gefolgt von den Silver Tabbies und den getupften Varietäten. Dies ist eine durch und durch starke und kräftige Kurzhaarkatze; sie ist aktiv, anmutig, intelligent und neugierig.

Pflege
Tägliche Pflege ist ratsam zur Entfernung des abgestorbenen Haares. Streichen Sie zusätzlich einige Male mit der bloßen Hand über das Fell, was die Katze schätzen wird. Wöchentliches Kämmen genügt jedoch, um eine British Kurzhaar adrett und ordentlich aussehen zu lassen. Deswegen wird jeder vielbeschäftigte Katzenhalter seine Wahl am besten auf eine Kurzhaarkatze fallen lassen.

Herkunft und Geschichte
Aufzeichnungen über Stammbaumzuchten werden erst seit knapp hundert Jahren geführt, man weiß aber sehr wohl aus Geschichtsbüchern, zeitgenössischer Literatur und Kunst, daß diese Katzen seit Jahrhunderten bekannt sind. Sie wurden als eine der ersten Rassen Ende des 19. Jahrhunderts ausgestellt, als man in Großbritannien mit dem Ausstellungswesen begann, und im allgemeinen wird ihre Herkunft auf die Britischen Inseln verlegt, obwohl einige der Linien von den Römern eingeführt worden sein dürften. Alle schon sehr lange bekannten Katzen waren kurzhaarig, selbst bei Ausstellungen. Langhaarkatzen kennt man in Europa erst seit dem 16. Jahrhundert. British Kurzhaarkatzen wurden nach Amerika mitgebracht von den frühen englischen Einwanderern, die sie als Haustier und Mäusefänger hielten. Diese Katzen paarten sich mit anderen, aus anderen Ländern eingebrachten Kurzhaarkatzen, und begründeten so die Rasse der Amerikanisch Kurzhaarkatze.

Die in Europa gezüchteten Kurzhaarkatzen ähneln sehr der British Kurzhaar. Oft werden Zuchtlinien aus Großbritannien eingeführt, und die für die Rasse und ihre Farbvarietäten aufgestellten Standards sind den englischen sehr ähnlich. Lediglich die Chartreuse in Frankreich soll sich abheben aufgrund ihrer eigentümlichen Geschichte, aber seit den letzten Jahren sind die British Blue und die Chartreuse kaum mehr voneinander zu unterscheiden.

Die vielgerühmte orange-äugige British Kurzhaar Weiß.

AUSSTELLUNGSKRITERIEN
Die British Kurzhaar ist eine mittlere bis große Katze; stark und kräftig auf kurzen Beinen und mit kurzem, dicken Fell. Kater sind größer als Katzen.
Fell. Kurz, elastisch und dicht, ohne Unterfell.
Körper. Hart und muskulös, mittel bis groß, mit voller, breiter Brust auf starken, kurzen Beinen, und mit ebenem Rücken. Die geraden Vorderbeine haben dieselbe Länge wie die Hinterbeine. Die Pfoten sind zierlich, gut abgerundet und fest.
Schwanz. Kurz, dick am Ansatz, verjüngt zu einer runden Spitze.
Kopf. Breit und abgerundet, mit rundem Gesicht auf kurzem Nakken. Die Nase ist gerade, breit und kurz, ohne Stop. Die Ohren stehen so weit auseinander, daß die Augenwinkel senkrecht unter dem inneren Ohrenrand stehen; die Ohren sind klein und abgerundet.
Augen. Groß, rund und ebenmäßig. Sie sollten weit geöffnet und voller Ausdruck sein und um Augenbreite auseinanderstehen.
British Kurzhaar-Farben
In Großbritannien sind 17 Farben anerkannt, aber jede bei Katzen bekannte Farbe ist möglich und wird sicher früher oder später auftauchen.

British Black

Schwarze Katzen blicken zurück auf eine lange und wechselvolle Vergangenheit. Im Mittelalter wurden sie oft verfolgt als Anhängsel der Hexen und allgemein mit Argwohn betrachtet.

Ein andermal, wie heutzutage, wurden sie, wenigstens in Großbritannien, als Glücksbringer angesehen. Sie sind jedenfalls sehr auffallend und tragen zumeist ein sehr gesund aussehendes, glänzendes Fell. Der gültige Ausstellungsstandard verlangt tief kupferfarbene Augen; wohingegen viele schwarze Katzen ohne Stammbaum ein wundervolles Fell, jedoch ganz grüne Augen haben.

Pflege
Die Ausstellungsvorbereitung einer kurzhaarigen Schwarzen macht sehr wenig Mühe, das Fell muß jedoch täglich gekämmt werden. Das Fell kann in starkem Sonnenlicht ausbleichen, weswegen man schwarze Katzen vorzugsweise in den Wintermonaten ausstellt.

Zucht
Schwarze Katzen erhält man durch Paarung zweier Schwarzer, sie können aber auch in Schildpatt-Würfen auftauchen. Schwarze selbst sind sehr wertvoll für das Züchten von Schildpatt- und Schildpatt-Weiß-Katzen (Calicos) und für Bicolor-Zuchten. Zur Typverbesserung kann man Schwarze mit Blauen, oder sogar mit Schwarzen Persern, kreuzen unter der Voraussetzung, daß die daraus fallenden Kitten nicht wieder zur Zucht verwendet, sondern sterilisiert oder kastriert und als Haustier behalten werden.

Kätzchen
Sehr junge schwarze Kätzchen können rostig aussehen, aber der rötliche Schimmer verschwindet mit dem Erwachsenenfell. Wichtig ist, daß das Fell von den Haarwurzeln an ein solides Schwarz zeigt. Es darf keine weißen Haare haben, und die Augen sollten in reinem Kupfer erstrahlen, ohne grünlichen Schimmer beim Wechsel vom Baby-Blau.

AUSSTELLUNGSKRITERIEN
Das dichte Fell sollte von der Wurzel bis zur Spitze durch und durch glänzend pechschwarz sein, ohne weiße Haare. Nasenspiegel und Fußballen schwarz. Augen leuchtend kupfer oder orange, ohne grünlichen Schimmer.

British White

Bei den Zuchtkatzen gibt es drei Arten von kurzhaarig-Weißen: die blauäugigen, die orangeäugigen und jene mit einem Auge in jeder Farbe (verschiedenäugig). Weiße Zufallskatzen haben für gewöhnlich grüne Augen.

Weiße Katzen waren schon immer beliebt wegen ihres reinen Aussehens und wurden besonders in Japan hochgeschätzt, wo sie als Symbole der Reinheit und Perfektion galten. Seit es Katzen gibt, hat es immer schon weiße Katzen gegeben, aber trotz ihrer offensichtlichen Beliebtheit sind sie nie so zahlreich gewesen.

Pflege
Eine weiße Katze benötigt, selbst wenn sie sich selbst reinigt, tägliche Pflege zur Entfernung des abgestorbenen Haares, und als Ausstellungskatze braucht sie noch mehr Aufmerksamkeit. Ein Bad, etwa eine Woche vor der Ausstellung, mag nötig sein, wobei die Katze anschließend gut warm gehalten werden sollte. Es kann auch Babypuder in das trockene Fell eingestreut und nachher sorgfältig ausgebürstet werden. Eine ausstellungsreife Weiße muß ein makelloses Fell haben, ohne gelblichen Schimmer oder fettige Stellen. Vor der Schau müssen alle Puderspuren entfernt und die Katze mit einem weichen Seidentuch abgerieben werden.

Zucht
Blauäugige Weiße sind oft taub, weswegen sie sicher auch so selten sind, denn taube Katzen werden nicht häufig zur Zucht verwendet. Orangeäugige Weiße lösten das Problem der Taubheit, aber im Verlauf ihrer Entwicklung brachten sie die Verschiedenäugigen Weißen hervor: solche Katzen können perfekt hören oder aber auf der blauäugigen Seite taub sein. Wird eine taube Katze zur Zucht verwendet, muß man sich ihr mehr zuwenden als einer normalen Katze, denn sie kann die Jungen nicht schreien hören. Man sollte sie auf eine mit Zeitungen abgedeckte harte Unterlage legen, so daß sie die Kätzchen und die Vibration ihrer Schreie fühlen kann.

Im Durchschnittswurf einer Weißen fallen drei oder vier Kitten, und alle werden mit blauen Augen geboren. Kätzchen mit den späteren orange Augen beginnen mit etwa zwei Wochen die Augenfarbe zu verändern. Bei den Verschiedenäugigen läßt sich der Unterschied schon bemerken, da ein Auge tiefblauer ist. Weiße können mit Weißen gepaart werden oder mit soliden Blacks, Reds, Creams und Blues und bringen Bicolors hervor; oder mit Schildpatt für Schildpatt-Weiß-Junge (Calicos).

Kätzchen
Man sagt, daß schon ein einziges schwarzes Haar im Fell des blauäugigen Kätzchens anzeigt, daß es gut hören wird, wenigstens auf einem Ohr. Weiße Kätzchen jeglicher Augenfarbe sind sehr gefragt und scheinen stolz zu sein auf ihre Erscheinung.

AUSSTELLUNGSKRITERIEN
Die Fellfarbe sollte reinweiß sein, ohne gelblichen Stich. Nasenspiegel und Fußballen rosa. Augen gold, orange oder kupfer; sehr tiefes Saphirblau; oder eines gold oder kupfer, eines tiefblau.

British Kurzhaar

Verschiedenäugige British Kurzhaar Weiß

British Kurzhaar Schwarz

British Blue

Die British Blue ist mit ihrem hellblauen, plüschigen Fell die beliebteste aller Kurzhaar-Varietäten.

Obwohl auf den ersten Katzenausstellungen genügend Blaue gezeigt wurden, gab es während des Zweiten Weltkrieges nur sehr wenig Deckkater. Nach dem Krieg wurde zu anderen Rassen ausgekreuzt, was unglücklicherweise zu einer Typverwässerung führte. Spätere Auskreuzungen zu Langhaar-Blauen verbesserten jedoch den Typ, wenn sie auch ein zu langes Fell hervorbrachten. Selektives Züchten in den fünfziger Jahren brachte wieder die Kurzhaar-Blauen hervor, diese Kätzchen sind heute viel gefragt.

Pflege
Für Blaue Kurzhaarkatzen bedeutet das tägliche Auskämmen zur Entfernung abgestorbener Haare und einige Striche mit der Hand über das Fell, was alle Katzen lieben.

Zucht
Es ist ratsam, hin und wieder zu Langhaar-Blauen oder Kurzhaar-Schwarzen auszukreuzen, um die Qualität von Typ und Farbe zu erhalten. Einige der daraus fallenden Kätzchen werden unerwünscht langes Haar haben, was sie für Ausstellungszwecke ungeeignet macht. Natürlich können sie ausgezeichnete und charmante Haustiere werden. Die Würfe umfassen durchschnittlich drei bis vier Kätzchen. Blaue sind ganz besonders wertvoll zur Zucht von Blau-Creme-Katzen, wenn sie mit Creme-Katzen gepaart werden.

Kätzchen
Blaue Kätzchen sind außergewöhnlich hübsch. Normalerweise werden sie mit schwacher Tabby-Zeichnung geboren, die aber nach einigen Monaten mit dem Erwachsenenfell verschwindet.

AUSSTELLUNGSKRITERIEN
Die Fellfarbe sollte hell- bis mittelblau sein, gesund von der Wurzel bis zur Haarspitze, ohne weiße Haare oder Tabbyzeichnung. Nasenspiegel und Fußballen blau. Augen kupfer oder orange.

Chartreuse
(Chartreux)

Die Chartreuse ist eine blaue Kurzhaarkatze und ähnelt der British Blue, obwohl einige Unterschiede da sein sollen. Die Rasse soll sich in Frankreich in dem Karthäuserkloster, in dem der Likör Chartreuse hergestellt wird, entwickelt haben.

Wo auch immer sie herstammt, die Chartreuse hat in Frankreich eine lange Vergangenheit und ist dort sehr beliebt.

Ursprünglich war die Chartreuse eine größere, massivere Katze mit einem grau-blauen Fell, aber neuerliches selektives Züchten hat ihren Typ mehr der British Blue angeglichen, und heute akzeptieren die meisten offiziellen Vereinigungen in Europa denselben Standard für beide Rassen (s. British Blue).

Die französische Rasse Chartreuse ähnelt der British Blue.

British Cream

Die British Cream Kurzhaarkatze ist eine sehr attraktive Varietät, aber vergleichsweise selten. Das Fell sollte ein blasses, gleichmäßiges Creme zeigen, ohne Tabbyzeichnung, was in der Praxis sehr schwer zu erzielen ist.

Cremefarbige Kurzhaarkatzen mit Stammbaum gab es nie sehr viele. Vorwiegend deshalb, weil zu Beginn der Stammbaumzucht niemand so richtig wußte, wie diese Katzen gezielt zu züchten waren. Hin und wieder fielen sie in Schildpatt-Würfen und wurden meist als „Scherz" oder Laune der Natur betrachtet. Erst gegen 1928 erhielten sie die offizielle Zulassung.

Pflege
Eine Creme Kurzhaar mag zur Ausstellungsvorbereitung ein Bad einige Tage vorher benötigen, da jegliche Fett- oder Staubablagerung das Fell beeinträchtigt. Außerdem muß sie täglich zur Entfernung abgestorbener Haare durchgekämmt werden. Streichen Sie gelegentlich mit der bloßen Hand, jedoch ohne Handcreme (!), über sie.

Zucht
Das Züchten guter Creme Kurzhaar ist nicht so einfach wie bei Rot, und Creme ist ein genetisch abgeschwächtes Rot, ist die Farbe hauptsächlich auf Kater beschränkt. Sie können jedoch aus Schildpatt und aus Blau-Creme-Katzen gezüchtet werden. Die Blau-Creme-Katze mit einem blauen oder creme Kater bringt die besten Creme-Kätzchen hervor, und offensichtlich nutzen diese Paarungen sowohl den Blauen wie den Creme-Katzen, einen ausgesprochen guten Typ zu produzieren.

Kätzchen
Weibliche Creme-Kätzchen erhält man durch die Paarung einer Blau-Creme-Katze mit einem Creme-Kater; Creme-Katerchen durch die Paarung einer Blau-Creme-Katze mit einem Blau-Kater. Creme-Kätzchen sind sehr attraktiv, obwohl wenige nur das gewünschte blasse Fell tragen; viele haben Tabbyzeichnung oder sind für Ausstellungszwecke zu dunkel. Sie werden aber reizende Haustiere und sind gut unterzubringen.

AUSSTELLUNGSKRITERIEN
Das Fell sollte rundum ein gleichmäßig-helles Creme zeigen, ohne weiße Haare oder sonstige Markierungen. Nasenspiegel und Fußballen rosa. Augen leuchtend kupfer oder orange.

British Bicolor Kurzhaar

Zweifarbige Katzen sind seit Jahrhunderten bekannt und wurden schon auf den ersten Katzenschauen gezeigt; trotzdem erhielten sie die offizielle Anerkennung erst kürzlich, als sie sich als nützlich erwiesen bei der Zucht von Schildpatt-Weiß- und den farblich blasseren Calicos-Katzen.

Die standardgemäße Bicolor ist besonders attraktiv, obwohl in der Praxis die symmetrische Verteilung der Farbflecken mit Weiß sehr schwer zu erzielen ist. Mag sein, daß sie deswegen so selten auf Ausstellungen anzutreffen ist. Bicolors können Schwarz-und-Weiß (Magpie) sein, Blau-und-Weiß, Rot-und-Weiß oder, seltener, Creme-und-Weiß.

Pflege
Bicolors sind leicht zu pflegen, das heißt mit einigen Kamm- und Handstrichen täglich zufrieden. Die blasseren Farben sollten einige Tage vor der Schau gebadet werden. Puder wird auf den schwarzen Fellpartien nicht verwendet, da es den Ton beeinträchtigt.

Zucht
Bicolors erscheinen in gemischten Würfen mit Selfcoloured und Schildpatt-Weiß-Kätzchen und entstehen durch Paarung zwischen Selfcoloured-Katern und Schildpatt-Weiß-Katzen, zwischen Bicolor-Katern und Schildpatt-Weiß-Katzen und zwischen zwei Bicolors oder einer Self-coloured mit einer weißen Katze.

Bicolor-Katzen sind ausgezeichnete Mütter und werfen Kitten unterschiedlicher Farben, entsprechend dem beteiligten Deckkater und den Vorfahren beider Eltern.

Kätzchen
Bicolor-Kätzchen sind sehr farbenprächtig; sie werden früh reif und sind unabhängig, intelligent, gesund und abgehärtet.

AUSSTELLUNGSKRITERIEN
Die Ausstellungs-Bicolor muß einen bestimmten Anteil Weiß und Farbe am Körper haben. Die Flecken müssen sich vom Weiß abheben, dürfen sich nie vermischen. Die Fellzeichnung sollte der eines Dutch rabbit (Holländisch Kanin) entsprechen, mit symmetrischen Farbflecken (entweder schwarz, blau, rot oder creme), die gleichmäßig auf Kopf, Körper und Schwanz verteilt sind, wobei Weiß dominieren sollte an Füßen, Beinen, Gesicht, Brust und Unterkörper. Der Farbanteil sollte nur zwei Drittel ausmachen, und nicht mehr als die Hälfte sollte weiß sein. Eine weiße Gesichtsblesse ist wünschenswert, und die Zeichnung sollte sich so symmetrisch wie möglich auf beide Körperseiten verteilen. Tabbyzeichnung und weiße Haare innerhalb der Farbflecken gelten als Fehler. Nasenspiegel und Fußballen entsprechend der Grundfarbe oder pink. Augen leuchtend kupfer oder orange.

British Tipped Shorthair

Diese Katzen sind die kurzhaarigen Gegenstücke zu den langhaarigen Chinchillas, Cameos, Silver Shaded und Cameo Shaded, und haben eine ähnliche, wenn auch jüngere Geschichte.

Sie gehören zu den auffallendsten Varietäten mit ihrem weißen Unterfell, das leicht in kontrastierender Farbe getippt ist. Bisher gibt es für diese verschiedenen Farben keine eigenen Ausstellungsklassen, mit Ausnahme der Perser-Gegenstücke, da diese Katzen jedoch zusehends beliebter werden, wird es auch bald mehr von ihnen geben.

Pflege
Wie andere Kurzhaarkatzen auch, brauchen diese Katzen tägliche Kamm- und Handstriche. Vor einer Schau empfiehlt sich das Pudern des Unterfells oder auch ein Bad.

Zucht
Verschiedene Züchter berichten von höchst ungewöhnlichen Kreuzungen, um British Shorthair Tipped-Kitten hervorzubringen, wie beispielsweise Siam mit Chinchilla, aber die häufigste ist Silver Tabby Kurzhaar mit Chinchilla und anschließend Rückkreuzung zu Chinchilla Kurzhaar. Bei den Chocolate und Lilac Tipped würde man nur die Chocolate und Lilac Kurzhaar mit Chinchilla Kurzhaar paaren, aber wahrscheinlich wurden sie entwickelt aus Kashmir (Chocolate und Lilac Langhaar) mit British Kurzhaar.

Kätzchen
Aufgrund der früheren Auskreuzung zu Langhaarkatzen tragen die Kätzchen bei der Geburt längeres Haar, das aber später verschwindet.

AUSSTELLUNGSKRITERIEN
Das Unterfell sollte so weiß wie möglich sein. Das Oberfell sollte getippt sein an Rücken, Flanken, Kopf, Ohren, Beinen und Schwanz in einer Kontrastfarbe, um einen Glitzereffekt zu erzielen. Kinn, Bauch, Brust und Schwanzunterseite sollten weiß sein. Tabbyzeichnung gilt als Fehler. Nasenspiegel und Fußballen entsprechend der Tippingfarbe. Augen grün bei schwarzgetippten Katzen; Augen, Nase und Lippen schwarzumrandet. Augen orange bei den andersfarbigen, oder kupfer; Augen und Lippen tiefrosaumrandet.

British Smoke Kurzhaar

Diese Katzen sind die kurzhaarigen Gegenstücke zu den Smoke Persern und weisen eine ähnliche Zuchtvergangenheit auf. Das Haar ist meist einfarbig, an den Wurzeln ist es aber weiß oder silver. Daher erweckt das Fell den Eindruck einer soliden Farbe, bevor es sich teilt oder die Katze sich bewegt.

Pflege
Täglich einige Kamm- und Handstriche genügen einer normalen Kurzhaarkatze. Schaukatzen werden darüber hinaus noch etwas Pflegepuder gegen Fettflecken benötigen oder gar ein Bad einige Tage vor der Ausstellung. Der Puder muß vollständig ausgebürstet werden.

Zucht
Diese liebenswerten Katzen erhält man aus einer Paarung zwischen Silver Tabby Kurzhaar mit Kurzhaar in einer soliden Farbe des gewünschten Tones. Danach werden Smokes mit Smokes gepaart und gelegentlich zur Typauffrischung mit Kurzhaar-Blauen.

Kätzchen
Smoke Kätzchen sehen bei der Geburt wie solide gefärbte Katzen aus, der liebenswerte Smoke-Effekt zeigt sich erst mit dem Erwachsenenfell.

AUSSTELLUNGSKRITERIEN
Black Smoke. Unterfell blaß silbrig-weiß. Das Oberfell bis zu den Wurzeln dicht schwarz getippt. Lange weiße Haare oder Tabbyzeichnung sind Fehler. Nasenspiegel schwarz. Fußballen schwarz oder dunkelbraun. Augen tiefgelb bis kupfer.
Blue Smoke. Unterfell blaß silbrig-weiß. Das Oberfell bis zu den Wurzeln dicht blau getippt. Keine weißen Haare. Nasenspiegel und Fußballen blau. Augen gelb bis orange.

British Kurzhaar Schildpatt

Katzen mit Schildpatt-Musterung, das heißt mit einem schwarz, rot oder creme gefleckten Fell, sind seit Jahrhunderten bekannt und werden seit der allerersten Katzenausstellung gezeigt. Bei der British Kurzhaar sind die Flecken sehr deutlich und höchst attraktiv und farbenfreudig.

Pflege
Tägliches Kämmen genügt.

Zucht
Das diese Varietät auf Kätzinnen beschränkt ist, muß man, um Schildpatt-Kätzchen zu erzielen, eine Schildpatt-Katze paaren mit einem self-coloured Kater in einer der gewünschten Farben — schwarz, rot oder creme. Selbst dann gibt es noch keine Garantie auf Torties bei den daraus fallenden Kätzchen. Viel Forschung ist noch zu betreiben, bevor Züchter unfehlbar Schildpatt-Kätzchen züchten können.

Kätzchen
Schildpatt-Kätzchen werden geboren zusammen mit schwarzen, roten und creme Kätzchen. Die schildpatt- oder schildpatt-weiß-Kätzchen verkaufen sich am besten, da es nur wenige gibt.

AUSSTELLUNGSKRITERIEN
Das Fell sollte gleichmäßig schwarz, rot und creme gefleckt sein, ohne Vermischen der Farben, und ohne weiße Haare. Die Farbflecke sollten gleichmäßig verteilt sein an den Beinen und im Gesicht, und eine rote oder creme Blesse ist wünschenswert. Nasenspiegel und Fußballen rosa, schwarz oder Mischung aus beidem. Augen kupfer oder orange.

British Kurzhaar Blau-Creme

Als abgeschwächte Form des Schildpatt ist die Blau-Creme ebenso eine rein weibliche Varietät. Relativ jung im Ausstellungswesen, wurde diese Varietät erst 1956 in Großbritannien anerkannt, obwohl Blau-Creme-Kätzchen seit vielen Jahren in Würfen aus Blauen und Creme-Paarungen und in Schildpatt-Würfen (wenn beide Eltern ein Gen für Blau in sich trugen) geboren wurden. Die zwei blassesten Schattierungen von Blau und Creme werden bevorzugt, ohne Anflug von Rot.

Pflege
Die Ausstellungsvorbereitung ist relativ einfach. Sie sollten täglich gekämmt werden zur Entfernung abgestorbener Haare. Häufiges Streichen mit der Hand verleiht dem Fell Glanz.

Zucht
Blau-Cremes erzielt man durch Paarung einer Blauen mit einer Creme-Kurzhaar, oder aus Schildpatt-Eltern. Wenn eine Blau-Creme-Katze gepaart wird mit einem Cream-Kater, so fallen daraus keine blauen Kätzinnen, sondern Kätzchen aller anderen Farben und beiderlei Geschlechts; aber aus einer Paarung mit einem Blau-Kater gibt es auch keine Creme-Kätzinnen, sondern alle anderen Möglichkeiten. Keine Blau-Creme-Kater haben das Erwachsenenalter erreicht oder erfolgreich decken können. Wenn sie erscheinen meint man sie seien zeugungsunfähig.

Kätzchen
Nach der Geburt ist nicht sofort ersichtlich, welches Kitten blaucreme wird, und einige der besten Blau-Cremes sehen anfänglich wie blasse Blaue aus.

AUSSTELLUNGSKRITERIEN
Das Fell sollte sanft über den ganzen Körper vermischtes Blau und Creme zeigen, ohne Gesichtsblesse. Tabbyzeichnung und weiße Haare sind Fehler. Nasenspiegel blau. Fußballen blau und/oder pink. Augen kupfer oder orange.

British Kurzhaar Schildpatt-und-Weiß
(British Kurzhaar Calico)

Die Schildpatt-und-Weiß-Fellzeichnung ist, wie die Schildpatt-Zeichnung, seit Jahrhunderten unter Straßenkatzen bekannt, besonders in Ländern wie Spanien, und ist seit eh und je wegen ihrer Brillanz geschätzt worden. Auch sie kommt nur bei Kätzinnen vor, und das selten genug auftretende Katerchen ist zeugungsunfähig. Abgehärtet und robust, sind sie ausgezeichnete Mäusefängerinnen. Früher wurden sie Chintz oder Spanische Katzen genannt.

Pflege
Tägliches Kämmen ist ratsam.

Zucht
Erst nach dem Zweiten Weltkrieg fand man heraus, daß die besten Deckkater für diese Varietät die Bicolors sind, insbesondere solche von einer Schildpatt-und-Weiß-Mutter. Schwarz-und-Weiß- oder Rot-und-Weiß-Kater bringen mit größter Wahrscheinlichkeit Schildpatt-und-Weiß-Kitten hervor nach der Paarung mit einer Schildpatt-und-Weiß-Katze.

Kätzchen
Die Kätzchen zeigen ein außergewöhnlich ausgeglichenes Temperament und sind glücklich und gesund. Sie entwickeln sich schnell, aber die Fellflecken sind anfangs nicht sehr leuchtend, erst etwa ab dem neunten Monat entwickeln sie die volle Schönheit.

AUSSTELLUNGSKRITERIEN
Das Fell sollte deutliche Flecken in Schwarz, Creme und Rot auf Weiß zeigen, und Weiß darf nicht dominieren. Die Tricolor-Flecken sollten Kopfmitte, Ohren und Wangen, Rücken, Schwanz und teilweise die Flanken bedecken. Die Flecken sollen sich klar und deutlich abheben. Eine weiße Gesichtsblesse ist wünschenswert. Nasenspiegel und Fußballen rosa, schwarz oder eine Mischung aus beidem. Augen leuchtend kupfer oder orange.

Blau Schildpatt-und-Weiß
(abgeschwächtes Calico)

Es existiert eine abgeschwächte Form des Calico oder Schildpatt-und-Weiß-Typs. Bei ihm ersetzt Blau das Schwarz und Creme das Rot des Fells. Fußballen und Nasenspiegel sind schieferblau oder pink oder eine Mischung aus beidem. Die Augen sind gold.

Eine orangeäugige British Kurzhaar Schildpatt-und-Weiß.

British Kurzhaar Schildpatt-Weiß

British Kurzhaar

British Kurzhaar Schildpatt

British Kurzhaar Blau-Creme

British Kurzhaar Tabby

Die Kurzhaar-Tabbies gibt es in Braun, Rot und Silver und in verschiedenen Fellzeichnungen, wie der Classic, Mackerel und Spotted. In einigen Ländern werden auch blaue- und creme-Tabbies anerkannt.

Die Tabbyzeichnung ist weitverbreitet unter Hauskatzen, und kurzhaarige Katzen aus Zufallswürfen sind allgemein Varietäten der Braun Tabbies oder „Ginger Toms". Der Zeichnung vieler Wildkatzen nach zu urteilen, war die ursprüngliche Tabby-Hauskatze eine gestreifte oder getupfte Katze, und viele der in ägyptischen Schriftrollen dargestellten Katzen zeigen getupftes Fell. Getupfte Tabbies wurden auf den ersten Katzenschauen gezeigt, scheinen aber zu Beginn dieses Jahrhunderts in Vergessenheit geraten zu sein, vielleicht deshalb, weil die damaligen Züchter das Classic Tabby-Fell vorzogen. Glücklicherweise tauchten sie 1965 wieder auf und werden heute in fünf Farben gezüchtet, obwohl bisher nur Braun, Silver und Rot in Großbritannien auf Ausstellungen zugelassen sind.

Offensichtlich ist das Classic oder Blotched Muster, das unter Zuchtkatzen häufigste Muster, eine Mutation aus der gestreiften Form, die sich in Europa zuerst bei Wild- und Hauskatzen zeigte, und bereits in der Mitte des 17. Jahrhunderts bekannt war.

Unter den Tabby-Farben ist heute, und scheint es immer gewesen zu sein, Silver Classic Tabby die beliebteste Varietät. Ab dem Zweiten Weltkrieg sind die Zuchtlinien sehr verbessert worden, indem man mit ausgezeichneten Silver Tabbies aus Frankreich kreuzte und die British Tabbies zeigen nun einen guten Typ und ansprechende Zeichnung.

Brown Tabbies werden selten ausgestellt, wahrscheinlich deswegen, weil solch eine Katze entsprechend standardgemäß nur schwer zu züchten ist.

Wegen der häufigen Assoziation des Namens „Red Tabby" mit der Orangenmarmelade oder ingwerfarbigen Straßenkatze mag diese Varietät verhältnismäßig unbeliebt sein. Das ist schade, denn die Red Tabby-Zuchtkatze ähnelt in keiner Weise dem „Ginger Tom", und ist sehr anziehend in ihrem satten roten Fell.

Die Blau und Cream Tabby Kurzhaarkatzen warten gerade auf ihre Ausstellungszulassung in Großbritannien; Blau Tabbies gewinnen zunehmend an Beliebtheit in Europa.

Pflege
Wie alle Kurzhaarkatzen, profitiert auch die Tabby von täglichem Durchkämmen zur Entfernung des abgestorbenen Haares. Oftmaliges Streichen mit — selbstverständlich sauberen — bloßen Händen erhöht den Fellglanz und wird außerdem von der Katze sehr geschätzt!

Zucht
Das Paaren zweier Tabbies der gewünschten Farbe miteinander bringt viele Generationen eines guten Typs hervor, dann aber kreuzen Züchter oftmals zur Typauffrischung mit anderen self-coloured kurz- oder langhaarigen Katzen. Meist wird das mit Blauen geschehen, es können aber auch solide Farben in der gewünschten Fellzeichnung sein. In jedem Falle Braun Tabby mit Schwarz Tabby, Rot Tabby mit Schildpatt, Silver Tabby mit einer Chinchilla, Blau Tabby mit einer Blauen, und Creme Tabby mit einer Creme British Kurzhaar oder Perser (Langhaar).

Kätzchen
Tabby-Kätzchen werden mit deutlicher Zeichnung geboren, und meist werden aus den am schönsten gezeichneten Kitten später die hübschesten Erwachsenen. Die Zeichnung kann jedoch kurz nach der Geburt verblassen und sich dann erst nach sechs Monaten voll entwickeln. Unzureichend gezeichnete Kätzchen mit weißen Haaren oder Flecken oder falscher Zeichnung sind zur Ausstellung nicht geeignet.

AUSSTELLUNGSKRITERIEN
Classic Tabby-Zeichnung. Die Zeichnung sollte sich klar von der Grundfarbe abheben. Die charakteristische Kopfzeichnung ist ein „M", das Stirnfalten ähnelt. Von den äußeren Augenwinkeln laufen durchgehende Linien zum Hinterkopf, und andere bleistiftdünne Linien sollten auf den Wangen verlaufen. Von der Kopfmitte verlaufen Linien im Schmetterlingsmuster zu den Schultermarkierungen. Drei durchgehende Linien verlaufen parallel zueinander entlang der Wirbelsäule von der Schulterzeichnung zum Schwanzansatz. Ein großer Fleck auf jeder Flanke wird eingekreist durch einen oder mehrere durchgehende Ringe; diese Zeichnung sollte symmetrisch auf beiden Körperseiten sein. Mehrere durchgehende Halsketten sollten Nacken und obere Brust umfassen, und eine doppelte „Knopf"-Reihe sollte von der Brust zum Bauch verlaufen. Erwünscht ist ferner, daß die Beine und der Schwanz gleichmäßig beringt sind.

Mackerel Tabby-Zeichnung. Der Kopf ist mit dem charakteristischen „M" gekennzeichnet, und eine durchgehende Linie verläuft von den äußeren Augenwinkeln zum Hinterkopf. Auf den Wangen gibt es weitere, bleistiftdünne Linien. Eine schmale, durchgehende Linie verläuft vom Hinterkopf zum Schwanzansatz. Der übrige Körper wird gezeichnet durch schmale, durchgehende Linien, die vertikal vom Rückgrat nach unten verlaufen. Diese Linien sollten möglichst schmal und zahlreich sein und sich, idealerweise, klar von der Grundfarbe abheben. Mehrere durchgehende Halsketten sollten Nacken und Brust umfassen, und eine doppelte „Knopf"-Reihe sollte von der Brust zum Bauch verlaufen. Beine und Schwanz sollten gleichmäßige, geschlossene Ringe aufweisen.

Spotted Tabby-Zeichnung. Die dichte Zeichnung sollte sich klar von der Grundfarbe abheben. Der Kopf sollte das charakteristische „M" zeigen. Eine durchgehende Linie verläuft von den äußeren Augenwinkeln zum Hinterkopf. Auf den Wangen gibt es weitere, bleistiftdünne Linien. Idealerweise laufen alle Streifen des Tabby-Fells aus in Tupfen, die rund, oval oder rosettenförmig sein können und so zahlreich und klar abgegrenzt von der Grundfarbe wie möglich sein sollten. Ein Rückenstrich verläuft entlang der Wirbelsäule und geht in Tupfen über. Eine Doppelreihe Tupfen befindet sich an Brust und Bauch, und Tupfen oder unterbrochene Ringe an Beinen und Schwanz.

Braun Tabby. Die Grundfarbe sollte ein sattes Sandbraun oder Kupferbraun zeigen. Die Markierungen in Classic, Mackerel und Spotted Tabby sind pechschwarz. Die Hinterbeine sollten von der Pfote bis zur Hüfte schwarz sein. Nasenspiegel ziegelrot. Fußballen schwarz. Augen orange, haselnußfarben oder tiefgelb.

Rot Tabby. Die Grundfarbe sollte sattes Rot sein. Die Zeichnung, Lippen, Kinn und die Füße in Dunkelrot. Nasenspiegel ziegelrot. Fußballen tiefrot. Augen tiefes, leuchtendes Kupfer.

Silver Tabby. Die Grundfarbe sollte ein klares Silver sein, ohne weiße Haare und ohne braunen Schimmer auf der Nase. Kinn und Lippen sollten silver sein. Die Zeichnung in Classic, Mackerel und Spotted ist pechschwarz. Nasenspiegel ziegelrot oder schwarz. Fußballen schwarz. Augen grün oder haselnußfarben (Großbritannien); leuchtend gold, orange oder haselnußfarben (Großbritannien), entsprechend der verschiedenen Vereinigungen.

Blau Tabby. Die Grundfarbe zeigt blasses Elfenbein. Die Zeichnung in Classic, Mackerel und Spotted sollte in tiefem Schieferblau sein. Nasenspiegel rosa pink. Fußballen rosa. Augen leuchtend gold.

Creme Tabby. Die Grundfarbe sollte blasses Creme sein. Die Zeichnung in Classic, Mackerel und Spotted sollte sanft und dunkelcreme sein. Nasenspiegel und Fußballen pink. Augen leuchtend gold.

Ein Blau Classic Tabby British Kurzhaar-Kitten — voller Neugierde.

Amerikanisch Kurzhaar

Vorzüge
- Attraktiv
- Würdevoll
- Abgehärtet
- Gesellig
- Sehr ausgeglichen
- Gute Jägerin
- Leicht zu pflegen

Zu beachten
- Möchte frei herumlaufen

Diese abgehärtete Katze mit ihrem robusten Hintergrund ist ein ausgezeichnetes Haustier, das krankheitsunanfällig ist. Die Amerikanisch Kurzhaar ist unabhängig und möchte frei herumlaufen. Sie fühlt sich draußen am wohlsten.

Pflege
Das Fell der Amerikanisch Kurzhaar ist sehr leicht zu pflegen. Um Haarwürsten im Magen vorzubeugen, sollte man sie jedoch regelmäßig kämmen. Auch die Augen und Ohren sollten auf Sauberkeit und Milben untersucht werden.

Herkunft und Geschichte
Diese Katzen sollen in die Vereinigten Staaten gebracht worden sein von den ersten Einwanderern aus Europa, die sie auf ihren Schiffen nicht nur als Begleiter, sondern auch als Mäusevertilger hielten. Nach Jahren der Loslösung von den europäischen elterlichen Veranlagungen entwickelten sie ihre eigenen Charakteristika. Obwohl sie den British Kurzhaar noch sehr ähneln, sind die Amerikanisch Kurzhaar größer, mit weniger rundem Kopf und einer längeren Nase. Jahre des Lebens als Wildkatze haben aus ihnen eine abgehärtete, furchtlose, intelligente Rasse gemacht.

Zucht
Amerikanisch Kurzhaar-Kätzinnen bringen gute Würfe hervor und sind hervorragende Mütter. Sie haben unendlich viel Geduld.

Kätzchen
Die Kätzchen sind zutraulich, mutig und krankheisunanfällig.

AUSSTELLUNGSKRITERIEN
Die Amerikanisch Kurzhaar ist eine kräftige, gutgebaute Katze, eher natürlich als gezüchtet aussehend. Sie hat einen athletischen, für ein Leben im Freien bestimmten Körper.
Fell. Dick, kurz, gleichmäßig kräftig texturiert. Weniger flauschig als das der British Kurzhaar, und im Winter schwerer und dichter.
Körper. Mittel bis groß, mager und kräftig, athletisch und kraftvoll. Gut entwickelte Brust und Schultern. Beine robust und mittellang, zum Springen und Jagen entwickelt. Volle, runde Füße mit dicken Ballen. Stark gedrungene Körper sind fehlerhaft.
Schwanz. Mittellang, am Ansatz breiter, zu einer stumpfen Spitze auslaufend, ohne Knicke.
Kopf. Groß und vollwangig. Helles, waches Gesicht, mittellang, dick, muskulöser Nacken, mit ovalem Gesicht, nur leicht länger als breit. Eckige Schnauze, festes Kinn. Nase mittellang, im Profil sanft geschwungen von der Stirn zur Nasenspitze. Weit auseinanderstehende Ohren, nicht übermäßig breit am Ansatz, mit leicht abgerundeten Spitzen.
Augen. Groß, rund und hellwach. Leicht höherstehend im äußeren Augenwinkel; weit auseinanderstehend.

Amerikanisch Kurzhaar-Farben

Weiß. Reinweiß. Nasenspiegel, Fußballen pink. Augen tiefblau oder leuchtend gold; oder eines tiefblau und das andere gold bei verschiedenäugigen Weißen.

Schwarz. Tiefes Schwarz, durch und durch gesundes Fell ohne rostigen Einschlag. Nasenspiegel schwarz. Fußballen schwarz oder braun. Augen leuchtend gold.

Blau. Ein Blauton rundum, hellere Schattierung erwünscht. Nasenspiegel und Fußballen blau. Augen leuchtend gold.

Rot. Tiefes, sattes, klares Rot ohne Schattierung oder Tabby-Zeichnung. Lippen und Kinn rot. Nasenspiegel und Fußballen ziegelrot. Augen leuchtend gold.

Creme. Einheitlich lederfarbencreme, ohne Zeichnung. Hellere Schattierung bevorzugt. Nasenspiegel und Fußballen pink. Augen leuchtend gold.

Bicolor. Weiß mit verlaufenden Flecken in Schwarz oder Blau, oder Rot, oder Creme. Nasenspiegel und Fußballen in Übereinstimmung mit solider Farbe oder pink. Augen leuchtend gold.

Chinchilla. Unterfell reinweiß. Fell an Rücken, Flanken, Kopf und Schwanz ausreichend schwarz getippt, um den charakteristischen silberglänzenden Effekt zu vermitteln. Augen, Lippen und Nase schwarzumrandet. An den Beinen etwas Tipping erlaubt. Kinn, Ohrenbüschel, Bauch und Brust reinweiß. Nasenspiegel ziegelrot. Fußballen schwarz. Augen grün oder blaugrün.

Silver Shaded. Weißes Unterfell mit einem schwarz getippten Mantel, der an den Seiten, im Gesicht und am Schwanz verläuft, dunkel ist am Rückgrat und weiß an Kinn, Brust, Bauch und unter dem Schwanz. Beine im selben Ton wie das Gesicht. Der allgemeine Eindruck sollte viel dunkler sein als bei der Chinchilla. Augen, Lippen und Nase schwarzumrandet. Nasenspiegel ziegelrot. Fußballen schwarz. Augen grün oder blaugrün.

Shell Cameo. Unterfell weiß. Fell an Rücken, Flanken, Kopf und Schwanz ausreichend rot getippt, um den charakteristischen Glanzeffekt zu vermitteln. Gesicht und Beine können leicht getippt sein. Kinn, Ohrenbüschel, Bauch und Brust weiß. Augen rosa umrandet. Nasenspiegel und Fußballen rosa. Augen leuchtend gold.

Shaded Cameo (Red Shaded). Weißes Unterfell mit einem rot getippten Mantel, der an den Seiten, im Gesicht und am Schwanz verläuft, dunkel ist am Rückgrat und weiß an Kinn, Brust, Bauch und unter dem Schwanz. Beine im selben Ton wie das Gesicht. Der allgemeine Eindruck sollte viel rötlicher sein als bei der Shell Cameo.

Black Smoke. Unterfell weiß, dicht, schwarz getippt. Katze in Ruhestellung wirkt schwarz. Points und Maske schwarz mit schmalem weißen Streifen am Haaransatz. Ist nur sichtbar, wenn man ins Fell faßt. Nasenspiegel und Fußballen schwarz. Augen leuchtend gold.

Blue Smoke. Unterfell weiß, dicht, blau getippt. Katze in Ruhestellung wirkt blau. Nasenspiegel, Fußballen blau. Augen leuchtend gold.

Cameo Smoke (Red Smoke). Unterfell weiß, dicht rot getippt. Katze in Ruhestellung wirkt rot. Nasenspiegel, Fußballen rosa. Augen leuchtend gold.

Schildpatt Smoke. Unterfell weiß, dicht schwarz getippt, mit klar abgegrenzten Flecken rot und creme getippter Haare im Schildpatt-Muster. Katze in Ruhestellung wirkt schildpatt. Rot oder creme getippte Gesichtsblesse ist wünschenswert. Nasenspiegel und Fußballen ziegelrot und/oder schwarz. Augen leuchtend gold.

Schildpatt. Schwarz mit verlaufenden roten und creme Flecken, die klar abgegrenzt und gut unterbrochen sind an Körper, Beinen und Schwanz. Rote oder creme Gesichtsblesse ist wünschenswert. Nasenspiegel und Fußballen ziegelrot und/oder schwarz. Augen leuchtend gold.

Calico (Schildpatt-Weiß). Weiß mit verlaufenden schwarzen und roten Flecken. Weiß am Unterkörper vorherrschend. Nasenspiegel und Fußballen pink. Augen leuchtend gold.

Abgeschwächtes Calico. Weiß mit verlaufenden blauen und creme Flecken. Weiß am Unterkörper vorherrschend. Nasenspiegel und Fußballen pink. Augen leuchtend gold.

Blau-creme. Blau mit Flecken in solidem Creme, die klar abgegrenzt und gut unterbrochen sind an Körper, Beinen und Schwanz. Nasenspiegel und Fußballen blau und/oder pink. Augen leuchtend gold.

Van-Katzen-Farben. Meist weiß mit farblich abstechendem Kopf, Farbe an Beinen und Schwanz. Nasenspiegel und Fußballen in Übereinstimmung mit den Farbflecken oder pink. Augen sollten leuchtend gold sein.

Van-Katzen Bicolor. Schwarze, blaue, rote oder creme Flecken an Kopf, Beinen und Schwanz, überall sonst weiß.

Van-Katzen Calico. Schwarze und rote Flecken an Kopf, Beinen und Schwanz, sonst überall weiß.

Van-Katzen Blue-cream. Blaue und creme Flecken an Kopf, Beinen, Schwanz.

Classic Tabby-Zeichnung. Dichte und klar von der Grundfarbe abgehobene Markierungen. Beine und Schwanz gleichmäßig beringt. Mehrere durchgehende Halsstreifen an Hals und oberer Brust. Stirnfalten bilden typisches „M" auf Stirn. Durchgehende Linie verläuft vom äußeren Augenwinkel rückwärts. Wirbel auf Wangen. Vertikale Streifen bilden Schmetterlingsmuster vom Hinterkopf zu den Schultern. Drei parallele Linien verlaufen entlang der Wirbelsäule vom Schmetterlingsmuster zum Schwanz und sind klar von der Grundfarbe abgesetzt. Ein großer solider Tupfen auf jeder Seite sollte von einer oder mehreren durchgehenden Linien umrandet sein. Symmetrische Seitenmarkierung. Doppelte „Knopf"-Reihe an Brust und Bauch.

Mackerel Tabby-Zeichnung. Dichte, klar abgegrenzte und engstehende, bleistiftdünne Markierungen. Beine und Schwanz gleichmäßig beringt. Deutliche Halsstreifen an Nacken und oberer Brust. Stirn zeigt das typische „M". Durchgehende Linien verlaufen von den Augen aus rückwärts. Andere Linien entlang des Kopfes zu den Schultern. Linien entlang der Wirbelsäule bilden einen schmalen Sattel. Schmale Bleistiftlinien umgeben den Körper.

Braun Tabby. Grundfarbe kupferbraun. Dichte, schwarze Markierung. Lippen, Kinn und Augenumrandung blasser. Beinrückseiten von den Füßen zu den Hüften schwarz. Nasenspiegel ziegelrot. Fußballen schwarz oder braun. Augen leuchtend gold.

Rot Tabby. Grundfarbe rot. Markierungen in tiefem, sattem Rot. Lippen und Kinn rot. Nasenspiegel und Fußballen ziegelrot. Augen leuchtend gold.

Silver Tabby. Grundfarbe, Lippen und Kinn blasses, klares Silver. Tiefschwarze Markierungen. Nasenspiegel ziegelrot. Fußballen schwarz. Augen grün oder haselnußfarben.

Blau Tabby. Grundfarbe, Lippen und Kinn blasses Blau-Elfenbein. Markierungen sehr tiefes Blau. Nasenspiegel und Fußballen rosa. Augen leuchtend gold.

Creme Tabby. Grundfarbe, Lippen und Kinn sehr blasses Creme. Markierungen lederfarben-creme, ausreichend dunkler, aber nicht zu dunkel, um gut zu kontrastieren. Nasenspiegel und Fußballen rosa. Augen leuchtend gold.

Cameo Tabby. Grundfarbe, Lippen und Kinn gebrochen weiß. Rote Markierungen. Nasenspiegel und Fußballen rosa. Augen leuchtend gold.

Patched Tabby (Torbie). Ein zugelassenes Silver, Braun- oder Blau-Classic oder Mackerel-Tabby-Muster mit roten und/oder creme Flecken.

Orientalisch Kurzhaar

Vorzüge
- *Intelligent*
- *Ruhig*
- *Ausgeglichen im Temperament*
- *Verspielt*
- *Aufgeschlossen*
- *Niedlich und liebenswert*
- *Gut zu Kindern und Tieren*

Zu beachten
- *Keine Nachteile bekannt*

Wenn Sie die fügsame Art der Perserkatze schätzen, aber nicht die Zeit für die Pflege einer Langhaarkatze haben, mag dies die geeignete Rasse für Sie sein. Die Orientalisch Kurzhaar ist tatsächlich eine Kreuzungsrasse und entstanden aus einer Perser- mit einer Amerikanisch Kurzhaarkatze. Sie ist „eine kurzhaarige Perserkatze". Sie sieht einer Perserkatze ähnlich mit ihrer kurzen Stupsnase und den breiten Wangen, dem gedrungenen Körper und kurzen Schwanz, hat aber ein viel pflegeleichteres Fell. Die Orientalisch zeigt die besten Eigenschaften beider Rassen. Sie hat ein ruhiges, freundliches Naturell und ausgeglichenes Temperament und ist niedlich, trotzdem aber aufgeweckt, verspielt und aufgeschlossen.

Pflege
Die Orientalisch Kurzhaar ist leicht zu pflegen, aber das Fell muß wegen der abgestorbenen Haare täglich durchgekämmt werden, damit nich zuviele von ihnen heruntergeschluckt werden können und eine Haarwurst im Magen bilden. Das Fell ist kurz, aber plüschig, so daß ein mittelzinkiger Kamm sich bewähren würde. Gelegentlich sollte mit einer Noppenbürste massiert werden.

Herkunft und Geschichte
Die Orientalisch Kurzhaar ist wohlüberlegt gezüchtet worden, um den Wünschen einiger Züchter nach einer kurzhaarigen Katze vom Persertyp entgegenzukommen. Das Ergebnis ist erfreulich gut. Zuerst wurden Perser sowohl mit Amerikanisch Kurzhaar wie auch Burma-Katzen gekreuzt, heute jedoch nur noch mit Amerikanisch Kurzhaar. Seit 1966 sind diese Züchtungen auf amerikanischen Ausstellungen als Orientalisch Kurzhaar bekannt. Ältere Amerikanisch Kurzhaar, die der Orientalisch im Typ ähnelten, konnten nachträglich als Orientalisch eingetragen werden und alle Preise behalten, die sie bereits als Amerikanisch Kurzhaar gewonnen hatten.

Zucht
Um als Orientalisch Kurzhaar eingetragen werden zu können, muß die Katze einen Perser- und einen Orientalisch Kurzhaar-Elternteil haben oder beidseitig Orientalisch Kurzhaar-Eltern; alle Farben und Zeichnungen sind erlaubt. Die Kätzinnen sind robust und werfen gesunde, krankheitsunanfällige Kätzchen.

Kätzchen
Orientalisch-Kätzchen sind angenehm verspielt und lieben andere Tiere und Menschen. Sie sind sehr empfänglich für freundliche Behandlung und viel Zuneigung.

AUSSTELLUNGSKRITERIEN
Im Typ sollte die Orientalisch Kurzhaar dem Perser-Standard entsprechen, aber ein kurzes, plüschiges Fell haben.
Fell. Mittellang, dicht, weich, glänzend und elastisch. Nicht enganliegend, sondern vom Körper abstehend.
Körper. Mittel bis groß, gedrungen und kurzbeinig. Tiefliegende Brust, massive Schultern und Rumpf auf einem kurzen, runden Mittelkörper. Glatter Rücken. Kurze, dicke und kräftige Beine. Gerade Vorderbeine. Große, runde, feste Füße.
Schwanz. Kurz, dick, gerade und niedrig getragen. An der Spitze abgerundet, ohne Knicke.
Kopf. Breit, rund, massiv, mit niedlichem Ausdruck. Rundes Gesicht auf kurzem, dickem Nacken. Kurze, breite Stupsnase mit Naseneinbuchtung. Volle Wangen und gut entwickeltes Kinn. Ohren klein, weit auseinanderstehend und niedrig angesetzt in der Kopfrundung. Die Ohren zeigen abgerundete Ecken und sind nach vorn gerichtet. Sie sind am Ansatz nicht übermäßig geöffnet.
Augen. Groß, rund, voll und leuchtend, weit auseinanderstehend.

Orientalisch Kurzhaar-Farben
Alle Farben und Zeichnungen innerhalb des Amerikanisch Kurzhaar- und Perser-Standards sind erlaubt, einschließlich Weiß, mit blauen, orange oder verschiedenfarbigen Augen; Schwarz; Blau; Rot; Creme; Chinchilla; Silver Shaded; Golden Chinchilla; Golden Shaded; Shell Cameo; Shaded Cameo; Shell Schildpatt; Shaded Schildpatt; Black Smoke; Blue Smoke; Cameo Smoke; Smoke Schildpatt; Classic und Mackerel Tabby in Silver, Rot, Braun, Blau, Creme und Cameo; Patched Tabby in Braun, Blau und Silver; Schildpatt; abgeschwächtes Calico; Blau-Creme; Bicolor; Bicolor-Van-Katze; Van-Katze-Calico; Van-Katze-Blau-Creme und Weiß.

Eine blau-creme Orientalisch Kurzhaar, eine perserähnliche Katze mit leicht pflegbarem, kurzem Fell.

Scottish Fold

Vorzüge
- *Starke Persönlichkeit*
- *Freundlich und lieb*
- *Sensibel*
- *Liebt Menschen, auch Fremde*
- *Gut zu Kindern und anderen Tieren*

Zu beachten
- *Kann in Großbritannien nicht ausgestellt werden*

Eine Scottish Fold ist sicher eine sehr auffallende Erscheinung mit ihren umgefalteten Ohren. Aber Schönheit ist relativ, und diese Rasse mußte viel Kritik einstecken in einigen Ländern. Die Ohrstellung ist eine Mißbildung, und aus diesem Grunde ist die Scottish Fold in Großbritannien nicht zu Ausstellungen zugelassen. Die Katze hat trotzdem ihre Anhänger, da sie charmant, sensibel und gut zu anderen Tieren, Kindern und Fremden ist. Sie gibt ein gutes Haustier ab, scheint unter ihren deformierten Ohren nicht zu leiden und hat eine starke Persönlichkeit.

Pflege
Außer der Sauberhaltung benötigen die Ohren keine besondere Pflege. Eine wöchentliche Überprüfung der Zähne und tägliches Bürsten und Kämmen des Fells lassen die Katze sauber und ordentlich erscheinen.

Herkunft und Geschichte
Die Scottish Fold erschien als natürliche Mutation aus der Britisch Kurzhaar in einem Wurf schottischer Farmkatzen 1961. Die erste war weiß, aber das umgefaltete Ohr ist nicht an eine Farbe gebunden und Folds können jegliche Fell-Farbe oder -Zeichnung tragen. Das 1796 in China veröffentlichte UNIVERSAL MAGAZINE OF KNOWLEDGE AND PLEASURE erwähnt eine Katze mit gefalteten Ohren. Auch 1938 werden sie in China erwähnt, was darauf hinweist, daß das für gefaltete Ohren verantwortliche Gen wenigstens seit 150 Jahren in Hauskatzen latent vorhanden war.

Eine in den USA beliebte orangeäugige weiße Scottish Fold.

Zucht
Mit kurzhaarigen Hauskatzen gepaarte Folds bringen zur Hälfte Kätzchen mit normalen (spitzen) Ohren und zur Hälfte Kätzchen mit nach vorn gefalteten Ohren zur Welt. Züchter empfehlen die Paarung einer Folds nur mit einer normalohrigen Katze; Paarungen zweier Folds bringen Skelettmißbildungen hervor (s. Manx).

Kätzchen
Bei der Geburt sind die Ohren der Scottish Fold nur leicht gefaltet, die ausgeprägte Vorwärtsfaltung bildet sich erst mit etwa neun Monaten heraus.

AUSSTELLUNGSKRITERIEN
Die Scottish Fold ist eine Hauskatze vom Typ der Kurzhaarkatzen, aber mit auffallenden, nach vorn unten gefalteten Ohren.
Fell. Dick, kurz, dicht und weich, elastisch.
Körper. Mittelgroß, kurz, rund und gedrungen. An Schulter und Rumpf gleich breit. Volle, breite Brust. Kraftvoll und kompakt gebaut. Mittellange Beine mit runden Pfoten.
Schwanz. Mittellang, am Ansatz dick. Knick-, breite, dicke oder kurze Schwänze gelten als Fehler.
Kopf. Massiv und rund. Gut abgerundete Schnurrhaarpartie. Kurzer, dicker Nacken; volle Wangen, rundes Kinn mit breiten Wangenknochen. Weit auseinanderstehende und deutlich gefaltete Ohren, wobei die Ohrspitze die Ohröffnung völlig verdeckt. Kleine, niedliche, an der Spitze abgerundete Ohren werden bevorzugt. Die Nase sollte kurz und breit sein, mit leichter Einbuchtung.

Scottish Fold-Farben
Fast alle Fell-Farben und -Zeichnungen sind anerkannt, einschließlich solidem Weiß, Schwarz, Blau, Rot, Creme, Chinchilla, Silver Shaded, Shell Cameo, Shaded Cameo, Black Smoke, Blue Smoke, Cameo Smoke, Schildpatt, Calico, Dilute Calico, Blau-Creme, Bicolor, Classic und Mackerel Tabby-Zeichnungen in Silver, Braun, Blau, Creme und Cameo Tabby. Augenfarbe sollte übereinstimmen mit der Fellfarbe.

Blue Classic Tabby Scottish Fold Kätzchen

Scottish Fold

Schildpatt-Weiß (Calico) Scottish Fold

Orientalisch Kurzhaar

Shaded Cameo Orientalisch Kurzhaar

Manx

Vorzüge
- *Einmalige Erscheinung*
- *Intelligent und mutig*
- *Gut zu Kindern und Hunden*
- *Anhänglich*
- *Gute Jägerin*

Zu beachten
- *Möchte nicht vernachlässigt werden*
- *Benötigt tägliche Pflege*

Die Manx ist von der Erscheinung her einmalig. Sie hat keinen Schwanz, und weil die Hinterbeine länger als die Vorderbeine sind und der Rücken kurz ist, hat sie mit ihrem abgerundeten Hinterteil Aussehen und Gangart eines Hasen. Die Manx ähnelt sehr der einheimischen Kurzhaarkatzen, hat aber anstelle des Schwanzansatzes eine richtige Einbuchtung, was aber keineswegs ihre Balance beeinträchtigt, so daß die kräftigen Hinterbeine sie zu sehr hohen Sprüngen fähig sind. Auch kann die Manx sehr schnell laufen. Sie ist eine gute Jägerin und kann sich notfalls ihr Fressen aus dem heimischen Bachlauf fangen (verlassen Sie sich aber nicht darauf, sondern füttern Sie sie normal!).

Die Manx ist ein treues und anhängliches Haustier, sie ist neugierig, intelligent und amüsant und möchte voll integriert werden.

Pflege
Mit ihrem kurzen, dicken Unterfell und dem weichen, mittellangen Deckhaar benötigt sie tägliche Pflege mit einer mittelharten Bürste und einem mittelzinkigen Kamm, um abgestorbene Haare zu entfernen und um das Fell seidig und gesund zu erhalten. Auch die Ohren, Augen und Zähne sollten regelmäßig untersucht werden.

Herkunft und Geschichte
Schwanzlose Katzen kennt man seit Jahrhunderten. Charles Darwin berichtete, sie häufig in Malaysia gesehen zu haben. Auch in Rußland und China kommen sie vor. Möglicherweise sind sie per Schiff aus dem Fernen Osten auf die Isle of Man gekommen. Egal wie sie kamen, sobald sie dort geografisch isoliert waren, und wie es an heimischen Katzen auf der Insel mangelte, vererbte sich die Schwanzlosigkeit, und das entsprechende Gen für Schwanzlosigkeit verbreitete sich unter den Inselkatzen. Es gibt ein 200 Jahre altes Buch im Manx-Museum in Douglas, Isle of Man, das sich mit den schwanzlosen Katzen der Insel beschäftigt. Sie wurden als Glücksbringer betrachtet und abgebildet auf Schmuck, Gemälden und Münzen.

Zucht
Manx-Katzen sind nicht einfach zu züchten, denn beidseitig schwanzlose Manx ergeben nicht automatisch schwanzlose Kätzchen. Tatsächlich können daraus Kätzchen mit Schwanz, völlig ohne oder mit Stummelschwanz fallen, und fortwährendes Paaren nur zwischen Manx bringt einem zum Tode führenden Faktor hervor, wonach die meisten Kätzchen kurz vor oder nach der Geburt sterben. Das Gen für Schwanzlosigkeit scheint gekoppelt an andere Skelettschäden und führt zu zusammengewachsenen Rückenwirbeln und damit zu Kätzchen mit Wirbelsäulenverkrümmung. Häufiges Auskreuzen zu Kurzhaarkatzen mit normalem Schwanz (Großbritannien) oder schwanztragenden Manx (England und Amerika) muß vorgenommen werden.

Ein Manx-Wurf kann umfassen die völlig schwanzlose Manx, eine Manx mit sehr wenigen, meist unbeweglichen Rückenwirbeln im Schwanzbereich, eine Manx mit einem sehr kurzen, meist knaufartigen oder geknickten Schwanz sowie eine Manx mit einem mittellangen Schwanz. Die Ausstellungs-Manx darf keinerlei Schwanzansatz haben, sondern muß statt dessen an dieser Stelle eine Einbuchtung aufweisen.

Kätzchen
Viele Kätzchen anderer Rassen scheinen Mutters Schwanz als eingebautes Spielzeug zu betrachten, aber Manx-Kätzchen finden immer noch genügend andere Spielmöglichkeiten.

AUSSTELLUNGSKRITERIEN
Das wesentliche Merkmal einer Ausstellungs-Manx ist ihre völlige Schwanzlosigkeit. Anstelle des Schwanzes soll sie am Rumpfende eine deutliche Vertiefung aufweisen. Ebenso sollte sie das abgerundete, hasenähnliche Aussehen einer kurz gebauten Katze haben, mit längeren Hinterbeinen und tiefen Flanken.

Fell. Kurzes, glänzendes doppeltes Fell. Dickes, wolliges Unterfell unter nicht zu langem, weichem, offenem Deckhaar.

Körper. Eine stämmige Katze mit abgerundetem Rumpfende, festen Hinterbacken, tiefen Flanken und kurzem Rücken. Hinterbeine länger als die vorderen, mit muskulöser Hüfte. Der Rücken wölbt sich von den Schultern zum Rumpf. Zierliche, runde Füße.

Schwanz. Fehlt völlig, an seiner Stelle gibt es eine tiefe Einbuchtung. Schwanzstummel gilt als Fehler.

Kopf. Groß und rund mit hervorstechenden Wangen. Kurzer, dicker Nacken und festes Kinn. Nase mittellang, mit leichtem Nasenhöcker (USA) oder ohne Einbuchtung (Großbritannien). Mit runden Schnurrhaaren und einer deutlichen Einbuchtung. Große, am Ansatz breite Ohren, verjüngt zu leichten Spitzen (Großbritannien) oder abgerundeten Ecken (USA), hochangesetzt.

Augen. Groß, rund, ausdrucksstark, im Winkel zur Nase angesetzt. Die äußeren Augenwinkel liegen höher als die inneren.

Farbe. Alle Farben und Fellzeichnungen sind erlaubt, oder eine Mischung aus Farben und Fellzeichnungen, mit Ausnahme (in den USA) der Chocolate-, Lavender- und Himalayan-Farben und -zeichnungen oder diese Farben mit Weiß. Die Farbe einer Manx ist ein ziemlich unwichtiges Kriterium nach der Schwanzlosigkeit, der Kürze des Rückens, dem Umfang der Flanken und dem abgerundeten Rumpf. Die Augenfarbe sollte der Fellfarbe entsprechen. Weiße Manx können blauäugig, orangeäugig oder verschiedenäugig (ein Auge blau, eines orange) sein.

Japanese Bobtail
(Mi-Ke-Katze)

Vorzüge
- *Hervorstechende Erscheinung*
- *Relativ kaum Fellwechsel*
- *Intelligent und freundlich*
- *Leicht zu pflegen*

Zu beachten
- *Keine Nachteile bekannt*

Wie ihr Name verrät, stammt die seltene Japanese Bobtail aus Japan, wo sie Mi-Ke-Katze genannt wird. Ihr hervorstechendstes Merkmal ist der kurze, quastenförmige Schwanz. Sie ist intelligent, treu und freundlich, soll gerne schwimmen und kann wie ein Hund apportieren. Ihre Sprache ist nicht unangenehm laut und weist ein großes Vokabular des Zwitscherns und Miauens auf.

Typischerweise wird eine Bobtail mit einer erhobenen Vorderpfote in Willkommensstellung stehen, und tatsächlich sieht man häufig in Schaufenstern und Geschäften Japans Porzellanmodelle dieser Katze mit einer erhobenen Vorderpfote zur Begrüßung von Käufern und Passanten. Solche Katzen werden Maneki-neko oder Begrüßungskatzen genannt.

Pflege
Die Japanese Bobtail ist sehr leicht zu pflegen, da ihr Fell nicht haart und ausfällt, und sie kein dichtes, sich verfilzendes Unterhaar besitzt. Leichtes Bürsten mit einer Naturbürste und Kämmen mit einem mittelzinkigen Kamm genügen.

Herkunft und Geschichte
Die Japanese Bobtail ist eine natürliche Rasse, die aus dem Fernen Osten, insbesondere Japan, China und Korea, stammt. Diese Katzen wurden jahrhundertelang in japanischen Stichen und Gemälden abgebildet und zieren sogar einen Tempel in Tokio namens Gotokuji. Die abgebildeten Katzen sind zahlreich, und alle haben eine Vorderpfote zur Begrüßung erhoben.

Zucht
Das Bobtail-Gen ist rezessiv, weswegen eine Paarung zwischen Bobtail und heimischer Kurzhaarkatze mit normalem Schwanz nur schwanztragende Kätzchen hervorbringt. Bobtail mit Bobtail-Paarungen jedoch bringen hundertprozentig Kätzchen mit Quastenschwanz hervor. Das Auskreuzen zu anderen Rassen ist unnötig und nicht gestattet. Bicolor-Kater bringen am ehesten die roten, schwarzen und vorwiegend weißen weiblichen Katzen hervor.

Kätzchen
Japanese Bobtail-Kätzchen, meist vier in einem Wurf, sind lebhaft. Bei Bobtails gibt es keinen todbringenden Faktor, sie sind meist kerngesund.

AUSSTELLUNGSKRITERIEN
Die Japanese Bobtail ist eine mittelgroße Katze, schlank und wohlgeformt, mit einem hervorstechend quastenförmigen Schwanz und einer typisch japanischen Augenstellung.

Fell. Sehr weich und seidig, einfachliegend und nicht verfilzend. Mittellang, aber kürzer an Gesicht, Ohren und Pfoten. Am Schwanz länger und dichter als anderswo, was leicht die Schwanzform verdeckt.

Körper. Mittelgroß, lang und schlank, aber kräftig und gut muskulös. Nicht zerbrechlich und zierlich wie einige der anderen Orientalen, aber auch nicht gedrungen. Schultern genauso breit wie Rumpf. Beine lang und schlank, aber nicht zerbrechlich oder zierlich. Hinterbeine länger, in Ruheposte leicht geneigt. Oft eine Vorderpfote erhoben. Ovale Pfoten.

Schwanz. Die Schwanzwirbel stehen im Winkel zueinander, und der Abstand zwischen Schwanzknochen und Körper sollte 7,5 cm nicht überschreiten, obwohl bei imaginär zur vollen Länge aufgerolltem Schwanz dieser etwa 12,5 cm lang sein könnte. Wenn die Katze entspannt ist, trägt sie den Schwanz normalerweise aufrecht. Das Schwanzhaar wächst in alle Richtungen und ergibt einen flauschigen Pompon-Effekt.

Kopf. Bildet ein gleichmäßiges Dreieck und ist seitlich leicht abgerundet. Die hohen Backenknochen lassen Platz für eine deutliche Schnurrhaar-Einbuchtung. Die Schnauze ist breit und abgerundet, nicht eckig oder spitz. Die lange Nase läuft sanft auf, oder fast unter, Augenhöhe aus.

Augen. Groß und oval, schräg- und weit auseinanderstehend und sehr aufgeweckt.

Farbe. Bevorzugt wird Tricolor: schwarz, rot und weiß, mit großen, deutlichen Flecken auf größtenteils weißem Grund. Diese Varietät kommt jedoch nur bei Katzen vor. Kater werden bevorzugt, die Kätzchen in diesen Farbzeichnungen hervorbringen können. Die einzigen nicht zugelassenen Farben sind die Himalayan-Zeichnung und die ungezeichnete Agouti (Abessinier). Je brillanter die Farben, desto besser. Weiß (glänzendes Reinweiß), Schwarz (tiefschwarz ohne Rost), Rot (satt, glänzend), Schwarz-Weiß, Rot-Weiß, Mi-Ke (Tricolor: schwarz, rot und weiß, oder Schildpatt-weiß), Schildpatt (schwarz, rot, creme) sind möglich. Andere Farben der Japanese Bobtail (ausstellungsbekannt unter OJBC) schließen jede andere Farbe oder Zeichnung oder deren Kombination ein, mit oder ohne andere solide Farbe. Andere solide Farben enthalten Blau oder Creme. Gemusterte Self Colours: Rot, Schwarz, Blau, Creme, Silver oder Braun. Andere Bicolors enthalten: Blau-Weiß und Creme-Weiß. Gemusterte Bicolors: Rot, Schwarz, Blau, Creme, Silver oder Braun in Verbindung mit Weiß. Gemustert: Schildpatt. Blau-Creme. Gemustert Blau-Creme.

Rote Tabby-weiß Manx

Manx

Schwarzes Manx-Kätzchen

Mi-Ke (Tricolor) Japanese Bobtail mit Kätzchen

Japanese Bobtail

Siamkatzen

Vorzüge
- *Grazil und elegant*
- *Intelligent*
- *Geschickt und einfallsreich*
- *Gesellig*
- *Gut zu Kindern*
- *Gut leinenführig*
- *Extrovertierte Persönlichkeit*

Zu beachten
- Sehr anspruchsvoll
- Sehr aktiv
- Möchte nicht alleine sein
- Möchte frei herumlaufen
- Spricht gerne!
- Benötigt Wärme
- Sollten frühzeitig geimpft werden

Bedenkt man die vielen auf Ausstellungen gezeigten Siamesen, so ist diese Rasse die beliebteste. Sie ist liebevoll und liebenswert, reizend, kann aber ebenso aufreizend, anspruchsvoll und sehr mitteilsam sein. Einige Siamesen scheinen unentwegt zu sprechen, oder eher zu schreien, und eine lockende Kätzin kann sehr verführerisch klingen. Bevor man sich für eine Siamesin entscheidet, sollte man prüfen, ob jeder in der Familie mit ihrem ungestümen Temperament umgehen kann.

Eine Siamkatze wird Spaziergänge im Geschirr und an der Leine schätzen, im Gegensatz zum Hund aber nicht wirklich bei Fuß gehen! Aufgrund ihrer sich sehr bemerkbar machenden Persönlichkeit liebt sie Tricks und Spiele, keinesfalls aber, übersehen zu werden, und ist argwöhnisch und eifersüchtig gegenüber Fremden und anderen Tieren.

Pflege
Eine Siamesin ist leicht zu pflegen, und es genügt, sie zweimal wöchentlich durchzubürsten und mit einem fein- bis mittelzinkigen Kamm durchzukämmen, um die abgestorbenen Haare zu entfernen. Streichen Sie öfters mit einem Stück Wildleder und der bloßen Hand über das Fell, um ihm Glanz zu verleihen.

Gesundheitspflege
Siamesen können krankheitsanfälliger sein als andere Katzen, und benötigen im Krankheitsfalle sehr viel Fürsorge und Zuneigung, sonst geben sie auf und sterben. Als Krankheitsvorsorge sollten sie so früh wie möglich geimpft werden, meist zwischen der achten und zwölften Woche.

Dunkle Augenränder oder weiße Haare in den Points sind Zeichen für Krankheit oder Stress.

Herkunft und Geschichte
Siamesen sollen in Siam (Thailand) schon über 200 Jahre gelebt haben, bevor sie schließlich im 19. Jahrhundert ihren Weg nach Europa und Amerika fanden. Sie sind unzweifelhaft östlichen Ursprungs, obwohl unglücklicherweise ihre ersten Anfänge sich nicht mehr nachvollziehen lassen. Zwei der ersten nach England gekommenen sollen ein Geschenk vom König von Siam an den Britischen Konsul gewesen sein. 1885 wurden sie im Crystal Palace, London, ausgestellt. Die ersten Siamesen hatten runde Gesichter und dunkleres Fell als die heutigen, wobei Schwanzknicke und Schielaugen damals noch zugelassen waren. Solche „Fehler" hat man inzwischen fortgezüchtet, und die heutige Siamesin ähnelt kaum noch ihren frühen Vorgängerinnen.

Zucht
Siamesen sind fleißige Zuchtkatzen mit zwei Würfen pro Jahr und durchschnittlich fünf bis sechs Kätzchen, obwohl man auch schon 11 und 13 gezählt hat. Siamkatzen sind durchweg gute Mütter, obwohl die sehr verspannten sich kaum im rechten Zeitpunkt um ihre Kitten kümmern können. Deswegen verwendet man sicherheitshalber keine sehr nervösen oder unausgeglichenen Katzen für die Zucht.

Kätzchen
Siamkätzchen entwickeln sich schnell. Gleich nach der Geburt entwickeln sie schon die eigene Persönlichkeit und sind frühreif und selbstbewußt. Sie werden alle weiß geboren, die Farbe der Points wächst nach und nach. Bei den seal und blue Points erscheint etwa am zehnten Tag ein Hauch von Farbe auf der Nase, aber es kann bis zu drei Monate dauern, bis die chocolate und lilac-points sichtbar werden. In allen Farben bilden sich die Points oft erst nach einem Jahr aus.

Kätzchen sollten mindestens zwölf Wochen bei ihrer Mutter verbleiben. Sie brauchen das Zusammensein mit der Mutter für ihre Erziehung, sie sind als Erwachsene dann ausgeglichener.

AUSSTELLUNGSKRITERIEN
Die Siamesin ist eine mittelgroße Katze, lang, schlank, geschmeidig und muskulös. Sie hat das typische Himalayan-Fell mit blasser Körperfarbe und dunkler kontrastierenden points.

Fell. Kurz, fein und enganliegend mit Naturglanz.
Körper. Mittelgroß, zierlich, lang und grazil; leicht gebaut, aber stark und muskulös. Nicht fett oder schlaff. Hinterbeine leicht länger als Vorderbeine. Pfoten klein, hübsch, oval.
Schwanz. Peitschenähnlich, lang, dünn und spitz auslaufend. Ohne Knicke.
Kopf. Lang, schmal, keilförmig verjüngt, flach zwischen den Ohren. Gerades Profil, obwohl oberhalb der Nase eine leichte, wenig ausgeprägte Einbuchtung möglich ist. Festes Kinn, keine fliehenden Wangen und keine Schnurrhaareinbuchtung. Große und zugespitzte, am Ansatz weit offene Ohren.
Augen. Mandelförmig, mittelgroß und schräg zur Nase stehend. Um Augenbreite auseinanderstehend. Nicht schielend.

Siam-Farben
Eine Sealpoint war die erste anerkannte Siamkatze. Die Blue-, Chocolate- und Lilac-points folgten später. Alle wurden natürlich innerhalb der Zuchtreihe hervorgebracht und sind genetische Abschwächungen des Seal-point. Bisher sind das die einzigen bei Siamesen in den Vereinigten Staaten anerkannten Farben (Seite 60).
Fellzeichnung. Körperfarbe gleichmäßig blaß, die Hauptkontrastfarbe beschränkt auf die Points (Maske, Ohren, Beine und Schwanz). Die Maske sollte das ganze Gesicht, außer der Kopfmitte, bedecken und durch Streifen mit den Ohren verbunden sein (nicht bei Jungtieren). Offensichtlich entwickelt sich unter warmem Klima ein blasseres Fell, und alle Siamesen dunkeln im Alter nach.
Seal-point. Körperfarbe ist ein gleichmäßig warmes Creme, leicht dunkler auf dem Rücken, heller an Bauch und Brust. Points tief sealbraun. Nasenspiegel und Fußballen sealbraun. Augen lebhaft, tiefblau.
Chocolate-point. Körperfarbe rundum elfenbein. Points warm milchschokoladenfarbig. Nasenspiegel und Fußballen zimtfarben. Augen lebhaft, tiefblau.
Blue-points. Körperfarbe eifarbiges Bläulich-Weiß, an Brust und Bauch wärmeres Weiß. Points schieferblau. Nasenspiegel und Fußballen schieferblau. Augen lebhaft, tiefblau.
Lilac-point. Körperfarbe rundum magnolienfarbig (Großbritannien) oder eisfarbig (USA). Points frostiggrau mit rosa Ton (lilac). Nasenspiegel und Fußballen lavenderrosa. Augen lebhaft, tiefblau.

Aufgeweckte Siamkätzchen sealpoint. Aus lebhaften Kätzchen werden eigenwillige Erwachsene.

Colourpoint Kurzhaar

Vom Ursprung her ist sie eine Siamkatze, deren Abzeichen in einer anderen Farbe als Seal, Chocolate, Blue oder Lilac gehalten sind. Andere Farben wurden erzielt durch Kreuzen von Siamesen mit Kurzhaarkatzen (Britisch und Amerikanisch Kurzhaar) der gewünschten Farben. So erreichte man diese Farben in den Abzeichen der Siamkatzen.

AUSSTELLUNGSKRITERIEN

Fellzeichnung. Körperfarbe gleichmäßig blaß, die Hauptkontrastfarbe beschränkt auf die Points (Maske, Ohren, Beine und Schwanz). Die Maske sollte das ganze Gesicht, außer der Kopfmitte, bedecken und durch Streifen mit den Ohren verbunden sein (nicht bei Jungtieren).

Red-point. Körper klares Weiß mit jeglicher Schattierung in den Farben der Abzeichen. Abzeichen leicht aprikosenfarben bis tiefrot, dunklere Schattierung bevorzugt, ohne Streifen. Nasenspiegel und Fußballen fleischfarben oder korallenrosa. Augen lebhaft, tiefblau.

Cream-point. Körper klares Weiß mit jeglicher Schattierung in den Farben der Abzeichen. Abzeichen blaß lederfarben-creme bis leicht rosa-creme, ohne Streifen. Nasenspiegel und Fußballen fleischfarben oder korallenrosa. Augen lebhaft, tiefblau.

Seal Tortie-point. Körper blaß rehbraun bis creme, heller an Bauch und Brust. Points sealbraun, gleichmäßig rot und creme gesprenkelt. Gesichtsblesse ist wünschenswert. Nasenspiegel sealbraun oder fleischfarben an der Blesse. Fußballen sealbraun oder fleischfarben. Augen lebhaft, tiefblau.

Chocolate Tortie-point. Körper elfenbein. Abzeichen warm milchschokoladenfarbig, gleichmäßig rot und/oder creme gesprenkelt; Gesichtsblesse ist wünschenswert. Nasenspiegel und Fußballen zimt- oder fleischfarben. Augen lebhaft, tiefblau.

Blue-cream-point. Körper bläulich-weiß bis platin-grau, kühler Ton, wärmer an Bauch und Brust. Abzeichen tiefblau-grau, gleichmäßig creme gesprenkelt; Gesichtsblesse ist wünschenswert. Nasenspiegel und Fußballen lavender-rosa oder fleischfarben. Augen lebhaft, tiefblau.

Lilac-cream-point. Körper eisfarbig weiß. Abzeichen frostig-grau mit rosa Ton, gleichmäßig blaßcreme gesprenkelt; Gesichtsblesse ist wünschenswert. Nasenspiegel und Fußballen schiefer oder fleischfarben. Augen lebhaft, tiefblau.

Seal Tabby-point. Körper creme oder rehfarben, heller an Bauch und Brust. Körperstreifen können wie Geisterstreifen aussehen. Abzeichen sealbraune Streifen, deutlich abgesetzt auf hellerem Untergrund. Ohren sealbraun mit blasserem Daumenabdruck in der Mitte. Nasenspiegel sealbraun oder rosa, sealbraun umrandet. Fußballen sealbraun. Augen lebhaft, tiefblau.

Chocolate Tabby-point. Körper elfenbein, Körperschattierung kann in Geisterstreifen übergehen. Abzeichen warm milchschokoladenfarbige Streifen, deutlich abgesetzt auf hellerem Untergrund. Ohren warm milchschokoladenfarben mit blasserem Daumenabdruck in der Mitte. Nasenspiegel zimtrosa oder rosa, zimtfarbig umrandet. Fußballen zimt. Augen lebhaft, tiefblau.

Blue Tabby-point. Körper bläulichweiß bis platingrau, kühler Ton, wärmer an Bauch und Brust. Körperstreifen können wie Geisterstreifen aussehen. Abzeichen tiefblau-graue Streifen, deutlich abgesetzt auf hellerem Untergrund; Ohren tiefblau-grau mit blasserem Daumenabdruck in der Mitte. Nasenspiegel schiefer oder rosa und schieferumrandet. Fußballen schiefer. Augen lebhaft, tiefblau.

Lilac Tabby-point. Körper eisfarbig weiß. Körperstreifen können wie Geisterstreifen aussehen. Abzeichen frostig-grau mit rosa Ton, Streifen deutlich abgesetzt auf hellerem Untergrund. Ohren frostig-grau mit rosa Ton. Blasserer Daumenabdruck in der Mitte. Nasenspiegel lavender-rosa oder rosa und lavenderumrandet. Fußballen lavender-rosa. Augen lebhaft, tiefblau.

Eine typische Seal Tortie-point Colourpoint Kurzhaar.

Red Tabby-point. Körper weiß, Körperschattierung kann in Geisterstreifen übergehen. Abzeichen tiefrote Streifen, deutlich abgesetzt auf hellerem Untergrund. Ohren tiefrot, blasserer Daumenabdruck in der Mitte. Nasenspiegel und Fußballen fleisch- oder korallenfarben. Augen lebhaft, tiefblau.

Cream Tabby-point. Körper weiß, sehr viel blasser am Rücken. Abzeichen dunklere, leder-creme-farbige Streifen auf weißem Untergrund. Ohren creme mit blasserem Daumenabdruck in der Mitte. Nasenspiegel und Fußballen rosa. Augen lebhaft, tiefblau.

Torbie-point. Farben und Abzeichen wie bei Tabby-points, mit roten und/oder creme Flecken, die unregelmäßig die Tabby-Zeichnung an den Abzeichen überdecken. Rote und/oder creme Sprenkelung an Ohren und Schwanz erlaubt. Nasenspiegel und Fußballen möglichst ähnlich der Hauptabzeichenfarbe oder rosa gesprenkelt. Augen lebhaft, tiefblau.

Snowshoe

Vorzüge
- Auffallende Erscheinung
- Gutmütig
- Leicht zu pflegen
- Gut zu Kindern

Zu beachten
- Lautstark

Die Snowshoe ist eine reine Zuchtrasse aus Siamesen mit Amerikanisch Kurzhaar, und trägt daher die typischen Eigenschaften beider in sich. Sie ist allgemein weniger laut als eine Siamesin, aber auch nicht so ruhig wie die meisten Kurzhaarkatzen. Sie ist aufgeweckt und das ideale Haustier.

Pflege

Als Kurzhaarkatze benötigt sie nur das Pflegeminimum mit einigen Bürsten- oder Kammstrichen zur Entfernung abgestorbener Haare. Auch einige Handstriche.

Herkunft und Geschichte

Die Snowshoe ist eine der jüngeren Rassen und ähnelt der kurzhaarigen Birma mit der Himalayan-Fellzeichnung und den weißen Füßen, aber anders als die Birma hat sie auch eine weiße Schnauze.

Es gibt viele unregistrierte Snowshoes aus Paarungen von Siamkatzen mit Bicolor-Straßenkatern. Die Varietät fand jedoch soviel Anklang, daß ihre Anhänger in den Vereinigten Staaten diese Katzen selektiv züchten und einen Ausstellungsstandard entwickeln.

Augenblicklich werden nur Seal-und-Weiße und Blau-und-Weiße gezüchtet, sicher aber bald schon auch die anderen Siam-Abzeichenfarben.

Zucht

Jede beliebige Katze in solider Farbe mit Himalayan-Fellzeichnung ohne Weiß, die gefallen ist aus der Paarung von Snowshoe mit Snowshoe oder Snowshoe mit Siam, kann für die Zucht verwendet werden, obwohl sie nicht ausstellungsgeeignet wäre. Auf diese Weise möchte man den Zuchtgrundstock legen.

Kätzchen

Snowshoe-Kätzchen sind lebhaft, gesund und liebevoll. Ein Wurf kann drei bis sieben enthalten. Aus frühen Paarungen werden viele Kätzchen ohne die vorgeschriebenen Markierungen preiswert angeboten. Sie werden ausgezeichnete Haustiere, wenngleich sie nicht ausgestellt werden können.

AUSSTELLUNGSKRITERIEN

Die Snowshoe ist eine modifizierte Kurzhaarkatze vom Typ der Orientalen mit Weiß und farbigen Abzeichen.

Fell. Mittelfein texturiert, kurz, glänzend und enganliegend.

Körper. Mittel bis groß, gut muskulös und kraftvoll. Langer Rücken, schwergebaut, Kater größer als Katzen. Schlank, zierlich, im Typ orientalisch gilt als Fehler. Beine lang und gedrungen mit gut abgerundeten Pfoten.

Schwanz. Mittellang, dick am Ansatz, leicht verjüngt zur Spitze hin. Peitschenähnlicher oder sehr langer Schwanz sind Fehler.

Kopf. Dreieckiger Keil von mittlerer Breite und Länge. Deutliche Naseneinbuchtung. Runder oder langer, siamesenähnlicher Kopf ist fehlerhaft. Nacken mittellang, nicht dünn. Ohren groß, aufgeweckt und spitz zulaufend, breit am Ansatz. Kleine oder übergroße Ohren sind Fehler.

Augen. Groß und mandelförmig, schräggestellt zwischen Nase und Ohr.

Snowshoe-Farben
Fellzeichnung. Maske, Ohren, Beine und Schwanz sollten sich klar von der Körperfarbe abheben und dieselbe Farbtiefe zeigen. Die Maske bedeckt das ganze Gesicht und ist durch Streifen mit den Ohren verbunden. Leicht dunklere Körperschattierung ist erlaubt an Schultern, Rücken und Hüftoberkanten. Brust und Bauch sind blasser. Vorderfüße sollten weiß sein und in einer symmetrischen Linie auslaufen rund um die Knöchel. Hinterfüße sollten weiß sein und symmetrisch weiß ansteigen entlang der Beine zu den Hüften. Schnauze sollte weiß sein; die Nase kann weiß oder in der Abzeichenfarbe sein. Keine weiteren weißen Haare oder Flecken sind erlaubt.

Seal-point. Körperfarbe ein gleichmäßig-warmes Rehbraun, heller an Bauch und Brust. Abzeichen, ohne Füße und Schnauze, tief sealbraun. Nasenspiegel pink bei weißer Nase oder schwarz bei sealbrauner Nase. Fußballen pink oder sealfarben oder Mischung aus beiden. Augen lebhaft, tiefblau.

Blue-point. Körperfarbe gleichmäßiges Bläulich-Weiß, an Brust und Bauch wärmeres Weiß. Abzeichen, außer Füßen und Schnauze, tiefes Grünblau. Nasenspiegel pink bei weißer Nase, oder schiefergrau bei blauer. Fußballen pink und/oder grau. Augen lebhaft, blau.

Havana Brown

Vorzüge
- *Attraktiv*
- *Intelligent*
- *Aktiv*
- *Abgehärtet*
- *Verspielt*
- *Anhänglich*

Zu beachten
- *Braucht menschliche Gesellschaft*

Die Amerikanisch Havana Brown ist eine sehr aktive und hochintelligente Katze. Sie liebt Menschen und braucht viel menschliche Gesellschaft und Zuneigung.

Pflege
Das mittellange Haar ist leicht zu pflegen. Tägliches Kämmen mit einem feinzinkigen Kamm und das Polieren mit einem Wildlederlappen vor einer Schau genügen.

Herkunft und Geschichte
Havana benannt aufgrund der Ähnlichkeit ihrer Farbe mit der Havanna-Zigarre, hat sich die Amerikanisch Havana Brown anders entwickelt als die British (Europäisch) Havana (Self-brown Orientalisch Kurzhaar), obwohl beide gleichen Ursprungs sind. Beide gehen zurück auf eine Siam Seal-point, die man paarte mit einer einheimischen Kurzhaar. Während aber die British Havanas anschließend rückgezüchtet wurden zu Siamesen, um den orientalischen Typ zu erhalten, kreuzte man die Amerikanisch Havanas nicht zurück zu Siamesen. So hat sich in den Vereinigten Staaten ein weniger orientalischer, mehr abgerundeter Typ entwickelt. Tatsächlich ist die Amerikanisch Orientalisch self-brown fast das genaue Gegenstück zur British Havana.

Zucht
Havana-Kätzinnen rufen laut, klar und häufig. Meist werfen sie vier bis sechs Kätzchen.

Kätzchen
Die Kätzchen sind sehr verspielt und agil. Sie werden in der Farbe der Eltern geboren, aber ihr Fell ist eher stumpf braun und hat noch nicht den Glanz der Erwachsenen. Die oft bei Kätzchen vorkommenden weißen Haare verschwinden mit dem Erwachsenenfell.

AUSSTELLUNGSKRITERIEN
Die Havana Brown vermittelt insgesamt den Eindruck einer mittelgroßen Katze in warmem, solidem Farbton, und mit großer Spannkraft.
Fell. Mittellang, weich und glänzend.
Körper. Mittelgroß, gut muskulös, mittellanger Nacken. Mittellange Beine, ovale Pfoten.
Schwanz. Mittellang, zur Spitze auslaufend, ohne Knicke.
Kopf. Etwas länger als breit. Deutliche Nasen- und Schnurrhaareinbuchtung. Festes Kinn. Ohren groß und vorwärts gestellt, mit runden Spitzen.
Augen. Oval, nicht schielend.
Farbe. Rundum warmes, solides Mahagonibraun, solide von der Wurzel zur Spitze, ohne Tabbyzeichnung und weiße Flecken. Nasenspiegel und Fußballen rosa. Augen blaß bis mittelgrün.

Orientalisch Kurzhaar

Vorzüge
- *Attraktiv*
- *Anhänglich*
- *Aktiv und intelligent*
- *Gut zu Kindern und Hunden*
- *Leicht zu pflegen*

Zu beachten
- *Neigt zum Weglaufen*
- *Braucht viel Bewegung*
- *Braucht Gesellschaft*
- *Braucht Wärme*
- *Muß frühzeitig geimpft werden*

Diese langbeinige, schlanke, zierliche Katze ist der Wildfang der Katzenwelt. Mit ihrer grenzenlosen Energie nimmt sie intelligenten Anteil an sämtlichen Familienaktivitäten und liebt Spaziergänge, auch zusammen mit Hunden. Aber im Gegensatz zu diesen gehorcht sie nicht aufs Wort oder geht bei Fuß, besonders dann nicht, wenn sie etwas noch Interessanteres entdeckt! Da die Orientalisch Kurzhaar energiegeladen und neugierig ist, bleibt sie schon mal gern von zuhause fort. Deswegen mag es, insbesondere in der Stadt, zu ihrem eigenen Vorteil angebracht sein, Sicherheitsmaßnahmen zu treffen. Ein möglichst großer eingezäunter Auslauf, idealerweise mit Zugang zum Haus; eignet sich tagsüber, wenn er eine Reihe Sitzbretter in verschiedener Höhe aufweist.
Da diese Katze bei langem Alleinsein krank werden kann, ist es ratsam, mehrere zu halten oder noch ein anderes Haustier zu ihrer Gesellschaft. Wenn ihr Bedarf nach Gesellschaft gedeckt wird, ist die Orientalisch Kurzhaar das anhänglichste Haustier.

Pflege
Tägliches Kämmen zum Entfernen abgestorbener Haare und das Abreiben mit einem Wildleder- oder Seidenlappen genügen, zusätzlich sollte man oft mit der Hand über sie streichen des Glanzes wegen.
Die Ohren und Zähne sollten regelmäßig kontrolliert werden.

Gesundheitspflege
Da die Orientalisch Kurzhaar krankheitsanfälliger ist als andere Katzenrassen, sollte man sie noch vor dem zweiten Lebensmonat impfen lassen.

Herkunft und Geschichte
Die ursprünglichen Orientalisch Kurzhaar entstanden aus gewollten Paarungen zwischen Siamesen (des Typs wegen) und anderen Kurzhaarkatzen (der Farbe wegen). Später wurden Siamesen mit langhaarigen Chinchillas gekreuzt, um orientalische Katzen mit getipptem Fell hervorzubringen, und diese ungewöhnliche Paarungskombination bereitete den Boden für alle möglichen Farben, einschließlich neuer solider Farben (Caramel, Apricot und Beige), getippter Tabbies, Torbies (patched Tabbies) und shaded, getippter und smoke Schildpatt.
In Großbritannien sind die self oder solid coloured Katzen als Ausländisch Kurzhaar bekannt, obwohl dieser Name zusehends durch Orientalisch ersetzt wird. Die Tabby- und anderen Varietäten sind bereits als Orientalisch Kurzhaar bekannt, und in den Vereinigten Staaten werden alle Katzen dieses Typs als Orientalisch Kurzhaar bezeichnet. Diese ausländischen Rassen hatten ihre erste eigene Ausstellung im Juli 1979 in Großbritannien.

Zucht
Orientalisch-Kätzinnen sind sehr fruchtbar je und können zweimal pro Jahr je fünf bis sechs Kätzchen werfen.

Kätzchen
Die Kätzchen werden in der Farbe der Eltern geboren (anders als die Siamesen, von denen sie ursprünglich abstammen, deren Kätzchen blasser geboren werden).

AUSSTELLUNGSKRITERIEN
Orientalisch Kurzhaarkatzen sind vom Typ her Siamesen mit langen, zierlichen, geschmeidigen und muskulösen Körpern, und langen, dünnen, verjüngten Schwänzen.
Fell. Kurz, fein, glänzend und enganliegend.
Körper. Mittelgroß, lang, zierlich und muskulös. Leichtgebaut. Schultern und Hinterteil gleich breit. Beine lang und schlank, Hinterbeine länger als Vorderbeine. Pfoten klein, zierlich und oval.
Schwanz. Lang und zur Spitze verjüngt, dünn am Ansatz, ohne Knicke.
Kopf. Keilförmig-lang, ohne Schnurrhaar- und Naseneinbuchtung. Flacher Schädel, feine Schnauze, festes Kinn. Nacken lang und schmal. Ohren groß und zugespitzt, breit am Ansatz.
Augen. Klar, mandelförmig, mittelgroß, zur Nase abgeschrägt. Nicht schielend.

Orientalisch Kurzhaar-Farben
Wissenschaftliche Zuchtprogramme haben eine Fülle an Farben und Fellmustern innerhalb dieser Rasse hervorgebracht.

Orientalisch Self Brown

(Havana/England, Ausländisch Kastenienbraun)

Die erste völlig braune Kurzhaarkatze wurde 1894 in England ausgestellt und Schweizer Bergkatze genannt. Man glaubte hierbei an eine Zufallskreuzung einer heimischen Schwarzen Kurzhaarkatze mit einer Seal-point Siamesin und verfolgte die Linie nicht weiter. Der heute in Großbritannien als Havana bekannte Typ wurde zuerst in den fünfziger Jahren erzielt aus einer Zuchtkreuzung der Chocolate-point Siam mit einer heimischen Kurzhaarkatze orientalischen Typs. Der Name ist vielfach geändert worden: Urpsrünglich Havanas genannt wegen ihrer Ähnlichkeit im Farbton mit dem Havanna-Tabak, wurde die Varietät zuerst eingetragen als Ausländisch Kastanienbraun. In die Vereinigten Staaten eingeführt, hießen diese Katzen dann Havana Browns, und 1970 griffen die britischen und europäischen Katzenorganisationen den Namen Havana wieder auf. Dies hat einige Verwirrung gegeben, da die Varietät sich zu beiden Seiten des Atlantiks verschieden entwickelte.

AUSSTELLUNGSKRITERIEN
Das Fell sollte warm kastanienbraun sein von der Haarwurzel bis zur -spitze. Tabby- oder andere Zeichnungen sind Fehler, ebenso weiße Haare oder Flecken. Nasenspiegel braun. Fußballen rosabraun. Augen grün.

Orientalisch Lilac

(Oriental Lavender, Foreign Lilac)

Diese Katzen wurden um 1965 in Großbritannien innerhalb des Havana-Zuchtprogramms entwickelt. Die Paarung zweier Selfbrowns (Havana) ergibt Lilac Kätzchen, falls die Eltern aus einer Kreuzung von Russisch Blau und Seal-point Siam stammen. Bald wird es genügend Lilac Deckkater geben, um Auskreuzungen überflüssig zu machen.

Oriental Cinnamon

Ursprünglich entwickelt aus einer Seal-point Siam mit Erbfaktor Chocolate und einer roten Abessinierkatze. Sie ist heller als die Havana, aber ihr ähnlich, und wird zusehends beliebter in den Vereinigten Staaten und Europa.

AUSSTELLUNGSKRITERIEN
Die Fellfarbe sollte rundum warm milchschokoladenfarbig sein. Von

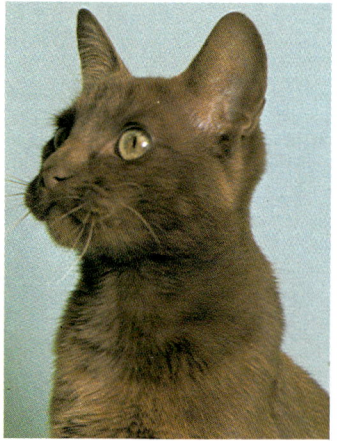

Oriental Cinnamon, eine auffallende neugezüchtete Varietät.

der Wurzel bis zur Spitze. Ohne weiße Haare oder Tabby-Zeichnung. Augen grün.

Orientalisch White

(Ausländisch Weiß)

Als eine der auffallendsten Varietäten sehen die Orientalisch White aus wie Porzellankatzen in ihrem weichen weißen Fell mit den chinablauen Augen. Sie wurden in den sechziger und siebziger Jahren entwickelt aus weißen Kurzhaarhauskatzen mit Siamesen. Da die weiße Farbe genetisch über alle anderen Farben dominiert, verdeckt es das Himalayan (ohne Abzeichen)-Fellmuster. Danach wurden die Orientalisch Whites rückgekreuzt zu Siamesen, der Augenfarbe wegen. In der Frühzeit wurden grün-, gelb- und verschiedenäugige Kitten geboren. Blau ist heute die bevorzugte Augenfarbe und wird selektiv gezüchtet. Blauäugige Weiße Orientalisch Kurzhaar sind nicht taub.

AUSSTELLUNGSKRITERIEN
Das Fell sollte reinweiß ohne schwarze Haare sein. Nasenspiegel blaßrosa. Fußballen dunkelrosa. Augen leuchtend saphir oder chinablau (England); grün oder blau (USA).

Orientalisch Ebony

(Ausländisch Schwarz)

Eine atemberaubende Kombination einer langen, grazilen, pechschwarzen Katze mit smaragdgrünen Augen und einem aufgeweckten intelligenten Ausdruck.

Das Interesse für die Orientalisch Kurzhaar Schwarz geht zurück auf die siebziger Jahre, obwohl vorher schon viele entweder zucht- oder zufallsmäßig geboren worden waren, aber als Haustiere verkauft wurden mangels eines offiziellen Schaustandards.

AUSSTELLUNGSKRITERIEN
Das Fell sollte rundum rabenschwarz sein von der Wurzel bis zur Spitze. Ein rostiger Schimmer im Fell ist fehlerhaft. Nasenspiegel schwarz. Fußballen schwarz oder braun. Augen smaragdgrün.

Orientalisch Blue

(Ausländisch Blau)

Blaue Katze orientalischen Typs sind immer schon innerhalb der Siam-Zuchtprogramme gefallen, aber man beachtete sie nicht sonderlich, da es die bereits eingeführten und sehr ähnlichen „Ausländisch" blauen Katzen (Russisch Blau und Burma blau) gab. Sie fallen jedoch von selbst in Würfen aus Self-browns (Havanas) und Lilacs, und man sieht sie jetzt schon auf Ausstellungen.

AUSSTELLUNGSKRITERIEN
Das Fell sollte rundum von der Wurzel bis zur Spitze ein gesundes Hell- bis Mittelblau zeigen. In den Vereinigten Staaten wird ein hellerer Blauton bevorzugt. Weiße Haare oder Flecken, besonders an Kinn und Bauch, sind Fehler. Nasenspiegel und Fußballen blau. Augen grün.

Orientalisch Red

(Ausländisch Rot)

Diese Katzen wurden entwickelt innerhalb des Siam Red-point-Zuchtprogramms zu einer Zeit, als Red Tabby British Kurzhaarkatzen mit Siamesen gepaart wurden, um die rote Farbe in den orientalischen Typ einzuführen. Sie waren das natürliche Ergebnis dieser Paarungen, werden heute aber gezüchtet durch Paarung von Orientalisch Blacks mit Siam Red-point. Orientalisch Reds ohne Tabbyzeichnung sind schwer zu züchten, so daß man am besten eine Zuchtlinie ohne jegliche Tabbyvorfahren verwendet. Heute könnte man auch Red Burma verwenden, da die Burma-Züchter die Zeichnungen im Fell der Red Burma wegzüchten konnten. Es sollten jedoch nur Katzen vom Typ der British Burma benutzt werden, da die Amerikanisch Burma gedrungener ist.

AUSSTELLUNGSKRITERIEN
Das Fell sollte ein warmes, tiefes, klares und leuchtendes Rot ohne Schattierung oder Zeichnung sein. Lippen und Kinn rot. Nasenspiegel und Fußballen ziegelrot. Augen kupfer bis grün, Grün bevorzugt.

Orientalisch Cream

(Ausländisch Creme)

Die Orientalisch Creams waren ein Nebenergebnis der Zuchtprogramme für die Erschaffung der Orientalisch Blue und Lilac Schildpatt. Innerhalb dieser Programme wurden (British) Kurzhaar Schildpatt gepaart mit Siamesen, und alle soliden Farben gingen daraus hervor. Creme ist genetisch eine Abschwächung des Rot, und in Verbindung mit dem orientalischen Typ ergibt das eine sehr elegante Katze.

AUSSTELLUNGSKRITERIEN
Das Fell sollte rundum von der Wurzel bis zur Spitze ein ebenmäßiges Lederfarben-Creme sein. Nasenspiegel und Fußballen pink. Augen kupfer bis grün, Grün bevorzugt.

Andere Self (Solid) Farben
Um die Shaded Orientalisch Kurzhaar hervorzubringen, wurde ein Chocolate-point Siamkater gepaart mit einer Chinchilla Perserkatze. Ihre Nachkommen wurden gepaart mit Red-point Siamesen, um gleichzeitig all die anderen Farben einzuführen. In der Folge wurden andere self-coloured Katzen gezüchtet, wie die Orientalisch (Ausländisch) Caramel in einer Milchkaffeefarbe; Orientalisch (Ausländisch) Apricot, eine rote Katze aus einer Caramel; und Orientalisch (Ausländisch) Beige, eine creme Katze aus einer Caramel. Alle haben blaßgrüne Augen.

Oriental Tipped

Die Sensation war perfekt mit den Orientalen, als die Siamesen gepaart wurden mit Chinchilla Persern in der Hoffnung, Katzen orientalischen Typs mit getipptem Fell zu züchten. Die daraus fallenden Kätzchen wurden anfangs des Typs wegen rückgekreuzt zu Siamesen, nun aber werden Orientalisch Tipped Katzen nur mit ihresgleichen gepaart, um das Fellmuster zu erhalten.

Sie sind ähnlich getippt wie die British Kurzhaar Tipped, und sehen sehr ungewöhnlich aus mit ihrem funkelnden Fell. Das Tipping ist in jeder Farbe möglich, und jede Farbe ist erlaubt in Großbritannien, einschließlich Silver, Cameo, Cameo Tabby, Blau, Kastanie, Lilac, und Schildpatt-in-Braun, -in-Blau, -in-Kastanie und -in-Lilac.

AUSSTELLUNGSKRITERIEN
Das Unterfell sollte reinweiß sein. Deckhaar sehr leicht getippt an Rücken, Flanken, Kopf und Schwanz in einer Kontrastfarbe, um dem Fell einen funkelnden Schimmer zu geben. Brust und Unterkörper sollten weiß sein. Nasenspiegel und Fußballen entsprechend der Tipping-Farbe(n). Augen entsprechend der Tipping-Farbe, Grün jedoch bevorzugt.

Oriental Shaded

Die Shaded Orientalisch Kurzhaar wurden ebenso entwickelt aus den Siam- und Chinchilla Perser-Paarungen. Ihre Nachkommen wurden rückgekreuzt zu Siamesen, Orientalisch Blacks oder British Havanas. Anschließend wurde selektiv weitergezüchtet, um den gewünschten Tipping-Anteil zu stabilisieren. Das Tipping ist in jeder Farbe möglich, und jede Farbe ist erlaubt in Großbritannien, einschließlich Silver, Cameo, Cameo Tabby, Blau, Kastanie, Lilac und Schildpatt-in-Braun, -in-Blau, -in-Kastanie und -in-Lilac. Caramel Shaded silverfarbene Katzen werden auch schon gezüchtet!

AUSSTELLUNGSKRITERIEN
Das Unterfell sollte reinweiß und ausreichend getippt sein an Rükken, Flanken, Kopf und Schwanz in einer Kontrastfarbe oder -farben, um den Effekt eines darüberliegenden Mantels zu erzielen. Nasenspiegel und Fußballen entsprechend der Tipping-Farben, Grün jedoch bevorzugt.

Oriental Smoke

Ein anderes Nebenprodukt der Siam und Chinchilla-Perser-Paarungen, die erste Oriental Smoke, fiel aus einem Shaded Silver- und Red-point Siam-Elternpaar. Heute werden die besten Oriental Smokes zur Typerhaltung rückgekreuzt zu Siamesen, Orientalisch Blacks und British Havanas. Das Tipping ist stark ausgeprägt und erweckt den Eindruck einer soliden gefärbten Katze, bis man das Fell teilt und ein schmales Band weißer Haare entdeckt.

Wie die Tipped und Shaded Orientalisch Kurzhaar sind die Smokes in jeder Farbe möglich, und die meisten sind auch schon ausstellungszugelassen. Dazu gehören Schwarz (Ebenholz), Blau, Cameo (in Rot und Creme), Chocolate (Kastanie), Lilac (Lavender); und Schildpatt-in-Braun, -in-Blau, -in-Chocolate und -in-Lilac.

AUSSTELLUNGSKRITERIEN
Das Unterfell sollte reinweiß sein. Das Deckhaar sollte sehr stark getippt sein in einer Kontrastfarbe oder -farben, so daß das Fell in Ruhestellung nur in dieser Farbe zu sein scheint. Nasenspiegel, Fußballen entsprechend der Tipping-Farbe(n). Augen grün.

Oriental Particolor

(Oriental Torties)

Die Oriental Particolors sind an das weibliche Geschlecht gebunden und stammen aus Roten und Creme Orientalisch Kurzhaarkatzen. Ursprünglich erzeugte man sie durch Paarung von Orientalisch Blacks mit Red-point Siamesen oder Havanas mit Red-point Siamesen, aber heute werden Oriental Torties gepaart mit Siamesen oder anderen Orientalisch Kurzhaar in soliden Farben.

AUSSTELLUNGSKRITERIEN
Brown Tortie. Das Fell sollte schwarz sein mit verlaufenden Flecken in Rot und Creme, die sich klar absetzen an Körper, Kopf, Beinen und Schwanz. Eine rote oder creme Gesichtsblesse ist wünschenswert. Nasenspiegel, Fußballen schwarz und/oder pink. Augen kupfer bis grün, Grün bevorzugt.

Blue Tortie (Blue-cream). Das Fell sollte blau sein mit Flecken in solidem Creme, deutlich abgesetzt an Körper, Kopf, Beinen und Schwanz. Nasenspiegel und Fußballen blau und/oder pink. Augen kupfer bis grün, aber Grün bevorzugt.

Chestnut Tortie. Das Fell sollte kastanienbraun sein mit verlaufenden Flecken in Rot und Creme, die sich klar absetzen an Körper, Kopf, Beinen und Schwanz. Eine rote oder creme Gesichtsblesse ist wünschenswert. Nasenspiegel und Fußballen dunkel- und/oder hellpink. Augen kupfer bis grün, Grün bevorzugt.

Lilac-cream (Lavender-cream). Das Fell sollte lilac-grau sein mit Flecken in solidem Creme, deutlich abgesetzt an Körper, Kopf, Beinen und Schwanz. Nasenspiegel und Fußballen pink. Augen kupfer bis grün, aber Grün bevorzugt.

Oriental Torbie

Oriental Torbies (gefleckte Tabbies) erschienen während des Zuchtprogramms der Oriental Tipped und entstanden aus Shaded Silver Orientalisch Kurzhaar und Redpoint Siam-Eltern.

AUSSTELLUNGSKRITERIEN
Eine eingeführte Braune (Ebenholz) Tabby mit Flecken in Rot, Silver oder Chocolate (Kastanie) Tabby mit Flecken in Rot; oder eine Blue- oder Lilac (Lavender) Tabby mit Flecken in Creme. Nasenspiegel und Fußballen gefleckt mit entsprechend solider Farbe. Grüne Augen bevorzugt.

Oriental Tabby

Orientalisch Kurzhaar Tabbies erschienen während des Zuchtprogramms der Tabby-(Lynx-)point Siamesen und entstanden aus Mischlings-Tabbies und Siamesen, und später aus British Havana und Tabby-point Siamesen.

Alle Farben und Tabbyzeichnungen sind entwickelt worden. In Großbritannien wurden die Spotted Tabbies früher Egyptian Mau genannt, heute ist der Name Oriental Spotted Tabby eingebürgert, um sie abzugrenzen von der amerikanisch gezüchteten Egyptian Mau, die nicht von Siamesen abstammt.

AUSSTELLUNGSKRITERIEN
Klassische Tabby-Zeichnung. Alle Markierungen dicht und klar abgesetzt. Auf der Stirn das charakteristische „M". Durchgehende Linien verlaufen von den äußeren Augenwinkeln zur Kopfmitte. Andere bleistiftdünner Gesichtslinien bilden Wirbel auf den Backen. Von der Kopfmitte verlaufen Linien im Schmetterlingsmuster zu den Schultermarkierungen. Drei durchgehende Linien verlaufen parallel zueinander entlang der Wirbelsäule ab der Schulterzeichnung zum Schwanzansatz. Ein großer Fleck auf jeder Flanke wird eingekreist durch einen oder mehrere durchgehende Ringe; diese Zeichnung sollte symmetrisch auf beiden Körperseiten sein. Mehrere durchgehende Halsketten sollten Nacken und obere Brust umfassen, und eine doppelte „Knopf-Reihe" sollte von der Brust zum Bauch verlaufen. Sowohl Beine wie Schwanz sollten gleichmäßig beringt sein.

Mackerel Tabby-Zeichnung. Der Kopf ist mit dem charakteristischen „M" gekennzeichnet, und eine durchgehende Linie verläuft von den äußeren Augenwinkeln zum Hinterkopf. Auf den Wangen gibt es weitere bleistiftdünne Linien. Eine schmale, durchgehende Linie verläuft vom Hinterkopf zum Schwanzansatz. Der übrige Körper wird gezeichnet durch zahlreiche schmale, durchgehende Linien, die vertikal vom Rückgrat nach unten verlaufen. Mehrere durchgehende Halsketten sollten Nacken und Brust umfassen, und eine doppelte „Knopf"-Reihe sollte von der Brust zum Bauch verlaufen. Beine und Schwanz sollten gleichmäßige, geschlossene Ringe aufweisen.

Spotted Tabby-Zeichnung (s. auch Egyptian Mau). Kopfzeichnung wie bei Classic Tabby. Körperzeichnung in Tupfen aufgeteilt, die möglichst zahlreich, rund, oval oder rosettenförmig sind. Rückenstreifen entlang der Wirbelsäule sollten in Tupfen übergehen. Eine Doppelreihe Tupfen sollte an Brust und Bauch, und Tupfen oder offene Ringe an Beinen und Schwanz vorhanden sein.

Ticked Tabby-Zeichnung. Körperhaare sollten getickt sein in verschiedenen Schattierungen der Zeichnungs- oder Grundfarbe. Von oben betrachtet sollte der Körper frei sein von deutlichen Tupfen, Streifen oder Flecken, mit Ausnahme der dunkleren Rückenschattierung. Die hellere Unterseite kann Tabby-Zeichnung aufweisen. Gesicht, Beine und Schwanz müssen deutliche Tabby-Streifen zeigen. Wenigstens eine deutliche Halskette muß den Nacken oder oberen Brustkorb bedecken.

Brown Tabby (Ebenholz Tabby). Grundfarbe leuchtendes Kupferbraun. Zeichnung tiefschwarz. Augen schwarzumrandet. Nasenspiegel schwarz oder ziegelrot mit schwarzer Umrandung. Fußballen schwarz oder braun. Grüne Augen bevorzugt.

Blue Tabby. Grundfarbe blasses, blaugetickes Elfenbein. Zeichnungen tiefblau. Kann warme, rehbraune Lichter im Fell haben. Augen blauumrandet. Nasenspiegel blau oder rosa mit blauer Umrandung. Fußballen rosa. Grüne Augen bevorzugt.

Chocolate Tabby (Kastanienfarbig Tabby). Grundfarbe warmes Rehbraun. Zeichnungen sattes Kastanienbraun. Augen kastanienbraun umrandet. Nasenspiegel kastanienbraun oder pink mit kastanienbrauner Umrandung. Fußballen kastanienbraun oder zimt rosa. Grüne Augen bevorzugt.

Lilac Tabby (Lavender Tabby). Grundfarbe blasses Lavender (pink-grau). Zeichnung tieflilacgrau. Augen lilacumrandet. Nasenspiegel blasses Lilac oder Pink mit lilac-grauer Umrandung. Fußballen lavender-pink. Grüne Augen bevorzugt.

Red Tabby. Grundfarbe rötliches Apricot. Zeichnung tiefes, sattes Rot. Augen rosa- oder rotumrandet. Nasenspiegel ziegelrot oder pink mit rosa Umrandung. Grüne Augen bevorzugt (USA); alle Schattierungen von Kupfer bis Grün erlaubt (Großbritannien).

Cream Tabby. Grundfarbe sehr blasses Creme. Zeichnung tiefcreme. Augen pink oder cremeumrandet. Nasenspiegel pink oder pink mit creme Umrandung. Fußballen pink. Grüne Augen bevorzugt (USA); alle Schattierungen von Kupfer bis Grün erlaubt in Großbritannien innerhalb des Zuchtstandards.

Silver Tabby. Grundfarbe klares Silver. Zeichnung tiefschwarz. Augen schwarzumrandet. Nasenspiegel schwarz oder ziegelrot mit schwarzer Umrandung. Fußballen schwarz. Grüne Augen.

Cameo Tabby. Grundfarbe gebrochen weiß. Zeichnung rot. Nasenspiegel und Fußballen rosa. Grüne Augen.

Ocicat

Kürzlich wurde in den Vereinigten Staaten eine weitere getupfte Rasse mit Siamabstammung gezüchtet aus einem Chocolatepoint Siamkater und einer Katze, die halb Siam- und halb Abessinieranteil hatte.

AUSSTELLUNGSKRITERIEN
Dark Chestnut. Grundfarbe blaßcreme. Tabby-Tupfen und -Zeichnung an Brust, Beinen und Schwanz dunke kastanienbraun. Augen gold.

Light Chestnut. Grundfarbe blaßcreme. Tabby-Tupfen und -Zeichnung an Brust, Beinen und Schwanz milchschokoladenfarben. Augen Gold.

Egyptian Mau

Vorzüge
- Hübsche Katze
- Agil
- Verspielt
- Freundlich
- Ruhig
- Leicht zu pflegen
- Gut zu Kindern

Zu beachten
- Sollte nicht unbewacht herumlaufen, da sie Katzendiebe besonders anlocken könnte

Die Egyptian Mau ist die einzige, natürlich entwickelte getupfte Rasse orientalischen Typs, und da sie in Kairo entstand, sieht man in ihr einen Nachkommen der von den alten Ägyptern verehrten und angebeteten Katzen. Sie ist scheu und liebevoll und soll ein gutes Gedächtnis haben. Sie ist stark und muskulös, kann leicht zu Tricks erzogen werden und liebt das Spazierengehen an der Leine.

Pflege
Wie alle kurzhaarigen Katzen benötigt sie wenig Pflege. Trotzdem tut es der Mau gut, und wird auch von ihr geschätzt, täglich durchgebürstet und -gekämmt zu werden, um abgestorbene Haare zu entfernen, die sie sonst verschlucken könnte.

Herkunft und Geschichte
Man sah in den getupften Katzen oder ihren Nachkommen die eigentlichen Hauskatzen des Alten Ägyptens und bildete sie in der frühägyptischen Kunst ab und symbolisierte sie in den Göttern Ra und Bast, die beide als Katzen dargestellt wurden. Der Name „Mau" ist lediglich die ägyptische Bezeichnung für Katze.

Die Egyptian Mau ist hautsächlich in den Vereinigten Staaten entwickelt worden, und die ähnlich aussehenden getupften Katzen, die früher in Großbritannien Egyptian Mau genannt wurden, sind nun als Orientalisch Kurzhaar Spotted bekannt, da sie Siamabstammung aufweisen.

Die ersten in Europa ausgestellten Egyptian Mau erschienen bei einer Ausstellung in Rom um 1955, und kamen von dort 1956 in die Vereinigten Staaten. Sie wurden mit großem Interesse auf der Empire Cat Show 1957 ausgestellt.

Zucht
Da die Mau eine natürlich entwickelte Rasse ist, ist das Auskreuzen zu anderen Rassen nicht gestattet. Aus der ursprünglichen Zuchtlnie sind bisher vier Farben entwickelt worden. Die Katzen sind ausgezeichnete Mütter; sie sind ausgeglichen, ruhig und ergeben. Die Tragzeit der Egyptian Mau beträgt zwischen 63 und 73 Tagen!

Kätzchen
Egyptian Mau-Kätzchen werden mit unübersehbaren Tupfen geboren und sind von Anfang an aktiv und verspielt. Gewöhnlich findet man vier in einem Wurf.

AUSSTELLUNGSKRITERIEN
Die Egyptian Mau liegt vom Typ her genau in der Mitte zwischen der zierlichen Orientalisch und der gedrungenen Kurzhaar-Hauskatze. Egyptian Maus sind aufgeweckt, ausgeglichen, muskulös und farbenfreudg.
Fell. Das Fell ist dicht, elastisch und glänzend, mittellang, seidig, fein.
Körper. Modifiziert orientalisch, mittellang, anmutig und muskulös, besonders bei Katern. Hinterbeine länger als Vorderbeine, was aussieht, als stünde die Katze auf den Zehenspitzen. Die Pfoten sind klein und zierlich, rund bis oval.
Schwanz. Mittellang, breit am Ansatz, leicht verjüngt zur Spitze. Ein peitschenartiger Schwanz gilt als Fehler.
Kopf. Keilförmig, abgerundet, ohne flache Partien. Eine leichte Erhöhung, jedoch keine Einbuchtung, verläuft vom Nasenrücken zur Stirn. Ohren groß und weit auseinanderstehend, breit am Ansatz, leicht zugespitzt, mit oder ohne Ohrenbüschel. Kleine Ohren gelten als Fehler.
Augen. Groß, mandelförmig. Kleine, runde oder orientalische Augen gelten als Fehler.

Egyptian Mau-Farben
Fellzeichnung. Die Tupfen sollten sich kontrastreich von der blassen Grundfarbe abheben. Jedes Haar trägt zwei Schichten Farbe, und die Pigmentierung der Tupfen und Streifen kann sowohl im Fell als auch auf der Haut gesehen werden.

Die Stirn trägt das charakteristische „M", und andere Markierungen bilden Linien zwischen den Ohren bis zum hinteren Nacken und laufen im Idealfall in verlängerte Tupfen entlang der Wirbelsäule aus. In der Hüftpartie gehen die Tupfen in eine Rückenlinie über und verlaufen bis zur Schwanzspitze. Zwei dunklere Linien kreuzen die Wangen; eine vom äußeren Augenwinkel bis zum Ohr, die andere von der Wangenmitte aufwärts, wo sie fast mit der ersten zusammentrifft. Am oberen Brustkorb gibt es eine oder mehrere Halsketten, idealerweise in der Mitte unterbrochen. Die Schultermarkierung kann aus Streifen oder Tupfen bestehen. Die Vorderbeine sind stark beringt. Die Körperzeichnung sollte aus Tupfen unterschiedlicher Größen und Umrisse bestehen; runde, gleichmäßige Tupfen sollten nie in eine unterbrochene Mackerel-Zeichnung übergehen. Die Hüftpartie und Oberschenkel sollten Tupfen und Streifen tragen; Streifen an den Oberschenkeln und am Rücken, Tupfen am Unterschenkel. Eine Doppelreihe „Westenknöpfe" sollte über Brust und Bauch verlaufen.

Silver. Grundfarbe hellsilver, am Unterkörper heller. Zeichnung grau. Außenseite der Ohren grau-rosa, schwarz getippt. Zehen schwarz, die Farbe steigt außen an den Hinterbeinen hoch. Nase, Lippen und Augen schwarzumrandet. Nasenspiegel ziegelrot. Fußballen schwarz. Augen stachelbeergrün.

Bronze. Grundfarbe honigbronze, übergehend in blaßcremiges Elfenbein am Unterkörper. Zeichnung tiefbraun. Außenseite der Ohren rehbraun-pink, dunkelbraun umrandet. Pfoten dunkelbraun, die dunkle Farbe steigt außen an den Hinterbeinen hoch. Nase, Lippen und Augen schwarz- oder dunkelumrandet. Nasenrücken ocker. Nasenspiegel ziegelrot. Fußballen schwarz oder dunkelbraun. Augen stachelbeergrün.

Smoke. Grundfarbe dunkelgrau mit silbrig-weißem Unterfell. Zeichnung pechschwarz. Pfoten schwarz, das Schwarz erstreckt sich zwischen den Zehen und außen an den Hinterbeinen hoch. Nase, Lippen und Augen schwarzumrandet. Nasenspiegel und Fußballen schwarz. Augen stachelbeergrün.

Pewter. Grundfarbe blaß rehbraun. Jedes Haar an Rücken und Flanken silver und beige getickt und schwarz getippt, am Unterkörper in blasses Creme übergehend. Zeichnung dunkelgrau bis dunkelbraun. Nase, Lippen und Augen dunkelgrau bis dunkelbraun umrandet. Nasenspiegel ziegelrot. Fußballen dunkelgrau bis -braun. Augen stachelbeergrün.

Burma

Vorzüge
- *Große Persönlichkeit*
- *Gut zu Kindern*
- *Hochintelligent*
- *Verspielt*
- *Elegant*
- *Gelehrig*
- *Liebevoll*

Zu beachten
- *Sehr abenteuerlustig, kann herumstromern*
- *Muß vor Verkehrsgefahren beschützt werden*
- *Braucht gewisse Wärme*
- *Braucht Gesellschaft*

Die Burma ist ein ausgezeichnetes Haustier. Sie hat ein glattes, kurzhaariges Fell, das sehr einfach zu pflegen ist, sie ist intelligenter und anhänglicher als viele andere Katzen, hat aber vor allem eine phantastische Persönlichkeit. Sie liebt die Menschen und ist gut zu Kindern, möchte aber keinesfalls alleine gelassen werden.

Pflege
Die Burma ist eine der am leichtesten zu pflegenden Katzen. Ein ein- oder zweimal wöchentliches Durchkämmen mit einem sehr feinzinkigen Kamm zum Entfernen der abgestorbenen Haare wird von der Katze sehr geschätzt werden, ebenso wie häufiges Darüberstreichen mit der bloßen Hand. Für Ausstellungskatzen wird ein Kleiebad einige Tage vor der Schau das überflüssige Fett aus dem Fell entfernen. Das glänzende Fell der Burma wird jedoch lediglich dadurch erzielt, daß man die Katze in Bestform erhält; eine gesunde braune Burma sollte wie poliertes Mahagoni aussehen.

Herkunft und Geschichte
Obwohl der Burma ähnelnde Katzen schon in Büchern des 15. Jahrhunderts in Thailand abgebildet waren, wurde die uns heute bekannte Rasse 1930 in den Vereinigten Staaten entwickelt, als eine braune Kätzin orientalischen Typs namens Wong Mau aus Burma an die Westküste importiert worden war. Da es keine ihr ähnlichen Kater für die Paarung gab, paarte man sie mit einem Siamkater. Alle daraus fallenden Kätzchen waren Kreuzungstiere, aber wenn sie zu ihrer Mutter rückgekreuzt wurden, fielen daraus der Mutter gleichende braune Kätzchen. Die Persönlichkeit dieser Katzen wurde so geschätzt, da sie genauso anhänglich und intelligent waren wie Siamesen, aber weniger lautstark und destruktiv, daß sie sehr schnell äußerst beliebt wurden.

1948 wurde die erste braune Burma nach Großbritannien eingeführt, und heute zählt die Rasse zu den am häufigsten ausgestellten; tatsächlich haben sie heute ihre eigenen, nur Burmesen vorbehaltenen Ausstellungen. Von den anderen Farben erschien Blau als die erste (1955) in Großbritannien, und das so völlig unerwartet, daß das erste Kätzchen eingetragen wurde als „Sealcoat Blue Surprise". Seitdem hat man durch intensive Zuchtprogramme Lilac, Creme, Rote, Chocolate und Tortie Burma hervorgebracht, alle vom gleichen liebenswerten Temperament.

Zucht
Eine Burma ist fruchtbarer als die meisten anderen Katzen. Eine Kätzin wirft normalerweise vier bis fünf Kätzchen, obwohl auch zehn vorkommen können. Burma sind gute Mütter, die ihre Jungen sehr streng mit festumrissenen Ideen bezüglich guter Manieren aufziehen.

Kätzchen
Die Kätzchen sind außergewöhnlich aktiv und verspielt. Sie werden mit einem blasseren Fell als dem der Erwachsenen geboren, und bei der braunen Burma sehen Mutter und Kitten im Vergleich aus wie einfache und Milchschokolade. Es ist oft schwierig, die blassere Schattierung des Neugeborenen abzuschätzen, denn die endgültige Fellfarbe entwickelt sich erst, genau wie die Augenfarbe, im Laufe mehrerer Wochen. Aufgrund der großen Nachfrage können Sie länger auf ein Kätzchen warten müssen.

AUSSTELLUNGSKRITERIEN
Die Burma ist eine mittelgroße Katze von modifiziert-orientalischem Typ, mit muskulösem und schwererem Körperbau, als ihr Aussehen vermuten läßt. Die British Burma ist etwas weniger rund und gedrungen als die amerikanische mit ihren längeren und schlankeren Beinen.
Fell. Fein, glatt und glänzend, kurz und enganliegend.
Körper. Eine mittelgroße Katze, stark und muskulös; runde Brust und gerader Rücken; Beine lang und schlank, Hinterbeine etwas länger; Pfoten zierlich und oval (Großbritannien), rund (USA).
Schwanz. Mittellang, leicht verjüngt zu runder Spitze. Nicht peitschenähnlich oder geknickt.
Kopf. Leicht abgerundet oben zwischen den weit auseinanderstehenden Ohren. Die hohen, breiten Wangenknochen verjüngen sich leicht zu einer kurzen, gut entwickelten Schnauze (USA). Festes Kinn, ein zurückgehender Kiefer gilt als Fehler. Ohren an der Spitze abgerundet und am Ansatz offen, im Profil leicht vorwärts geneigt. Die Nase ist mittellang, mit deutlicher Einbuchtung im Profil. Das Gesicht sollte einen niedlichen Ausdruck haben.
Augen. Orientalisch geformt am oberen Rand, und am unteren abgerundet (Großbritannien); rund (USA). Groß und leuchtend, weit auseinanderstehend.

Burma-Farben
Braun war die erste gezüchtete und anerkannte Farbe und wird oft als die attraktivste angesehen. Braune Burma wurden sowohl von Großbritannien wie den Vereinigten Staaten aus in viele Länder exportiert; sie sind überall sehr schnell beliebt geworden. Obwohl selektives Züchten in Großbritannien verschiedene Farbschläge hervorgebracht hat, sind in den Vereinigten Staaten nur Sable (Braun), Blau, Champagne (Chocolate) und Platin (Lilac) ausstellungsanerkannt.

Braun (Sable). Das Erwachsenenfell sollte gleichmäßig dunkel chocolate oder sandbraun sein, und am Unterkörper in einen helleren Ton leicht übergehen. Nasenspiegel und Fußballen braun. Augen tiefgelb bis gold, ohne grünen Schimmer.
Blau. Das Erwachsenenfell sollte sanft silver-grau sein, und leicht in einen helleren Ton übergehen am

Eines der sehr gefragten, hübschen blauen Burma-Kätzchen.

Unterkörper. Ohren, Gesicht und Füße haben einen Silver-Schimmer. Nasenspiegel dunkelgrau. Fußballen grau. Augen tief- bis goldgelb bevorzugt, obwohl auch ein grünlicher Schimmer erlaubt ist.
Chocolate (Champagne). Das Erwachsenenfell sollte rundum warm milchschokoladenfarben sein, mit leicht dunklerer Schattierung an den Abzeichen. Nasenspiegel warm milchschokoladenbraun. Fußballen ziegelrot bis schokoladenbraun. Augen tief- bis goldgelb.
Lilac (Platinum). Erwachsene sollten ein zartes Taubengrau zeigen mit einem rosa Schimmer. Ohren und Maske sind leicht dunkler. Nasenspiegel und Fußballen lavender-pink. Augen tief- oder goldgelb.
Rot. Erwachsene sollten leicht mandarinenfarbig sein. Ohren leicht dunkler. Nasenspiegel und Fußballen pink. Augen tief- bis goldgelb.
Creme. Erwachsene sollten warm cremefarbig sein. Ohren nur leicht dunkler. Nasenspiegel und Fußballen pink. Augen tief- bis goldgelb.
Braun Tortie. Erwachsene sollten braune und rote Flecken ohne jegliche Streifen zeigen. Nasenspiegel und Fußballen glatt oder gefleckt braun und pink. Augen tief- oder goldgelb.
Blau Tortie. Das Erwachsenenfell sollte blaue und creme Flecken ohne jegliche Streifen zeigen. Nasenspiegel und Fußballen glatt oder gefleckt blau und pink. Augen tief- oder goldgelb.
Chocolate Tortie. Das Erwachsenenfell sollte chocolate und rote Flecken ohne jegliche Streifen zeigen. Nasenspiegel und Fußballen glatt oder chocolate und pink gefleckt. Augen tief- oder goldgelb.
Lilac Tortie. Das Erwachsenenfell sollte lilac und creme Flecken ohne jegliche Streifen zeigen. Nasenspiegel und Fußballen glatt oder gefleckt lilac und pink. Augen sollten tief- oder goldgelb sein.

Braune Burma (amerikanischer Typ)

Rote Burma

Burma

Lilac Tortie Burma

Tonkinese
(Tonkanese)

Vorzüge
- *Freundlich und anhänglich*
- *Leicht zu pflegen*
- *Gut zu Kindern*
- *Aktiv und voller Spaß*
- *Liebt Menschen*
- *Geht gern an Geschirr und Leine*

Zu beachten
- *Aufgrund ihrer Neugierde und Aktivität läuft sie leicht weg*
- *Ist sich der Verkehrsgefahren nicht bewußt*

Die Tonkinese ist eine Kreuzungsrasse aus der Siam- und der Burma-Katze und hat — wie nicht anders zu erwarten — einige Charakteristika von beiden übernommen (Seiten 58 und 68). Weil sie Menschen liebt, ist sie fähig, sich Autos mit Menschen drin anzuschließen und sich vor ihnen hinzulegen! Aufgrund ihrer neugierigen Ader unternimmt sie lange Spaziergänge und verläuft sich manchmal oder erleidet einen Verkehrsunfall. Deshalb sollte ihr Freiheitsdrang etwas überwacht werden, obwohl es grausam wäre, sie in einen kleinen, uninteressanten Raum oder Käfig einzusperren.

Pflege
Die Tonkinese ist eine leicht zu pflegende Katze. Es genügt ihr ein feinzinkiger Kamm und vielleicht eine Gumminoppenbürste für die Massage. Ein Kleiebad kurz vor einer Schau wird das überschüssige Fett aus dem Fell entfernen, und ein Seiden- oder Wildlederlappen wird ihm Glanz verleihen. Die Ohren sollten regelmäßig auf Milben untersucht werden, und nur das äußere Ohr kann, falls nötig, mit einem Baumwollappen ausgewischt werden.

Herkunft und Geschichte
Diese Rasse wurde in den sechziger und siebziger Jahren entwickelt, hauptsächlich in den Vereinigten Staaten und Kanada, obwohl unzweifelhaft weltweit Züchter sowohl mit Siamesen wie Burmesen attraktive Kreuzungskätzchen hervorgebracht und daran gedacht haben, diese weiterzuentwickeln.

Zucht
Tonkinese, oder Tonks, wie sie zärtlich genannt werden, werden heute nur mit Tonks gepaart in den USA, was 50 Prozent Tonks, 25 Prozent Siamesen und 25 Prozent Burmesen hervorbringt. Die erste Paarung von Siamesen mit Burmesen bringt 100 Prozent Tonkinesen.

Kätzchen
Tonkinese-Kätzchen werden blasser in der Farbe geboren als ihre Eltern, die Erwachsenen-Farbe entwickelt sich nach und nach.

AUSSTELLUNGSKRITERIEN
Die Tonkinese ist vom Typ her eine orientalische Katze, mittelgroß, geschmeidig und muskulös.
Fell. Weich und enganliegend, mit natürlichem Glanz.

Eine Honey Mink Tonkinese, in typisch neugieriger Pose. Tonks sind anhängliche Katzen, stromern aber gern herum.

Körper. Mittelgroß, gut muskulös, mit langen Beinen, mit leicht längeren Hinterbeinen. Die schlanken Beine laufen aus in kleinen, zierlichen, ovalen Pfoten.
Schwanz. Lang und verjüngt von einem dicken Ansatz zu einer dünnen Spitze. Ohne Knicke.
Kopf. Ein modifizierter Keil mit einer eckigen Schnauze. Im Profil sieht man eine leichte Naseneinbuchtung. Mittellanger Nacken, aber kürzer als der einer Siamesin. Ohren mittelgroß, nach vorn geneigt und abgerundet.
Augen. Mandelförmig, weit auseinanderstehend.

Tonkinese-Farben.
Vier Farben sind zugelassen. Das Erwachsenenfell sollte eine solide Farbe tragen und am Unterkörper leicht in einen helleren Ton übergehen, mit klar abgesetzten Abzeichen.

Natural Mink. Ein warmes Braun mit dunkelschokoladenfarbigen Abzeichen. Nasenspiegel, Fußballen braun. Augen blau-grün.

Honey Mink. Ein warmer, rötlicher Ton mit schokoladenfarbigen Abzeichen. Nasenspiegel und Fußballen mittelbraun. Augen blau-grün.

Champagne Mink. Ein sanftes, warmes Beige mit hellbraunen Abzeichen. Nasenspiegel und Fußballen zimtfarben-pink. Augen blau-grün.

Blue Mink. Ein sanftes Blau bis Blau-grau, mit hellblauen bis schieferblauen Abzeichen. Nasenspiegel und Fußballen blau-grau. Augen blau-grün.

Platinum Mink. Ein sanft silverfarbener Körper mit metallic silver-Abzeichen. Nasenspiegel lilac und Fußballen pink. Augen blau-grün.

Bombay

Vorzüge
- *Auffallende Erscheinung*
- *Angenehme Persönlichkeit*
- *Ausgeglichen im Temperament*
- *Verhältnismäßig ruhig*
- *Verträgt sich gut mit anderen Katzen, Kindern und Hunden*
- *Leicht zu pflegen*

Zu beachten
- *Möchte nicht unbeachtet bleiben*

Die Bombay ist beschrieben worden als ein „schwarzer Mini-Panther" mit einem Fell aus Lackleder und kupferpfennigähnlichen Augen. Sie hat ein ideales Temperament und Naturell. Sie ist abgehärtet, anhänglich und zufrieden und scheint ununterbrochen zu schnurren.

Die Bombay ist sehr leicht zu pflegen dank ihres glatten Felles, und ist so in mancher Hinsicht das ideale Haustier. Sie liebt es jedoch nicht, unbeachtet zu sein, und sollte deswegen nicht für mehrere Stunden allein gelassen werden. Sie verträgt sich gut mit Kindern und anderen Haustieren.

Pflege
Das dichte Fell muß täglich mit einem sehr feinzinkigen oder Läusekamm gekämmt werden zum Entfernen abgestorbener Haare; die Ausstellungskatze kann mit einem Seiden- oder Wildlederlappen abgerieben werden. Die Katze ist hin und wieder für ein Kleiebad dankbar. Streichen Sie oft mit der Hand über das Fell, aber bitte ohne Handcreme, die den ganzen Effekt zunichte machen würde! Ohren und Augen sollten regelmäßig untersucht werden.

Herkunft und Geschichte
Die Bombay ist eine reine Zuchtrasse, entstanden aus der Paarung einer Brown (Sable) Burma mit einer Schwarzen Amerikanisch Kurzhaar, und die daraus fallende schwarze Katze hat die schwarze Farbe und das abgehärtete Wesen der Amerikanisch Kurzhaar und das glatte, glänzende Fell, die Intelligenz und Zuneigung der Burma.

Zucht
Die Bombay, obwohl als Kreuzung entwickelt, vererbt sich rein, Bombay und Bombay ergibt hundertprozentig reine Bombay-Kätzchen. Bei der ursprünglichen Paarung war Schwarz die dominierende Farbe, und so konnten schon die Kätzchen aus dem ersten Wurf als Bombay eingetragen werden. Seitdem sind Typ, Farbe und Augenfarbe beibehalten worden durch vorsichtiges, kontrolliertes Züchten. Die Kätzinnen sind gute, sensible Mütter, die früh geschlechtsreif werden.

Kätzchen
Die Kätzchen sind sehr lebhaft, voller Energie und sehr anhänglich und vertrauensvoll. Sie lieben Gesellschaft und sollten nicht vernachlässigt werden. Zuerst kann das Fell der Jungen rostig aussehen, um sich dann zu reinem Schwarz zu entwickeln.

AUSSTELLUNGSKRITERIEN
Bei dieser Rasse wird mehr Punktbewertung als bei jeder anderen auf die Fellqualität und -farbe gelegt, da man hier dem Fell mehr Bedeutung beimißt als dem Typ.
Fell. Sehr kurz und dicht, nach Lackleder oder Satin aussehend. Am meisten ähnelt es dem der Burma.
Körper. Mittelgroß und muskulös, weder gedrungen noch ausladend. Kater größer als Katzen. Katzen zierlicher. Mittellange Beine.
Schwanz. Mittellang, gerade, ohne Knicke.
Kopf. Abgerundet, ohne flache Stellen. Offenes Gesicht mit gut auseinanderstehenden Augen. Kurze, gut entwickelte Schnauze. Nase breit mit deutlicher Einbuchtung. Ohren rund, mittelgroß und aufgeweckt. Breit am Ansatz, weit auseinanderstehend auf der Kopfrundung, nach vorn geneigt.
Augen. Rund und weit auseinanderstehend.
Farbe. Bis zur Wurzel schwarz, ohne weiße Haare oder Flecken. Nasenspiegel und Fußballen schwarz. Augen kupferpfennigfarben, tief und leuchtend. Goldfarbene Augen manchmal erlaubt, aber keine grünen.

Russisch Blau
(Malteser)

Vorzüge
- *Sehr lieb veranlagt*
- *Ungewöhnlich ruhig*
- *Freundlich und scheu*
- *Gesellig*
- *Leicht zu pflegen*
- *Gut geeignet für die Etagenwohnung*
- *Kann leinenführig werden*

Zu beachten
- *Züchter können aufgrund des dünnen Stimmchens dieser Katze ihre Lockrufe leicht überhören*

Was auch immer in Rußland geschrieben wird, russische Katzen sind blau! Das hervorstechende Merkmal der Russisch Blau ist ihre ruhige, liebe Art. Sie ist scheu und freundlich und ein liebenswerter, angenehmer Gefährte. Sie wird sehr an ihrem Besitzer hängen, möchte ihm gefallen, und scheint sich einem Leben in einer Etagenwohnung gut anzupassen, da sie sich tatsächlich am liebsten drinnen aufhält. Ihr blaues Plüschfell unterscheidet sich von dem jeder anderen Rasse und ist leicht robbenähnlich in der Textur. Die Deckhaare sind silvergetippt, was dem Fell einen silbrigen Schein verleiht und beiträgt zum guten Aussehen dieser liebenswerten, fügsamen Katze.

Pflege
Die Russisch Blau ist leicht zu pflegen dank ihres sehr kurzen und plüschigen Fells. Ihr genügen ein gelegentliches Durchbürsten und -kämmen mit einem feinzinkigen Kamm und das Abreiben mit einem Wildleder oder der fettfreien Hand.

Herkunft und Geschichte
Dem Ursprung nach sollen diese Katzen aus Archangelsk in der UdSSR stammen, und von englischen Seeleuten aus diesem Hafen mit nach England gebracht worden sein. Vor 1900 waren sie bekannt als Archangel Blue, aber auch als Malteser und Spanische Katzen, und es scheint einige Verwirrung darüber gegeben zu haben, was eine Russisch Blau war oder nicht war, obwohl die Tatsache, daß es viele solcher Katzen in Skandinavien gibt, auf deren russischen Ursprung schließen läßt.

Sie wurden in Großbritannien gegen Ende des 19. Jahrhunderts ausgestellt, da es aber nicht genügend von ihnen zwecks Paarung gab, wurden sie ausgekreuzt mit Britisch Blauen und Blue-point Siamesen. Dies brachte nahezu die Rasse zum Aussterben und sehr unerwünschte Ergebnisse, besonders den Verlust des außergewöhnlichen Fells. Nach dem Zweiten Weltkrieg wurden alle Anstrengungen unternommen in Großbritannien, diese Rasse wieder aufzubauen, und nach und nach werden viel bessere Vertreter hervorgebracht.

Zucht
Russisch Blau-Kätzinnen werfen durchschnittlich ein- bis zweimal pro Jahr mit jeweils vier bis fünf Kätzchen. Das Finden eines passenden Zuchtpaares ist, besonders in den Vereinigten Staaten, noch immer nicht einfach, weil es bisher zu wenige von ihnen gibt.

Kätzchen
Russisch Blau-Kätzchen werden mit sehr flauschigem Fell geboren und können schwache Tabby-Zeichnung tragen, die mit dem Erwachsenenfell verschwindet.

AUSSTELLUNGSKRITERIEN
Die Russisch Blau ist eine mittlere bis große Katze orientalischen Typs, geschmeidig und graziös, mit einem kurzen, dichten, plüschigen Fell.

Fell. Sehr kurz und dicht. Sehr plüschig, seidig und weich, seehundfellartig.

Körper. Lang, geschmeidig und graziös. Mittelstarker Knochenbau. Lange Beine mit kleinen, ovalen Pfoten (Großbritannien); runden Pfoten (USA). Hinterbeine länger.

Schwanz. Lang und verjüngt, am Ansatz dicker.

Kopf. Keilförmig, kürzer als bei Siamesen, mit fliehender Stirn. Gerade Nase und Stirn mit Einbuchtung oberhalb der Nase. Flacher, schmaler Schädel. Deutliche Schnurrhaarpartie. Festes Kinn. Nacken lang und schlank, aber wegen des dicken, kurzen Plüschfells kürzer erscheinend. Ohren spitz zulaufend, groß und breit am Ansatz, senkrecht auf dem Kopf stehend. Fast durchsichtig, ohne Ohrbüschel.

Augen. Mandelförmig und weit auseinanderstehend, schräg zur Nase.

Farbe. Rundum ein klares Blau, ohne Schattierung oder weiße Haare, aber mit silvergetipptem Deckhaar, was dem ganzen Fell einen silbrigen Schimmer verleiht. In Großbritannien wird ein mittleres Blau vorgezogen und ein blasseres in den USA. Russisch Schwarz und Weiß werden neuerdings gezüchtet, vor allem in Neuseeland. Nasenspiegel und Fußballen schieferblau. (Fußballen lavender-pink in den USA). Augen leuchtend, lebhaft grün.

Korat

Vorzüge
- *Hübsch*
- *Ruhig*
- *Lieb und freundlich*
- *Intelligent*
- *Gut zu anderen Tieren*

Zu beachten
- *Erschrickt vor lautem oder plötzlichem Lärm*

Bei der Korat fällt ihr „lebhafter Charme" auf. Sie liebt es, gestreichelt zu werden, ist klug und schätzt energiereiche Spiele. Sie erschrickt jedoch vor plötzlichem Lärm, und würde sich daher am besten für einen ruhigen, wohlgeordneten Haushalt eignen statt für einen unruhigen mit überaus lebendigen Kindern.

Ein liebenswertes Korat-Kätzchen mit bernstein-grünen Augen.

Die Korat liebt ruhige, freundliche Menschen und schließt sich gern ihrem Besitzer an. Sie verträgt sich gut mit Katzen anderer Rassen, obwohl sie die eigene vorzieht. Sie wird sich ebenso mit einem angenehmen Hund vertragen, wenn dieser behutsam mit ihr bekanntgemacht wird. Bis auf ihre Lockrufe ist die Korat nicht sehr „redselig", und dürfte der ideale Gefährte sein für jemanden, der ein ruhiges Haustier sucht.

Pflege
Das einfach liegende Fell der Korat läßt sich sehr leicht in Bestform halten. Es benötigt nur tägliches Kämmen zum Entfernen abgestorbener Haare, damit die Katze diese nicht verschluckt, und das Abreiben mit einem Wildleder- oder Seidentuch. Sie wird zahlreiche Handstriche genießen, die gut für das Fell sind und ihm Glanz verleihen.

Herkunft und Geschichte
Die Korat ist eine natürliche Rasse und stammt aus dem Korat-Plateau in Thailand. Seit 1959 sind mehrere in die Vereinigten Staaten importiert worden, und 1972 kamen einige aus Amerika nach England, obwohl ein Exemplar offensichtlich schon 1896 bei der National Cat Show gezeigt worden ist; damals wurde es als Siam Blue angesehen und erst später als Korat erkannt.

In der Stadt Korat werden diese Katzen Si-Sawat genannt, was „glückliches Schicksal" heißt. In Thailand werden sie oft bezeichnet als „die wolkenfarbige Katze mit Augen in der Farbe des jungen Reis". Ein thailändiches Reiseplakat zeigt ein junges Mädchen in heimischer Tracht mit einer Blauen Korat-Katze im Arm. Sie werden sehr geschätzt in ihrer Heimat, und wenn einer Braut ein Pärchen von ihnen geschenkt wird, ist das ein Anzeichen für eine glückliche, wohlhabende und erfolgbringende Ehe. Die Kater sind furchtlose Kämpfer.

Korats sind seit Jahrhunderten in Thailand bekannt, wie aus einem Buch mit Katzengedichten aus der Ayudhya-Zeit (1350 bis 1767) zu ersehen ist, in dem drei Katzen beschrieben werden: eine Sealpoint Siam, eine kupferfarbene (wahrscheinlich Burma) Katze und die Korat.

Zucht
Beim Verkauf eines Kätzchens muß sich der Käufer verpflichten, es im Alter von sechs Monaten zu kastrieren (sterilisieren), oder es nur mit einer Korat zu paaren. Das dient der Reinhaltung der Rasse. Korat-Katzen werden gute Mütter, sehr genau und reinlich, und ein durchschnittlicher Korat-Wurf umfaßt drei bis vier Kätzchen.

Kätzchen
Die Kätzchen werden in derselben Farbe wie die Erwachsenen geboren und tragen das hübsche silvergraue Fell von Geburt an. Die Kätzchen haben oft bernsteinfarbene Augen, und es kann zwischen zwei bis vier Jahren dauern, bis sich die endgültige Farbe entwickelt.

AUSSTELLUNGSKRITERIEN
Die Korat ist eine mittelgroße, kräftige und muskulöse Katze. Die Kater sind kräftiger als die Katzen.

Fell. Einfach, ohne Unterfell, kurz, glänzend, fein und enganliegend. Besonders kurz und fein auf der Rückseite der Ohren, Nase und Pfoten.

Körper. Mittelgroß, kräftig und muskulös, etwas gedrungen mit einem runden Rücken und tiefliegend auf den Beinen. Die Vorderbeine sind leicht kürzer als die Hinterbeine. Pfoten oval.

Schwanz. Mittellang, zu runder Spitze verjüngt.

Kopf. Kopf und Gesicht herzförmig mit halbspitzer Schnauze, festem Kinn und Backenknochen, und großer, flacher Stirn. Kurze Nase mit Abwärtsneigung oberhalb der Nasenspitze. Leichte Naseneinbuchtung. Aufmerksame Ohren, mittelgroß, mit abgerundeten Spitzen, hoch am Kopf angesetzt, am Ansatz offen, nur leichte Innenbehaarung.

Augen. Auffallend, übergroß, leuchtend und weit auseinanderstehend. Das geöffnete Auge ist rund, das geschlossene leicht schielend.

Farbe. Rundum silver-blau, silvergetippt schimmernd, besonders intensiv auf der Rückseite der Ohren, Nase und Pfoten. Es sollten keine weißen Haare, Flecken oder Tabby-Zeichnung zu sehen sein. Nasenspiegel dunkelblau oder lavender. Fußballen dunkelblau oder lavender mit rosa Schimmer. Augen leuchtend grün; Bernsteinschimmer bei Kätzchen erlaubt.

Abessinier

Vorzüge
- *Hübsch*
- *Anhänglich*
- *Verspielt*
- *Ruhig*
- *Freundlich*
- *Liebevoll*
- *Gut zu Kindern*
- *Leicht zu pflegen*

Zu beachten
- *Unabhängig*
- *Sehr aktiv*
- *Möchte nicht eingesperrt*
- *Ungeeignet für die Wohnung*

Die Abessinierkatze ist hochintelligent und zeigt ein bei Katzen seltenes Maß an Gehorsam. Sie ist aufgeschlossen für viel Zuneigung und möchte als Familienmitglied anerkannt werden. Man kann sie leicht dazu bringen, mit ihren Pfoten Tricks auszuführen und Sachen anzuschleppen.

Aufgrund ihres aktiven Naturells zieht die Abessinierin ein Leben im Freien vor und möchte nicht in einem kleinen Bereich eingeschlossen werden.

Pflege
Eine Abessinierkatze ist sehr leicht zu pflegen. Es ist ratsam, täglich abgestorbene Haare abzubürsten, obwohl ein- oder zweimal pro Woche auch genügt. Eine kurzhaarige weiche Bürste oder Gumminoppenbürste ist ideal, und ein feinzinkiger Stielkamm wird lose Haare entfernen und nötigenfalls den Läusekamm ersetzen. Tägliche Handstriche bringen das Fell zum Glänzen und werden von der Katze geschätzt. Die Zähne und Ohren sollten ebenso regelmäßig untersucht werden.

Herkunft und Geschichte
Die ersten abessinierähnlichen Katzen waren als Hasen- oder Kaninchenkatzen bekannt dank der Ähnlichkeit ihres gefleckten Fells, und sie wurden auch als Russische und Spanische Katzen ausgestellt bei den ersten englischen Ausstellungen. Kaninchenfell hat jedoch nur ein einziges Farb-(ticking-)Band pro Haar, wohingegen eine gute Abessinierin zwei oder drei Streifen dunklerer Farbe auf jedem Haar (zwei- oder dreifaches Ticking) aufweist, wobei die blasse Farbe der Haut am nächsten ist.

Wegen ihrer Ähnlichkeit mit den Abbildungen Altägyptischer Katzen wurde behauptet, daß die Abessinierkatze zurückgeht auf die Heiligen Katzen Ägyptens, aber sehr viel wahrscheinlicher entschieden Züchter, denen diese Ähnlichkeit gefiel, diese Merkmale durch sorgfältiges Züchten weiterzuentwickeln. Die Römer haben bekanntlich Katzen aus Ägypten nach England gebracht, so daß die für das Anzüchten des „Ägyptischen Aussehens" nötigen Gene auf diese Weise nach England gekommen sein können. Sie könnten sich dann solange innerhalb der einheimischen englischen Katzenbevölkerung gehalten haben, bis jemand sie wieder durch sorgfältiges und selektives Züchten isolieren wollte.

Alle britischen Abessinier stammen von anderen britischen Katzen ab, und alle amerikanischen Abessinier gehen zurück auf britische Importe nach 1907.

Zucht
Es gab nie sehr viele Abessinier, und ein Wurf umfaßt gewöhnlich nur drei bis vier Kätzchen, meist Katerchen. Selektives Züchten und Auskreuzen zu anderen Rassen wird der Rasse sicherlich neue Farben und Vitalität bringen. Die Katzen sind gute Mütter und sehr an ihren Nachkommen interessiert.

Kätzchen
Abessinierkätzchen werden früh reif und sind furchtlos und verspielt. Sie wölben ihren Rücken und schnurren laut, um sich bemerkbar zu machen. Es kann 18 Monate dauern, bis das Erwachsenenfell voll ausgewachsen ist.

AUSSTELLUNGSKRITERIEN
Die Abessinierkatze ist mittelgroß, modifiziert orientalischen Typs, stark, geschmeidig und muskulös mit einem deutlich getickten Fell.
Fell. Kurz, fein und enganliegend, glänzend und elastisch.
Körper. Mittelgroß, schlank und geschmeidig, solide und muskulös. Orientalisch im Typ, aber weniger extrem als eine Siam. Mittellang, schlank, feingebaute Beine, kleine ovale Pfoten; charakteristische Haltung wie auf Zehenspitzen.
Schwanz. Mittellang, breit am Ansatz und sich verjüngend. Nicht peitschenähnlich und ohne Knicke.
Kopf. Mittelbreit, leicht abgerundet keilförmig mit einem elegantgeschwungenen Nacken. Schnauze nicht deutlich markiert. Ohren weit auseinander, breit am Ansatz, gut gewölbt und behaart. Kinn fest, leichte Naseneinbuchtung im Profil.
Augen. Weit auseinanderstehend und ausdrucksvoll, leicht schräggestellt, mandelförmig.

Abessinier-Farben
Ursprünglich waren nur zwei Farbvarietäten in dieser Rasse anerkannt, die Ruddy und die Red (heute Sorrel), und bisher sind nur diese beiden Farben in den Vereinigten Staaten zu Wettbewerben zugelassen.

Eine Blaue Abessinierin wird auch innerhalb dieser Rasse natürlich hervorgebracht und wurde 1975 in Großbritannien anerkannt. Nun gibt es in den Bewertungsklassen auch schon andere Farben wie Lilac, Chocolate, Silver, Tortie, Rot und Creme, obwohl sie alle durch Auskreuzen zu anderen Kurzhaarkatzen entstanden sind.

Ruddy (normal). Fell in warmem, fuchsrotem Rot, getickt mit zwei oder drei Streifen in Schwarz oder Dunkelbraun, mit einem blasseren, orange-braunen Unterfell. Dunklere Schattierung entlang der Wirbelsäule; Schwanz schwarzgetippt, ohne Ringe. Das Schwarz zwischen den Zehen steigt hinten an den Hinterbeinen hoch. Ecken und Kanten der Ohren schwarz oder dunkelbraun. Nasenspiegel ziegelrot. Fußballen schwarz. Augen grün, gelb oder haselnußfarben, schwarz- oder dunkelbraunumrandet und von einer blasseren Tönung umgeben.

Sorrel (Rot). Körperfarbe ein warmes Kupferrot, dunkelrot oder schokoladenbraun getickt, mit blasserem apricot Unterfell. Dunklere Wirbelsäule und Schwanzspitze. Die Schokoladenfärbung zwischen den Zehen steigt hinten an den Hinterbeinen hoch. Nasenspiegel und Fußballen pink. Ecken und Kanten der Ohren schokoladen-

Ein blaues Abessinierkätzchen zeigt mit fünf Wochen bereits das selbstbewußte Naturell dieser Rasse.

braun. Weiß nur an Lippen und Kinn erlaubt. Augen grün, gelb oder haselnußfarben, je leuchtender und tiefer, um so besser. Blasse Augen sind ein Fehler.
Blau. Körperfarbe ein warmes Blau-grau, in dunklerem Stahlblau getickt. Grundfarbe ein Creme oder Hafermehl. Wirbelsäule, Schwanzspitze oder rückwärtige Hinterbeine dunkles Stahlblau. Ecken und Kanten der Ohren schieferblau. Nasenspiegel dunkelrosa. Fußballen mauve-blau. Augen grün, gelb oder haselnußfarben. Blasse Augen werden als Fehler angesehen.

Singapura

Vorzüge
- *Hübsch*
- *Anschmiegsam*
- *Verhältnismäßig ruhig*
- *Liebt Menschen*
- *Kann mit Babies alleingelassen werden*
- *Leicht zu pflegen*

Zu beachten
- *Keine Nachteile bekannt*

Die Singapura ist bekannt als „Rinnsteinkatze" von Singapur. In ihrem Heimatland betrachtet ein Großteil der Bevölkerung Katzen mit Argwohn, und folglich müssen die einheimischen Katzen für sich selbst sorgen und sind von Natur aus zurückhaltend und mißtrauisch. Dort angesiedelte Ausländer haben sich mit einigen von ihnen angefreundet, und sobald diese merken, daß ihnen nichts Schlechtes geschieht, legen sie ihre Scheu ab und werden zutraulicher.

Einige dieser Katzen hat man in die Vereinigten Staaten gebracht und dort als neue Rasse eingeführt. Bei menschlicher Zuneigung ist die Singapura eine anhängliche Katze, wenn auch ein wenig ruhig und zurückhaltend. Sie ist allgemein kleiner als andere Hauskatzen, wahrscheinlich aufgrund der Entbehrungen ihrer Vorfahren.

In Singapur haben die Katzen verschiedene Farben und Fellmuster, aber die nach Amerika importierten haben getickte elfenbeinfarbene und braune Felle und goldene Augen.

Pflege
Eine Singapura benötigt sehr wenig Pflege: nur das normale tägliche Durchkämmen und gelegentliches Kontrollieren der Ohren und Augen.

Herkunft und Geschichte
Die Singapura ist eine natürliche Rasse aus Südostasien, wo die Mehrzahl der einheimischen Katzen geticktes Fell hat und Abessiniern ähnelt, aber kleiner ist und unterschiedliche Charakteristika aufweist. Im allgemeinen frei herumstromernd und in den Gossen von Singapur schlafend, wurden diese Katzen von dort lebenden Ausländern aufgenommen.

Zucht
Wie bei vielen natürlichen Rassen, geben die Katzen ausgezeichnete und sensible Mütter ab. Normalerweise gibt es nur drei Kätzchen pro Wurf, und anders als bei den meisten frühentwickelten Kurzhaarkatzen orientalischen Typs, sind sowohl Kater wie Katze nicht vor ihrem 15. bis 18. Lebensmonat geschlechtsreif.

Kätzchen
Singapura-Kätzchen werden langsam reif und kommen oft nicht vor ihrer fünften Lebenswoche aus der Wurfkiste heraus.

AUSSTELLUNGSKRITERIEN
Die Singapura ist eine sehr kleine Katze, aber aufgeweckt und gesund mit auffallend großen, gewölbten Ohren und großen Augen.
Fell. Sehr fein, kurz, seidig und enganliegend. Bei Kätzchen etwas länger.
Körper. Unterdurchschnittlich klein: Katzen 1,8 kg oder weniger; Kater 2,7 kg oder weniger. Mittellanger Körper, leicht untersetzt, fest und muskulös. Rücken leicht gewölbt, mittellange Beine und kleine, schmale Pfoten. Körper, Beine und Fußboden sollten ein Rechteck bilden. Nacken kurz und dick, ohne hohe Schulterblätter.
Schwanz. Mittellang, verjüngt zu stumpfer Spitze. Ohne Knicke.
Kopf. Rund, übergehend in eine stumpfe, mittelkurze Schnauze mit deutlicher Schnurrhaareinbuchtung. Volles Kinn. Im Profil zeigt

sich eine leichte Einbuchtung oberhalb des Nasenrückens. Ohren groß, leicht spitz, weit offen am Ansatz und tiefgewölbt. Kleine Ohren gelten als Fehler.

Augen. Groß, mandelförmig, weit offen und schrägstehend.

Farbe. Jedes Haar an Rücken, Flanken und Kopfmitte muß wenigstens zwei Streifen dunkelbraunen Tickings aufweisen, unterteilt durch Streifen in hellerem, warmem Elfenbein-Ticking. Jede Haarspitze sollte dunkel sein und der Ansatz hell sein. Eine dunklere Linie entlang der Wirbelsäule ist erlaubt und kann in eine dunkle Schwanzspitze auslaufen. Beine ohne Beringung bevorzugt. Zehen dunkelbraun, wobei die Farbe hinten an den Hinterbeinen hochsteigt. Schnauze, Kinn, Brust und Bauch sollten ein warmes Rehbraun zeigen. Rötlichere Töne sind erlaubt an den Ohren und dem Nasenrücken. Weiße Medaillons oder Haare sind Fehler. Augen, Nase und Lippen sind dunkelbraun umrandet. Nasenspiegel rot, Fußballen dunkelbraun. Augen haselnußfarben, grün oder gold.

Rex

Vorzüge
- *Deutlich gelockte Katze*
- *Intelligent*
- *Abgehärtet und agil*
- *Ruhig*
- *Viel Sinn für Spaß*
- *Liebt Menschen*
- *Sehr leicht zu pflegen*

Zu beachten
- *Hat stets Appetit, aber Überfütterung führt zu Fettleibigkeit*

Trotz ihres kurzen Fells scheint die Rex die Kälte nicht zu fühlen. Sie braucht nicht verhätschelt zu werden, und ist absolut abgehärtet auch dem schlechtesten Wetter gegenüber. Sie ist eine hübsche, ungewöhnlich aussehende Katze mit ihrem gelockten Fell und lockigen Schnurrhaaren und Augenbrauen. Charakteristischerweise fühlt sich das Fell warm an dank des überaus feinen und kurzen Haares.

Es gibt zwei Arten von Rex — die Cornish und die Devon —, und obwohl sie in vielem ähnlich sind, ist die Devon Rex besonders verspielt, und ihr koboldartiges Gesicht verrät einen ausgeprägten Sinn für Unfug. Sie soll auch, wenn sie sich freut, wie ein Hund mit dem Schwanz wedeln. Intelligent und unternehmungslustig, sind beide Rexkatzen ausgezeichnete Haustiere für die ganze Familie.

Pflege

Rexkatzen sind sehr leicht zu pflegen. Man braucht bloß mit einem Seiden- oder Wildledertuch das Fell abzureiben und öfters mit der bloßen Hand darüberzustreichen, um abgestorbene Haare zu entfernen. Vor einer Schau empfiehlt sich eine Kleie-Anwendung, um überschüssiges Fett zu entfernen, das den natürlichen Fall der Wellen und Locken behindern könnte.

Herkunft und Geschichte

Die beiden Linien dieser gelockten Katzen erschienen nahezu gleichzeitig als natürliche Mutationen in England, den Vereinigten Staaten, Deutschland und Kanada. Die Cornish Rex bekam ihren Namen in Bodmin, Cornwall, wo sie 1950 das erste Mal erschien in einem ansonsten normalen Wurf von Bauernkatzen. Sie wurde nach dem Rex-Kaninchen benannt, das auch ein lockiges Fell hat. Das gelockte Katerchen wurde zurückgekreuzt mit seiner Mutter, und daraus fielen weitere gelockte Kätzchen. Einige der Nachkommen wurden in die Vereinigten Staaten importiert. Auch einige aus Deutschland gelangten dorthin. Diese konnte man gut miteinander paaren, und immer fielen gelockte Kätzchen daraus. Eine andere Linie von gelockten Kätzchen erschien jedoch 1960 in Devon, England, in einem Wurf, und diese ließen sich offensichtlich nicht gut mit den Cornish Rex paaren, denn sie brachten nur glatthaarige Kätzchen hervor. So sind zwei verschiedene Rex-Varietäten anerkannt, die untereinander nicht gepaart werden sollten, da sie genetisch völlig verschieden sind.

Die Rex wurde 1967 als Rasse anerkannt und ist nun weltweit zugelassen. Rex-Katzen aus England sind nach Australien und Neuseeland importiert worden, und neuseeländische Züchter haben das Rex-Gen eingebracht in die Manx-Linie. Theoretisch kann man jeder Katzenrasse den Rex-Fell-Effekt anzüchten, aber eine langhaarige Rex wird nicht gezüchtet, da das Fell dann glatt und unattraktiv wäre. Die erste reine Rex-Ausstellung wurde im November 1980 in Kentucky abgehalten.

Zucht

Die Paarung zweier Cornish Rex miteinander und zweier Devon Rex miteinander ergibt Kätzchen mit hundertprozentigem Rexfell. Bei der Paarung einer Rex mit einer Siam wird das Himalayanfell eingeführt, und die sehr attraktive Si-Rex ist geboren. Rex-Kätzinnen werfen leicht und sind gute Mütter.

Kätzchen

Rex-Kätzchen sind robust und gesund. Sie werden Sie ganz schön auf Trab halten mit ihrem aktiven, unternehmungslustigen Naturell.

Cornish Rex

AUSSTELLUNGSKRITERIEN

Obwohl die ursprünglichen gelockten Kätzchen vom Typ her British Kurzhaar zuzuordnen sind (da sie von britischen Bauernkatzen abstammten), wird nun ein stromlinienförmiger „ausländischer" Typ bevorzugt bei Wettbewerben; die Katze sollte feingliedrig und elegant sein mit einem längeren, keilförmigen Gesicht und einem langen Peitschenschwanz.

Fell. Kurzes, dünnes, aber dichtes Haar, plüschig und engliegend. Kein Deckhaar. Das Haar sollte gelockt, gewellt oder rippenförmig liegen, besonders an Rücken und Schwanz, aber am liebsten überall, selbst auf den Pfoten. Auch Schnurrhaare und Augenbrauen sollten gekräuselt sein. Ein zu kurzes oder struppiges Fell oder haarlose Partien sind Fehler.

Körper. Hart, muskulös, mittelgroß, aber schlank, nicht gedrungen, auf hohen, geraden Beinen. Rücken

Eine abgeschwächte Calico Cornish Rex. Das für diese Rasse typische gelockte Fell erschien als Mutation.

gewölbt. Pfoten klein, zierlich und oval.

Schwanz. Lang, dünn und verjüngt.

Kopf. Modifiziert-ausländischer Typ mit mittellangem Keil, flachem Schädel und geradem Profil ohne Naseneinbuchtung. Ohren groß, hochangesetzt, breit am Ansatz, mit abgerundeten Spitzen, die von feinem Flaum besetzt sind.

Augen. Oval und mittelgroß.

Devon Rex

AUSSTELLUNGSKRITERIEN

Die Devon Rex hat ein gröber texturiertes Fell als die Cornish Rex, gleicht ihr aber im Körperbau, ist muskulös, jedoch zierlich, hat aber ein anderes Gesicht. Sie ist eine feste, mittelgroße Katze mit langem Schwanz und großen Ohren.

Fell. Sehr kurz, fein, gewellt und weich, nicht struppig, aber gröber als das der Cornish dank winziger Deckhaare. Kurze, gewellte Schnurrhaare und Augenbrauen, die spröde sein können.

Körper. Mittelgroß, schlank, kräftig und muskulös. Breit an der Brust, auf hohen, schlanken Beinen. Hinterbeine gewöhnlich länger als die vorderen. Füße klein und oval.

Schwanz. Lang, fein und sich verjüngend, mit kurzgelocktem Fell besetzt. Ohne Knicke.

Kopf. Rund, keilförmig, mit flachem Schädel, auf schmalem Nacken sitzend. Runde Wangen mit Schnurrhaareinbuchtung und einer deutlichen Naseneinbuchtung im Profil. Ohren niedrig am Kopf angesetzt, sehr groß, mit oder ohne Ohrenmuff und -büschel, breit am Ansatz, mit abgerundeten Spitzen, die von feinem Flaum besetzt sind.

Augen. Weit auseinanderstehend, groß, oval und leicht schräggestellt.

REX-FARBEN

Die meisten Farben und Fellmuster sind ausstellungszugelassen, einschließlich des Himalayan-Fells (Si-Rex). In Großbritannien sollten bei der Cornish Rex alle weißen Zeichnungen symmetrisch sein (mit Ausnahme von Schildpatt-Weiß), und bei der Devon Rex alle weißen Zeichnungen fehlerhaft (mit Ausnahme von Schildpatt-Weiß), wie auch zur Zeit die Bicolors.

In den Vereinigten Staaten sind augenblicklich Chocolate, Lilac und Si-Rex noch nicht anerkannt, wohl aber die meisten anderen Farben und Farbkombinationen und Fellmuster.

Die Augenfarbe sollte der Fellfarbe entsprechen oder blaßgrün, gelb oder gold sein. Weiße Rex können gold-, blau- oder verschiedenäugig (eines gold, das andere blau) sein; Si-Rex müssen blauäugig sein.

Eine Creme Tabby Devon Rex. Zu beachten sind die spröden, am Ende abgebrochenen Schnurrhaare.

Amerikanisch Rauhhaar

Vorzüge
- Interessante Erscheinung
- Kräftig und robust
- Anhänglich
- Anpassungsfähig
- Agil
- Intelligent

Zu beachten
- Keine Nachteile bekannt

Die Amerikanisch Rauhhaar ist eine amerikanische Kurzhaar- oder Hauskatze mit einem ausgesprochen borstigen Fell, das sich hart und federnd anfühlt, und ähnlich texturiert ist wie ein Schaffell. Sie wird in allen Farben gezüchtet und ist als Haustier ein ganz andersartiger Katzentyp.

Sie nimmt regen Anteil an ihrer Umgebung, ist intelligent, aktiv und agil. Da sie lieb und anhänglich ist, wird sie schnell der Liebling der Familie. Es gibt noch nicht sehr viele von dieser Rasse, da dies eine jüngere Züchtung ist.

Pflege
Sie braucht kaum Pflege. Sanftes Bürsten mit einer weichen Bürste ein- oder zweimal pro Woche wird abgestorbene Haare entfernen. Streichen Sie oft mit der bloßen Hand über das Fell, um es in Bestform zu halten.

Herkunft und Geschichte
Die Amerikanisch Rauhhaar ist eine natürliche Mutation, die in einem ansonsten normalen Kurzhaar-Hauskatzenwurf erschien. Die erste wurde 1966 in Verona, New York, eingetragen, obwohl man weiß, daß Kätzchen mit demselben Fell nach dem Zweiten Weltkrieg in London gesehen wurden. Kätzchen aus den amerikanischen Würfen sind nun nach Kanada und Deutschland exportiert worden.

Zucht
Rauhhaar, die man mit Kurzhaar mit normalem Fell paart, bringen zur Hälfte Rauhhaar-Kätzchen hervor. Nicht an eine Farbe gebunden, alle Fellmuster sind möglich.

Kätzchen
Rauhhaar-Kätzchen werden mit leicht gelocktem Fell geboren. Sie sind gesund, verspielt und robust. Ein durchschnittlicher Wurf umfaßt vier bis fünf Kätzchen.

AUSSTELLUNGSKRITERIEN
Eine Amerikanisch Rauhhaar vermittelt den Eindruck einer mittelgroßen, rundlichen Katze, die wollig wie ein Lamm aussieht.
Fell. Das hervorstechende Merkmal dieser Katze ist ihr einmaliges Fell, das mittellang und leicht gelockt ist. Alle Haare sind gekräuselt, selbst in den Ohren, und am Ende umgebogen. An einigen Stellen, besonders dem Kopf, formt das Haar eher Ringellöckchen als Wellen. Die Schnurrhaare sind gekräuselt oder wellig und uneben.

Das einmalige Fell ergibt sich durch eine Strukturänderung der Deckhaare (jenen des Oberfells), die normalerweise weich und verjüngt sind, hier aber entlang des Schafts gekräuselt sind, umgebogen an ihrem Ende und dünner als normale Deckhaare. Dies bewirkt ein wolliges Fell, das sich dick, grob, elastisch und federnd anfühlt. Das Haar an Kinn, Brust und Bauch ist etwas weniger grob.
Körper. Mittel bis groß, gut muskulös, die Hüften genauso breit wie die Schultern. Ebener Rücken. Beine mittellang; Fußballen oval.
Schwanz. Verhältnismäßig voll, zur runden Spitze verjüngt.
Kopf. Rund, mit deutlichen Wangenknochen, Schnauze und Kinn gut entwickelt, mit leichter Schnurrhaareinbuchtung. Die Nase zeigt sich konkav im Profil. Ohren mittelgroß, weit auseinanderstehend, mit abgerundeten Ecken.
Augen. Groß, rund, leuchtend und klar, weit auseinanderstehend in Winkelform.

Amerikanisch Rauhhaar-Farben
Alle Farben und Fellmuster sind erlaubt und möglich, wie solides Weiß, Schwarz, Blau, Rot und Creme; Chinchilla, Shaded Silver, Shell Cameo, Cameo Tabby, Shaded Cameo, Black Smoke, Blue Smoke, Cameo Smoke; Schildpatt, Calico, abgeschwächtes Calico, Blau-Creme; Bicolor; Klassische und Mackerel Tabby-Zeichnungen in Silver, Braun, Rot, Blau und Creme; sowie jegliche andere Farbe oder Zeichnung oder Kombination beider mit Weiß, mit Ausnahme der Himalayan-Zeichnung oder Chocolate und Lilac (Lavender). Augenfarbe passend zum Fell.

Sphynx

(Moon Cat; Canadian Hairless)

Vorzüge
- Abgehärtet, kälteunempfindlich
- Anhänglich
- Benötigt weder Bürsten noch Kämmen

Zu beachten
- Haut regelmäßig abgewaschen

Die Nacktkatze ist ein ungewöhnliches Tier und mag nicht jedermanns Geschmack entsprechen. Der Körper fühlt sich warm und weich an, da sie wenig Fell trägt als Temperaturregler oder zum Halten der Körperwärme; die Sphynx scheint die Kälte nicht zu spüren.

Unähnlich den anderen Katzen, schwitzt die Sphynx und bildet Rückstände auf der Haut, die regelmäßig abgeseift werden müssen.

Sie ist eine anhängliche und ausgeglichene Katze, ruhig, doch ergeben. Ihre hervorstechende Erscheinung erregt sicher viel Aufsehen bei einer Schau.

Pflege
Weder Bürsten noch Kämmen ist nötig, aber die auf der Haut gebildeten Rückstände sollten möglichst täglich mit warmem Wasser abgewaschen werden.

Herkunft und Geschichte
Nackte Kätzchen erschienen in Würfen normaler kurzhaariger Hauskatzen oder anderer Rassen in Frankreich, England (in Verbindung mit der Devon Rex) und Kanada. Es sind die Kanadier, die seit 1966 Interesse an dieser Rasse fanden und Zuchtprogramme entwickelt haben zu ihrer Erhaltung.

Man vermutet, daß die Azteken Nacktkatzen hielten, und einige wurden in Mexico gegen Ende des 19. Jahrhunderts bekannt als Mexican Hairless. Sie sollen ausgestorben sein. Anders als bei der Sphynx, bekamen sie einen leichten Winterpelz, den sie im Sommer ablegten.

Zucht
Nacktkatzen vererben sich rein, können aber auch aus Katzen mit normalem Fell gezüchtet werden, wenn diese das Gen für die Haarlosigkeit tragen. Auskreuzungen zu einheimischen Kurzhaarkatzen werden von Zeit zu Zeit vorgenommen zur Steigerung der Vitalität, und sie scheinen dem Körpertyp der Sphynx nichts auszumachen.

Kätzchen
Sphynx-Kätzchen werden geboren mit einem feinen Flaum weicher, kurzer Haare, der sich beim Heranwachsen verliert. Dann sind die wenigen Haare beschränkt auf Gesicht, Pfoten, Schwanzspitze und Hoden beim Kater.

AUSSTELLUNGSKRITERIEN
Die Sphynx ist eine mittelgroße Katze, feinknochig, aber kraftvoll, fast haarlos am ganzen Körper.
Fell. Ein leicht lila samtiger Flaum bedeckt Gesicht und Ohren. Er ist am längsten und dichtesten auf der Nase und seitlich des Mundes. Die Pfoten sind ebenso bis zu den Knöcheln mit feinem Haar bedeckt, genauso wie die Schwanzspitze. Auf dem Rücken gibt es einen Kamm feiner Haare, und die Hoden sind von langem, enganliegendem Haar bedeckt. Zuviel Haar zählt als Fehler.
Körper. Lang, feinknochig und muskulös. Die Haut sitzt stramm, ohne Falten, mit Ausnahme des Kopfes. Die Beine sind lang und schlank mit kleinen, runden Pfoten, Hinterbeine ein bißchen länger.
Schwanz. Lang, dünn und fest. Ohne Knicke.
Kopf. Weder rund noch keilförmig; flach zwischen den Augen. Der Nacken ist eher lang und das Kinn rechtwinklig. Die kurze Nase ist bedeckt mit samtartigem Pelz und weist eine deutliche Naseneinbuchtung auf. Die Ohren sind sehr groß, breit am Ansatz und an den Spitzen abgerundet, an den Ohrläppchen vom Kopf abstehend.
Augen. Tief angesetzt und schräggestellt.

SPHYNX-FARBEN
Alle Farben und Fellmuster sind erlaubt (siehe Amerikanisch Rauhhaar), nicht jedoch die Himalayan-Zeichnung, Chocolate, Lilac (Lavender), oder jegliche dieser mit Weiß.

Ein pink Medaillon am Nacken ist erlaubt, aber Weiß ist nur erlaubt rund um die Brustwarzen und den Nabel. Particolor-Muster sollten symmetrisch angelegt sein. Augen gold, grün oder haselnußfarben, oder übereinstimmend mit dem Fell.

Eine Silver Tabby Amerikanisch Rauhhaar. Das harte, elastische Haar entstand durch natürliche Mutation. Ungewöhnlich und robust, gehört diese Rasse noch zu den Raritäten der Katzenwelt.

Amerikanisch Rauhhaar

Black Smoke Amerikanisch Rauhhaar

Sphynx

Sphynx

Eine Siam Seal-point in voller Harmonie mit ihrem Kätzchen

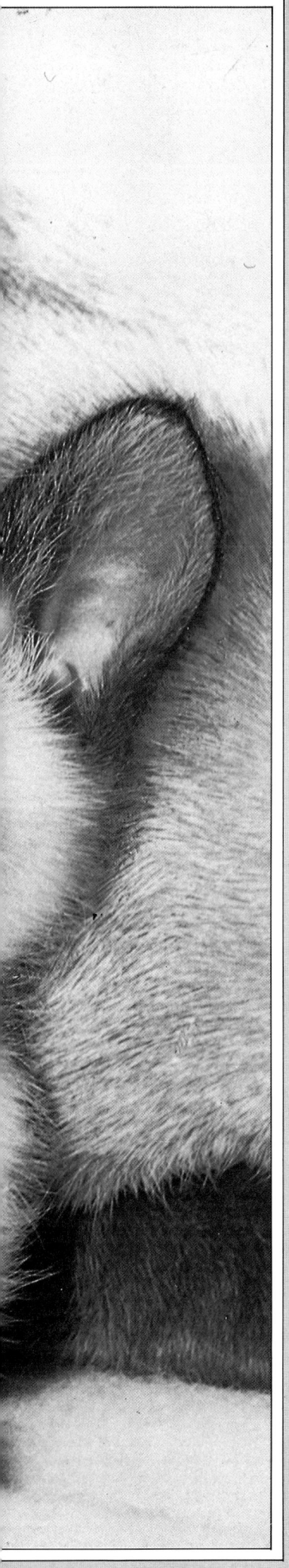

Teil II
Praktische Fragen und wichtige Informationen

für jeden, der eine Katze besitzt oder sich eine zulegen möchte.

Wenn Ihre Katze ein gesundes glückliches Leben unter Ihrer Obhut führen soll, müssen Sie, am besten bevor Sie sie erwerben, gewisse Entscheidungen treffen und sich bestimmter Verantwortlichkeiten bewußt werden, ganz gleich, ob Sie sie kaufen, geschenkt erhalten oder sie eines Tages bei Ihnen auf der Schwelle sitzt. Von Unfällen einmal abgesehen, kann eine Katze etwa 20 Jahre mit Ihnen verbringen. Sie sollten vorher klar entscheiden, ob Sie sie so lange lieben und für sie sorgen wollen.

Eine junge Katze braucht besondere Fürsorge und Aufmerksamkeit, besonderes Futter, ein ruhiges Plätzchen zum Schlafen und Ausruhen von den Kindern, eine Möglichkeit, ihre Klauen woanders zu schärfen als an Ihren Möbeln, und eine Katzentoilette. Mit zunehmendem Alter braucht das Katzenfell regelmäßige Pflege, insbesonders wenn es langhaarig ist, und sie möchte in ihren Eigenheiten von Ihnen verstanden werden, so daß zwischen ihr und Ihnen eine gute Beziehung erwächst.

Teil II dieses Buches ist praktischen Fragen gewidmet und begleitet Sie durch die einzelnen Stufen des Kaufs, des Besitzes und der Pflege Ihrer Katze. Er beginnt mit der „Auswahl einer Katze" und erklärt die Notwendigkeit, alle Aspekte der Auswahl zu prüfen, angefangen bei der Erscheinung über das Temperament bis zu den Pflegeanforderungen.

„Das neue Kätzchen" erklärt die ersten Schritte der Katzenhaltung, verbunden mit Ratschlägen zu den Dingen, die sie für Fressen, Schlafen, Spielen, Sauberkeit und Bewegung benötigt.

„Zum besseren Verständnis Ihrer Katze" enthält viel bisher unveröffentlichtes Material zur Katzpsychologie und zur Frage, wie Sie eine Beziehung zu Katzen aufbauen können.

Die drei Kapitel über „Ernährung, Körperpflege" und „Gesundheitsfürsorge" werden Ihnen helfen, Ihre Katze bei bester Gesundheit und Zufriedenheit zu erhalten, und geben Ihnen Informationen über Nährwert, Vitamine und Freßverhalten, über Naß- und Trockenwäsche, über die Pflege einer kranken Katze, einschließlich einer Abhandlung über allgemeine Unpäßlichkeiten und Parasiten, und wie man ihnen begegnen kann.

Für diejenigen, die sich damit beschäftigen möchten, vermittelt das Kapitel „Katzenzucht und -aufzucht" alles Wissenswerte, und dank des Kapitels „Historische und Genetische Entwicklung" sind Sie ausgestattet mit dem nötigen Wissen, um Championkatzen Ihrer Lieblingsrasse zu züchten oder sogar „neue" Rassen und Farben hervorzubringen.

Falls Sie Ihre Katze ausstellen möchten, werden Sie in „Ihre Katze auf Ausstellungen" eine Fülle an Informationen finden und daraus ersehen, wie Sie sich am Ausstellungstag verhalten sollten. Sie mögen sich vielleicht zutrauen, eine Schau mitzuveranstalten oder sogar als Richter tätig zu sein.

Mit dem Ausstellen ist oftmaliges Reisen verbunden, und das Kapitel über „Reisen und Unterbringung" stellt die Unterbringungs- und Beförderungsmöglichkeiten vor, und wie die Katzenbesitzer zurechtkommen mit Ferien, Katzenpensionen und Quarantäne.

Das abschließende Kapitel „Ihre Katze und das Gesetz" informiert Sie über Ihre Rechte und Pflichten, die Rechte Ihrer Katze, und welche Genehmigungen Sie vor der Eröffnung einer Katzenpension oder eines Tiergeschäfts benötigen.

Teil II ist zusammengestellt worden, um Ihnen und Ihrer Katze jeden Tag eines langen Zusammenlebens so angenehm wie möglich zu machen.

1
Auswahl einer Katze

Sobald Ihre Familie ihr Herz an den Erwerb einer Katze gehängt hat, beginnen Sie mit dem Planen, bevor Sie ziellos umherirren, um eine zu beschaffen. Machen Sie sich klar, was für eine Katze Sie möchten. Soll es eine Ausstellungs- oder eine Schmusekatze werden? Kater oder Katze? Langhaar oder Kurzhaar? Welche Farbe? Reinrassig oder Mischling? Wenden wir uns zuerst diesen und einigen anderen Fragen zu.

Ausstellungs- oder Schmusekatze?
Wenn Sie niemals auf einer Katzenschau waren, werden Sie auch kaum auf die Idee des Ausstellens kommen, falls Sie Ihr Kätzchen aber auf einer Katzenschau aussuchen, mag der Züchter Sie überzeugen, „wenigstens einmal" auszustellen. Falls dann das Kätzchen einen Preis gewinnt, bekommen Sie am Ausstellungsbetrieb noch mehr Spaß. Sie können leicht eine Hauskatze ausstellen, aber nur innerhalb der Hauskatzen-Klasse, und Sie können natürlich eine Rassekatze besitzen, ohne sie auszustellen. Es wäre jedoch klug, vor dem Katzenerwerb festzulegen, welches Leben Ihre Katze führen soll. Wenn Ihre Katze nicht belegt werden soll, können Sie sie sterilisieren lassen und trotzdem ausstellen, jedoch nur in einer besonderen Klasse.

Kater oder Katze?
Wenn Sie Kätzchen züchten möchten, werden Sie natürlich eine Katze kaufen. Bedenken Sie jedoch, daß Sie, falls Sie die Kleinen verkaufen möchten, Sie eine weibliche Zuchtkatze paaren müssen mit einem Deckkater derselben Rasse. Das Katzenzüchten wird Ihnen jedoch nicht viel Geld einbringen — es ist weitgehend eine Liebhaberei.

Eine Tabby-und-Weiß-Hauskatze ist die perfekte Schmusekatze für die ganze Familie. Ihr kurzes Haar läßt sich leicht pflegen.

Links: Dieses kleine Mädchen hat ein Siamkätzchen ausgewählt. Dank seines Stammbaums kann man mit ihm eine Ausstellungskarriere beginnen.

Wenn Ihre Katze keine Jungen bekommen soll, lassen Sie ihr mit ungefähr sechs bis acht Monaten, je nach Rasse, die Eierstöcke entfernen.

Beginnen Sie nie mit einem zeugungsfähigen Kater als Haustier. Einerseits würde es schwierig sein, ihn zu Hause ohne ausreichenden Damenbesuch zwecks Paarung zufriedenzustellen, und andererseits würden Sie ihn aus hygienischen Gründen nicht frei herumlaufen lassen. Er würde sich auch in Kämpfe mit Nachbars Kater verwickeln und zerbissene Ohren oder Schlimmeres abbekommen! Einen erwachsenen Kater kann man unmöglich als Haustier in der Wohnung halten, da er seinen strengriechenden Urin rundherum verspritzt, um Katzen anzulocken.

Viele Leute glauben, sterilisierte oder kastrierte Tiere würden den Verlust gerade so spüren wie Menschen. Das trifft nicht zu; für sie erfolgt die Paarung rein instinktiv, und sobald der Paarungstrieb nicht mehr vorhanden ist, wachsen sie lediglich etwas anders auf.

Geschlechtslose Katzen sind sehr liebenswert. Aber das Sterilisieren einer Kätzin ist eine größere Operation und kostet im allgemeinen mehr als das Kastrieren eines Katers.

Langhaar oder Kurzhaar?
Das hängt nicht nur davon ab, welchen Katzentyp Sie lieber um sich haben möchten, sondern davon, wieviel Zeit für die Pflege von einem Familienmitglied aufgebracht werden kann. Eine Langhaarkatze ist zweifellos bildschön, aber eine Stunde täglichen Bürstens, Kämmens und Knotenentfernens wird nötig sein, um ihr diese Schönheit zu erhalten; so sollte nur jemand eine Perserkatze halten, der zu dieser Pflege bereit ist. Es ist von Übel, wenn die Neuerwerbung schon nach einigen Wochen uninteressant wird! Eine Katze kann etwa 20 Jahre alt werden, das sind umgerechnet über 7000 Stunden täglicher Pflege. Wenn Sie dies erschreckt, würden Sie besser eine Kurzhaarkatze halten. Sie können unter sehr vielen wunderbaren Arten wählen.

Wenn ein Familienmitglied unter Asthma leidet, kann eine Langhaarkatze einen Anfall auslösen und sollte deswegen gemieden werden. Einige Menschen leiden unter allergischen Reaktionen in der Nähe von Katzen. Bevor Sie eine Katze auswählen, sollten Sie Freunde mit einem Katzenhaushalt besuchen, um festzustellen, ob Katzen bei einem der Familienmitglieder etwas auslösen oder nicht.

AUSWAHL EINER KATZE

Welche Farbe?

Es gibt Katzen in allen Farben außer Grün. Sie werden schwarze und weiße finden, braune, cremefarbene, rotschattierte, blaue, und graue. Es gibt eine Fülle aufregender Fellmuster, wie Tabby, Spotted und Pointed (Gesicht, Beine und Schwanz in einer anderen Farbe als der Körper). Dann gibt es noch Mischungen aller Farben und Muster. Aber suchen Sie keine Katze passend zur Tapete aus, oder Sie müßten die Katze bei jedem Tapetenwechsel mit auswechseln! Katzen jeder Farbe und Zeichnung können liebenswert sein. In der Tat entwickeln die meisten Menschen Treue gegenüber der Farbe oder Rasse ihrer ersten Katze und schaffen nach deren Tod wieder eine ihr sehr ähnelnde an.

Nachdem Sie all die Bilder und Rasseprofile auf den vorhergehenden Seiten durchgesehen und eine Ihnen ideal erscheinende Katze gefunden haben, werden Sie möglicherweise feststellen, daß in Ihrer Umgebung oder vielleicht im ganzen Land keine solche aufzutreiben ist. Sie werden sehr viel Geduld aufbringen müssen, bevor Sie solch ein Tier erwerben können.

Kauf einer Rassekatze

Nach Ihrer Entscheidung für eine bestimmte Katze informieren Sie sich über die Kosten. Sehr gute Ausstellungskatzen können ein kleines Vermögen kosten, aber Sie brauchen einen so hohen Preis nur zu zahlen, wenn Sie mit Ihrer Katze eine Ausstellungskarriere beginnen wollen. Sehr oft kann eine Rassekatze mit kleinen Abweichungen von der Ausstellungsnorm zu einem Bruchteil dessen erstanden werden, was ein Champion kosten würde. Solche Katzen werden genauso wunderbare Haustiere wie Top-Schausieger. Ein Züchter kann Ihnen bei der Suche nach einem solchen Tier behilflich sein —, aber erzählen Sie dem Züchter nicht, sie wollten es nicht ausstellen, und kaufen ein unzureichendes Kätzchen, das Sie quer durchs Land unter seinen Augen dann ausstellen! Andererseits ist es eine Geldverschwendung und eine Tragödie für die Rasse, ein Top-Schaukätzchen zu kaufen, um es dann zu sterilisieren, ohne damit zu züchten oder es auszustellen. Fragen Sie hier den Züchter um Rat, und züchten Sie niemals mit unzureichenden Tieren, wenn Sie nicht unzureichende Nachkommen hervorbringen wollen.

Manchmal finden Sie in einem Tiergeschäft Rassekätzchen, aber meist werden sie dort nur angekündigt und sind beim Züchter, der dem Tiergeschäft eine Provision für jeden Käufer zahlt. Rassekätzchen finden Sie auch in der Spalte Tiermarkt der örtlichen oder überregionalen Zeitungen. In solchen Fällen besuchen Sie den Züchter zuhause und sehen sich selbst die Umgebung an, aus der Ihr künftiges Kätzchen stammt.

Wenn Sie beim Züchter Ihr Kätzchen aussuchen, beobachten Sie nach Möglichkeit den ganzen Wurf mindestens eine Stunde, statt eine Spontanentscheidung zu treffen. Dies wird es Ihnen erlauben, ein Kätzchen auszusuchen, dessen Persönlichkeit auf Sie zugeschnitten ist; einige sind scheu, andere lärmend, einige aufdringlich, andere liebevoll und so weiter. Aber das Studium der Familie gibt ebenso Hinweise auf die physische Kondition. Seien Sie mißtrauisch gegenüber einem Kätzchen, das still in der Ecke sitzt, derweil die anderen rumtoben —, es kann ein Schwächling sein oder eine Krankheit ausbrüten, oder einen schlechten Tag haben. Wählen Sie keinesfalls das kleinste oder schwächste Kätzchen eines Wurfes, falls es Unterschiede gibt. Es mag sehr süß aussehen, könnte aber einen Großteil seines Lebens beim Tierarzt verbringen und Ihnen hohe Kosten verursachen. Wählen Sie eines der unternehmungslustigen, lebendigen Kätzchen:

Ein gesundes Kätzchen sollte über leuchtende Augen, glänzendes Fell und viel Energie verfügen. Wie Babies auch, müssen Kätzchen jedoch sehr viel Ruhe haben. Es ist also völlig normal für sie, plötzlich einzuschlafen, nachdem sie eine Weile rumgetobt haben. Wenn es auch nur das geringste Anzeichen für eine Krankheit gibt, berühren Sie kein Kätzchen aus diesem Wurf. Gehen Sie entweder woandershin oder kommen an einem anderen Tag zur Vergewisserung nochmals wieder. Das erste Anzeichen einer Krankheit mag ein sichtbares drittes Augenlid sein, das bei Kätzchen vom inneren Augenwinkel her über das Auge hängt, wenn sie gesundheitlich nicht auf der Höhe sind. Die Mutterkatze sollte ebenso vor Gesundheit strotzen und gutgenährt sein, und das Heim sollte ordentlich und sauber sein, ohne Katzengeruch.

Katzen ohne Stammbaum

Wenn Sie sich keine Rassekatze leisten können, ist es einfach, ein Kätzchen ohne Stammbaum auf eine der nachfolgend beschriebenen Arten zu erhalten:

Erstens kann eines bei Ihnen hereinspaziert kommen! Viele Menschen haben an einem kalten Morgen die Tür geöffnet und fanden ein niedliches kleines Bündel vor, das darauf wartete, aufgenommen zu werden. Einige mögen dies als göttliche Fügung ansehen. Falls nicht, so ist der Gedanke doch schmeichelhaft, daß diese kleine Seele ausgerechnet Sie auserwählt hat, und Sie werden es sicher sehr hart finden, Ihr Herz zuzumachen und es wegzuscheuchen.

Zweitens gibt es als verläßlichere Quelle Tiergeschäfte. Meistens finden Kätzchen ohne Stammbaum ihren Weg dorthin, wo sie dann wahrscheinlich im Schaufenster warten, bis jemand mit einem weichen Herzen vorbeikommt und sie mit nach Hause nimmt. Meist bezahlen Sie nur wenig dafür, denn das Tiergeschäft hofft, Sie als künftigen Kunden zu gewinnen, der Futter und andere Dinge für die Dauer eines Katzenlebens bei ihm kauft.

Drittens erscheinen in Ihrem Lokalblatt Anzeigen, die Katzen oder Kätzchen „in gute Hände abzugeben" haben. Einige von ihnen mögen zu Hause bei dem Inserenten geboren worden sein, bei anderen wiederum kann es sich um ungebetene Geschenke handeln. Sie sollten vermeiden, ein Kätzchen zu nehmen, das schon durch viele Hände gegangen ist; dies wirkt sich immer ungünstig auf eine Katze aus, und sie kann dadurch leichter emotionale Probleme bekommen haben.

Mit viel Fürsorge und Pflege könnte aus diesem hübschen Chinchilla-Kätzchen ein Ausstellungs-Champion werden.

Viertens bilden die Tierschutzorganisationen eine sichere, ständige Quelle für den Erwerb einer Katze. Ihre örtlichen Tier- und Katzenschutzvereine haben immer Katzen und Kätzchen, die auf ein neues Zuhause warten. Ihre Adressen und Telefonnummern finden Sie im örtlichen Telefonbuch. Manchmal erbitten sie eine Spende im Austausch für die Katze oder das Kätzchen, obwohl dieses kostenlos angeboten wird.

Wenn Ihnen die Geduld zur Aufzucht eines Kätzchens fehlt, werden Sie sich vielleicht für eine erwachsene Katze entscheiden, falls Sie noch keine andere erwachsene Katze zu Hause halten. Erwachsene Katzen sind sehr viel schwerer unterzubringen als Kätzchen, aber gerade sie sind außerordentlich dankbar für die Aufnahme in ein liebevolles Heim. Wenn Sie schon eine erwachsene Katze haben, sollten Sie jedoch keine weitere erwachsene Katze nach Hause bringen, sonst gibt es Eifersüchteleien. Bedenken Sie, daß eine ausgewachsene Katze ihre eigenen Angewohnheiten hat und somit mehr Geduld und Verständnis benötigt als ein Kätzchen, deren Angewohnheiten Sie noch günstig beeinflussen können. Übrigens ist die Aufzucht eines Kätzchens in der Regel sehr viel einfacher als die eines jungen Hundes.

Der einzige Nachteil beim Erwerb einer Mischlingskatze besteht darin, daß man nichts über die Vorfahren weiß. Oftmals wissen Sie nichts über ihre Eltern oder Herkunft. Andererseits können Sie beim Kauf einer Rassekatze beim Züchter eine Menge lernen über die Vererbung und Umgebung des Tieres. Weil der Züchter sich mit Katzenernährung beschäftigt und das Beste für seine Katzen getan hat, schon vor deren Geburt, bekommen Sie wahrscheinlicher ein gesünderes Kätzchen und weniger Tierarztrechnungen, wenn Sie bei ihm kaufen, als wenn Sie sich für eine Mischlingskatze unbekannter Herkunft entscheiden.

Ist es alt genug?
Für welche Art Katze Sie sich auch entscheiden, sie sollte alt genug sein, um von der Mutter getrennt zu werden. Dies können Sie oft durch einfache Prüfung feststellen. Die Kätzchen sollten schon alle ihre Zähne haben oder wenigstens acht Wochen alt sein. Rassekatzen werden meist nicht vor ihrer zwölften Lebenswoche vom Züchter weggegeben. Es geht nicht nur um die Frage, feste Nahrung fressen zu können, sondern darum, daß sie die Erziehung durch die Mutter abgeschlossen haben! Diese wird ihnen beibringen, wie sie fressen, sich putzen und eine Katzentoilette und den Kratzbaum benutzen. Sie wird ihnen auch das Spielen beibringen: durch Nachahmung der Bewegungen, die sie in freier Wildbahn beim Kämpfen machen würden. Sie wird ihnen die Jagd auf Beute beibringen: in Wartestellung zu liegen, sich auf die Beute zu stürzen und sie festzuhalten. Durch ihr Beispiel zeigt sie jedem Kätzchen, wie es andere Katzen von seiner Beute fernhält. Selbst eine Mutter ohne freien Auslauf bringt

Zwei Kätzchen bedeuten Spaß! Hier spielen zwei Siam Tabby-point und Seal-piont miteinander.

ihren Jungen instinktiv diese Dinge bei, indem sie Fliegen und Spielmäuse benutzt, so daß ihre Nachkommen für das spätere Leben bestens gerüstet sind. Wenn Kätzchen zu früh von ihrer Mutter getrennt werden, mag ihnen die Information fehlen, die eines Tages ihr Überleben sicherstellen könnte.

Eine oder zwei Katzen?
Oftmals scheinen zwei Bruder- oder Schwesterkätzchen in einem Wurf untrennbar, wenn Sie sie in ihrem eigenen Heim besichtigen. Sie spielen zusammen, schlafen zusammen, und scheinen insgesamt mehr Zuneigung untereinander als zu dem Rest des Wurfes zu haben. Sehr wahrscheinlich hofft der Züchter, daß ein Käufer beide nimmt — jemand, der entschieden hat, daß zwei besser sind als eines. In manch wichtiger Hinsicht sind sie es auch. Wenn Ihre Familie fast den ganzen Tag außer Haus ist, beschäftigen sich zwei Katzen gut untereinander. Bedenken Sie auch, daß sich der Spaß bei zwei Katzen verdoppelt! Halten Sie sich vor Augen, daß, wenn Sie jetzt nur eine nehmen und später eine zweite dazu, sie sich nicht so gut einleben, als wenn Sie beide zu gleicher Zeit zu sich geholt hätten.

Sich von der Katze trennen
Dies mag eine seltsame Überschrift sein am Ende eines Kapitels über die Auswahl einer Katze. Es ist jedoch Tatsache, daß unvorhersehbare Umstände eine Trennung von dem gerade erst erworbenen Tier erfordern. Wenn das bei Ihnen nötig wird, denken Sie daran, daß Katzen sensible Kreaturen sind. Versuchen Sie, ein gutes neues Zuhause mit einer liebevollen Atmosphäre für sie zu finden. Ihre Verpflichtung besteht nicht nur moralisch —, in vielen Teilen der Welt wird die Aussetzung einer Katze strafrechtlich verfolgt (siehe auch Seiten 152—153). Wenn kein neues Zuhause gefunden werden kann, müssen Sie an das Einschläfern denken. Natürlich sollten Sie alle Anstrengungen für eine neue Unterbringung unternehmen, bevor Sie sich zu diesem unwiderruflichen Schritt entschließen.

Diese schwarz-weiße Hauskatze genießt die Zuneigung ihres ergebenen Frauchens.

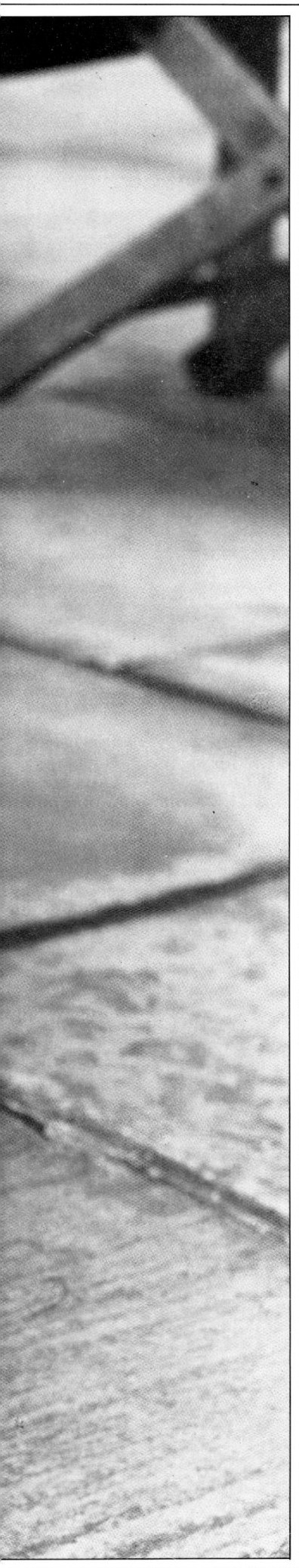

2

Das neue Kätzchen

Sie und Ihre Familie waren sich einig, daß Sie alle eine Hauskatze wollten und bereit waren, vielleicht die nächsten 20 Jahre für sie zu sorgen. Nun ist es an der Zeit, alles zusammenzustellen, was das Kätzchen bei seiner Ankunft braucht.

Freßnäpfe und Wasserschüssel

Um der Gesundheit der ganzen Familie willen sollte Ihr Kätzchen seine eigenen Freßnäpfe und Wasserschüsseln haben, die sich klar von Ihren unterscheiden. Jede Mahlzeit sollte in einer sauberen Schüssel oder einem neuen Pappteller angeboten werden.

Stellen Sie das Fressen und Wasser immer an denselben, gut erreichbaren Platz, vielleicht eine Ecke in der Küche. Wenn Sie den ganzen Tag nicht zu Hause sind, werden Sie vielleicht einen automatischen Vorratsnapf bevorzugen oder einen Futternapf mit Zeitschaltuhr, der Stunden im voraus einstellbar ist.

Futter

Legen Sie sich einen Grundvorrat an Futter an, bevor Sie das Kätzchen zu sich holen. Halten Sie frisches, Büchsen- und Trockenfutter zur Abwechslung vorrätig. Geben Sie dem Kätzchen in den ersten paar Tagen die ihm gewohnte Nahrung, danach können Sie abwechseln. Auch Ihr Kätzchen wird eine Futterart einer anderen vorziehen. Genau wie die Menschen, brauchen Katzen eine ausgewogene Diät, und Sie können mehr hierüber lesen in dem Kapitel über die Ernährung auf Seite 101.

Katzentoilette

Selbst wenn Sie ihm beibringen wollen, sein Geschäftchen im Garten zu machen, wird Ihr Kätzchen anfänglich eine Katzentoilette benötigen; Sie sollten ihm keinen Ausgang gewähren, bevor es sich

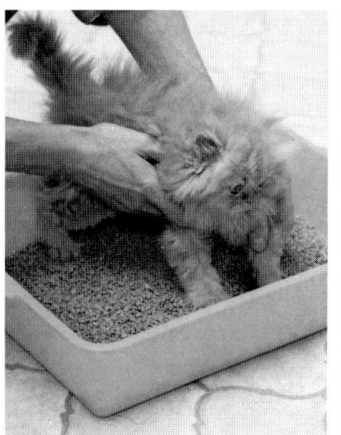

Dieses Perser-Kätzchen wird an seine Katzentoilette gewöhnt. Es ist nicht schwer, Katzen stubenrein zu bekommen.

Links: Jede Katze braucht ihren eigenen Schlafplatz. In dieses Schlafkörbchen kann das Silver Tabby-Kätzchen noch hereinwachsen.

nicht an sein neues Zuhause gewöhnt hat. Anfänglich empfiehlt sich das von dem Züchter verwendete Streu, das Sie nach und nach nötigenfalls gegen ein anderes austauschen können. Wahrscheinlich das wirkungsvollste und bequemste Material ist das in vielen Katzengeschäften verkaufte Katzenstreu auf Tonbasis; einige Arten haben einen Geruchsstopper. Am billigsten kaufen Sie Katzenstreu in Säcken zu 20 kg und schaufeln mit einem Kunststoffschäufelchen das Streu aus dem Sack in das Katzenkästchen. Verwenden Sie keine zerkleinerten Zeitungen, da die Katze sich dann auf allen Zeitungen im Hause verewigen könnte.

Es ist in der Regel leichter, ein Kätzchen stubenrein zu machen als einen jungen Hund. Kätzchen, die bei ihrer Mutter aufgewachsen und von ihr erzogen worden sind, werden schon stubenrein sein, wenn Sie sie übernehmen. Ein zugelaufenes Kätzchen, das Sie auf die Katzentoilette setzen, wird diese instinktiv annehmen. Sobald seine Pfötchen in das weiche Streu sinken, wird es ein Loch graben und sich hineinsetzen, besonders wenn es zu seinem neuen Zuhause schon eine Weile unterwegs gewesen ist. Tatsächlich sind die meisten Katzen und Kätzchen so reinlich, daß einige Leute meinen, es gäbe keine schmutzigen Katzen, höchstens Katzenbesitzer. Unfälle passieren meist nur, wenn ein gedankenloser Besitzer nicht an die Katzentoilette gedacht hat. Man kann nicht wegleugnen, daß eine psychisch gestreßte Katze ihren Unmut (über ihre Vernachlässigung beispielsweise) dadurch ausdrückt, daß sie sich an unpassenden Stellen „verewigt"; dies ist aber die Ausnahme.

Es werden verschiedene Katzentoiletten angeboten, je nach Modell unterschiedlich im Preis. Je nach vorhandenem Platz und Budget können Sie eine kleine, flache Schale wählen, oder eine wesentlich größere, tiefere. Es werden gewaltige Kästen angeboten für Züchter oder Leute mit mehreren Katzen und Kästen mit Deckel — „Superklos" — für jene, die ihren Katzen mehr Intimsphäre gönnen. Diese Kästen mögen teuer sein, aber sie verbergen das benutzte Streu, und ihre Deckel verhüten, daß die Katzen das Streu über den ganzen Küchen- oder Badfußboden verstreuen. Die Deckel dieser geschlossenen Katzenkästen kann man zur Reinigung abnehmen, und in den Vereinigten Staaten soll man sogar ganz ausgeklügelte Kästen mit eingebautem Deodorant kaufen können!

DAS NEUE KÄTZCHEN

Einige Katzen sind so anspruchsvoll, daß sie die Katzentoilette nur einmal benutzen, und der Besitzer muß sie jedesmal ganz erneuern oder zumindest die benutzte Stelle säubern. Viele Tiergeschäfte verkaufen hierzu spezielle Kunststoffschaufeln. Backsoda in der Katzenkiste wirkt geruchstilgend, aber wirklich effektiv nur, wenn es ein Drittel der Streumenge ausmacht. Hüten Sie sich vor der Verwendung von Desinfektions- und Deodorantmitteln, die für andere Zwecke angeboten werden, denn eine überraschend große Anzahl von chemischen Substanzen ist giftig für Katzen (siehe auch Seite 116).

Wenn Ihr Kätzchen die ganze Zeit im Hause gehalten wird, ohne Zugang zum Garten, muß ihm die Katzentoilette ständig zugänglich sein. Diese sauberzuhalten ist mehr als nur lästige Pflicht, wenn Sie Ihr Kätzchen lieben. Welche Kastenart Sie auch immer wählen, sie muß regelmäßig mit warmem Seifenwasser und Chlor ausgewaschen werden. Vermeiden Sie die phenolhaltigen Substanzen, die Kreosote, Resorcinal- und Hexyresorcinal-Lösungen, denn sie sind alle giftig für Katzen. Der für die Reinigung der Katzentoilette benutzte Lappen sollte nur für diesen Zweck, niemals für anderes, benutzt und separat aufbewahrt werden. Auch ein Paar Gummihandschuhe nur für diesen Zweck ist nützlich.

Bett und Decke
Richten Sie diese an einer ruhigen, warmen, zugfreien Stelle ein: neben einem Warmwasserboiler ist ein beliebter Platz. Eine Katze wird auf Ihrem Bett schlafen oder dem eines liebgewordenen Kindes, sollte aber trotzdem ihr eigenes Bett haben, in dem sie sich jederzeit geborgen fühlt vor der Außenwelt.

Unten rechts: Ein überdachter Katzenkasten, oder „Superklo", ist ästhetisch und läßt der Katze ihren Privatbereich.

Unten: Zweierlei gerillte Abfallschaufeln, eine mit zusätzlichem Sack für die Abfälle. Mit beiden kann man hygienisch den Kasten säubern.

Abfallschaufeln

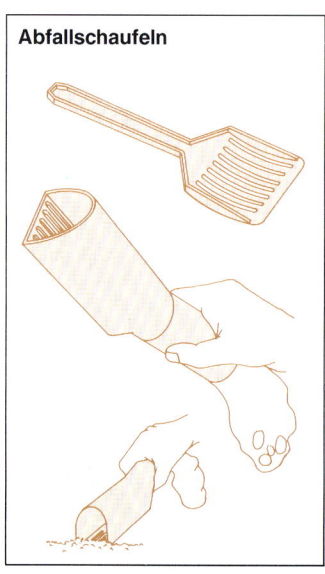

Näpfe und Futterautomaten

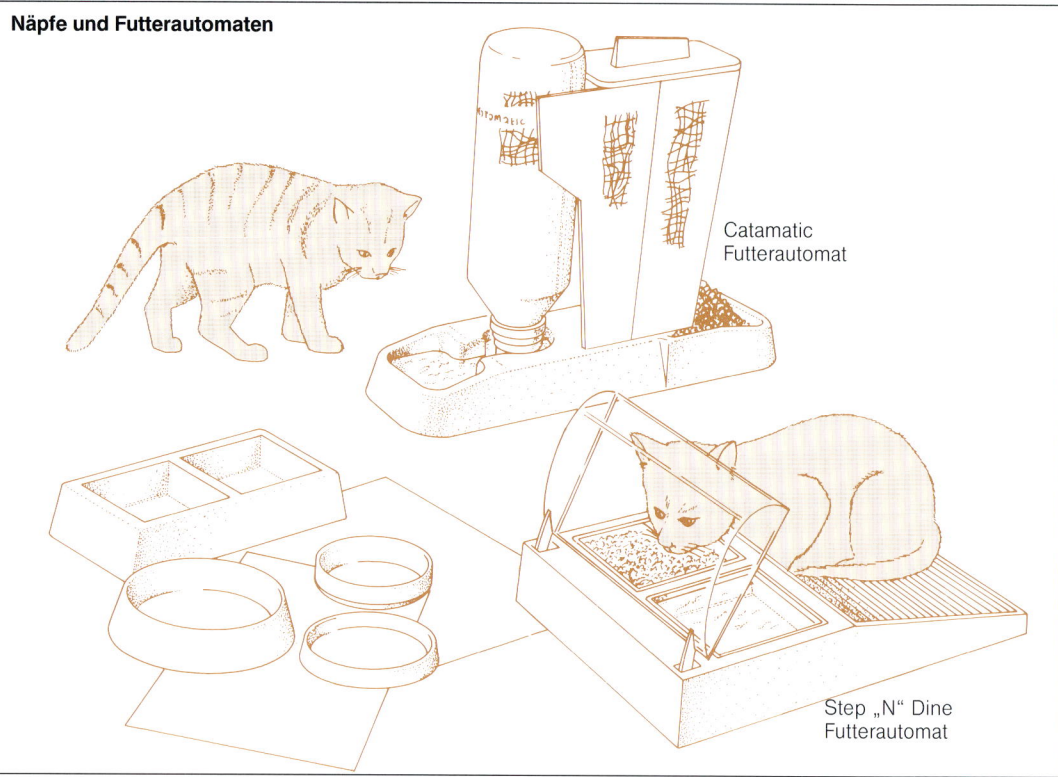

Catamatic Futterautomat

Step „N" Dine Futterautomat

Diese Futternäpfe verwendet man für Futter, Milch oder Wasser. Eine darunterliegende Matte bewahrt den Boden vor Flecken. Diese Näpfe sollten nur von den Katzen benutzt werden.

Kratzbaum
Viele Menschen verbinden den Kratzbaum und das Bett miteinander in Form des sogenannten Katzenbaumes. Er ist sehr praktisch, wenn Sie Platz dafür haben. Die Katze wird ihn lieben, auf den obersten Plätzen sitzen und von dort die Welt rundum beobachten. Sie wird sich da sehr sicher fühlen vor Fremden, fremden Hunden und dem Zugriff kleiner Kinder.

Einen Kratzbaum brauchen alle Katzen, wenn sie sich nicht an den Möbeln vergehen sollen. Seine Kosten sind minimal im Vergleich zur Renovierung einer Drei-Zimmer-Wohnung! Es werden verschiedene angeboten aus Sperrholz, mit Teppich auf einem Pfosten, und mit Plastik eingefaßter Teppich. Es gibt sogar welche aus

Der Catamatic ist ein Futterautomat für Trockenfutter und Wasser. Step „N" Dine hält das Futter staub- und fliegenfrei bis zur Benutzung. Beide sind ideal, wenn Sie den ganzen Tag außer Haus sind.

Baumrinde, dem für Katzen natürlichsten Material. Draußen im Garten stehen der Katze Baumstämme zum Schärfen ihrer Krallen zur Verfügung. Die Katze hält ihre Klauen instinktiv scharf, um Beute wegschleppen zu können, und obwohl die meisten Hauskatzen mit zerkleinertem Fressen gefüttert werden, bleiben Katzen entsprechend ihrer Programmierung Jäger, und der weise Katzenhalter stellt sich darauf ein. Ein von einem angesehenen Züchter sorgfältig aufgezogenes Kätzchen sollte bereits an die Benutzung eines Kratzbaumes gewöhnt sein. Wenn es einen

Diese Siam chocolate-point kann sich in ihrem eigenen „Katzenklo" Ruhe und Frieden gönnen.

Baum zum Üben im Heim des Kätzchens gab, wird die Mutter ihr Junges schon damit vertraut gemacht haben. Katzen lernen alles durch Nachahmung.

Wenn Sie einen Katzenbaum anschaffen, richten Sie ihn nur zum Schlafen, Krallenwetzen und Ausruhen ein. Füttern Sie die Katze nicht dort oben, lassen Sie sie zum Fressen herunterkommen an ihren gewohnten Platz.

Hauskatzen müssen die Krallen manchmal geschnitten bekommen (siehe Pflegehinweise auf Seite 110).

Tragebox
Es ist ratsam, die Tragebox zu kaufen bei Erwerb des ersten Kätzchens, so daß Sie dieses schon darin abholen können. Da die Box für die Dauer eines Katzenlebens halten soll, lohnt die Anschaffung einer guten.

Sie können Sperrholzboxen kaufen, die gerade ein oder zwei Reisen aushalten, aber für langfristigen Gebrauch brauchen Sie etwas

Stabileres. Eine gute Anschaffung ist beispielsweise eine Katzentragebox aus Spritzgußplastik, deren Hälften sich ineinanderstellen lassen, so daß die Katze darin ihre Jungen bekommen kann, oder die als geschlossenes Bett oder zwei Betten eingesetzt werden kann. Vorteilhaft bei dieser Box ist, daß kein Metall verwendet wurde, was Kosten und Gewicht verursachen würde; leer wiegt sie nur 2,7 kg. Sie nimmt zwei erwachsene Katzen für eine kurze Reise auf oder für eine längere Reise eine Katze mit einer Katzentoilette.

Die meisten europäischen Fluggesellschaften befördern Katzen nicht im Passagierraum, sondern normalerweise in einer Tragebox im Frachtraum.

Bewegung, Spiel und Spielsachen

Katzen, die im Freien herumstromern dürfen, verschaffen sich selbst genügend Bewegung durch die Jagd nach Blättern, Fliegen oder anderer Beute, durch das Bäumeklettern, Fortlaufen vor Nachbars Hund, und mehr noch. Wenn sie hereinkommen, ist es wahrscheinlich zum Ausruhen. Katzen ohne freien Ausgang haben weniger Bewegung. Dies kann nicht nur neu aufgenommene Kätzchen betreffen, sondern auch Zuchtkatzen, Katzen in Katzenpensionen und in Quarantäne und jegliche Katze, die unter gefährlichen Verkehrsbedingungen oder in einer Hochhauswohnung lebt. Ermuntern Sie solche Katzen zur Bewegung, indem Sie sicheres Spielzeug bereitlegen und sich Zeit nehmen für das Spiel mit ihnen. Dieses Spiel ermöglicht es Ihnen, eine gute Beziehung zu Ihrer Katze aufzubauen.

Katzen lieben es, hinter kleinen beweglichen Objekten wie zusammengeknülltem Silberpapier oder einem leichten Ball herzurennen. Sie sind ebenso fasziniert von jedem Spielzeug in Mäuseform, sei es aus Fell oder Stoff. Sie halten es mit Wonne in ihren Pfoten, werfen es in die Luft und stürzen sich darauf. Manchmal können Sie mit Kräutern gefüllte Stoffmäuse kaufen. Es handelt sich um aromatische Ganzjahreskräuter, die in den meisten Gärten angebaut werden können. Sie werden an einem trockenen Tag kurz vor der Blüte gepflückt und in der Sonne oder an einem trockenen Platz getrocknet. Die Stengel sind aromatisch, die Blätter und Blüten aber noch mehr. Diese Kräuter scheinen eine psychologische Wirkung auf Katzen auszuüben, die sie sehr mögen. Vielleicht schätzt Ihre Katze sie weniger in der Jugend denn später als erwachsene Katze. Erwachsene rollen sich darin, fressen es, atmen es ein und spielen damit. Manchmal erwecken sie den Eindruck eines Betrunkenen. Übrigens sind echte Fellspielsachen meist aus Kaninchenfell gefertigt, und ihr Tiergeruch scheint ihnen eine besondere Anziehungskraft.

Verschiedene Spielsachen können an der Kühlschrank- oder anderen Türen elastisch befestigt werden. So können sie nicht verlorengehen und baumeln höchst ein-

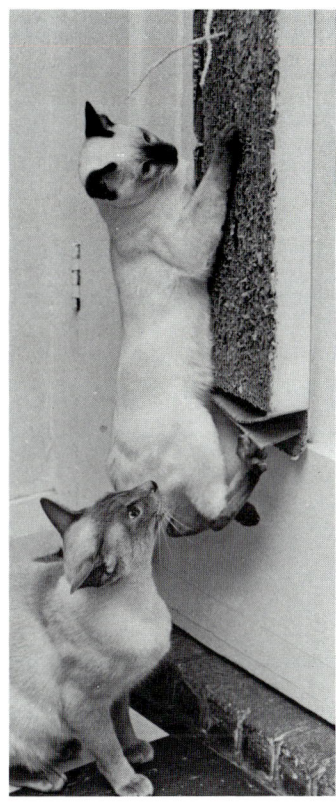

Zwei Siamesen an einem Sperrholz-Kratzbrett. Dieses und andere Arten verhindern, daß Ihre Möbel angekratzt werden.

Luxus-Kratzpfosten bieten einen Teppichboden und herumbaumelndes Spielzeug, wie diese Hauskatze zeigt.

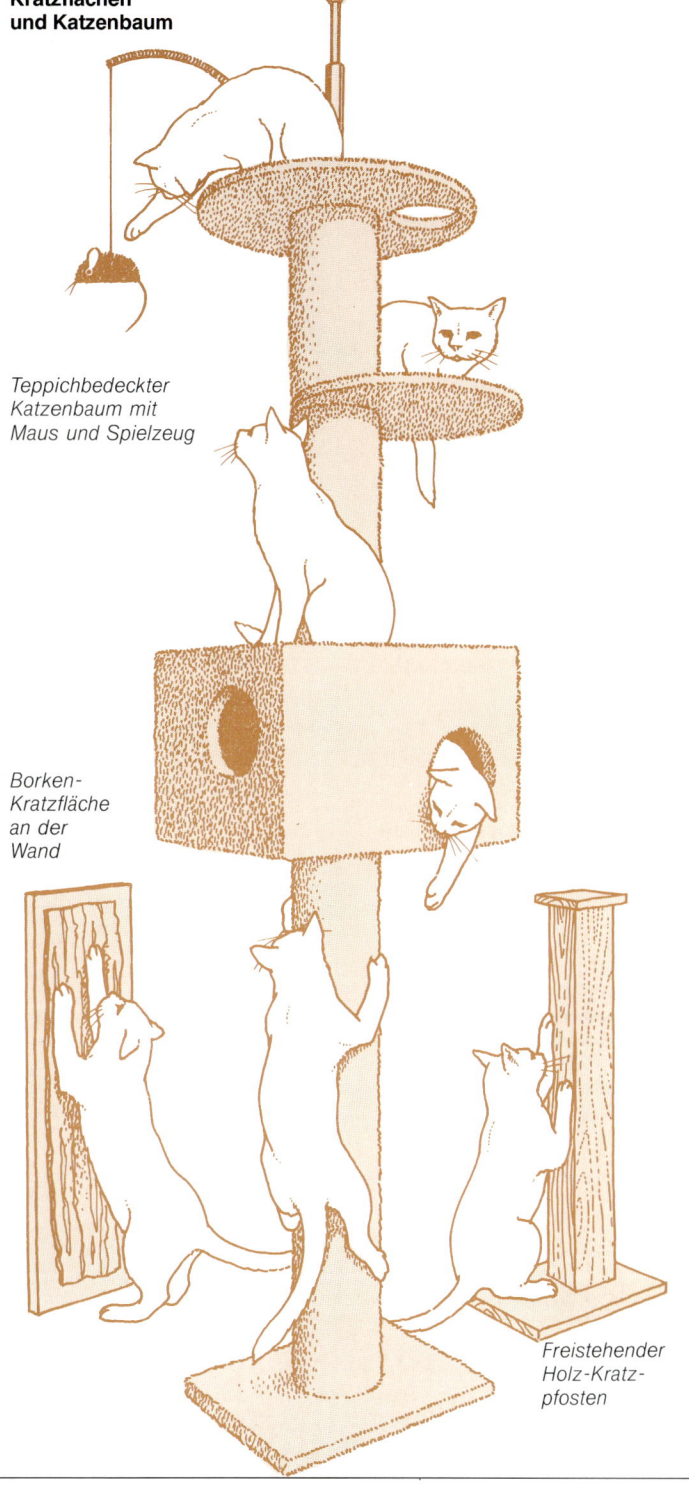

Kratzflächen und Katzenbaum

Teppichbedeckter Katzenbaum mit Maus und Spielzeug

Borken-Kratzfläche an der Wand

Freistehender Holz-Kratzpfosten

ladend herum für unternehmungslustige Pfötchen. Manchmal freut sich die Katze über spinnenähnliches Spielzeug, das ihrem Sinn für Als-Ob-Spiele entgegenkommt.

In vielen Tiergeschäften können Sie eine große Auswahl Katzenspielzeug kaufen, aber natürlich können Sie auch eigenes anfertigen. Spielzeug mit losem Bind- oder Wollfaden sollte vermieden werden, aber leere Holzspulen sind ideal. Nadeln und Stifte sind gefährlich und sollten nicht herumliegen. Sie können losen, getrockneten Kräutersamen kaufen und in Ihrem Garten anbauen.

Borke ist eine natürliche Substanz für Kratzflächen, und freistehende Versionen eignen sich gut, wie fast alle Typen.

Zwei Kätzchen werden höchst glücklich ohne Spielzeug miteinander spielen, da es dabei aber drunter und drüber zu gehen pflegt, wäre es gut, wenn Sie sich einen Katzenbaum für diese Spiele leisten könnten.

Beschränkung

Da unbeaufsichtigte Kätzchen oder Katzen die Möbel beschädigen könnten, ist es ratsam, Ihrem Tier nicht die ganze Wohnung zu überlassen, wenn Sie ausgehen. Halten Sie es in einem Raum zusammen mit allem Nötigen wie Futter und

Katzenbäume bringen Spaß, wenn Sie Platz genug dafür haben. Die Familie freut sich daran, und die Katzen fühlen sich dort sicher.

Wasser, Toilette, einem warmen Plätzchen zum Schlafen und etwas zum Spielen. Katzen nehmen lebhaften Anteil an ihrer Umwelt und lieben es, in einer Fensternische zu sitzen und die Welt draußen zu beobachten: die vorbeieilenden Leute und Autos, aber auch Vögel, Kaninchen und vielleicht eine durch ihr eigenes Revier streunende Katze. Von einem sicheren Platz im Haus aus überschütten sie oft einen solchen Eindringling aus halboffenem Maul mit Beschimpfungen, wobei ihr Schwanz sich ärgerlich von einer Seite zur anderen bewegt.

DAS NEUE KÄTZCHEN

Wenn Ihre Katze nicht ins Freie hinaus kann, müssen Sie ihr genügend Gras zur Verfügung stellen. Katzen fressen instinktiv Gras, um dem Darm Füllstoffe anzubieten. Eine frei herumlaufende Katze wird das eher grobe Gras aus dem verwilderten Gartenteil bevorzugen. Für im Haus lebende Katzen kann man solches Gras in einem Topf anpflanzen. Es wird Katzengras genannt, und der Samen kann in Tiergeschäften gekauft werden.

Frische Luft

Für Kätzchen, die man im Garten nicht sich selbst überlassen kann, ist ein Freiluftgehege eine gute Lösung. Wenn es im Garten viel zu sehen gibt, wird Ihre Katze draußen glücklicher sein als drinnen, und wird die frische Luft schätzen. Das Gehege kann ans Haus angebaut oder ein freistehender Käfig im Garten sein. Ein Gartengehege sollte die Möglichkeit des Sonnenbades bieten und Schutz vor Sonne, Regen oder Kälte, je nach Laune der Katze oder Wetterlage. Es sollte ein kleines Haus vorhanden sein (mit einer Heizmöglichkeit für die Ausländisch Kurzhaar-Rassen), und der Auslauf sollte so groß wie möglich sein, mit Brettern in unterschiedlicher Höhe zum Klettern und Spielen. Anders als Hunde, müssen Katzen in einem Freigehege ein Drahtgeflecht als Dach haben, denn sie sind große Kletterkünstler.

Ankunft des neuen Kätzchens

Sie haben die gesamte Erstausstattung Ihres Kätzchens erworben, einschließlich der Tragebox, um sie abzuholen (für den Rest dieses Kapitels wird angenommen, daß es ein weibliches ist). Nun kommt der große Tag, wenn Sie sie nach Hause bringen und in die Familie

Die große Freiheit erwartet dieses niedliche Perserkätzchen. Bei seinem ersten Ausflug in den Garten nimmt es regen Anteil an der Umgebung.

eingewöhnen. Am besten gewöhnen Sie sie erst an einen Raum, beginnend mit dem Raum, wo ihre Toilette, Näpfe und andere Katzenartikel stehen. Wenn sie eine lange Reise hinter sich hat, wird sie sicher gleich die Toilette benutzen wollen.

Alle Türen und Fenster sollten geschlossen und etwaige Kaminöffnungen verstopft sein, bevor die Box geöffnet wird. Am besten lassen Sie das Kätzchen von allein herauskommen. Öffnen Sie einfach den Deckel und warten ab, vielleicht machen Sie dazu einladenden Lärm. Schließlich wird sie herausspringen und alles erforschen und dabei all die Stellen entdecken, wo sie sich im Notfall verstecken kann, beispielsweise hinter einem Boiler oder Kühlschrank, unter Stühlen oder in Schränken. Widerstehen Sie der Versuchung, sie aufzunehmen, bevor sie alles beschnuppert und kennengelernt hat. Sobald sie das Katzenkästchen entdeckt, wird sie sich gleich niederhocken.

Wahrscheinlich wird sie keinen Hunger verspüren, aber sobald sie sich hinsetzt und sich putzt, können Sie sicher sein, daß sie sich zu

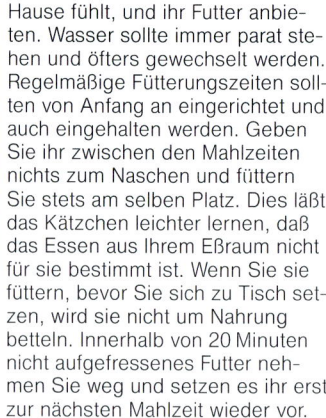

Für Hauskatzen kann man Katzengras aus Samen ziehen. Auch "Instant"-Gras ist erhältlich, wie "Pussy Lawn", das nach 7 bis 10 Tagen freßfertig ist.

Hause fühlt, und ihr Futter anbieten. Wasser sollte immer parat stehen und öfters gewechselt werden. Regelmäßige Fütterungszeiten sollten von Anfang an eingerichtet und auch eingehalten werden. Geben Sie ihr zwischen den Mahlzeiten nichts zum Naschen und füttern Sie stets am selben Platz. Dies läßt das Kätzchen leichter lernen, daß das Essen aus Ihrem Eßraum nicht für sie bestimmt ist. Wenn Sie sie füttern, bevor Sie sich zu Tisch setzen, wird sie nicht um Nahrung betteln. Innerhalb von 20 Minuten nicht aufgefressenes Futter nehmen Sie weg und setzen es ihr erst zur nächsten Mahlzeit wieder vor.

Wenn das heranwachsende Kätzchen sich an einen Raum gewöhnt hat, können Sie sie nach und nach in die anderen Räume mitnehmen. Lassen Sie ihr aber immer den Zugang zu „ihrem" Raum, damit nichts passiert. Sie können dies sicherstellen durch Einbau einer Katzenklappe in die Tür zwischen den beiden Räumen. Lassen Sie das neue Kätzchen jedoch in den ersten Tagen nicht aus dem Haus; und selbst dann versichern Sie sich, ob sie im Hinblick auf die nähere Umgebung weiß, wo sie lebt. Wenn die Umgebung sicher und ruhig ist, können Sie Ihrer Katze vollen Ausgang gewähren. Bringen Sie hierzu eine Katzenklappe in einer Tür an.

Die erste Nacht

Die erste Nacht in einem neuen Zuhause wird höchst traumatisch für Ihr Kätzchen sein. Sie wird ihre Mutter und Geschwister vermissen und umgeben sein von fremdartigen Gerüchen, Ausblicken und Geräuschen. Nehmen Sie sie tröstend in den Arm, streicheln sie und reden ihr sanft zu. In diesem Moment beginnen Sie, eine vertrauens- und liebevolle Beziehung zu ihr aufzubauen.

In der ersten Nacht entscheidet sich, ob Ihr Kätzchen für den Rest seines Lebens in ihrem eigenen Bett in der Küche schlafen wird, oder aber in Ihrem oder einem der Kinderbetten. Wenn es nach ihr ginge, würde sie bei einem Familienmitglied schlafen. Tatsächlich wäre ihre Idealvorstellung, die ganze Familie nach Katzenmanier in einem großen Bett um sich herum zu haben. Sie versteht nicht diese komische Menschenangewohnheit, daß jeder in einem eigenen, kalten, einsamen Bett verschwindet, denn sie ist in einem großen Katzenknäuel aufgewachsen und weiß, daß es in der Mitte am wärmsten war. Wenn Sie sie also in Ihr Zimmer mitnehmen, wird eine schlaue Katze sofort in Ihrem Bett, nicht bloß darauf liegen. Seien Sie nicht enttäuscht: sobald Sie ihr das „nur für eine Nacht" gestattet haben, wird es sehr schwierig sein, sie nachher dazu zu bringen, wieder allein zu schlafen. Seien Sie lieber von Anfang an konsequent und legen Sie sie eindeutig in ihr eigenes Bett (natürlich mit viel Getue und Streicheln), dann schalten Sie das Licht aus und schließen die Tür. Eine gewisse Zeit wird sie nach Gesellschaft rufen, besonders wenn sie Siamesin oder Burmesin ist; aber in der zweiten Nacht schon wird sie

Sicherheit und frische Luft bietet dieser großzügige Auslauf mit seinem Schutzhäuschen und genügend Bewegungsfläche.

Der richtige Umgang mit einem Kätzchen bewahrt Sie vor Kratzern. Dieses Silver Tabby-Kätzchen fühlt sich geborgen; sein Hinterteil wird gut von einer Hand gestützt.

es begriffen haben. Wenn sie jedoch die erste Nacht bei Ihnen verbracht hat, wird sie bis zu zwei Wochen brauchen, um zu begreifen, daß Sie sie gar nicht bei sich haben wollen; und in dieser Zeit wird sie die Nächte mit Klagen verbringen, bis Sie kommen und sie holen. Ich habe Sie gewarnt!

Haltung
Normalerweise sollte man ein Kätzchen mit beiden Händen hochheben. Greifen Sie mit einer Hand unter den Körper, hinter den Vorderbeinen, und heben sie hoch und stützen mit der anderen Hand ihr Hinterteil ab. So fühlt sich das Kätzchen sicher und wird sich nicht wehren. Wenn Kinder von Anfang an den richtigen Umgang mit einem Kätzchen lernen, werden sie nicht gekratzt. Sobald ein Kätzchen das Gefühl hat zu fallen oder den festen Halt zu verlieren, beginnt es sich zu sträuben und kann dabei jemanden kratzen. Stützen Sie immer die Hinterbeine eines Kätzchens ab, damit es sich sicher fühlt.

Pflege
Für ein sehr junges Kätzchen kann das Bürsten und Kämmen zu einem Spiel werden, und es wird in beide hineinbeißen. Später wird sie merken, daß sie sich nachher besser fühlt, und sie wird die Pflegesitzung richtig genießen. Katzen lieben Routine, und regelmäßige Pflege hilft — ebenso wie feste Mahl- und Spielzeiten — den Tag interessanter zu machen. Genaue Anweisungen zur Pflege finden Sie in dem auf Seite 107 beginnenden speziellen Kapitel. Flöhe und andere Parasiten werden auf den Seiten 117 bis 118 behandelt.

Tricks
Einigen Katzen kann man Tricks wie Apportieren, Pfötchen geben und andere beibringen, wie man sie sonst von Hunden kennt. Sicherlich ist es hilfreich, wenn Katzen von einem erfahrenen Hundeausbilder lernen. Aber mancher-

Vielen Katzen kann man Tricks beibringen. Dieses Chinchilla-Kätzchen übt mit seinem Besitzer das Aufsitzen.

lei Katze wird sich aufsetzen und bitten, wenn Sie ihr vor ihrer Mahlzeit das Fressen vor die Nase halten. Auf Ihre Frage „Wie machst du?" oder eine ähnlich gleichbleibende wird die Katze miauen, und Sie können das belohnen und dadurch ihr Verhalten bestärken, indem sie ihr Futter bekommt. Die meisten Katzen mögen den Geschmack von Hefetabletten und werden sehr rasch das Schütteln der Vorratsbüchse mit der Gabe von Leckerbissen assoziieren.

Ein gutgeführter Haushalt ist ein glücklicher, und nach dem Erlernen solcher Routinen werden sich die Katzen von selbst zur rechten Zeit am rechten Platz zu den jeweiligen Aktivitäten einfinden. Besucher werden staunen, wie gut erzogen Ihre Katzen sind. Bisher haben sie gedacht, man könnte keiner Katze etwas beibringen.

Der Name Ihrer Katze
Ihre Katze wird ihren Namen lernen durch das wiederholte Rufen zum Fressen, Pflegen, Spielen und so fort. Ihr ist es wichtig, einen Namen zu haben, auf den sie hören kann. Bei der Namenssuche wählen Sie also einen Namen aus, den Sie leicht über die Hausdächer rufen können, wenn Sie sie von ihren Ausflügen zurückholen möchten. Aus diesem Grunde rufen sich Vokale leichter als Konsonanten,

und zwei Silben klingen besser als eine. Wenn Ihre Katze eine Ausstellungskatze ist, wird Ihr Name für sie wesentlich kürzer und einfacher sein als der hochoffizielle Züchtername, unter dem sie eingetragen und bei Ausstellungen vorgestellt wird. Ihrer ist der Kosename, der von der ganzen Familie benutzt wird. Wenn sie darauf zu hören gelernt hat, kann das in einer kritischen Situation ihr Leben retten.

Wenn Sie Ihr aber Ausgang gewähren und sie trägt ein Halsband mit Erkennungsmarke, sollte diese nicht diesen Kosenamen enthalten: der Dieb könnte sie mit diesem weglocken. Die Marke sollte nur den Namen, die Adresse und Telephonnummer des Besitzers angeben.

Impfungen
Sobald Ihr Kätzchen sich in ihrem neuen Zuhause eingelebt hat, stellen Sie sie einem Tierarzt vor und lassen ihr die nötigen Impfungen geben. Der Züchter sollte ihr ihren Impfpaß mitgegeben haben mit der Angabe der bereits erhaltenen Impfungen und Hinweis darauf, was wann noch vorzunehmen ist. Der Tierarzt wird sich bei seiner Behandlung nach diesem Impfpaß richten. Er wird Ihnen auch mitteilen, wann Sie Ihren Liebling als Erwachsene für die Auffrischungsimpfung hinbringen sollten.

Sterilisieren — Kastrieren
Wenn Sie Ihr Kätzchen nicht für spätere Zucht- oder Ausstellungszwecke erworben haben, sollten Sie sie sterilisieren (oder ihn kastrieren) lassen mit etwa sechs bis acht Monaten, oder früher, wenn die Katze zu den frühreifen Ausländisch Kurzhaar gehört: ihre Katzen „rufen" und die Kater markieren manchmal schon mit vier Monaten. Dies sind völlig normale Funktionen einer erwachsenen Katze, aber ein Eingriff empfiehlt sich, bevor diese Funktionen sich bei dem als Schmusekatze gehaltenen Tier zeigen. (Lesen Sie auch das Kapitel über Katzenzucht und -aufzucht ab Seite 121.) Wenn ein Kater noch nicht markiert, kann der Eingriff bis zum zehnten oder zwölften Monat hinausgeschoben werden.

Beziehungen
Als Familienmitglied wird das Kätzchen wahrscheinlich unterschiedlich enge oder lose Beziehungen zu den anderen Familienmitgliedern entwickeln. Wenn Großmutter als einzige tagsüber zu Hause ist, während die anderen zur Arbeit oder in der Schule sind, wird das Kätzchen sich mit ihr unterhalten und jeden Tag nach dem Essen zur gleichen Zeit auf ihren Schoß springen. Die zwei werden diese Art Verständnis unterhalten. Wenn die Kinder aus der Schule heimkommen, mag die Spielstunde des Kätzchens gekommen sein und die Zeit, durch Tricks Belohnungen einzuheimsen. Sobald sie die Kinder kommen hört, wird die Katze ihnen entgegenspringen, bereit zur nächsten Etappe ihrer täglichen Routine. Später, oder vielleicht als erstes am frühen Morgen, wird die Pflegesitzung stattfinden mit einem weiteren Familienmitglied, das eine andere, aber ähnlich bedeutungsvolle Beziehung zu dem kleinen Katzenmitglied unterhält. Schließlich kommt abends die letzte Schmuserunde des Tages, sehnlichst vom Kätzchen und Halter erwartet.

Disziplin
Das körperliche Strafen einer Katze wegen eines Vergehens ist nutzlos: das Tier assoziiert einfach nicht die Strafe mit der Tat und hält Sie bloß für unfreundlich. Ihr Mißfallen drücken Sie am besten mit einem lauten „Nein!" aus. Ist Ihre Stimme normalerweise weich und zärtlich, sollte ein scharfes Kommando genügen, die Katze bei dem Vorgehen zu stoppen, das Ihnen mißfällt — wenigstens in Ihrer Gegenwart! Viele Amerikaner schwören als letztes Mittel auf die Verwendung einer Wasserpistole, und ich halte dies auch für wirksam, obwohl englische Katzenliebhaber das für unsportlich halten werden. Sie sollten auf den Körper schießen, niemals in die Augen, was zu schwersten Verletzungen führen kann.

Genau wie bei Kindern, sollten Sie die Liste der verbotenen Aktivitäten klein halten, verlangen Sie aber strikte Disziplin. Bedenken Sie aber, daß eine Katze eine Katze bleibt und Sie niemals aus ihr ein Kind machen können. Sie kann nur im Rahmen ihres angeborenen Instinkts und ihrer Intelligenz handeln und sollte nicht deswegen bestraft werden, weil sie sich wie eine Katze verhält.

3

Zum besseren Verständnis Ihrer Katze

Um Ihre Katze voll genießen zu können, sollten Sie wissen, was für ein Tier sie ist. Das bedeutet, ihre Bedürfnisse, Wünsche, Instinkte und, vielleicht, Neurosen zu entdecken. Bedenken Sie als erstes, daß eine Katze kein Hund ist, und nicht von ihr erwartet werden kann, sich wie ein solcher zu benehmen. Sicherlich können einige, von Hundebesitzern trainierte, Katzen apportieren, mit den Hunden Gassi gehen und sogar als Wachhunde rund ums Haus fungieren. Katzen können auch die Ausführung von Tricks lernen. Aber Katzen führen sie nur dann aus, wenn es in ihrem Interesse liegt und nicht mit anderen, von ihnen lieber unternommenen Aktivitäten zusammenfällt.

Instinkt
Fressen, Kratzen, Jagen, Spielen, Lieben, Neugierde, Paaren und Schlafen sind Instinkte, die wesentliche Funktionen in einem Katzenleben ausüben. Einige von ihnen werden hier besprochen, anderen sind eigene Kapitel gewidmet.

Kratzen. Da Ihre Katze instinktiv kratzen will, sehen Sie am besten einen geeigneten Platz für diese Aktivität vor, statt daß Sie der Katze keine andere Wahl als die besten Möbel lassen. Die Anschaffung eines Kratzpfostens zusammen mit der Katze verhindert, daß sich Ihre Katze im ganzen Haus unbeliebt macht. (Lesen Sie hierzu die Seiten 88–89.)

Jagen. Keine Katze sollte wegen des Jagens ausgescholten werden: biologisch sind Katzen auf dieses Verhalten programmiert. Als eines Tages der Siamkater einer Freundin auf ihrem Rasen erschien mit einem kleinen Kaninchen im Maul, beschwerte meine Freundin sich: „Ich habe ihm mehr als hundertmal

Wohnungskatzen werden Jagd auf bewegliches Spielzeug machen. Unterstützen Sie dies, um Ihren Liebling bei guter Laune und Figur zu halten.

Links: Der Jagdtrieb ist Katzen angeboren. Im Freien halten sie sich fit durch das Anpirschen und Jagen auf vielerlei Objekte.

erklärt, er solle keine Kaninchen jagen!" Sie strafte die Katze und entfernte das Kaninchen unter tiefem Seufzen der Katze, die sich im Recht fühlte und ihr Frauchen im Unrecht. Ich schämte mich für meine Freundin und sagte ihr das. Trotz ihrer Bemühungen änderte sie niemals die Instinkte ihres Katers. Später verbrachte er die Zeit bei mir, in der sie verreist war, und mir wurde mitgeteilt, wie wenig er fräße. Tatsächlich habe ich nie eine gefräßigere Katze gehabt. Sehr zurückhaltend zu Hause, bediente er sich vollauf in den reichen Beutegründen der umliegenden Kornfelder. Meist war er einfach clever genug, sich von ihr nicht erwischen zu lassen!

Einige Besitzer schimpfen, wenn ihre Katzen Trophäen heimbringen. Menschen sehen das oft als Geschenk an, aber die Katzen bringen diese Beute rein instinktiv heim ins Nest, selbst wenn sie keine Kätzchen zu füttern haben.

Mäuse und Ratten sind eine Beuteart, Vögel eine andere; Sie sollten Ihre Katze also nicht zum Ratten- und Mäusefangen losschicken und ausschelten, wenn sie mit Vögeln heimkommt. Wenn Sie Vogelliebhaber sind, lohnt sich die Anschaffung eines katzensicheren Vogelhäuschens oder einer Futterstelle am Fenster, so daß Sie und Ihre Katze die Vögel von der Wohnung aus beobachten können. Natürlich wird die Katze die Vögel anmiauen und von Zeit zu Zeit mit ihrem Schwanz bedrohen, aber beide werden sicher sein.

Spielen. Dieser Instinkt ist gekoppelt an das Jagen, aber die Katze ist das einzige Tier, das mit seiner Beute spielt, bevor es sie tötet. Dies ist somit ein wichtiger Instinkt, der im Haus toleriert werden muß. Spielzeug ist ein Muß für die Wohnungskatze und wird sie über Stunden beschäftigen. Katzen im Freien jagen allem nach, was sich bewegt, und tun sogar als ob sie jagen und stürzen sich auf imaginäre Beute. Während des Spiels mit sich selbst oder einer anderen Katze gibt es Umarmungen, Festklammern, Beißen, Jagen, Losstürzen, Anpirschen, Hochspringen, Fangen, Umherrollen, Stoßen mit den Hinterpfötchen und Festklammern im Nacken. All dies ist gut für ihre Muskeln, und der kluge Besitzer versucht, seiner Katze jeden Tag wenigstens einige dieser Aktivitäten zu ermöglichen.

Lieben. Katzen sind von Natur aus anhängliche Kreaturen und brauchen körperlichen Kontakt mit anderen Katzen, Tieren oder Menschen. Sie reagieren enorm auf Zuneigung, Streicheln mit der Hand und Schmusen, und werden ein Vielfaches an Liebe und Treue dafür zurückgeben.

Neugierde. Dies ist eine andere typische Katzenangewohnheit. Katzen sind so neugierig, daß sie Ihnen bei jedem Päckchenein- oder -auspacken „behilflich" sein werden. Sie lieben das Geräusch des knisternden Papiers und sind höchst interessiert, was Sie damit anstellen. Unglücklicherweise sind einige Rassen, besonders die Burmesen, versessen aufs Autofahren und springen leicht in irgendein Auto, um sich dann kilometerweit von zu Hause wiederzufinden. Manchmal werden sie zurückgebracht, aber nicht immer. Dank ihrer Neugierde spazieren sie in jede offene Tür und besuchen regelmäßig die Nachbarn, wenn sie ins Freie dürfen. Einige meiner Katzen sind nicht nur bei den Nachbarn aufgetaucht, sondern einmal tatsächlich in deren Betten gelandet! Wenn Sie oft außer Haus sind und Ihren Katzen gleichzeitig vollen Ausgang gewähren, werden Sie feststellen, daß diese zwei Zuhause haben: während Ihrer Abwesenheit verbringen sie die Zeit in ihrem zweiten Zuhause und kommen zu Ihnen zurück, wenn Sie wieder da sind. Oder Sie bekommen den Besuch einer fremden Katze, die sich bei Ihnen einrichtet (sofern Ihre Katzen das zulassen) und später in ihr eigenes Zuhause zurückkehrt. Es gibt viele Geschichten um Katzen, die sich von zwei Möchtegern-Besitzern verwöhnen ließen.

Paaren. Dies ist einer der wenigen natürlichen Instinkte, den man am besten bei den meisten Katzen unterbindet, um nicht die Schar der Tausenden von unerwünschten,

Katzen sind an allem lebhaft interessiert. Hier betrachtet eine Siam Seal-point die Welt von einem Caravan-Fenster aus.

einzuschläfernden Kätzchen zu vergrößern. Wie wir an anderer Stelle dieses Buches erklären, ist die Sterilisation einer Katze nicht grausam, und hilft vielmehr dem Tier, sich einem häuslichen Leben anzupassen.

Schlafen. Für die meisten Katzen kommt dies der Wichtigkeit nach gleich hinter Fressen und Lieben. Mitglieder der Katzensippe verbringen fast 65 Prozent ihres Lebens schlafend, und man sollte ihnen

Manchmal bringt ihre Neugierde die Katzen in ungewöhnliche Situationen. Hier trifft ein mutiges Kätzchen zum ersten Mal eine Ziege.

das zugestehen. Bewahren Sie Katzen davor, ständig durch Kinder aufgeweckt zu werden, und vor wiederholten anderen Störungen. Die ganze Familie sollte anerkennen, daß Katzen viel Schlaf benötigen an einem ruhigen, dunklen und warmen (oder im Sommer kühlen) Plätzchen.

Selbst im Schlaf langweilen Katzen sich nicht. Beobachten Sie eine, wie sie ihre Augen, Pfoten, Ohren und Schnurrhaare bewegt. Die träumende Katze durchlebt offensichtlich eine Jagd oder sonstige spannende Aktivität. Beim Erwachen strecken sich Katzen unweigerlich der Länge nach aus und ein Bein nach dem anderen von sich fort; anschließend lecken sie sich, um vollends aufzuwachen.

Die Sinne der Katze

Katzen sagt man allgemein neun Sinne nach: Tasten, Riechen, Schmecken, Sehen, Hören, Temperatur, Gleichgewichts-, Orts- und Zeitsinn.

Tastsinn. Ein Kätzchen wird sich des Tastsinns bewußt im frühen Kontakt zu seiner Mutter. Ihre Zunge wird das Junge waschen, und sie wird es mit ihren Pfoten näher an sich heranziehen. So lernt das Kätzchen, die Zunge der Mutter mit liebevollem Umsorgtwerden zu verbinden; im späteren Leben ersetzen die Streicheleinheiten einer menschlichen Hand das Lecken der Mutter. Schmusen und Pflegen sollen entspannen durch Verlangsamung der Herzschläge. Das ist ein Grund, weshalb sie sich oft zu waschen beginnt, wenn sie unter Spannung steht, oder nach einem ärgerlichen Kampf.

Der Tastsinn wird auch angesprochen, wenn die Katze ihren Schlafplatz aussucht. Katzen scheinen mit ihren Pfoten Stoffoberflächen beurteilen zu können; sie lieben warme, weiche Stoffe, und werden oft sehr schnell den Schoß eines Menschen verlassen, der kalte oder glatte oder Kunststoffkleidung trägt.

Geruchssinn. Auch dieser Sinn entwickelt sich sehr früh im Nest. Wenn Kätzchen aus einem Familiennest in ein anderes, neues versetzt werden, werden sie schreien und weinen, so daß die Mutter angelaufen kommt; sie wissen, daß der Geruch ein anderer geworden ist. Sobald die Mutter sich ihnen in dem neuen Nest zugesellt und sie mit ihrem Geruch beruhigt, werden sie friedlich. Ältere Kätzchen können ihre Wurfgeschwister sowohl sehen wie riechen, so daß sie weniger unter einem Umzug in ein anderes fremdes Nest leiden. Anders als Hunde scheinen Katzen bei der Brustfütterung auf eine bestimmte Zitze festgelegt zu sein, und wahrscheinlich bringt sie ihr Geruchssinn immer zu „ihrer" Zitze. Dank ihres ausgeprägten Geruchssinnes werden Katzen jedes neue Objekt in der Wohnung äußerst gründlich beschnuppern.

Wenn eine Katze sich an einem Möbelstück oder menschlichen Bein reibt, hinterläßt sie dort eine Duftmarke. Wenn zwei Katzen die Köpfe aneinanderreiben, hinterlassen sie ebenso ihren Duft auf der anderen, so daß sie sich beim nächsten Treffen direkt erkennen. Wenn eine Katze das Heim verläßt, um vom Deckkater belegt zu werden, wird sie bei ihrer Rückkehr zuerst von den Zurückgebliebenen abgelehnt werden, da sie nun den Geruch des Deckkaters an sich hat, den diese nicht akzeptieren können. Sie wird die Heimgebliebenen waschen und ihnen erzählen müssen, wie froh sie über das Wiedersehen mit ihnen ist, bevor diese

sie wieder als zu ihnen gehörig anerkennen.

Sie fühlen sich sicher in den vertrauten Gerüchen und mögen es oft noch nicht einmal, wenn neue Möbel aufgestellt werden. Einige empfinden das Nachhausekommen so traumatisch, daß sie ihr Futter stehenlassen und miauend umherlaufen. Einige Katzen werden sogar aggressiv, aber das ist die Ausnahme. Die Antwort besteht aus viel Liebe und Zuneigung, und meist gewöhnen die Katzen sich dann ein. Daher ist zu empfehlen, sie für ein paar Tage im Haus zu halten, damit sie nicht fortlaufen, vergessen, wo sie nun wohnen und so verlorengehen. Intelligente, oder vielleicht eher robustere oder vertrauensvolle Katzen scheinen sich besser einzuleben als andere.

Katzen lieben instinktiv angenehme Gerüche und versuchen (in ihrem Katzenkasten oder anderswo), den unangenehmen Geruch ihrer „Hinterlassenschaft" zu verdecken.

Der Duft mancher Pflanze fasziniert viele Katzen. In Großbritannien ist es das aromatische Catnip-Kraut, das sie in Stimmung zu versetzen scheint. Katzen werden instinktiv sich in einer Lage Catnip wälzen, oder spielen mit Catnip-gefüllten Spielsachen, oder einfach mit getrockneten Catnip-Blättern und -blüten, die man in Tiergeschäften kaufen kann. Einige Katzen sind empfänglicher als andere, und erwachsene mögen Catnip mehr als Kätzchen. Wenn Sie Ihr eigenes anbauen möchten, die Samen heißen „Nepeta cataria" (das Nepetalocton in der Pflanze ist so attraktiv). Baldrian ist eine andere von Katzen geschätzte Pflanze; und Katzen pflegen, so man sie läßt, von Blume zu Blume zu gehen und den Duft einzuatmen. Damit „lesen" sie nicht immer ab, wer an diesem Tag im Garten war; Katzen lieben ganz einfach angenehm riechende Dinge. Sie mögen auch Parfum sehr.

Ein Kätzchen lernt Berührung über die Zunge der Mutter kennen. Spielerisch leckt sie ihr Junges von Kopf bis Fuß.

Eine Burma (links) in Verteidigungsstellung hat erweiterte Pupillen. Eine ausgeglichene Silver Tabby (rechts) hat schlitzförmige Pupillen. Angreifende Katzen haben auch schlitzförmige Augen.

Geschmackssinn. Geschmack ist an Geruch gebunden, und eine Katze ohne Geruchsvermögen wird oft auch das Fressen einstellen. Manchmal sehen Sie Ihre Katze etwas mit offenem Mund beriechen: dies ist bekannt als „Flehmening". Es bezweckt, Duftstoffe bis zu den Geschmacksnerven gelangen zu lassen und hierdurch mehr zu entdecken, als sie mit ihren Nasenlöchern könnte. Catnip, ein fremdes oder sexuelles Stimulans lösen diese Reaktion aus, die das Schmecken und Riechen vereint.

Sehen. Katzen haben scharfe Augen, können aber sich bewegende Objekte besser ausmachen als ruhige. Eine Katze weiß das instinktiv und wird „erstarren" beim Anblick einer anderen Katze; genauso „erstarrt" eine Maus in der Hoffnung, von der anschleichenden Katze übersehen zu werden. Bei schlechtem Licht können Katzen mehr sehen als wir, aber in totaler Finsternis können sie überhaupt nichts ausmachen. Ihre Pupillen erweitern sich bei schlechtem Licht, und bilden enge Schlitze im vollen Tageslicht. Die Katzen-Pupillen erweitern sich auch in Verteidigungsstellung, und ziehen sich beim Angriff zusammen. Katzen sind nicht farbenblind wie manche Menschen.

Viele Katzen sind lebhaft interessiert an anderen Katzen auf dem Bildschirm des Fernsehens oder Heimkinos, und können sogar versuchen, auf die Leinwand zu springen und mitzuspielen. Andere Katzen scheinen ganz einfach die flimmernden Bilder des Fernsehens faszinierend zu finden.

ZUM BESSEREN VERSTÄNDNIS IHRER KATZE

Hören. Katzen haben ein scharfes Gehör und können Geräusche wahrnehmen, die für uns unhörbar sind. Dies erklärt das besondere „Gespür" Ihrer Katze für ein Klopfen oder Klingeln, bevor Sie jemanden an der Tür klopfen oder das Telefon schellen hören. Die Katze hat einfach lange vor Ihnen die ersten schwachen Klangwellen aufgenommen.

Weiße Katzen mit blauen Augen sind meist taub. Aber selbst taube Katzen scheinen mit anderen Körperteilen zu „hören". Sie nehmen wahrscheinlich den Widerhall der Klangwellen an festen Gegenständen wahr.

Katzen haben besondere Vorlieben für Klänge und ebensolche Abneigungen. Einige sollen Musik lieben. Eine mir bekannte Katzenpension spielt zu bestimmten Tageszeiten Musik für ihre Pfege-Katzen, damit diese sich in der fremden Umgebung geborgener fühlen.

Sie werden feststellen, daß Ihre Katze sehr genau auf den Tonfall Ihrer Stimme achtet. Dies wirkt sich praktisch aus, indem Sie damit ihr Verhalten beeinflussen können, wenn auch weniger als das eines Hundes. Katzen mögen kein lautes Rufen, so daß ein scharfes Kommando Ihre Katze bei jeder von Ihnen nicht gewollten Aktivität sofort stoppt — Katzen vollbringen nahezu alles für ein ruhiges Leben! Sie reagieren ebenso gern auf den Klang ihres Namens, und Ihre Katze wird im allgemeinen auf Ihr Rufen kommen, vorausgesetzt, Sie rufen sie nicht aus Unfug. Wenn ihr Kommen belohnt wird (mit Schmusen beispielsweise), wird sie kommen, aber ohne einen solchen Anreiz sicher beim nächsten Mal nicht mehr. Wenn Ihre Katze gerade erst hinausgegangen ist, und vermutet, daß Ihr Rufen „Komm schon wieder rein" bedeutet, wird sie es vollständig überhören. Katzen sind absolut vernünftige Wesen, die nicht gut in völlig unvernünftige Haushalte passen.

Katzen lieben es, wenn Sie mit ihnen flüstern, und werden mit großem Behagen schnurren, wenn Sie ihnen liebevoll ins Ohr flüstern. Weil ihre Ohren so sensibel sind, ist der Inhalt Ihrer Worte weniger entscheidend als der liebevolle Klang Ihrer Stimme.

Temperatur. Dies ist ein individuelles Charakteristikum: einige Katzen haben es lieber warm, andere lieber kalt. Die ausländischen Katzen mit dünnerem Fell lieben und brauchen viel Hitze und schätzen ein Sonnenbad an einem Hochsommertag, vielleicht ausgestreckt auf einer Lage gemähtem Gras (das Hitze speichert). In kaltem oder mittlerem Klima schlafen die meisten Katzen am liebsten an einem warmem Plätzchen im Haus. Eine Katze, der zu warm ist, wird sich ein zugiges Plätzchen suchen. Wenn die Katze sich auf Sofa und Sesseln ausruhen darf (was man diesen sauberen Tieren ruhig erlauben sollte), hat sie bald herausgefunden, daß ein Platz schön angewärmt ist, wenn ein Mensch dort gesessen hat. Wenn Sie also aufstehen müssen, wird Ihre Katze es vorziehen, von Ihrem Knie aus in den angewärmten Sessel gelegt zu werden statt auf den kalten Fußboden. Sie können beim Wiederhinsetzen die Katze hochnehmen, und sie wird kaum bemerkt haben, daß Sie überhaupt fort waren.

Gleichgewichtssinn. Katzen verfügen über einen außergewöhnlich ausgeprägten Gleichgewichtssinn, der sie befähigt, die — uns so erscheinenden — höchsten Bäume, Dachkanten, Fensterbretter und ähnliches zu erklimmen. Diese Schwindelfreiheit läßt Katzen Plätze erreichen, wo sie vor uns und ihren natürlichen Feinden, den Hunden und Füchsen, geschützt sind. Ein kurzer Anlauf und das Hochklettern bringt die verfolgte Katze hoch oben im Baum in Sicherheit. In den allermeisten Fällen kann ein Kätzchen jeden Baum, den sie hochklettern konnte, auch wieder herabklettern. Wenn wir sehen, daß ein sehr zartes Kätzchen sich vor Nachbars Hund in die höchsten Baumwipfel geflüchtet hat, geraten wir leicht in Panik und rufen die Feuerwehr. Wenn wir es aber ganz in Ruhe lassen, wird das Kätzchen in neun von zehn Fällen aus eigenem Antrieb den Abstieg bewältigen; manchmal aber erst in der Dämmerung, wenn seine Retter unten einen Volksauflauf veranstaltet haben.

Falls eine Katze aus geringen oder mittleren Höhen abstürzt, dreht sie sich dank ihres Gleichgewichtssinnes in der Luft und landet sicher auf den Beinen —, was ihr manches Unheil erspart. Aus sehr großer Höhe jedoch kann eine Katze auch zu Tode fallen.

Eine British Kurzhaar Schildpatt klettert schwindelfrei bis in die höchsten Äste hinauf.

Ortssinn. Zahlreiche, oft nachprüfbare Geschichten erzählen von Katzen, die Hunderte von Kilometern von ihrem neuen Zuhause an den Ort ihres bisherigen Lebens zurückwandern. Wie Brieftauben müssen Katzen einen instinktiven Ortssinn haben, der sie dies vollbringen läßt; das Verfolgen einer Geruchsspur könnte nur sehr viel kürzere Heimkehrstrecken erklären.

Zeitsinn. Katzen schätzen Routine. Sie mögen es, wenn die gleichen Dinge sich jeden Tag oder jede Woche immer zur gleichen Zeit ereignen. Sie erwarten, daß ihre Mahlzeiten zu bestimmten Zeiten bereit stehen und finden sich pünktlich zum Fressen ein. Dies erleichtert uns genauso wie ihnen das Leben, mit Ausnahme der Wochenenden, wo wir vielleicht etwas Abwechslung von der Routine bevorzugen würden. Katzen lieben auch ihre regelmäßige Pflegesitzung. Tatsächlich lieben sie ein wohlgeordnetes Leben, was überrascht bei einem Tier mit sonst so ausgeprägter Individualität.

Vielleicht erklären diese neun hochentwickelten Sinne die angeblich neun Leben einer Katze.

Kommunikation

Katzen können sich untereinander, mit anderen Tieren und Menschen auf zweierlei Art verständigen: stimmlich und durch Körpersprache.

Stimmlicher Ausdruck. Die Katzensprache ist sehr viel einfacher als die menschliche. Katzen produzieren einfach die der Situation entsprechenden Geräusche. Ein Besitzer, der sich auf das Zuhören und mit ihnen Sprechen einstellt, wird schnell die verschiedenen Ausdrucksweisen heraushören und

Eine Siamesin äußert lautstark ihr Mißbehagen. Ihr ergebener Besitzer wird wissen, was sie meint.

wissen, was sie ihm „erzählen". So viele Leute (natürlich auch ich) schwören, daß sie sich mit ihren Katzen unterhalten können, daß dies wahr sein dürfte. Um diese Verständigung mit Ihrer Katze zu erreichen, müssen Sie sich Zeit nehmen für Ihren Liebling und ihm aufmerksam zuhören. Es ist dasselbe wie bei der menschlichen Verständigung: Sie müssen Ihrem Mann oder Ihren Kindern genauso zuhören, wie Sie zu ihnen sprechen, wenn Sie eine beidseitig gute Beziehung aufbauen möchten. Ohne Liebe, Freundlichkeit, Mitgefühl, Geduld und Beobachtung werden Sie kein wahres Verständnis zwischen sich und Ihrer Katze aufbauen können.

Sobald Sie auf den Ausdruck Ihrer Katze zu achten beginnen, werden Sie ihr Grundvokabular kennenlernen. So mag diese Sie stimmlich locken, am Abend „zu Bett zu kommen": Katzen schlafen am liebsten jeden Abend zur selben Zeit ein.

Ihre Katze wird Ihr tägliches Heimkommen mit einem ganz besonderen, zwitscherähnlichen Laut begrüßen (den wir den „Überschlag beim Schnurren" genannt haben), wenn Sie sie hochnehmen und fragen, wie sie ihren Tag verbracht hat. Dieser Klang ist für Begrüßungen reserviert und kaum anderswo zu hören.

Andere Klänge umfassen das Schnurren, wenn die Katze entspannt ist, das Zischen bei Unsicherheit, das Brummen, wenn sie sich in ihren Angelegenheiten oder Besitztümern bedroht fühlt; sowie verschiedene andere Laute für: „Ich hab Hunger, was gibt es zu fressen"; „Laß mich raus"; „Mach bitte die Tür auf"; „Kann ich auf Deinen Schoß kommen?" und „Laß uns spielen!" Die anklagende Stimme „Wo warst Du die ganze Zeit" klingt ganz anders als die ärgerliche oder ungehaltene. Siamesen protestieren oft ohne Grund, oder weil es regnet („Warum änderst Du das nicht?"), oder in Vorahnung kommender unangenehmer Ereignisse wie dem Besuch beim Tierarzt.

Auch das leise Miau ist zu erwähnen. Dies ist eine offensichtlich stimmlose Mitteilung, bei der die Katze uns mit offenem Maul, aber ohne hörbaren Laut, etwas mitteilt oder um etwas bittet. Mit dieser sehr zarten Geste hat sie meist Erfolg. Vielleicht stößt sie tatsächlich einen für andere Tiere hörbaren Laut aus.

Einige Katzen werden immer antworten, wenn man sie anspricht, und scheinen das Grundvokabular des Plauderns zu beherrschen.

Als Besitzer sollten Sie immer auf die stimmliche Begrüßung Ihrer Katze antworten. Bei jedem Nachhausekommen pflegte ich zu meinen Katzen zu sagen „Hallo, Ihr Lieblinge" und sie für ein kurzes Schmusen aufzunehmen. Sobald sich das eingespielt hat, werden sie mit Sicherheit zu Ihrer Begrüßung an der Tür erscheinen. Füttern Sie Ihre Katzen niemals, ganz gleich ob es längst schon Zeit zum Fressen wäre, bevor die allgemeine Begrüßung stattgefunden hat. Sie dürfen nie auf den Gedanken kommen, daß Fressen wichtiger wäre als gute Manieren.

Die meisten Katzenlaute gelten den Menschen. Die wichtigsten Ausnahmen bilden Mütter in der Unterhaltung mit ihren Kätzchen und die Laute sich paarender Katzen. Die Mutter ruft hinter ihren Jungen her, wenn sich diese zu weit von ihr weg entfernen. Sie lockt mit anderen Klängen, die die Kleinen zweifellos verstehen, wie „Komm fressen" oder „Es ist Zeit zum Schlafengehen". Und später lernen sie von ihr, eine lebendige Maus zu verteidigen: diese Warnung hilft, ihre Beute vor anderen Katzen sicherzustellen.

Körpersprache. Abgesehen von den Paarungslauten verständigen sich erwachsene Katzen durch Körpersprache miteinander. Dazu bewegen sie Schwanz, Ohren, Pfoten, Schnurrhaare, Augen, Kopf oder den ganzen Körper.

Der Schwanz ist sehr ausdrucksstark und kann bei Freude oder der Begrüßung gerade und aufrecht

Eine Katze wird beim freudigen Anblick ihres Frauchens diesem mit hocherhobenem Schwanz entgegenkommen.

getragen werden oder beim Kämpfen tiefliegend und gekrümmt. Katzen zeigen ihren Mißmut durch das Schlagen ihres Schwanzes von einer Seite zur anderen, anders als Hunde, die solcherart ihre Freude ausdrücken.

Mit Ausnahme der Faltohrkatzen, tragen Katzen die Ohren auf der Kopfmitte geradeangesetzt, oder, bei einigen Rassen, von den Seiten ausgehend. Radarantennen ähnlich, können die Katzenohren herumgedreht werden, um jeden Laut zu verfolgen. Oftmals liegt eine Katze völlig bewegungslos zu Ihren

Eine Burma in Verteidigungsstellung. Mit rundem Rücken und angewinkeltem Schwanz stößt sie laute Klagerufe aus.

Füßen, und nur die Drehung ihrer Ohren verrät Ihnen, daß sie trotz ihrer Trägheit auf jedes Wort achtet. Nach hinten gelegte Ohren können für den Besitzer oder andere Katzen eine Einladung zum Spiel bedeuten; während zur Seite geklappte Ohren gewöhnlich auf eine Verärgerung der Katze hindeuten. Eine geduckte Haltung mit halbgeschlossenen Augen und angelegten Ohren ist eine Demutsgebärde.

Eine Katzenmutter wird mit ihren Pfoten die Kleinen während des Ableckens festhalten oder sie damit vor dem Fortlaufen bewahren. Katzen halten in einem Kampf den Feind auch mit ihren Pfoten am Boden fest. Ein heftiges Schlagen, womöglich mit ausgestreckten Krallen, zeigt Verärgerung an. Aber

Demuts- (links) und Angriffshaltung (rechts) zeigen hier zwei Ausländisch Tabby-Katzen. Mit diesen Gesten bestimmen sie die „Hackordnung".

eine zärtliche Berührung der Wangen oder Nase, mit eingezogenen Krallen, mag heißen: „Ich liebe Dich!"

Die Schnurrhaare wechseln ihre Ausrichtung je nach Stimmung und können sehr viel ausdrücken.

Weitgeöffnete Augen können Interesse an Ihrer Beschäftigung ausdrücken, leere schauen durch Sie hindurch, oder halbgeschlossene zeugen von Ekstase, während die Katze gestreichelt wird. Katzen scheinen ihre Augen auch gern auf nichtvorhandene Gegenstände zu richten. Oder sehen sie für unsere Augen nicht sichtbare Dinge?

Der Kopf wird ausdrucksstark einem Menschen entgegengestreckt, um Aufmerksamkeit zu bekommen oder in einer liebevollen Geste. Katzen berühren sich untereinander in dieser freundlichen Weise, und es handelt sich sicher um eine Wohlwollens-Geste. Auch bei der Werbung wird der Kopf ausdrucksvoll eingesetzt.

Der Körper selber kann uns viel über die Gedanken und Gefühle einer Katze mitteilen. Eine seitwärts gedrehte Katze mit rundem Rücken und hochstehendem Fell befindet sich in Verteidigungsstellung, gewöhnlich gegenüber einer anderen Katze oder vielleicht einem in ihr Gebiet eingedrungenen Hund. Eine Kätzin wird oft zum Schutz ihrer Jungen diese Haltung einnehmen. Andererseits wird Aggression durch beherzten Angriff ausgedrückt. Die Katze wird sich in Erwartung einer Unterwerfung auf den Angreifer stürzen.

Mit erhobenem Kopf neben einer Tür zu sitzen, bedeutet: „Mach bitte die Tür auf, ich möchte hinaus." Das Sitzen neben einer Tür, aber auf den Boden Zeigen kann heißen: „Hinter der Tür ist eines meiner Jungen" oder „Da ist jemand draußen". Einige auf das Ausgehen versessene Katzen springen auf die Türklinke, und einige können nicht nur Klinken runterdrücken, sondern mit etwas Übung runde Türknaufe herumdrehen. Andere sollen Türklopfer ihres Zuhauses bearbeitet und sich dann vor die Tür gesetzt haben in der sicheren Erwartung, daß diese geöffnet würde. Ich habe auch Katzen gekannt, die Menschen angriffen, wenn sie ohne Anklopfen oder das übliche Hereingebetenwerden das Haus betraten. Die Katze spielt sich als Wachhund auf.

Eine behaglich zusammengerollte Katze auf einem Stuhl oder Fensterbrett, mit den Pfötchen unter dem Bauch und dem Schwanz entlang des Körpers, ist der Ausdruck einer glücklichen, entspannten, sich wohlfühlenden Katze. Wenn eine Katze aufrecht im Fenster sitzt, zeigt das ihr lebhaftes Interesse an Menschen, Vögeln und anderen vorbeihuschenden Dingen. Wenn sie jedoch eine andere Katze ihr Reich betreten sieht, wird die Beobachterin mit dem Schwanz schlagen, ihr Maul öffnen und voller Ärger den Eindringling beschimpfen.

Wenn Sie Ihre Katze zur Ordnung rufen mußten und ihre Gefühle verletzt sind, wird sie ihr Mißbehagen dadurch ausdrücken, daß sie sich mit dem Rücken zu Ihnen hinsetzt und wäscht. Dieser

Bewegung im Freien kann in jeder Umgebung genossen werden, wenn Ihre Katze an Geschirr und, am besten elastische, Leine gewöhnt ist.

Vorwurf soll bewirken, daß Sie wieder miteinander ins Gespräch kommen und Aufhebens um sie machen, worauf sie dann gern antwortet. Hierauf folgt oft ein sehr ausgelassenes Benehmen, denn sie ist allzu froh, daß die Schelte vorüber und alles vergeben ist.

Stimmungen und Gefühle

Sobald eine Katze Sie als Frauchen oder Herrchen angenommen hat, wird sie sich auf Ihre Stimmungen einstellen. Wenn Sie krank sind, wird dieses Wesen den ganzen Tag neben Ihrem Bett verbringen, zufrieden damit, nur in Ihrer Nähe sein zu dürfen. Sie wird ebenso Ihre glückliche Stimmung aufnehmen und Sie zu einem kleinen Spiel einladen. Auch wir sollten auf die Stimmungen unserer Katzen eingehen. Manchmal benötigen sie mehr Streicheleinheiten als sonst. Wir sollten nie zu beschäftigt sein, um sie nicht für einen Moment hochzunehmen, wenn sie das brauchen. Siamesen und Burmesen können in dieser Beziehung sehr fordernd sein. An einem schönen Tag wollen sie vielleicht ausgehen, und sie drücken es ganz klar aus, daß Sie mitkommen sollen. Seien Sie nicht immer zu beschäftigt. Nehmen Sie sich Zeit für das Zusammensein. Natürlich können nicht alle Katzen in einem Garten herumlaufen, aber selbst ohne diese vollständige Freiheit können Sie mit Ihrer Katze, in Geschirr und Leine, spazieren gehen. Bedenken Sie jedoch, daß Sie keinen Hund ausführen. Die Katze wird nicht bei Fuß laufen: möglicherweise wird sie den Weg bestimmen. Das ist solange in Ordnung, wie Sie sie nicht auf einen Baum klettern lassen und mit der Leine unten stehen, oder sie sich aus ihrem Geschirr befreien lassen. Wenn Sie nicht sehr aufpassen, wird jede Rasse das eine oder andere vollbringen, denn Katzen sind große

Dieser Weiße Perser streckt sich Herrchens Hand entgegen, weil er gestreichelt werden möchte. Dies ist eine der Arten, wie Katzen Zuneigung ausdrücken.

Ausreißer. Bei sorgsamer Anwendung macht das rundum elastische Geschirr die Leinenführung der Katze gleichermaßen einfach wie angenehm für alle Katzentypen und -größen.

Bei nachdenklicher Stimmung sitzt Ihre Katze auf der Fensterbank und grübelt über das Leben nach.

Wenn eine Katze mehr Sympathie haben möchte und vorher ein Bein verletzt hatte, wird sie plötzlich wieder zu humpeln anfangen, um einer Rüge zuvorzukommen!

Ganz wie Kinder, können Katzen sich ärgerlich, habgierig, eifersüchtig, hungrig, müde, krank, aufgebracht, rebellisch, angewidert und verächtlich fühlen. Sie können sich ebenso glücklich, verspielt, anhänglich, liebevoll, friedlich, freundlich und gedankenverloren fühlen. Katzen scheinen sich jedoch (unähnlich Hunden) niemals schuldig zu fühlen. Deswegen ist es nutzlos, eine Katze zu bestrafen, denn niemals wird sie die Bestrafung mit dem Vergehen in Zusammenhang bringen. Die Kreatur hält Sie nur für gemein ob dieser Bestrafung. Katzen können jedoch verlegen werden, wenn Sie beispielsweise „Nein!" gerufen haben zum Streit einer Katze mit anderen Tieren. Die Antwort auf eine solche Verlegenheit ist ein ausgiebiges Waschen. „Im Zweifel immer waschen" ist das Motto einer Katze.

Jeder Katzenhalter wird vertraut sein mit dem Phänomen der „verrückten halben Stunde". Der Spätnachmittag ist die Zeit, in der die Katze vollends von ihrem Nachmittagsschläfchen in der Sonne oder dem Nickerchen hinter dem Ofen aufwacht. In der Wildnis mag dies gewöhnlich der Moment sein, wo sie sich Gedanken um die Jagd nach dem Abendessen macht. Jedenfalls entwickeln viele Katzen jetzt eine unbändige Energie und wirbeln wie verrückt über die Möbel, die Treppen rauf und wieder runter, und immer im Kreise herum und jagen eine eingebildete Beute. Machen Sie dies zur Familien-Spiel- und Spaßstunde mit Tricks und viel Bewegung. Nutzen Sie ihre Energie konstruktiv. Mit zunehmendem Alter werden einige Katzen ruhiger, verfallen jedoch gelegentlich nochmal in ihre verrückte halbe Stunde. Verlangen Sie also nicht von ihnen, immer stillzusitzen und ruhig zu sein. Gestatten Sie ihnen, Dampf abzulassen, insbesondere, wenn sie nicht frei im Garten herumtollen können.

Katzen lieben das Versteckspiel. Ihre wird sogleich mitspielen, wenn Sie sie jagen und beim Finden einen Schrei ausstoßen. Ihre Katze wird gleich wieder verschwinden und Sie so zu erneutem Suchen animieren. Geben Sie beim Finden wieder denselben Laut des Entzückens und der Überraschung von sich, und schon ist sie im nächsten Versteck verschwunden. Wenn Sie mehrere Katzen haben, können sie diese untereinander Verstecken spielen sehen. Von einigen Katzen wird erzählt, daß diese, nachdem ihre Besitzer Gegenstände versteckt und sie sie gefunden hatten, aus dem Raum huschten, so daß der Besitzer den Gegenstand wieder verstecken konnte. Die Katzen selber werden jedes ihnen gefallende Spiel vorschlagen. Gehen Sie darauf ein. Die meisten Katzen lieben Bewegung, so daß viele Spiele die Jagd auf sich bewegende Objekte beinhalten. Abgesehen von ausgefallenem Spielzeug, lieben sie zu kleinen Bällchen geformtes Silberpapier am meisten. Sie sind ebenso gefesselt vom Knistern eines zusammengeknüllten Cellophanpapiers, wenn es sich auseinanderfaltet.

Erziehung

Die Art, wie Sie Ihr Kätzchen erziehen, bestimmt weitgehend die Art, wie sich Ihre erwachsene Katze benehmen wird. Wie das Kätzchen, so die Katze. Beginnen Sie nur das, was Sie durchhalten können. Erlauben Sie Ihrem Kätzchen nichts, was Sie der erwachsenen Katze verbieten würden. Es mag lustig aussehen, wie Ihr Kätzchen an Ihnen hoch auf Ihre Schulter klettert. Wenn Sie dies zulassen, können Sie vernünftigerweise der erwachsenen Katze später nicht verbieten, daß sie ankommt, wenn Sie nur ein dünnes Sommerkleidchen oder, im Bad, gar nichts anhaben! Besser erlauben Sie diese Art von Betätigung von Anfang an nicht.

Ich kann Leute nicht verstehen, die von einer Katze weniger begeistert sind als von einem Kätzchen. Natürlich sind die jungen Dinger amüsant, charmant, unterhaltsam und meist anhänglich, aber eine sorgsam erzogene erwachsene Katze sollte viele Jahre lang dieselben Eigenschaften zeigen. Ein langweiliger Besitzer wird eine langweilige Katze hervorbringen, und eine ständig vernachlässigte Katze wird sich in sich zurückziehen und zum Eigenbrötler werden. Ließe man ihr die freie Wahl, würde sie sich gar ein neues, liebevolleres Zuhause suchen. Behandeln Sie Ihre Katze also wie ein Familienmitglied, oder halten überhaupt keine Katze. Wenn Sie noch nicht gewählt haben, suchen Sie ein Kätzchen aus von einem Züchter, der sich beizeiten um den Wurf gekümmert und mit ihm gespielt hat; sonst können die Kleinen zu schüchtern sein. Aber die Schüchternheit kann auch von der Mutter geerbt sein, falls diese wild war und sie sich durch Erfahrung gegen den Menschen eingestellt hat. Sehr kleine Kinder sollten auf dem Fußboden sitzen, bevor sie ein junges Kätzchen halten dürfen, und lernen, es nicht wie eine Puppe zu drücken.

Die Erziehung einer Katze gelingt sehr leicht, da die Katze ihrer Stimme gegenübr sensibler ist als gegenüber den meisten anderen Lauten. Sie wird auf ein scharf gesprochenes „Nein!" reagieren, wenn Ihre normale Stimme weich und zärtlich klingt. Unsere ersten zwei Burmesen durften niemals in das Eßzimmer; unserer Meinung nach hatten sie genug Auslauf, und wenn sie vor uns gefüttert wurden, durfte es ihnen nichts ausmachen, während unserer Mahlzeit draußen zu bleiben. Sie versuchten, uns rumzukriegen: Bei jedem Türöffnen schlichen sie herein, und wir mußten sie hinausbefördern. Sie wurden nicht hinausgejagt, denn dies wäre zu einem interessanten Spiel geworden. Wir sagten nur „Nein!" und setzten sie behutsam auf einen Teppich vor dem Eßzimmer. Schließlich hatten sie es begriffen und wir gewonnen. Interessant dabei ist, daß die spätere Katzenmutter ihre Jungen auf dieselbe Art erzog. Als sie in das Eßzimmer ausschwärmten, wie es Kätzchen bei jeder offenen Tür zu tun pflegen, folgte sie ihnen schimpfend und trug sie am Nackenwickel wieder heraus. Ich half ihr dabei, und sie hatten sehr schnell das Eßzimmer als für sie nicht erreichbar akzeptiert.

Das Ankratzen von Möbeln oder der Treppenauflage kann in derselben Weise angegangen werden. Verfahren Sie ebenso, wenn Ihre Tiere ihren eigenen Katzenbaum oder Kratzpfosten haben. Setzen Sie sie jedesmal dorthin, wenn sie anderswo kratzen, schließlich werden sie Ihre Wünsche respektieren. Sie brauchen hierfür Geduld, die aber reich belohnt wird.

Eine andere Angewohnheit muß von Anfang an unterbunden werden: das Beißen. Wenn Sie Ihrer Katze das Beißen bei den ersten Pflegesitzungen des jungen Kätzchens erlauben, wird sie möglicherweise sehr bösartig werden. Anstatt Ihre Hand zurückzuziehen (die bloß leicht zerkratzt werden kann), führen Sie Ihre Hand tief in ihr Maul ein. Sie werden merken, daß Ihre Hand in ihrem Maul sie von dem aggressiven Verhalten abbringt. Bringen Sie Kindern, falls möglich, diesen Trick bei, obwohl er anfangs Nerven erfordert, denn die instinktive Handlung ist das Wegnehmen der Hand.

Katzen grollen nicht sehr lange, und Sie sollten es auch nicht. Nehmen Sie nie Ihren Ärger mit in den nächsten Tag, wenn beispielsweise Ihre Katze etwas Wertvolles zerbrochen hat. Selten ist dies allein der Katze anzulasten. Versichern Sie der Katze Ihre Liebe, bevor sie einschläft. Beziehungen sind in jedem Falle wichtiger als irgendwelcher Besitz. Wenn Sie dem nicht zustimmen, halten Sie sich keine Katze!

Es gibt sicher heute nur noch wenig Menschen, die auf dem Lande wohnen und ihrer Katze volle Freiheit gewähren können. Ich

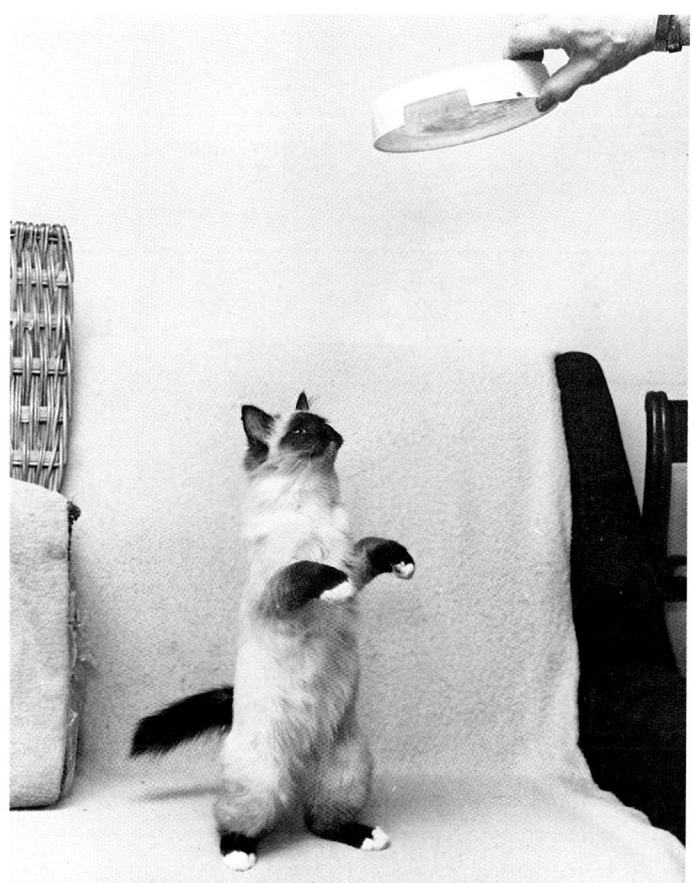

Spielerisch bringt man ihr gute Manieren bei. Katzen lieben Routinen wie diese, und Ihre Nachbarn und Freunde werden beeindruckt sein. Tägliche Routineübungen mit Belohnung bringen Farbe in das Katzenleben.

kenne einen Haushalt mit einem Sheltie-Hund, der oft durch die Lande stromert und die Katzen wie Schafe zusammentreibt und heimbringt.

Darüber hinaus besteht Erziehung aus viel Liebe und mit sanfter Stimme ausgedrückter Zuneigung, plus einem festen „Nein!", wann immer Katzen an der falschen Stelle kratzen, in die falsche Richtung laufen, sich an den Zimmerpflanzen vergehen oder was auch immer in Ihrer Wohnung tabu sein mag. Schlagen Sie niemals eine Katze; ein sanftes Berühren ihrer Nase mit dem Finger, ähnlich Mutters Pfote, reicht.

Sozialverhalten

Trotz all ihrer Unabhängigkeit und Individualität lieben Katzen ihre Zusammenkünfte. Diese haben oft nichts zu tun mit sexuellen Aktivitäten. Freilebende Katzen werden sich zu Gruppen zusammensetzen und einander beobachten. Dies kann im Sonnenschein geschehen oder nachts auf den Dächern. Dann kehren sie heim (falls sie ein Heim haben). Wenn sie in Ihrem Garten ein erlaubtes „Lieblingsbeet" haben, werden sie dies zum Versammlungsort des örtlichen Katzenclubs erklären.

Wenn es in einem Haushalt mehrere Katzen gibt, die draußen nicht frei herumlaufen können, wird sich eine Hierarchie entwickeln mit dominierenden Katzen, weniger mächtigen, und den schwächsten von allen, die völlig unterrdrückt werden. Ein Züchter sollte darauf achten, daß keine Grausamkeiten aufkommen und daß die schwächeren zu ihrem eigenen Vorteil so isoliert werden, daß sie nach Möglichkeit die anderen noch sehen können. Das macht sie zufriedener. (Katzen lieben es, einander zu beobachten, und in einer gut geführten Katzenpension, Quarantänestation oder Zuchtstätte können die Katzen, wenn auch getrennt gehalten, wenigstens die anderen Katzen sehen und sich so aneinander erfreuen.) Wenn in einem Haushalt zwei Katzenmütter frei herumlaufen und zur selben Zeit Junge haben, müssen diese bei der Geburt gekennzeichnet werden, da die dominierende Mutter versuchen wird, der anderen die Kätzchen zu stehlen und sie ihrem Wurf einzuverleiben. Wenn die unterlegene Katze aufbegehrt, müssen ihr die eigenen Jungen zurückgegeben werden, und sie muß von der dominierenden Katze getrennt werden. Auch hier ist es besser, wenn die isolierte Katze die andere sehen kann, als wenn sie allein, ohne andere Katzen oder Frauchens respektive Herrchens Gesellschaft, eingesperrt wäre. Andernfalls könnte sie schließen, daß es einer Strafe gleichkäme, Junge zu haben.

Anormale Verhaltensmuster

Wir brauchen uns hier nicht übermäßig mit anormalen Verhaltensmustern zu beschäftigen, denn Ihre Katze dürfte sich nicht anormal verhalten, wenn Sie die in diesem Buch gegebenen Erziehungsvorschläge angewandt haben. Sie mögen eine Findelkatze aufnehmen oder auf andere Art eine verhaltensgestörte Katze erwerben, so daß eine kurze Ausführung jedoch nicht schaden kann.

Emotionale Störungen treten bei Katzen seltener auf als bei Hunden, wahrscheinlich weil Katzen sich dem Menschen nicht in dem Maße unterwerfen wie Hunde. Aber Katzen ohne ausreichende Gesellschaft von anderen Tieren oder Menschen können so stumpfsinnig werden, daß sie sich den ganzen Tag nur waschen, ihr Fell verlieren und sogar sich selbst Bißwunden beibringen. Dies ist ein unheilvoller Kreislauf, denn je mehr Schaden sie anrichten, desto mehr werden sie sich lecken. Oft sieht man Katzen an Wollsachen rumsaugen, das mag an dem Lanolin in der Wolle liegen, das wie Mutters Brustwarzen schmeckt und das junge Kätzchen anzieht und beruhigt, falls es zu früh von der Mutter getrennt wurde.

Unter Trennungsschmerz leidende Katzen können ihr Fressen in einem solchen Ausmaß verweigern, daß sie sehr viel infektanfälliger werden. Man heilt sie, indem man ihnen für eine gewisse Zeit einen ständigen Kameraden zugesellt: einen kranken Menschen oder ein anderes Tier, jemanden, der ihrem Klagen zuhört. Für Katzen ist es überaus wichtig, sowohl jemanden zum Zuhören wie auch zum Sprechen um sich zu haben.

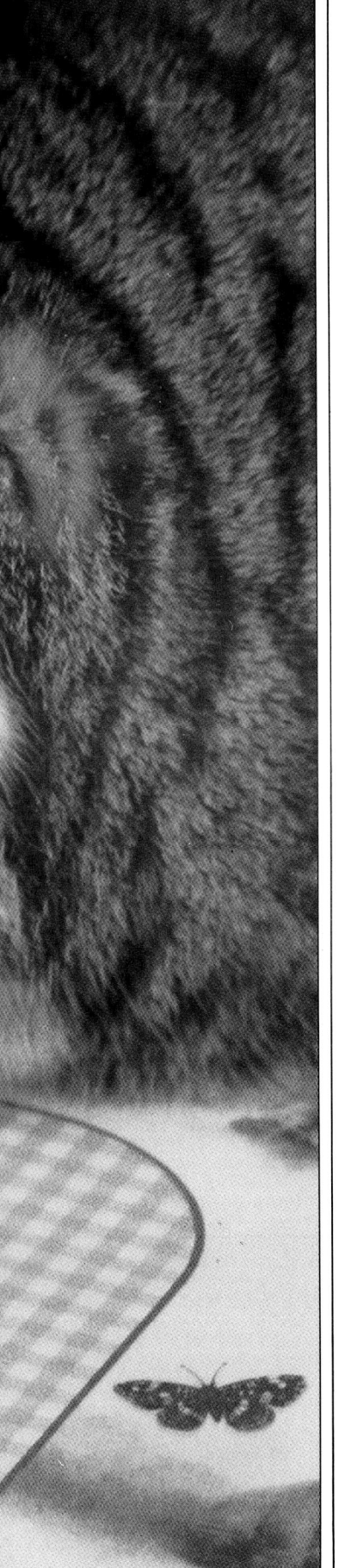

4

Ernährung Ihrer Katze

Viel ist geschrieben worden über eine ausgewogene Katzenernährung. Katzen benötigen eine wohlabgestimmte Diät aus Proteinen, Kohlehydraten, Fetten, Vitaminen und Mineralstoffen; aber zu 30 bis 40 Prozent aus Proteinen bestehend — einem höheren Anteil als in der Hundeernährung. Ob Sie für Ihre Katze die richtige Ernährungsform gefunden haben, sehen Sie am ehesten an ihrer Kondition. Eine ausreichende Ernährung wird ein wohlproportioniertes, gesundes, lebendiges Tier mit leuchtenden Augen und normalem Stuhl hervorbringen. Unausgeglichene Ernährung führt zu Durchfall, Lethargie, Haarausfall, speckigem Fell, tränenden, stumpfen Augen oder Fettleibigkeit, obwohl diese Anzeichen auch Ausdruck einer Krankheit oder Infektion sein können.

Natürliche Katzennahrung
Katzen sind ursprünglich dazu bestimmt, rohes Fleisch und Abfälle zu fressen. Sie haben scharfe Eckzähne, um sich in der Beute festzubeißen und sie zu töten und Fleischstücke daraus loszureißen. Eine Katze reißt Stücke aus der Beute und verschluckt sie unzerkaut. Katzen verfügen nicht über Mahlzähne. Sie kommen daher ihrer Veranlagung entgegen, wenn Sie ihr entweder handliche Bissen geben oder aber ein großes Stück, das die Katze mit den Eckzähnen und scharfen Backenzähnen zerstückeln muß. Sie kann gut kleinere Stücke und Naßfutter fressen, und eine Kombination dieser Nahrungsformen bringt Abwechslung. Einige Katzen mögen die knusprigen, biskuitartigen Trockenfutter. Sie sind gut zur Reinigung der Zähne, aber Sie sollten immer genügend Wasser dazustellen.

Katzen scheinen aber instinktiv zu wissen, daß Spitzmäuse, Rotkehlchen und Dompfäffe nicht die

Katzen haben keine Mahlzähne; sie reissen ihre Nahrung mit den großen Eckzähnen und zerkleinern sie mit den scharfen Backenzähnen.

Links: Eine Tabby-mit-Weiß-Hauskatze genießt ihr halbfeuchtes Katzenfutter, als eine der vielen heute beliebten Fertigfuttersorten.

geeignete Nahrung darstellen. Aber wenngleich eine in der Wildnis geborene Katze überleben können wird, wird es einer ausgesetzten Hauskatze nicht immer gelingen. Es ist in der Tat grausam und deshalb untersagt, eine Hauskatze auszusetzen und sich selbst zu überlassen (Seite 152).

Wasser
Frisches Wasser sollte immer in einem sauberen Napf bereitstehen. Wechseln Sie das Wasser öfters, selbst wenn die Katze es nicht zu saufen scheint, besonders wenn ein Hund aus demselben Napf säuft (Hunde speicheln in das Wasser). Eine Katze, die im Haus nicht säuft, bedient sich oft draußen an schmutzigen Pfützen. Vielleicht mögen einige Katzen unser gechlortes Leitungswasser nicht, und wir können ihnen das nicht übelnehmen. Aber solche Tiere nehmen meist gekochtes Wasser oder Gerstenschleim. Einer säugenden Katzenmutter geben Sie etwas Natriumzitrat ins Wasser. Es lohnt die Mühe, Ihrer Katze annehmbares Wasser vorzusetzen, denn wenn man sie draußen saufen läßt, könnte sie an Pfützen geraten, die durch Nager oder Garten-Insektizide verseucht sind. Wenn Ihre Katze Wasser nicht aus ihrem Napf aufnehmen will, müssen Sie es ihrer Nahrung beimischen, um ein Austrocknen zu vermeiden. Am einfachsten verabreichen Sie Wasser, indem Sie einige Feuchtfuttermahlzeiten einschieben, die allgemein gern gefressen werden.

Vitamine
Für ein gesundes Wachstum sind kleine Mengen dieser Substanzen erforderlich. Fischtran, Leber, Algenpulver, Weizenkeime, Hefe und rohe oder leicht angedünstete Gemüse und Milch sind wertvolle Lieferanten der wesentlichen Vitamine und Mineralien. Ernster Vitamin- oder Mineralmangel bringt unheilbare Krankheiten und manchmal den Tod mit sich.
Vitamin A hilft die Körperzellen und Abwehrkräfte aufzubauen. Es läßt die Augen bei jedem Licht gut funktionieren. Katzen können dieses Vitamin nicht in sich produzieren, weswegen es der Nahrung in irgendeiner Form zugesetzt werden muß. Man findet es in Eidotter, Lebertran, Karotten, grünem Gemüse, Gras und Algen.
Der Vitamin B-Komplex umfaßt die für Wachstum, gesunde Haut und Augen nötigen Vitamine, die auch verschiedene Mangelkrankheiten verhindern. Milch, Weizenkeime, Hefe und Leber sind reich

an einigen dieser Vitamine.
Vitamin C verhindert die Mangelkrankheit Skorbut. Es kommt vor in Malzextrakt und grünem Gemüse, Gras und Algen. Die Katze kann dieses spezielle Vitamin körpereigen bilden.
Vitamin D ist bekannt als das Sonnenschein-Vitamin, denn für seinen Aufbau benötigt es Sonnenschein. Es ist wichtig für gesunden Knochenbau, und Katzen können es körpereigen bilden unter Einwirkung von viel Sonnenschein oder ultraviolettem Licht. (Beachten Sie jedoch, daß ultraviolettes Licht das Fell einer Schaukatze ausbleichen kann.) Lebertran ist reich an Vitamin D.
Vitamin E fördert die Fruchtbarkeit und Zeugungsfähigkeit und kommt vor in Weizenkeimen und Salat.

Kohlehydrate
kommen in Getreide und Wurzelgemüsen, einschließlich der Kartoffel, vor. Kohlehydrate in kleinen Mengen sind lebenswichtig, werden aber von manchen Katzen mehr geschätzt als von anderen. Falls Ihre Katze Milch mag, können Sie ihr gelegentlich Getreideprodukte in die Milch bröckeln. Wenn sie lieber Sardinen und anderen fettigen Fisch frißt, können Sie Getreideprodukte oder Schwarzbrotbrocken untermischen, was den fetten Fisch leichter verdaulich macht. Falls die Katze Kohlehydrate ablehnt, können Sie diese (zusammen mit Essensresten) in halbflüssigem Zustand unter den zerkleinerten Fisch mischen, und dann werden sie meist angenommen. Füttern Sie besser keine Getreideprodukte zusammen mit Fleisch, da dies zur Magenübersäuerung führt.

Gemüse, Obst, Gras
Einige Katzen entnehmen das grüne Gemüse natürlicherweise dem Magen der von ihnen geschlagenen und gefressenen Mäuse. Hauskatzen kann man etwas Gemüse unter ihr Futter mischen.
  Gras wirkt wohltuend und wird von den meisten freilaufenden Katzen gefressen. Sie können zwar nicht den Nährgehalt der Kohlehydrate auswerten, brauchen es aber als Füllstoff und Vitaminlieferant. Wenn sie, was öfters vorkommt, Gras erbrechen, bringt das Haarwürste mit heraus, die andernfalls zu Verstopfung geführt hätten.

Fette
Katzen brauchen kleine Mengen Fette und nehmen diese meist schon in der Form von Butter, Margarine, Lebertran oder fettem Fleisch aus den Essensresten zu sich. Die meisten Katzen werden liebend gern ein Stück Butter fressen, das mit soviel Hefeextrakt vermischt wird, daß eine hellbraune Tönung entsteht. Hin und wieder ist dies eine wertvolle Ergänzung.

Proteine
Proteine stellen den größten Anteil der Katzennahrung dar und werden gegeben in Form von magerem Fleisch, Fisch, Eiern, Käse, Gemüseeiweiß und fertiger Nahrung. Eine reine Eiweißernährung würde einer Katze Mangel an lebenswichtigen Mineralien und Vitaminen bescheren sowie Nierenstörungen. Die Proteine sollten jedoch 30 bis 40 Prozent des Futteranteils ausmachen bei einer erwachsenen Katze, im Gegensatz zu etwa 18 Prozent beim Hund. Es ist ratsam, für den menschlichen Genuß nicht geeignetes Fleisch auch nicht an Katzen zu verfüttern, wenn dies aus irgendwelchen Gründen aber doch nötig sein sollte, benützen Sie anderes Gerät und andere Messer für die Katzennahrung.

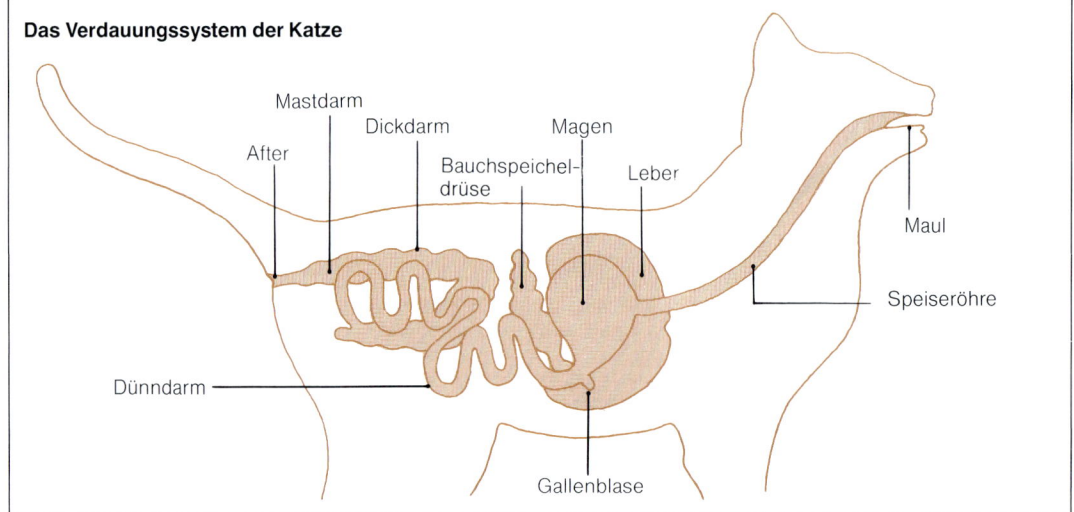

Das Verdauungssystem der Katze

Fleisch
Alles magere Fleisch mit geringem Fettanteil ist erlaubt. So können Sie verfüttern: Rind, Lamm, Wild, gekochtes Schweinefleisch, Nieren, Herz, Kaninchen, Känguruh, Hähnchen (ohne Hormone), Hähnchenherzen (roh zum Fressen oder Spielen) und Leber. Rohe Leber wirkt stark abführend, in gekochtem Zustand aber genau gegenteilig. Mit diesem Wissen können Sie wirkungsvoll sowohl Verstopfung wie Durchfall behandeln.

Fisch
Freilebende Katzen werden oftmals Fische fangen und fressen, wie es ihnen Ihre Hauskatze vormacht, sobald sie an das offene Goldfischglas herankann! Die meisten Katzen lieben Fisch, und die Mehrzahl der Tierernährungsexperten befürwortet die gekochte Zubereitung, obwohl viele Katzen ihn lieber roh fressen. Entfernen Sie die Schuppen, falls die Haut mitverfüttert wird; die meisten Katzen fressen die Haut gerne mit. Wenn der Fisch gekocht gefüttert wird, sollten alle Gräten entfernt werden. Kätzchen bevorzugen zarteren Fisch wie Scholle, während von erwachsenen Katzen gröberer Fisch gern gefressen wird.
  Fisch kann man hervorragend vermischen mit Lebertran, etwas Algenpulver (läßt den Fisch sehr frisch schmecken), Getreideprodukten, Kartoffeln oder Brotkrumen in geringen Mengen. Lebertran ist in den Wintermonaten äußerst wichtig als Vitamin D-Spender. Fisch füttern Sie am besten feucht, jedoch nicht zu flüssig, und mit Zimmertemperatur, nicht zu warm vom Kochen und zu kalt vom Kühlschrank.
  Dosenfisch ist ausgezeichnet für Katzen, und die meisten sind versessen darauf. Bieten Sie Sardinen, Makrelen oder Sardinen in Tomatensauce an — zusammen mit Schwarzbrotkrumen, Kleie, Cornflakes oder anderen leckeren

Links: Gras schmeckt dieser Katze. Die meisten Hauskatzen werden instinktiv Gras fressen dank seiner Füllstoffe und Vitamine.

Ein Hauskätzchen schleckt Milch. Die meisten Katzen trinken Milch und nehmen so wertvolle Proteine, Calcium und Mineralien zu sich.

Getreiden. Viele Katzen mögen eine Sülze aus Fisch und Hähnchenresten. Prüfen Sie, ob Dosenthunfisch Vitamin E zugesetzt worden ist (aus dem Etikett erkennbar). Hering und einige der fetteren Dosenfische können abführend wirken, reichen Sie sie also eher bei Verdacht auf Verstopfung als bei offensichtlichem Durchfall.

Eidotter
Sie sind reich an Proteinen, und Sie können sie unter die Milch geben für ein nahrhaftes Fressen, falls die Zeit mal knapp ist. Ein wenig Traubenzucker darüber gibt Energie, obwohl Katzen im allgemeinen keinen Zucker vertragen.

Käse
Er ist reich an Proteinen, und einige Katzen setzen sich auf die Hinterbeine und betteln um ein Stück Käse. Er stellt keine vollständige Mahlzeit dar, ist aber abwechselnd und eine sehr geschätzte Ergänzung. Fisch oder Hähnchen in Käsesauce als Rest von Frauchens Mahlzeit gilt als Schmaus.

Milch
Milch ist ein wertvoller Lieferant von Proteinen, Calcium und anderen Mineralstoffen. Einige Katzen, besonders Siamesen und Burmesen, können jedoch den darin enthaltenen Milchzucker vertragen. Dann kann man es mit Ziegenmilch, Milchersatz, Sahne oder ganz mit Feuchtfutter versuchen.

Milch sollte für Kätzchen nicht verdünnt werden, denn sie brauchen konzentrierte Nahrung. Wenn eine tragende Katze keine Milch verträgt, fügen Sie ihrer Nahrung Calcium in anderer Form zu, beispielsweise als Tabletten oder Knochenmehl. Tragende Katzen nehmen oft instinktiv Milch an, selbst wenn sie sie vorher nicht mochten.

Pflanzeneiweiß
Eiweißreiche Pflanzen wie Sojabohnen werden zunehmend in der Katzennahrung verwendet, da sie preiswerter sind als fleischliches Eiweiß. Die meisten Katzen fressen sie, besonders wenn sie mit anderen Eiweißträgern gemischt werden.

Katzen-Fertigfutter
Seit dem Zweiten Weltkrieg ist weltweit eine Fertigfutter-Industrie entstanden. Fertigfutter gibt es in Dosen, als Trocken- oder halbfeuchtes Futter — Letzteres entstanden als Antwort auf die unheilvollen Folgen des Trockenfutters, wenn dazu nicht genügend Flüssigkeit aufgenommen wurde. Jede Futterart ist bequem im Gebrauch, und die verschiedenen Sorten sorgen für große Auswahl. Jede hat ihre Vorteile.

Trockenfutter kann stundenlang stehen, ohne zu verderben oder Fliegen anzulocken, wie feuchte Büchsennahrung es tut. Halbfeuchtes Futter eignet sich gut auf Reisen oder wenn Sie es eilig haben. Dosenfutter gibt es heute in solch großer Auswahl an Geschmack und Zusammensetzung, daß selbst für die verwöhnteste Katze etwas zu finden ist.

Als die Fertigfutter anfänglich auf den Markt kamen, waren viele Züchter sehr dagegen, da viele von ihnen bei jungen Kätzchen Durchfälle zu verursachen schienen. Seitdem haben Futtermittelhersteller Riesensummen in die Forschung gesteckt, um nahrhafte und gut verträgliche Futtersorten zu entwickeln. Demzufolge wird heute in den allermeisten Haushalten wenigstens einmal am Tag ein Fertigfutter serviert. Modern hergestellte Katzennahrung ist hygienisch, sicher im Gebrauch und arbeitssparend. Aber Ihre Katze wird einige Sorten mehr mögen als andere. Finden Sie ihre Lieblingssorte heraus und fügen Sie diese im Wechsel mit Frischfleisch (besonders Kaninchen) und Fisch ihrem wöchentlichen Futterplan ein. Falls ein bestimmtes Fertigfutter negative Auswirkungen zeigen sollte, ist es nur fair, dies dem Hersteller zu schreiben.

Futterergänzung und Leckerbissen
Sie werden in verstärktem Maße fertig angeboten. Dazu gehören Hefetabletten, Schokoladendrops (manche Katzen sind versessen auf Schokolade) und Vitaminpillen.

Verschiedene Arten von Katzennahrung

1 Frischfutter wird von den meisten Katzen geschätzt und kann bestehen aus jeglichem Frischfleisch (mager), Leber, Hähnchen, Kaninchen oder Fisch. Es sollte in größeren Brocken, kleingeschnitten oder im Stück, zum Zerreißen durch die Katze, gegeben werden.
2 Dosenfutter ist wahrscheinlich am praktischsten für den vielbeschäftigten Katzenhalter. Es wird in vielen Sorten angeboten mit Fleisch, Leber, Hähnchen, Kaninchen oder Fisch. Es ist hygienisch, gesund und wird gern gefressen. Thunfisch sollte zusätzliches Vitamin E enthalten.
3 Halbfeuchtes Katzenfutter ist leicht zu verfüttern, besonders auf Reisen. Einige Katzen ziehen diese weichen Brocken dem Trocken- oder Dosenfutter vor. Eine große Auswahl wird angeboten.

4 Trockenfutter verbindet Getreide mit Fleisch, Leber, Kaninchen oder Fisch. Es wird von einigen Katzen sehr geschätzt wegen seiner knusprigen Art. Zu Trockenfutter muß mehr Wasser hingestellt werden. Zur Abwechslung kann es auch eingeweicht werden.
5 Tiefkühlfutter gibt es bereits in Tiergeschäften. Sie bringen Abwechslung in die Katzenernährung und sind leicht zu verfüttern.
6 Milch ist eine wertvolle Nahrungsquelle, falls Ihre Katze sie mag und verträgt. Sie soll unverdünnt gereicht werden. Hin und wieder ein Eidotter einrühren.

7 Wasser sollte immer bereitstehen. Es muß täglich gewechselt werden, bei warmem Wetter oder wenn Hunde mitsaufen, sogar öfter.
8 Leckerbissen können in Form von Vitamin- oder Hefetabletten oder Schokoladendrops gegeben werden als Belohnung für besondere Kunststücke.
9 Gemüse und Getreide sind beide in kleinen Mengen nötig. Das können sein Sojaprodukte, Wurzelgemüse, Kartoffeln oder grüne Gemüse verschiedener Art, jeweils zerstampft oder kleingeschnitten. Algenpulver als Lieferant von Vitaminen und anderen wertvollen Spurenelementen kann über das Futter gestreut werden.
10 Lebertran gibt es in handlichen Flaschen, manchmal mit Tropfenzähler. Er ist eine gute Beigabe zu Fisch und reich an Vitamin A.

Hier werden die wichtigsten Arten von Katzenfutter vorgestellt. Trockenfutter sollte in Wasser eingeweicht oder trocken mit genügend zusätzlichem Wasser verfüttert werden.

In kleinen Mengen sind sie wertvoll und können als Belohnung zwischendurch gegeben werden. In zu großen Mengen wirken sie eher schädlich.

Tischsitten

Jede Katze sollte ihre eigenen Näpfe haben. Da die Katze aber das Futter aus dem Napf zerren mag, um es zu zerreißen, legen Sie am besten ein Set unter den Napf, um den Teppich oder Fußboden sauberzuhalten. Einige Katzen sind so gefräßig, daß sie am besten in kleinen Portionen, dafür aber öfter, gefüttert werden. Sonst würgen sie eine große Portion schnell herunter, um sie schon nach einigen Minuten wieder von sich zu geben. Sobald eine kleine Futtermenge gefressen und bei sich behalten worden ist, können Sie einen Nachschlag geben.

Wenn Sie mehr als eine Katze halten, stellen Sie sicher, daß die langsameren und scheuen Fresser ihren vollen Anteil bekommen, und daß die stärkere Katze nicht ihre eigene Portion verschlingt, um sich dann auf die ihrer Gefährten zu stürzen. Sollte das vorkommen, füttern Sie die scheuen Tiere in einem anderen Raum, wo sie unbehindert fressen können. Bedenken Sie auch, daß aktive Katzen eine Extraportion vertragen können. Die Vorstellung, daß eine mäusefangende Katze nicht gefüttert zu werden braucht, ist ein Trugschluß: Sie wird um so besser jagen, je besser zu Hause gefüttert wird!

Einige Katzen reagieren empfindlich, wenn man sie zu lange alleine läßt, und schmollen oder verweigern das Fressen, wenn sie zu Hause vernachlässigt oder zu lange in einer Katzenpension untergebracht worden sind. Dasselbe kann geschehen in einer Quarantänestation, wo sie zu wenig persönliche Ansprache bekommen. Sobald sie wieder mit den geliebten Besitzern zusammen sind, werden sie im allgemeinen zu fressen anfangen und das verlorene Gewicht schnell aufholen.

Wie im Kapitel über die Erziehung erwähnt, ist es ein Leichtes, einer Katze das Aufsitzen und um ihr Futter Bitten beizubringen.

Futternäpfe

Welches Futter oder welche Flüssigkeit Sie auch immer hinstellen, es muß in eigenen, sauberen Näpfen serviert werden. Waschen Sie

Doppelnäpfe sind für die Katze und ihre Besitzer praktisch. Wenn sie Trockenfutter bekommt, kann ihr das Wasser gleich mit hingestellt werden.

Kätzchen fressen aus einem flachen Teller. Bei der Umstellung auf feste Mahlzeiten sollten Jungtiere vier kleine Mahlzeiten pro Tag erhalten statt einiger großer. Zwei Mahlzeiten sollten Milch enthalten.

diese zwischen jeder Mahlzeit aus. Es werden hübsche Keramik-, Stahl- oder Plastiknäpfe angeboten in den meisten Tiergeschäften, und Sie sollten diese Artikel eher als Notwendigkeit für jede Katze denn als Luxus ansehen. Stellen Sie die Mahlzeiten immer zur selben Zeit und am selben Ort hin, zumeist wohl in der Küche.

Wieviel Futter
Im Verhältnis zu ihrem Gewicht haben Katzen einen kleinen Magen und brauchen daher mehrere Mahlzeiten am Tag. Sie sollten kleine, nahrhafte, konzentrierte Mahlzeiten erhalten. Genau wie Menschen haben sie unterschiedlichen Stoffwechsel, so daß eine Katze mehr Futter braucht als eine andere. Im Durchschnitt genügen 30 g Futter per Kilogramm Körpergewicht zur Gesunderhaltung einer Katze, obwohl Rassen wie die Burma offensichtlich mehr brauchen. Eine normale Katze braucht etwa 250 Kalorien pro Tag und der normale Kater 300. Die Futtermenge und -art hängen wesentlich ab von Alter, Kondition und Bewegung der Katze.

Kätzchen
Sehr junge Kätzchen brauchen vier Mahlzeiten täglich: je zwei mit Milch und Fleisch oder Fisch. Das Fleisch kann Schabefleisch oder zarte Scholle sein. Die Milchmahlzeiten könnten zerkleinerte Getreideprodukte, Eidotter mit Milch, ein vollständiges Flüssigfutter oder eine der Milcharten enthalten, die speziell für die Entwöhnung und Handaufzucht geschaffen wurden.

Kätzinnen
Sobald eine Katze trächtig ist, braucht sie mehr zu fressen — aber nicht so sehr größere Mahlzeiten, sondern mehrere pro Tag, denn Katzen haben kleine Mägen. Sie wird wenigstens um die Hälfte mehr brauchen als bisher. Eine Kätzin kann direkt vor der Geburt das Futter verweigern, was das erste Anzeichen auf das bevorstehende Ereignis sein kann. Instinktiv scheint sie zu wissen, daß sie bald die Nachgeburten auffressen wird.

Sobald die Kätzchen geboren sind, braucht die Mutter doppelt soviel Futter wie bisher. Es ist fast unmöglich, eine nährende Kätzin zu überfüttern. Wenn sie einen großen Wurf hat, scheint sie mit der Fütterung nicht aufhören zu wollen, besonders bei einigen Rassen. Sobald die noch saugenden Jungen zusätzlich etwas Futter aufnehmen, wird der Appetit der Katzenmutter etwas nachlassen. Alles, was man den Kleinen hinstellt, wird dankbar von ihr verschlungen. Vielleicht weiß sie instinktiv, daß ihre Milch in deren Mägen besser verträglich ist, wenn sie dasselbe frißt wie ihre Jungen, als wenn sie etwas anderes fräße als die Kleinen.

Solange sie die Kätzchen nährt, sollte sie nicht ausgemergelt, sondern bei bester Gesundheit sein. Wenn sie zu dünn ist, wird sie etwas mehr Nahrung oder nahrhafte Leckereien benötigen. Die Kätzchen sollten rundlich, nicht dünn sein. Falls sie dünn sind, wird die Katzenmutter nicht genug Milch haben. In diesem Falle sollten Sie zusätzliche Flaschenmilch füttern, und die Kleinen früher als normal auf festere Nahrung umstellen.

Deckkater
Auch Deckkater brauchen großzügige Portionen, denn das Decken ist genauso anstrengend wie das Kinderkriegen. Füttern Sie mehr Proteine und ausreichend Vitamin E für die Zeugungkraft und Fruchtbarkeit: neben Fleisch brauchen Deckkater immer ihre Vitamine, Mineralien und Kohlenhydrate. Während ein Kater vor dem Deckakt zu fressen wünscht, mag ein anderer das Fressen mit Ankunft der Kätzin verweigern, bis alles getan ist. Jeder Deckkater hat so seine Angewohnheiten. Die ankommenden Kätzinnen ziehen es meist vor, sich erst zu paaren und dann heißhungrig zu fressen.

Kastrierte Kater
Sie benötigen weniger Futter als Deckkater im Einsatz, aber sie sollten zweimal täglich gefüttert werden statt einmal, um ihren Tag abwechslungsreicher zu machen. Wenn ein kastrierter Kater zuviel zunimmt, frißt er zuviel, und seine Portionen sollten verringert werden, obwohl er das nicht mögen wird. Er mag aus Langeweile zuviel fressen. Interessantere Spiele werden ihn vom Fressen ablenken und ihn und seine Besitzer glücklicher machen. Immerhin bleibt außer dem Spiel oder im Freien jagen einem kastrierten Kater nicht viel Abwechslung!

Alte Katzen
Alternde Katzen brauchen, genau wie ihre menschlichen Schicksalsgefährten, weniger Futter. Wie bei allen zu dicken Katzen, ist es besser, die einzelnen Mahlzeiten zu verringern als eine auszulassen. Fressen ist eine beliebte Beschäftigung alter Katzen, und sie halten diese Routine gern bei; außerdem genießen sie die zusätzliche Zuwendung beim Servieren des Futters. Wenn ihnen einige Zähne fehlen, werden sie lieber feuchtes und zerkleinertes Futter mögen als dicke, rohe Brocken. Wenn sie ihr Futter nicht anrühren, können sie Gaumen- oder Zahnbeschwerden haben und sollten einem Tierarzt vorgestellt werden. Oft gewinnt eine Katze neue Lebensfreude, nachdem ihr ein kranker Zahn gezogen wurde.

Kinder sollten alte Katzen nicht rumzerren oder ärgern; diese sollten ihre Tage friedlich beschließen können. Bieten Sie ihnen weiterhin

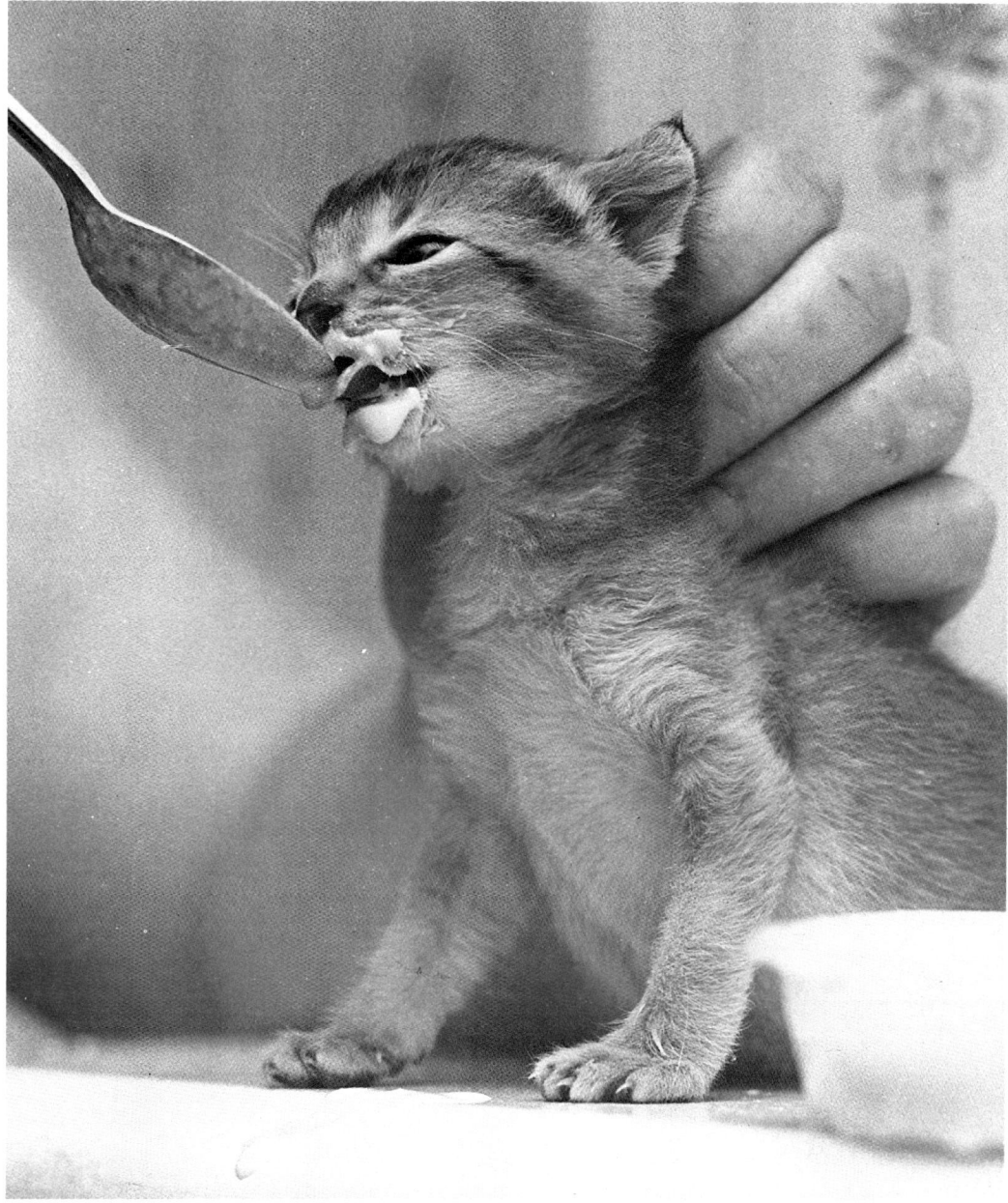

Ein Kätzchen erhält sein Flüssigfutter vom Löffel. Auch kranke Katzen können so gefüttert werden; die zusätzliche Zuwendung könnte ihr Überleben sicherstellen.

die bisher so geschätzten Leckerbissen als kleines Anzeichen, daß sie immer noch geliebt und geschätzt werden.

Kranke Katzen
Kranke oder verletzte Katzen werden besondere Zuwendung benötigen und sicher gern annehmen. Wenn ihr Fell beschmutzt ist, waschen Sie es ab: eine Katze haßt es, sich beschmutzt zu haben, und wird Ihnen diese Handreichung danken, wenn sie sich nicht selbst säubern kann. Kranke Katzen geben oft schnell auf und sterben ohne diese kleinen Aufmerksamkeiten ihrer Besitzer, die sie am Leben erhalten möchten. Dies trifft wahrscheinlich auf Katzen mehr zu als auf andere Tiere.

Krankenkost
Einige Krankheiten erfordern besondere Diäten, die jedoch am besten individuell für jede Katze vom Tierarzt verordnet werden. Er kann entsprechend der Situation behandeln und raten.

105

5

Körperpflege Ihrer Katze

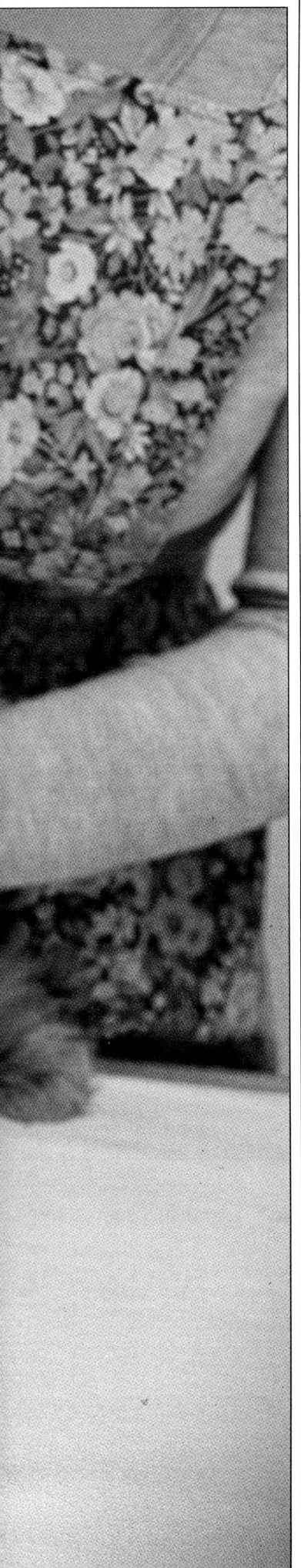

Körperpflege bedeutet tägliche Fürsorge zum Wohle der Gesundheit und Schönheit Ihrer Katze. Durch tägliche Pflege werden die Muskeln gestärkt, Schmutz und Fett, abgestorbene Haare und Hautschuppen werden so entfernt, und sie fördert die Blutzirkulation, was dem Haar und der Haut zugute kommt.

Viele Katzen können sich offensichtlich erfolgreich selbst pflegen, aber die Mehrzahl schätzt ein wenig Nachhilfe durch die Besitzer. Wenn in einem Haushalt mehrere Katzen leben, werden sie oft gegenseitige Pflegesitzungen abhalten nach dem Motto: „Wäschst du meinen Pelz, so wasche ich deinen!" Die Katzenmutter leckt sorgfältig ihre Jungen rundum ab, zur Anregung sowohl der Blutzirkulation wie der Produktion von Urin- und Kotausscheidung. Das Waschen scheint eine instinktive Handlung zu sein, da neugeborene Kätzchen bereits mit drei Wochen die ersten fruchtlosen Waschversuche starten. Mit etwa sechs Wochen können sie es schon ganz gut alleine. Sehr oft kündigt sich die bevorstehende Rolligkeit (Hitze) einer Kätzin dadurch an, daß sie sich sorgfältigst rundum, besonders im Vaginalbereich, wäscht.

Die orientalischen Ausländisch Kurzhaar mit ihrem kurzen Fell und den langen Nasen und entsprechend langen Zungen können sich besonders gut selbst putzen. Aber ihre langhaarigen Kusinen haben langes Fell und kurze Nasen mit entsprechend kurzen Zungen, was ihnen das Putzen erschwert. So sollte man einigen dabei helfen, und alle werden ihren Spaß dabei haben.

Am besten macht man das zur täglichen Routine, und pflegt die Katze vor der Fütterung, so gewöhnt sie sich an das Kämmen,

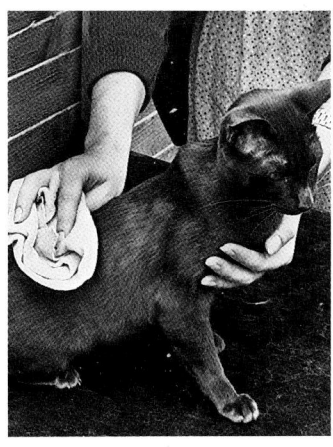

Das Abreiben einer Orientalisch Kurzhaar mit einem Wildlederlappen gehört zur täglichen Routine und hält das Fell gesund und glänzend.
Links: Ein Blauer Perser (Langhaar) wird gekämmt. Langhaarkatzen benötigen tägliche Pflege zur Entfernung abgestorbener Haare und gegen Knotenbildung.

Bürsten und Liebkosen, das durch eine gute Mahlzeit belohnt wird. Ein wichtiger Bestandteil dieser Sitzungen ist das Entfernen abgestorbener Haare, um der Bildung von Haarwürsten im Magen vorzubeugen. Diese könnten sich leicht bilden, wenn man die Katze alle losen Haare ablecken ließe. In der Natur, wo Katzen für sich selbst sorgen und auf die Jagd gehen müssen, werden die so gebildeten Haarwürste mit Vogelfedern und dem Fell von Nagetieren wieder ausgeschieden. So sollte der Katzenhalter nicht erschreckt sein, wenn seine Katze ihm ein langes, graues, wurstähnliches Etwas auf den Teppich legt. Es ist nur eine Haarwurst.

Die tägliche Pflegesitzung kann eine psychologische Bindung aufbauen zwischen der Katze und ihrem Besitzer. Eine gewisse Abhängigkeit ergibt sich durch die tägliche Routine während des ganzen Katzenlebens. Beginnen Sie mit dieser Sitzung, solange Ihr Kätzchen noch klein ist, und behalten Sie sie unter allen Umständen bei. Kätzchen betrachten sie als ein herrliches Spiel und werden die Bürste und den Kamm zerbeißen wollen; trächtige Katzen schätzen ein wenig Nachhilfe an den von ihnen unerreichbaren Stellen; allein in ihrem Revier lebende Deckkater freuen sich auf diese tägliche Aufmerksamkeit von seiten ihrer Besitzer; kranke Katzen sind dankbar für die Reinigung, die sie nicht selbst vornehmen können; und älteren Katzen tut es gut, umsorgt zu werden in einer Zeit, wo das Leben für sie eintöniger geworden ist. Die Pflegesitzung dient also dem physischen und emotionalen Wohlergehen der Katze, und die Besitzer werden sich durch diese kleine Hingabe eine neue Dimension in der Beziehung zu ihrer Katze erschließen.

Augen
Nötige Ausrüstung: Wattebausch oder -stäbchen, Salzlösung. Das normale Auge ist klar und leuchtend. Wenn die dritten Augenlider sich vom inneren Augenwinkel über die Augen zu schieben beginnen, ist etwas nicht in Ordnung. Das kann ein Anzeichen für Fieber oder eine Infektion sein. Ein einzelnes sichtbares drittes Augenlid kann einen Unfall an dem entsprechenden Auge anzeigen. Wenn der Zustand anhält, muß der Tierarzt aufgesucht werden. Bei verstopften Tränenkanälen müssen die Tränen über die Wangen rinnen und können eine Verfärbung von den Augen bis zur Nase hinterlassen. Diese muß entfernt werden mit

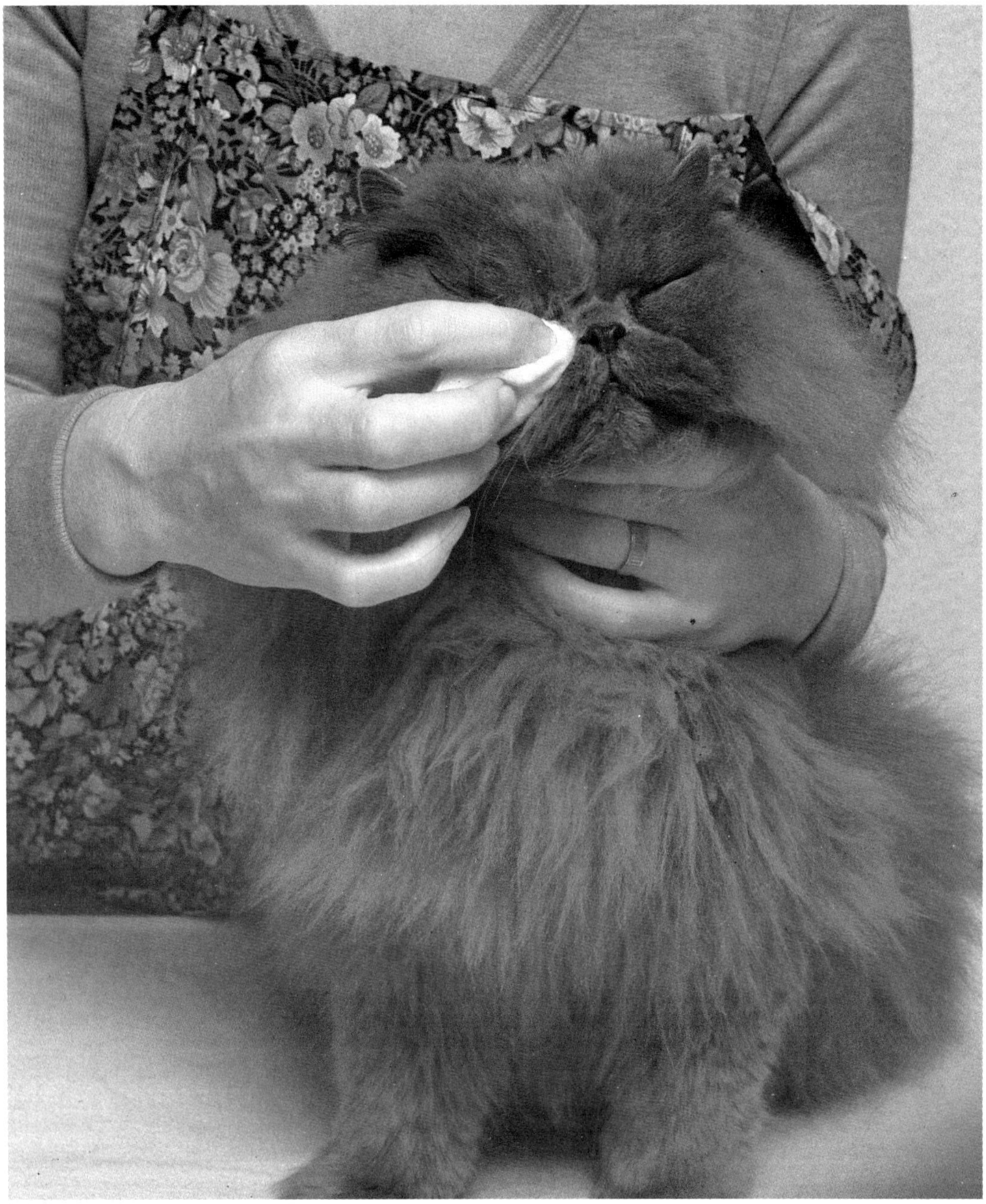

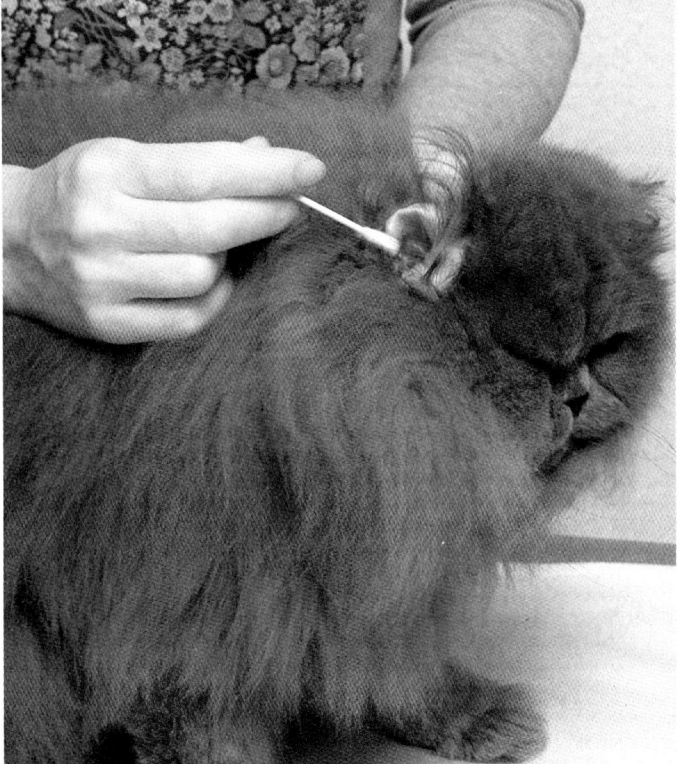

Das Ausreiben der Augenumgebung mit feuchter Watte beseitigt Tränenspuren und beugt Entzündungen in diesem empfindlichen Bereich vor.

Die äußeren Ohrenkanäle können mit einem Wattestäbchen vorsichtig gereinigt werden. Führen Sie es nicht zu tief ein.

einem in Salzlösung (etwa ein Teelöffel auf einen halben Liter kochendes Wasser, das man abkühlen läßt) getauchten Wattebausch. Eine (meist braune) Absonderung vom Auge kann auch Hinweis sein auf eine Erkältung und gehört in die Behandlung des Tierarztes. Die Augen sollten wöchentlich nachgesehen oder erforderlichenfalls öfters gebadet werden. Verstopfte Tränenkanäle müssen operativ durchgängig gemacht werden.

Ohren

Nötige Ausrüstung: Wattestäbchen, flüssiges Wachs, Ohrentinktur. Sobald in den Ohren etwas nicht stimmt, beginnt die Katze, sie zu kratzen. Dies kann auf Ohrenschmalz oder Milben hinweisen. Milben sind erkennbar an wachsartigen, dunklen Flecken am Ohreingang. Diese werden verursacht von Ohrenräude-Milben oder „Otodectes cynotis", die unter Hunden und Katzen verbreitet sind. Im Idealfall sollte eine befallene Katze bis zur Gesundung von anderen Tieren ferngehalten werden.

Sie können die Verkrustungen aus Wachs und Milbenschmutz entfernen mit einem in flüssiges Wachs oder eine Ohrentinktur getauchten Wattestäbchen. Einige der Ohrentinkturen müssen dann aber täglich ins Ohr geträufelt werden. Es ist wichtig, darauf zu achten, daß die Katze nicht den Kopf und damit die Tropfen herausschüttelt, bevor diese in die tieferen Gehörgänge eindringen konnten. Unterstützen Sie das Eindringen durch begleitende Massage der Ohren, bevor die Katze den Kopf schütteln darf. Dann behandeln Sie das zweite Ohr. Es ist nicht ratsam, in die nicht mehr sichtbaren Ohrgänge einzudringen. Die Ohren sollten wöchentlich nachgesehen und nötigenfalls täglich behandelt werden.

Zähne

Ausrüstung: Hand oder Holzspatel zum Öffnen und Untersuchen des Mauls. Verfärbung der Zähne oder des Zahnfleisches oder stark riechender Atem müssen vom Tierarzt behandelt werden. Die Zähne können Belag aufweisen, der vom Tierarzt zu entfernen ist. Appetitmangel kann auf entzündetes Zahnfleisch zurückgehen. Sabbern kann ein Anzeichen sein für ein vergiftetes oder vereitertes Maul.

Nase

Ausrüstung: Wattebausch und Salzlösung. Jegliches Anzeichen einer laufenden Nase, Niesen oder Ausfluß gilt als Warnung, daß etwas behandelt werden muß. Da Atemwegsinfektionen ernst zu nehmen sind, sollte sofort ein Tierarzt aufgesucht werden. Wenn Sie jedoch Pflegepuder benutzt haben, prüfen Sie zuerst, ob die Katze nicht darauf allergisch reagiert. Isolieren Sie jede niesende Katze von den anderen.

Krallen

Ausrüstung: Krallenscheren oder -knipser, Kratzpfosten. Normalerweise wetzen Katzen ihre Krallen zum Schärfen und Säubern an Bäumen oder Kratzpfosten. Es ist ratsam, ihnen einen geeigneten Pfosten anzubieten, um sie von den Möbeln fernzuhalten. Eine freilaufende Katze stutzt ihre Krallen auf natürliche Weise durch das Umherlaufen auf Straßen und Wegen und auch durch das Kratzen an Baumstümpfen. Hauskatzen mögen ihre Krallen ungewöhnlich lang empfinden und deswegen sich an Teppichen und Polstermöbeln vergreifen. Es sollten lediglich die Krallenspitzen gekürzt werden. Setzen Sie dazu die Katze auf Ihren Schoß, mit dem Rücken zu Ihnen. Mit einer Hand halten Sie eine Pfote und drücken auf den Fußballen und die Fußoberseite, so daß die Krallen hervortreten. Dann können Sie mit der anderen Hand und der Schere oder dem Knipser die Krallen kürzen. Jede Krallen-

Die wichtigsten Pflegeutensilien

1. Doppelbürste (Draht/Borsten) für den allgemeinen Gebrauch. Die Drahtseite sollte vorsichtig benützt werden, zu hartes Bürsten schadet dem Fell.
2. Bürste mit kurzen, weichen Naturborsten, besonders geeignet für Kurzhaarkatzen.
3. Gummibürste mit kurzen, beweglichen Noppen in festem Plastik für die allgemeine Pflege.
4. Abgestumpfte Schere zum Aufschneiden von Verfilzungen (bei Langhaarkatzen).
5. Zahnbürste zum Bürsten des Langhaarfells rund um Ohren und Augen.
6. Wattestäbchen zum Säubern der äußeren Ohrgänge.
7. Breite, flache Bürste läßt jedes Schwanzhaar einzeln liegen.
8. Gebogene Krallenschere.
9. Feinzinkiger Kamm zum Glätten des kurzen Haarkleides und zum Entfernen von Flöhen und Schmutz.
10. Weitzinkiger Kamm zum Entfernen verfilzter Stellen im Fell der Langhaarkatzen.
11. Doppelkamm mit groben und mittleren Zinken, ideal für die allgemeine Pflege.
12. Ungiftiges Baby-Shampoo für die sichere Reinigung.
13. Bayrum, entfernt fettige Stellen aus dem Fell.
14. Medizinischer Alkohol, wichtig zum Entfernen von Flecken aus blassem Fell.
15. Lappen aus Baumwolle zum Reinigen von Augen, Ohren und Nase.
16. Ungiftiger Pflege- oder Babypuder verleiht dem Fell Duftigkeit. Ins Fell einpudern und sorgfältig ausbürsten.

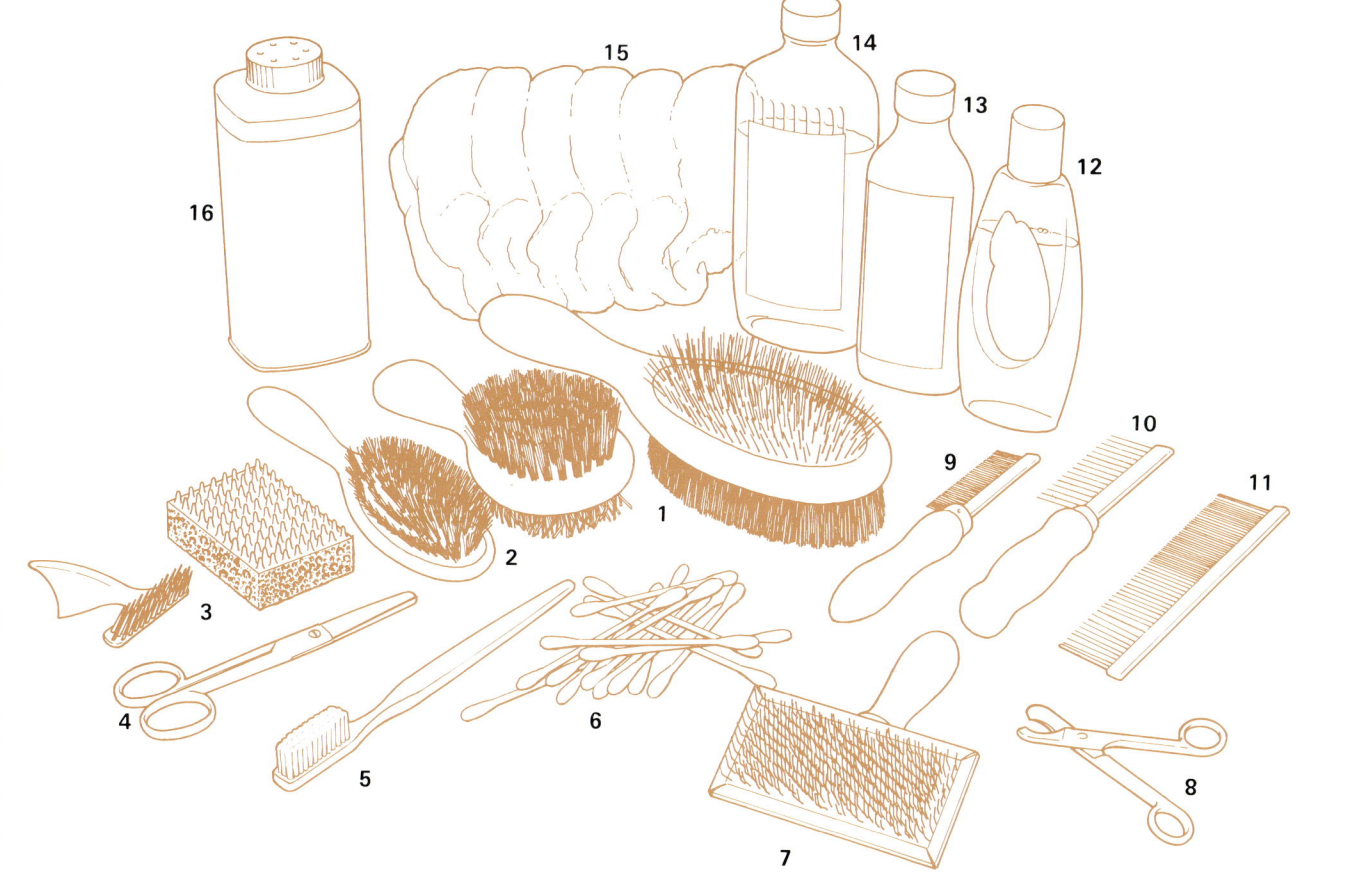

Krallenschneiden

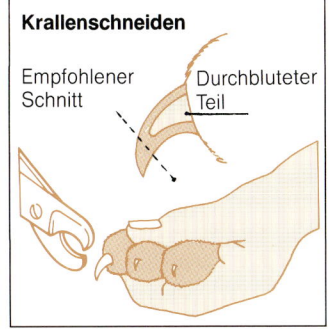

Untersuchen Sie die Krallen Ihrer Katze monatlich und kürzen Sie sie anhand dieser Zeichnung.

spitze ist totes Gewebe und, wie die Enden Ihrer Fingernägel, schmerzunempfindlich; aber der pinkfarbene durchblutete Teil sollte nicht verletzt werden, da er die Nerven und Blutgefäße enthält. Schere oder Knisper sollten scharf genug sein, um die Kralle nicht zu spalten. Monatliche Krallenlängeprüfung sollte ausreichen.

Fell

Ausrüstung: Bürsten (am besten Naturborsten, da ohne statische Aufladung), Kämme, Shampoo, Pflegepuder, Wattebällchen, Ohrenstöpsel, Halskragen, Handtücher, Kleie, medizinischer Alkohol, Seidenlappen, Wildlederlappen.

Regelmäßiges Kämmen hält das Fell frei von Schmutz und Ungeziefer. Am besten beginnt man am Kopf und arbeitet auf den Schwanz zu. Besondere Aufmerksamkeit gilt den Stellen hinter den Ohren, dem Kinn, Hinterbeinen und Unterkörper — besonders bei Langhaarkatzen. Wenn sich Knötchen gebildet haben, müssen sie hier mit einer stumpfen Stricknadel aufgelöst, oder wenn sie zu dicht sind, mit einer abgestumpften Schere vorsichtig herausgeschnitten werden. Dies wirkt sich jedoch nachteilig auf das Fell einer Ausstellungskatze aus.

Wenn man eine Katze stundenlang damit traktiert, ihr Fell wieder in Ordnung bringen zu wollen, braucht man sich nicht zu wundern, wenn sie die Geduld verliert und ungehalten wird.

Bei einer Kurzhaarkatze werden mit der Gummibürste abgestorbene Haare entfernt und die Blutzirkulation der Haut angeregt.

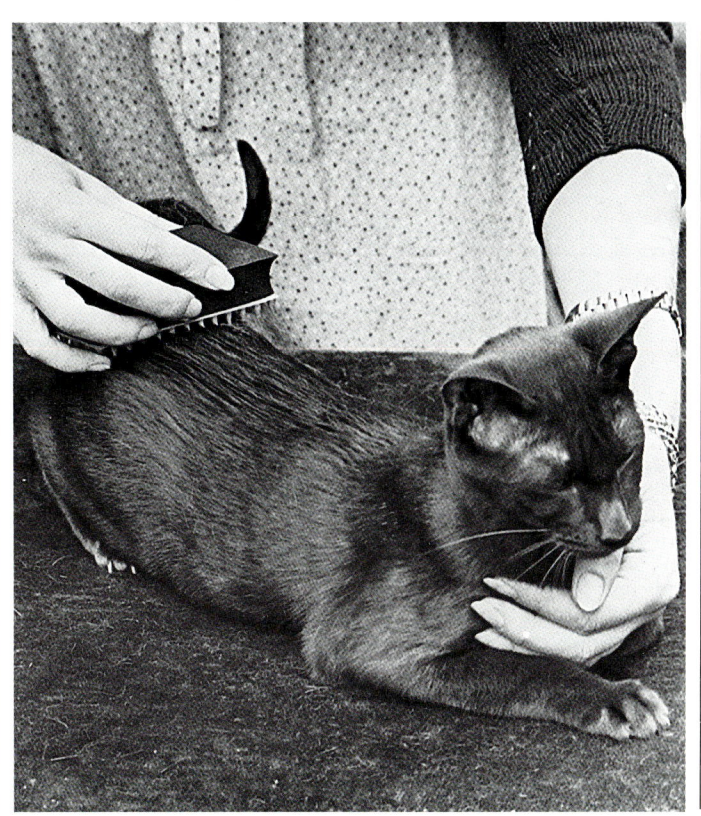

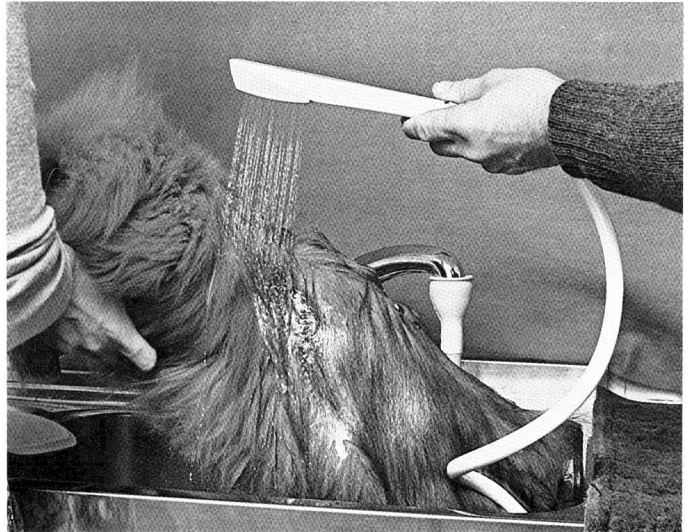 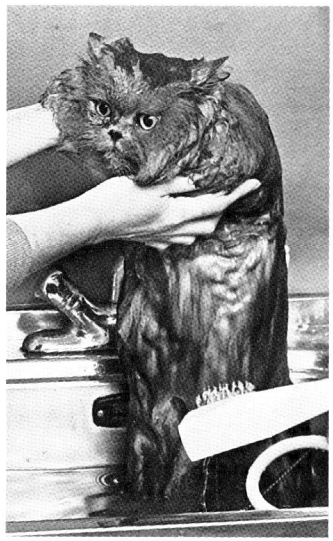 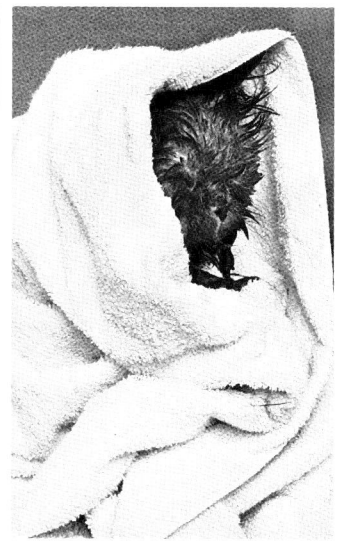

Beim Baden einer Langhaarkatze durchnässen Sie als erstes das Fell mit warmem Wasser. Lassen Sie den Kopf trocken. Falls nötig, die Ohren mit Stöpseln verschließen.

Gießen Sie ungiftiges Shampoo über das Fell und massieren es solange ein, bis Schaum entsteht. Zwei Personen geht die Arbeit sehr viel leichter von der Hand.

Nach dem Waschen spülen Sie die Katze sanft mit warmem Wasser ab. Spülen Sie solange, bis der letzte Shampoo-Rest sorgfältig aus dem Fell entfernt wurde.

Wickeln Sie die Katze sofort in ein dickes, warmes Badetuch ein. Rubbeln Sie die auf Ihrem Schoß sitzende Katze sanft, aber intensiv, um überschüssige Feuchtigkeit aufzunehmen. Nun kann auch das Gesicht gereinigt werden.

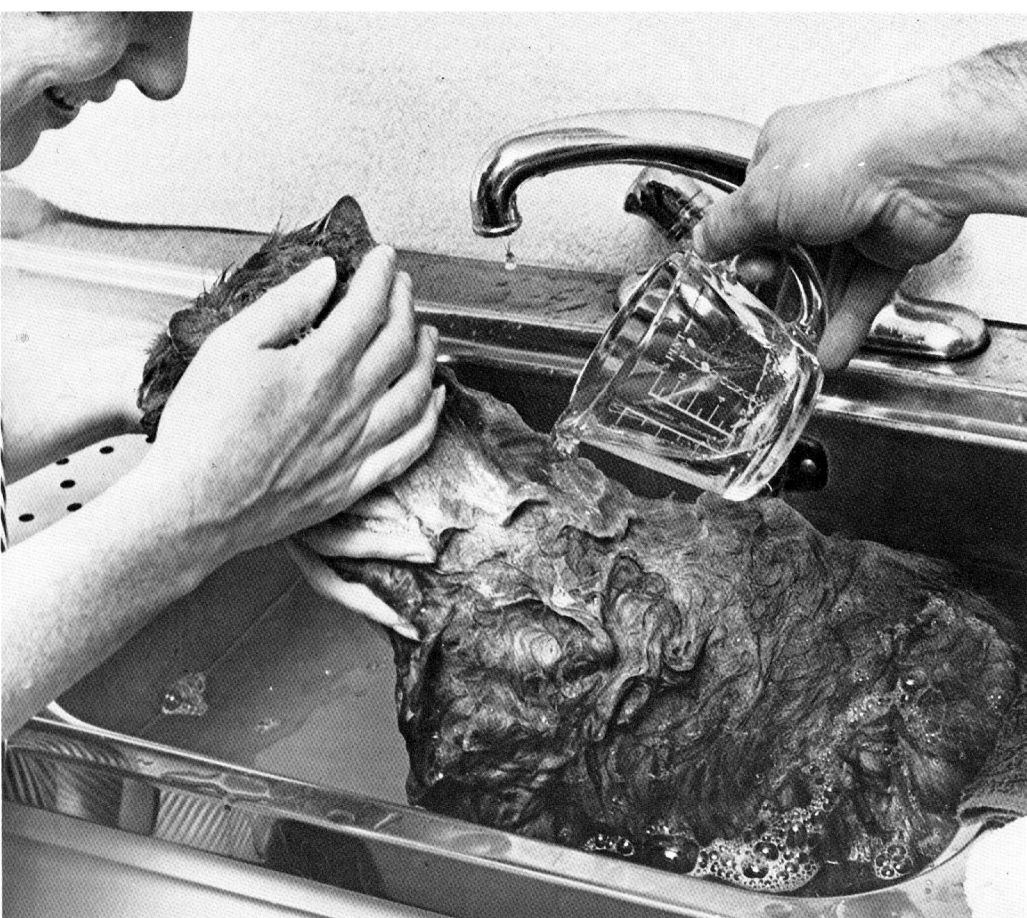

Sie schaffen sich besser keine Langhaarkatze an, falls Sie nicht täglich zweimal 30 Minuten für die Fellpflege aufbringen können.

Wenn Kopf, Rücken und Schwanz sorgfältig durchgekämmt worden sind, sollte die Katze auf den Rücken gedreht werden, um Bauch und Beine vorzunehmen. Wenn die Katze dies von klein auf gewöhnt ist, wird sie ihren Spaß daran haben und sich nicht wehren. Das erste Durchkämmen sollte mit einem weitzinkigen Kamm erfolgen und Verfilzungen entfernen. Anschließend wird mit einem mittel- und feinzinkigen Kamm durchgekämmt, damit jedes Haar einzeln absteht. Dann das Fell bürsten.

Zärtliche Handstriche in Fellrichtung, natürlich mit einer fettfreien Hand, ist oft die beste Pflege, besonders für die kurzhaarigen Katzen. Um dem Fell noch mehr Glanz zu verleihen, kann es mit einem Seidenlappen oder Wildleder abgerieben werden. Bei Kurzhaarkatzen bürsten Sie in Fellrichtung, bei Langhaarkatzen kann das Fell aber vorsichtig angehoben werden, so daß jedes Haar einzeln absteht, und die Halskrause als breite Rüsche den Kopf umrahmt. Der Schwanz sollte ebenfalls nach außen gebürstet und leicht geschüttelt werden, wobei er an der Spitze festgehalten wird. Wenn jedes Haar einzeln vom Körper absteht, befindet die Katze sich in ausgezeichneter Ausstellungsform. Es ist unmöglich, dies in einer Sitzung zu erreichen; dies ist das Ergebnis von täglich zwei Pflegesitzungen, jahrein, jahraus.

Eine rundum verschmutzte oder fettige Ausstellungskatze mag eine Woche vor der Schau ein Bad benötigen, um die besonders im blasseren Fell sichtbaren Flecken zu entfernen. Suchen Sie sorgfältig ein für Katzen ungiftiges Shampoo aus, eines ohne Bleichmittel oder Karbolsäure. Am besten eignet sich ein mildes Babyshampoo.

Das Baden Ihrer Katze
Das Baden ist wirklich eine Aufgabe für zwei Personen. Bringen Sie zuerst Katze, Personen und Ausrüstung in den Raum und schließen alle Türen und Fenster! Entsprechende Kleidung schützt die Beteiligten vor Spritzern. Eine Spüle eignet sich am besten, weil Sie dort in Tischhöhe arbeiten können. Eine Gummimatte auf dem Beckenboden schützt die Katze vor dem Wegrutschen und vermittelt ihr so Sicherheit. Füllen Sie das Becken etwa 5 bis 8 cm hoch mit Wasser von 38,3°C (Bluttemperatur der Katze). Verschließen Sie die Ohren der Katze mit Wattebäuschen, falls sie strampelt. Dann setzen Sie die Katze ins Wasser und halten sie am Genick fest. Ihr liebevolles Zureden wird die Katze in dieser Phase beruhigen. Als nächstes sollte das Fell, ohne den Kopf, sanft von allen Seiten mit einem Schwamm eingeweicht sowie das Shampoo am ganzen Körper sanft eingerieben werden, bis Schaum entsteht. Einige Katzen schnurren hierbei, denn das ist warm und angenehm. Wenn Ihre Katze nicht in dem Becken stehen mag, können Sie ihre Vorderbeine auf den Rand stellen. Nach zwei oder drei Versuchen werden Sie die für beide angenehmste Methode herausgefunden haben.

Nach dem Einseifen spülen Sie gründlich mit warmem Wasser aus. Ein weicher Duschstrahl aus kurzer Entfernung ist sehr wirkungsvoll. Ein zweites Einseifen im selben Stil mag nötig sein, sorgen Sie aber in jedem Fall dafür, daß beim zweiten Abspülen alle Seifenreste vollständig aus dem Fell entfernt werden.

Befreien Sie die Katze aus dem Becken und wickeln sie in ein großes, angewärmtes Badetuch ein. Nun kann das Gesicht von der zweiten Person mit einem warmen, feuchten Wattebausch abgewaschen werden. Hartnäckige Flecken im Gesicht können mit medizinischem Alkohol entfernt werden.

Viele Katzen lieben es, mit einem Fön getrocknet zu werden, andere wiederum erschrecken sich vor dem Geräusch. Eine Person kann die fest auf dem Boden oder

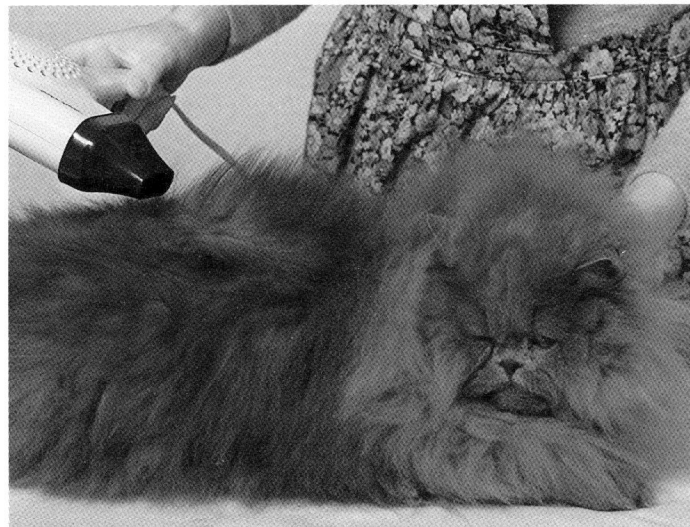

Benutzen Sie einen elektrischen Fön, wenn Ihre Katze das Geräusch verträgt. Die meisten Katzen lassen sich offensichtlich gern fönen. Wählen Sie eine Temperatur, die dem Fell nicht schadet.

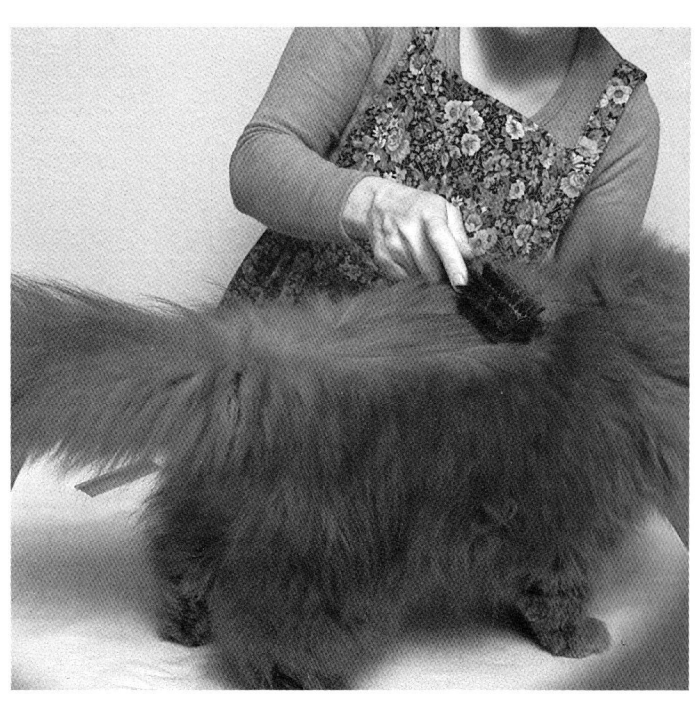

Kämmen Sie das fast trockene Haar mit einem weitzinkigen Kamm und bürsten es dann durch, damit in dem flauschigen Fell jedes Haar einzeln vom Körper absteht.

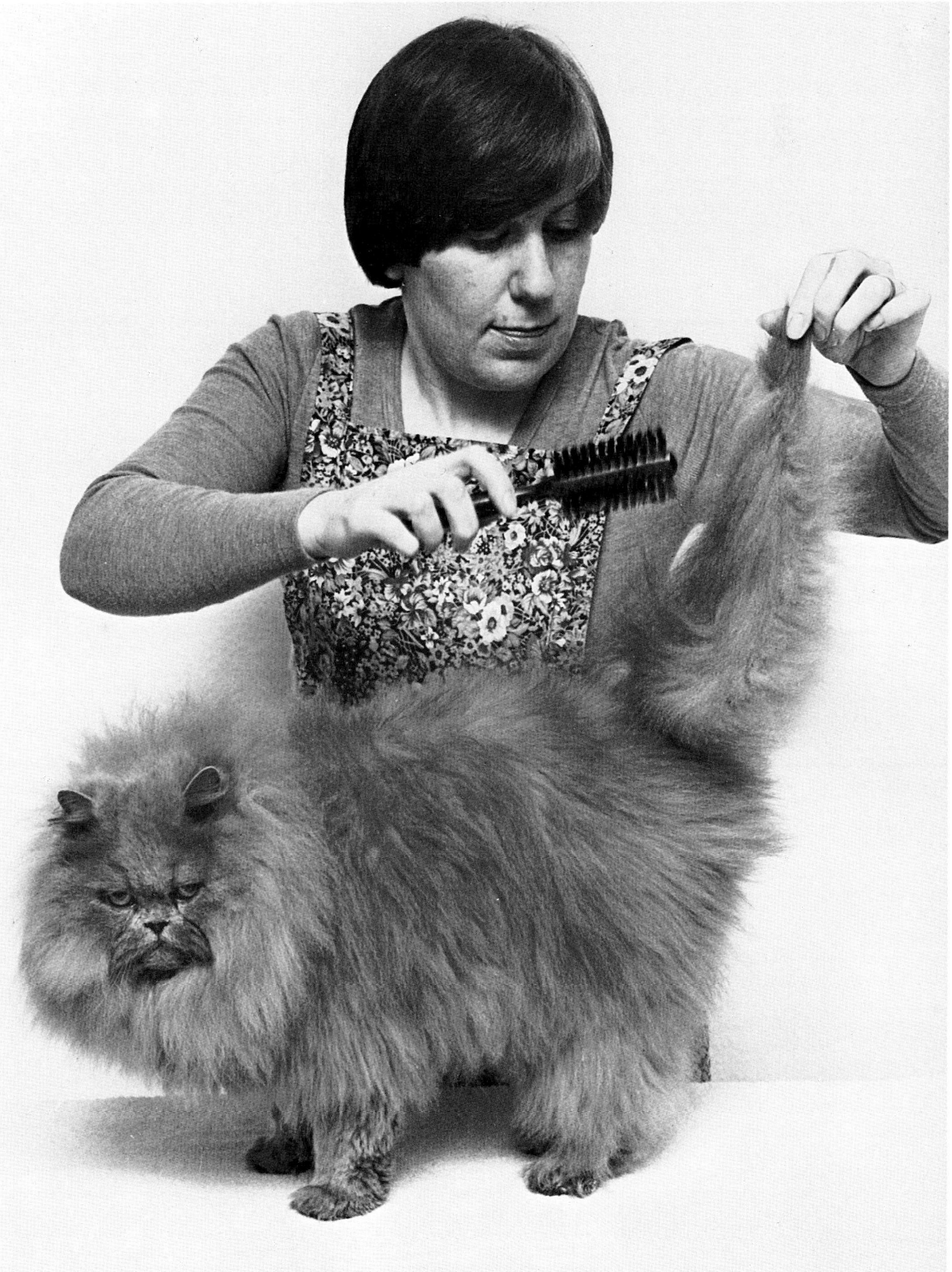

Wenn Sie die Katze für eine Schau vorbereiten, pudern Sie ungiftigen Babypuder ein, um dem Fell Stand zu verleihen. Bürsten Sie ihn anschließend gründlich aus und geben dem Fell den letzten Schliff.

Tisch stehende Katze halten, während die andere in einem solchen Abstand mit dem Fön über das Fell fährt, daß dieses keinen Schaden nimmt. Die Katze sollte dann in den Trockenschrank oder in einen Behälter nahe einer Wärmequelle gesetzt werden. Es ist wichtig, die Katze nicht ins Freie oder in den Durchzug zu lassen, bevor das Fell nicht vollständig trocken ist. Kurz bevor es ganz trocken ist, werden mit einem Kamm die einzelnen Haare vorsichtig aufgerichtet.

Nach dem Baden werden die Haare sehr weich sein. Pudern Sie deswegen das Fell bis zum Ausstellungstag täglich mit einem ungiftigen Baby- oder Talkumpuder ein, der anschließend gründlich ausgebürstet wird. Dies gibt dem Haar seine Festigkeit zurück und läßt jedes Haar einzeln abstehen.

Die Trockenwäsche Ihrer Katze
Wenn eine Katze nicht besonders fettiges Haar hat, ist die Trockenwäsche eine gute Alternative zum Baden bei Katzen mit kurzem, dunklem Fell. Ein Kleiebad stellt die übliche Anwendung dar. Wärmen Sie etwa ein halbes bis ein Kilo Kleie im Backofen auf etwas mehr als Handwärme an. Dann stellen Sie die Katze auf eine auf dem Tisch oder Küchenboden ausgebreitete Zeitung. Dann massieren Sie mit Ihren Händen die warme Kleie in das Fell ein. Die meisten Katzen lieben diese Massage und die von der Kleie ausgehende Wärme und werden unaufhörlich schnurren. Sobald das ganze Fell mit der Kleie durchgearbeitet ist, stellen Sie die Katze auf ein sauberes Stück Zeitung und kämmen die Kleie vollständig wieder aus.

Gesundheitsfürsorge

Um eine Katze bei bester Gesundheit zu erhalten, muß man ihr das richtige Futter, die artgerechte Pflege, Unterbringung und zum vorgeschriebenen Zeitpunkt die erforderlichen Impfungen sowie viel Zuneigung zukommen lassen.

Richtiges Füttern
Dies bedeutet die Gabe von genügend Futter der richtigen Art, im vorgeschriebenen Verhältnis gemischt, mit den nötigen Zusatzstoffen angereichert, und in Abständen serviert, die je nach Alter und Verfassung der Katze variieren. Leckereien zwischen den Mahlzeiten sollten nicht gegeben werden, obwohl die damit verbundenen Kunststücke der Katze zumeist amüsant auf die Besitzer und ihre Freunde wirken. Eine Katze sollte aufgrund der Regelmäßigkeit wissen, wann und wo sie ihre Mahlzeiten erwarten kann, und wird sich dann jeweils zur rechten Zeit am rechten Platz einfinden.

Pflege
Regelmäßige tägliche Pflege ist unumgänglich zur Gesunderhaltung einer Katze, zweimal täglich die Idealrate. Eine gutgepflegte Katze sollte ein glänzendes oder schimmerndes Fell haben, mit einzeln abstehenden Haaren und ohne Verfilzungen. Die Augen, Ohren, Zähne und Krallen sollten wöchentlich untersucht werden (siehe auch Seiten 107 bis 111).

Unterbringung
Alle Katzen sollten ihren eigenen Platz haben. Eine Schmusekatze braucht ein Bett in einer warmen, dunklen, zugfreien Ecke, während eine paarungsreife Zuchtkatze ihr eigenes Revier benötigt (siehe auch Seiten 121 bis 129). Falls Ihre Katze eine Siam- oder Burmakatze ist, braucht sie ein warmes oder sogar geheiztes Bett, denn diese Rassen sind temperaturempfindlicher als andere. Wenn man sie läßt, werden sie tatsächlich oft bei ihren Besitzern oder anderen Katzen oder Hunden des Haushalts schlafen.

Impfungen
Die häufigsten ernsten Krankheiten können vermieden werden durch die richtige Impfung zum richtigen Zeitpunkt. Kätzchen besitzen in den ersten acht Wochen noch den mütterlichen Immunschutz. Danach benötigen sie ihre ersten Spritzen gegen Darmkatarrh, eine weitverbreitete und möglicherweise lebensgefährliche Krankheit, und gegen Erkältungskrankheiten. In jedem Fall wird der Tierarzt einen Impfpass ausstellen, den Sie vielleicht brauchen, wenn Ihre Katze zum Deckkater oder in eine Katzenpension geht.

Ein Tierarzt nimmt eine der routinemäßig für alle Hauskatzen empfohlenen Impfungen vor.

Links: Eine kranke Katze spricht sehr auf menschliche Zuneigung an. Wärme und Sauberkeit tragen mit zur schnellen Gesundung bei.

Zuwendung
Keine Katze ist vollständig glücklich ohne etwas liebevolle Zuneigung von seiten ihres Besitzers. Für ihr emotionales Wohlbefinden muß sie täglich gestreichelt, geschmust und angesprochen werden. Die meisten Katzen werden umgehend auf jede ihnen erwiesene Zuwendung antworten und ihren Besitzer mit lebenslanger Zuneigung belohnen. Wie sagt man so schön: „Es gibt keine langweiligen Katzen, nur langweilige Besitzer!" Ein aufgeschlossener Besitzer wird eine aufgeschlossene Katze sein eigen nennen.

Pflege der kranken Tiere
Eine gesunde Katze wird aufgeweckt und freundlich sein, mit klaren, leuchtenden Augen und leuchtend-glänzendem Fell. Sie wird sehr viel schnurren. Jegliche Abweichung von dieser Norm bedeutet, daß etwas schiefgelaufen ist. Das kann eine Verletzung sein. Einige Katzen sind sehr unfallanfällig, aber ihr Ruf, neun Leben zu leben, spiegelt ihre Fähigkeit wieder, sich von den unmöglichsten Unfällen wieder zu erholen. Trotzdem spielt das Umsorgtwerden eine große Rolle bei der Gesundung. Eine kranke Katze gibt leicht ihren Lebenswillen auf, wenn sie nicht einen menschlichen Freund hat, der sie wieder gesund pflegt.

Wasser ist für eine kranke Katze wichtiger als Futter, und man darf sie nicht austrocknen lassen. Selbst wenn sie zum Fressen oder Aufschlecken unfähig ist, kann die kranke Katze Wasser nehmen, das man ihr mit einer Pipette oder gebogenen Schnullerflasche verabreicht. Sie können auch kleinste Stücke rohen Fleisches in den hinteren Rachen einbringen, kämpfen

GESUNDHEITSFÜRSORGE

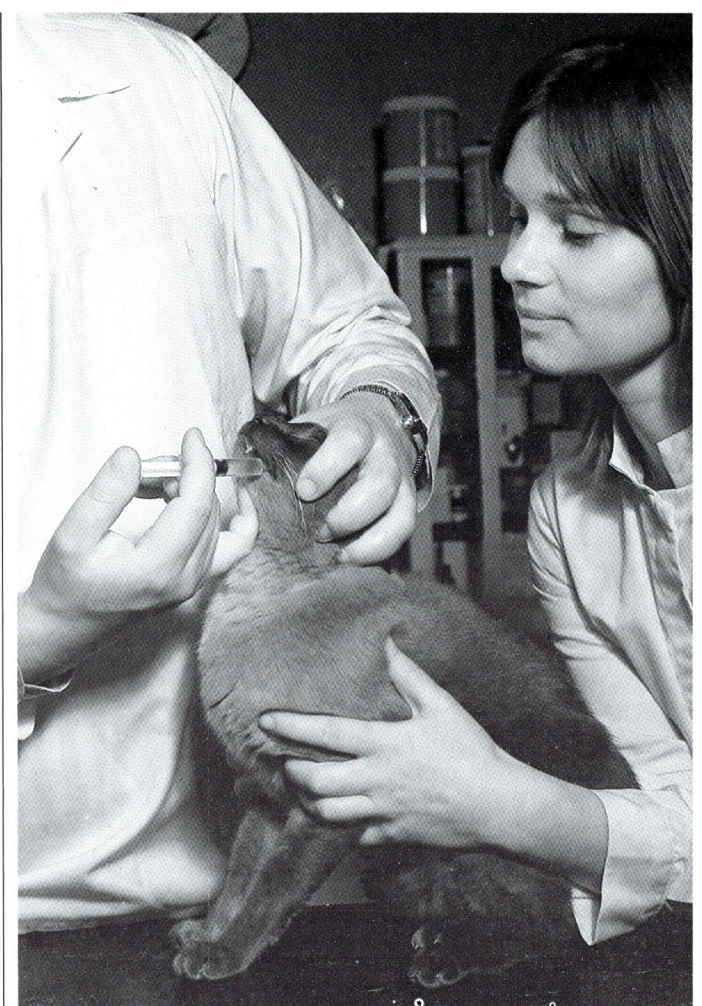

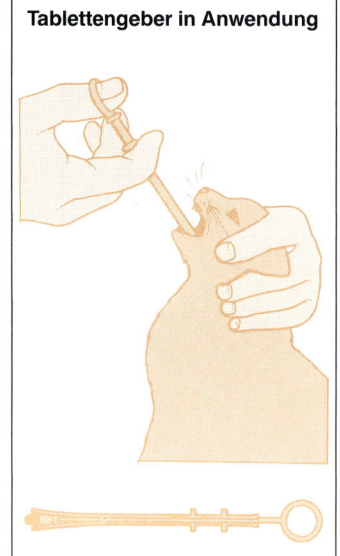

Tablettengeber in Anwendung

Oben: Im Handel erhältliche Tablettengeber bestehen aus einem Plastikrohr mit Halteöffnung für die Tablette. Durch leichten Druck auf den Auslöser wird die Tablette in den hinteren Rachen befördert.
Links: Ein Tierarzt verabreicht mit einer Spritze (ohne Nadel) Medizin. Er hält den Kopf der Katze hoch und führt die Spritze seitlich in ihr Maul ein.
Unten: Hier wird die Temperatur rektal gemessen. Idealerweise hilft eine zweite Person hierbei, indem sie die Katze festhält, während die erste das Thermometer einführt.

Sie dabei aber nicht mit der Katze, da dies sie schwächt. Wenn das Tier normal fressen oder aufschlecken kann, können Sie konzentrierte Kraftbrühe geben, eine immer angebrachte Krankenkost; oder geschlagenes Ei, durchgesiebte Gemüsesuppe; oder eine andere hochwertige Nährsubstanz. In kritischen Fällen kann Ihr Tierarzt flüssige Proteine direkt in die Blutadern spritzen. Halten Sie den Kopf der Katze hoch, wenn Sie Futter und Getränke geben wollen, führen Sie dann die Flasche seitlich nach hinten in ihr Maul.

Auf Anordnung des Tierarztes werden Sie Tabletten oder Kapseln verabreichen müssen, Tropfen in Augen oder Ohren träufeln, eine Halskrause umlegen, eine Bandage anbringen oder die Temperatur Ihrer Katze messen und aufzeichnen müssen. Es ist gut, frühzeitig diese Handreichungen zu lernen.

Flüssige Medizin kann mit einer Schnullerflasche, Spritze oder einem Tropfer gegeben werden. Sie können eine Tablette zerkrümeln oder eine Kapsel leeren und das erhaltene Pulver mit einem kleinen Eckchen Butter oder Sardine vermischen oder mit einem anderen stark riechenden Nahrungsmittel. Führen Sie das Ganze dann tief in das Maul der Katze ein. Sie können auch einen Tablettengeber verwenden, mit dem Sie Tabletten tief in den Rachen einführen können, ohne gebissen zu werden. Sie öffnen ihr Maul mit einer Hand, führen den Tablettengeber mit der anderen ein s. Bild oben.

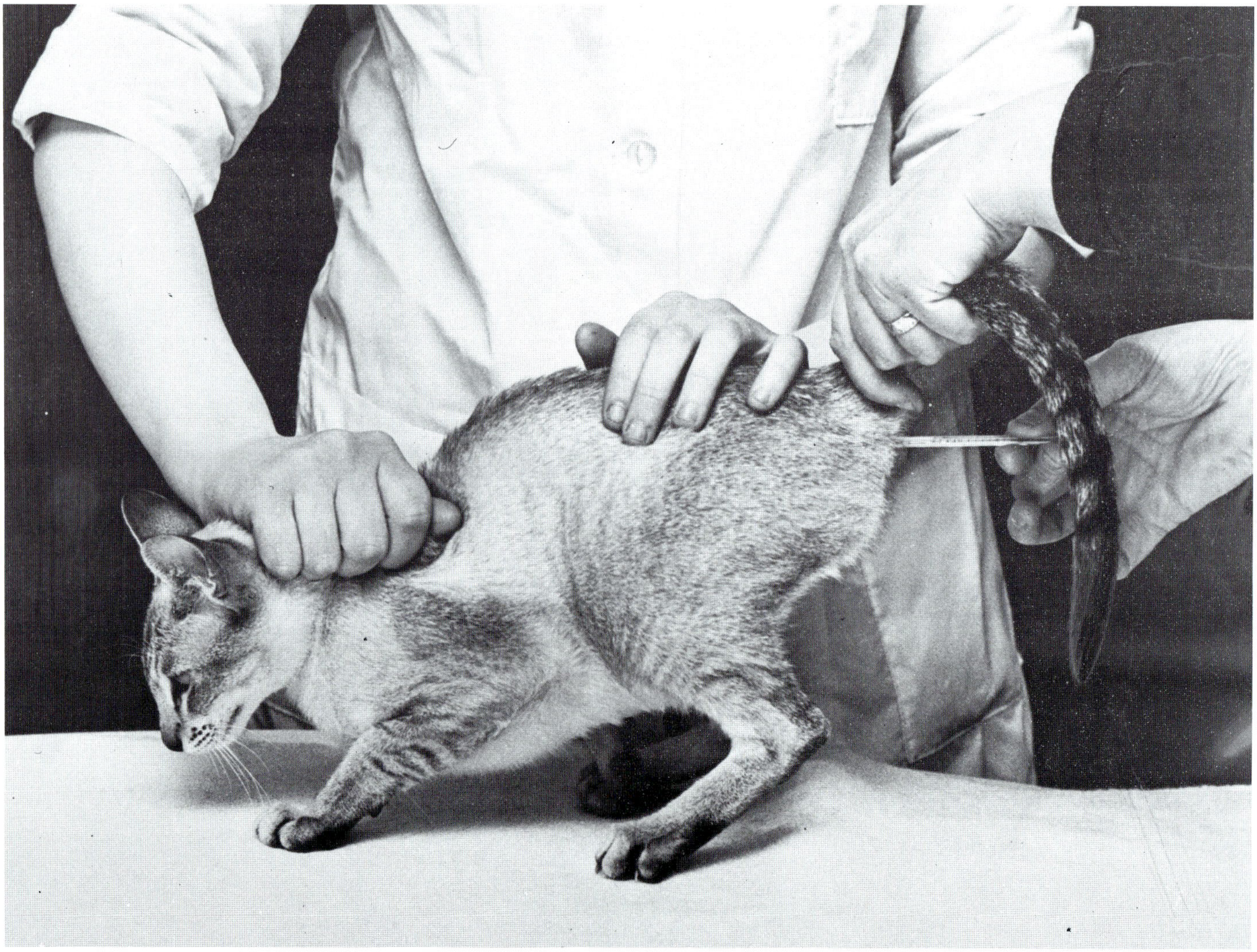

Das Temperaturmessen sollten lieber zwei Personen vornehmen. Die erste hält Kopf und Vorderbeine der Katze, die andere führt das Thermometer in den After ein, nachdem sie es vorher mit einem Gleitmittel eingefettet hat. Die zweite Person mag auch die Hinterbeine festhalten müssen.

Augentropfen werden bei erhobenem und festgehaltenem Kopf in die Augen geträufelt. Auch hier kann es nötig sein, die Vorderpfoten festzuhalten oder die Katze vollständig in ein Badetuch einzuwickeln, damit sie sich nicht gegen die Anwendung wehren kann.

Hier folgen noch einige Hilfen, die Sie möglicherweise Ihrer kranken Katze angedeihen lassen müssen. Wenn sie bettlägerig ist — vielleicht infolge eines Bruches —, müssen Sie sie von Zeit zu Zeit umdrehen, um Wundliegen zu vermeiden. Wenn sie Durchfall hat, müssen Sie sie reinigen. Wenn die Katze längere Zeit nicht laufen kann, müssen Sie ihr die Krallen beschneiden (jedoch nur die Spitzen, nicht den durchbluteten Teil).

Manchmal mag der Tierarzt ein Dampfbad verschreiben. Dazu setzen Sie die Katze in einen Kunststoff-Eimer, decken die Öffnung und Seiten des Eimers mit einem Handtuch ab und stellen das Ganze in den von einer Badewanne mit heißem Wasser aufsteigenden Dampf. Halten Sie dabei den Eimer gut fest. Auf diese Art kann die Katze etwas Dampf einatmen, der für ihre Erkältung lindernd wirken soll. Jegliche Ablagerung an Nase, Augen oder Mund muß mit einem feuchten Wattebausch abgewischt werden. Fügen Sie dem Dampfbad ohne ärztliche Anweisung keine Inhalationsmittel zu.

Kranke Katzen pflegen oft wegzulaufen und sich zu verbergen. Lassen Sie es nicht dazu kommen. Legen Sie eine kranke Katze an einen dunklen, ruhigen und gegebenenfalls warmen Platz und sprechen ihr hin und wieder beruhigend zu. Wenn sie eine ansteckende Krankheit hat, muß sie isoliert gehalten werden.

Allgemeine Unfälle
Die meisten Autounfälle mit Katzen ereignen sich nachts oder im frühen Morgengrauen. Um dieses Risiko auszuschalten, halten Sie Ihre Katze nach Möglichkeit nachts im Hause. Sterilisierte und kastrierte Katzen (und alle nicht für Zuchtzwecke verwendete Katzen sollten fortpflanzungsunfähig gemacht werden) sind damit ganz einverstanden. Wenn sie zur Zucht eingesetzt werden, leben sie ohnehin in ihren eigenen Revieren.

Abszesse treten meistens bei freilaufenden Katzen auf als Ergebnis von Kämpfen mit anderen Katzen oder, weniger häufig aus Bissen von Nagetieren wie Ratten, Mäusen oder Eichhörnchen. Auf ihr Revier beschränkte Zuchtkatzen haben selten Abszesse.

Anzeichen und Symptome.
Schwellung unter dem Fell, heiß oder hart anzufühlen. Die Schwellung wird durch bakterielle Entzündung verursacht.

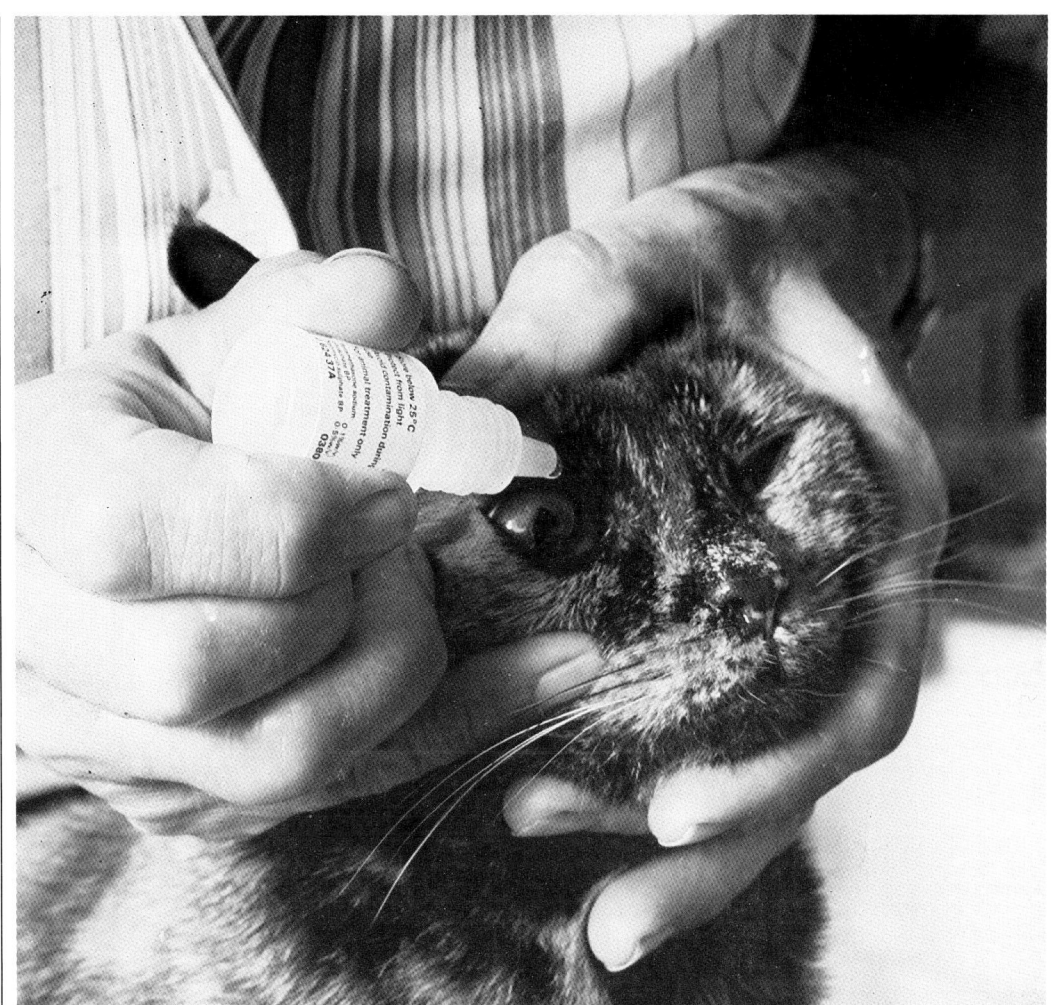

Augentropfen können zu Hause gegeben werden. Halten Sie dazu die Katze gut fest oder wickeln sie in ein Handtuch, damit sie sich dem nicht entziehen kann.

Links: Ein Wangenabszeß läßt sich deutlich an der Schwellung erkennen. Leichte Abszesse können zu Hause behandelt werden, dieser gehört jedoch in die Hand des Tierarztes.

Abhilfe. Warme Umschläge können auf die Beule gelegt werden, um den darin befindlichen Eiter zusammenzuziehen. Schneiden Sie eventuell störende Haare ab. Wenn der Abszeß reif ist, muß er mit einem sterilisierten Skalpell geöffnet werden. Sobald der Eiter zu fließen beginnt, können Sie sanft auf den Abszeß drücken, um ihn von aller Flüssigkeit zu entleeren. Die leere Wunde reinigen Sie mit Wasserstoffsuperoxyd. Lassen Sie die Wunde sich jedoch nicht eher schließen, als bis aller Eiter herausgeflossen ist, was ein tägliches Entfernen des Wundschorfes erfordern kann, bis die Wunde vollständig rein ist. Danach wird sie normal abheilen. Hat die Katze Temperatur, sofort zum Tierarzt.

Das Anschwellen eines oder beider Ohrlappen kann das Ergebnis einer Blutansammlung sein, Hämatom genannt. Dies gehört in die Obhut eines Tierarztes, der es trockenlegen und die Ohrlappen so fixieren wird, daß sie flach bleiben. Der Tierarzt wird die gesamte Ohrgegend untersuchen nach tieferliegenden Infektionen oder Reizung als Ursache für das Hämatom.

GESUNDHEITSFÜRSORGE

Brüche. Brüche sind oft die Folge von Straßenunfällen oder Stürzen von hohen Fenstern, Gebäuden oder Bäumen oder schweren, auf die Katze fallenden Gegenständen. Diese Unfälle kommen häufig vor bei freilaufenden Katzen und betreffen meist Beine, Kiefer, Becken oder Wirbelsäule. Wer Katzen in hochliegenden Etagenwohnungen hält, sollte die Fenster besser vergittern lassen, denn Katzen pflegen auf der Jagd nach einem Vogel auch aus dem Fenster zu springen.

Anzeichen und Symptome
Durch das Fell abstehende Knochen
Verdrehte Knochen
Unfähigkeit, zu fressen oder sich zu bewegen
Humpeln
Empfindlichkeit gegenüber Berührung
Vollständige oder teilweise Lähmung

Abhilfe. Rufen Sie den Tierarzt oder fahren so schnell wie möglich mit der Katze zu ihm, wobei Sie die Katze so ruhig wie möglich halten.

Wenn die Wunde stark blutet, stillen Sie den Strom durch eine Auflage oder Bandage. Wenn das Maul blutet, halten Sie den Kopf tiefer als den Körper, mit dem Gesicht nach unten, so daß das Blut nicht in die Kehle läuft. Wenn der Körper blutet, halten Sie den Kopf höher als den Körper. Der Tierarzt wird den Bruch richten und ihn gipsen oder bandagieren.

Verbrennungen entstehen meist zu Hause durch das Verschütten heißer Flüssigkeiten, durch elektrische Geräte (wenn beispielsweise Kätzchen eine Schnur durchnagen) oder durch Chemikalien.

Anzeichen und Symptome
Das Haar läßt sich leicht ausziehen oder fällt spontan aus.
Brandwunden sind sichtbar an den Kontaktstellen.
Bei schwerer Verbrennung kann es zu Schock, Kollaps und Bewußtlosigkeit kommen.

Abhilfe. Fragen Sie telefonisch den Tierarzt um Rat, nachdem Sie vorher weitere Verbrennungen ausgeschlossen haben durch Herausziehen der elektrischen Leitung, Fortnehmen der Katze oder der verbrennenden Chemikalien. In schweren Fällen sollte eine Symptombehandlung wie künstliche Beatmung und Wärmeanwendung eingeleitet werden. Da aber die Behandlungsmethoden für die verschiedenen Verbrennungsarten unterschiedlich sind, ist es schwer, hier allgemein gültige Hinweise zu geben. Falls die Haut durch Chemikalien verbrannt wurde, entfernt man diese am besten durch Baden der Katze mit einem milden Shampoo. Lassen Sie die Katze auf gar keinen Fall ihre Wunden lecken, damit sie die Chemikalien nicht verschluckt, was innere Verletzungen bewirken könnte. Hier könnte ein Halskragen hilfreich sein. Wie bei menschlichen Verbrennungen, mag die Verbrennung intensive stationäre Behandlung in einer Tierklinik erfordern.

Vergiftungen. Katzen können Hauspflanzen (einige können giftig sein) fressen, wenn ihnen Gras nicht zugänglich ist. Für Etagenkatzen empfiehlt sich sehr das

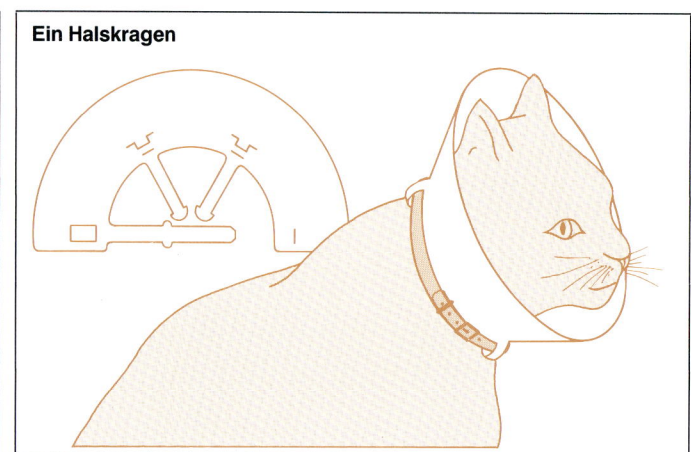

Ein Halskragen

Dieser im Handel erhältliche Kragen besteht aus weichem Kunststoff. Er kann um den Nacken der Katze gefaltet und festgesteckt werden und hindert sie so am Ablecken verletzter Stellen.

Anpflanzen von Spezialgras im Kästchen, um ihren Appetit auf Grünes zu stillen.

Medikamente jeglicher Art sollten niemals im Hause herumliegen, Katzen sind außergewöhnlich sensibel gegenüber so gebräuchlichen Drogen wie Aspirin. Wenn Verdacht besteht, daß eine Katze irgendwelche Drogen verschluckt hat, sollte dem sofort angerufenen Tierarzt der Name oder Anwendungsbereich dieses Präparates mitgeteilt werden. Danach legt er die Therapie fest. Unglücklicherweise kommen freilaufende Katzen immer wieder in Kontakt mit Paraffin (Kerosin), Terpentin und Altöl und scheinen besonders angezogen von Frostschutzmitteln. Alle diese Mittel sind höchst gefährlich. Solche Mittel sollten nie herumstehen, und sollten nach dem zufälligen Umkippen mit einem Reinigungsmittel weggewaschen werden. Ebenso sind Teerprodukte, Holzschutz- und Desinfektionsmittel, auch Haushaltsdesinfektionsmittel, Fliegensprays, Mäuse- und Rattengifte und alle darunter fallenden Chemikalien gefährlich. Auch hier wieder ist umgehende Behandlung erforderlich, wobei ein Rest des Mittels oder eine exakte Inhaltsangabe von der Packung dem behandelnden Tierarzt ein große Hilfe ist.

Anzeichen und Symptome
Übermäßiger Speichelfluß
Krämpfe
Zittern und Anfälle
Erbrechen
Schmerzen
Schwäche oder Dumpfheit
Übererregung
Tod

Abhilfe. Katzen können zum Erbrechen gebracht werden, vorausgesetzt dies geschieht innerhalb weniger Minuten nach Verschlucken der verdächtigen Lösung. Nach etwa 30 Minuten ist der Zeitpunkt verpaßt, da das Gift dann schon absorbiert worden ist. Das beste Brechmittel sind einige Körnchen Bleichsoda, die tief in den Katzenrachen eingebracht wurden und die innerhalb Sekunden wirken. Alternativ kann man eine starke Salz- oder Senfwasserlösung verabrei-

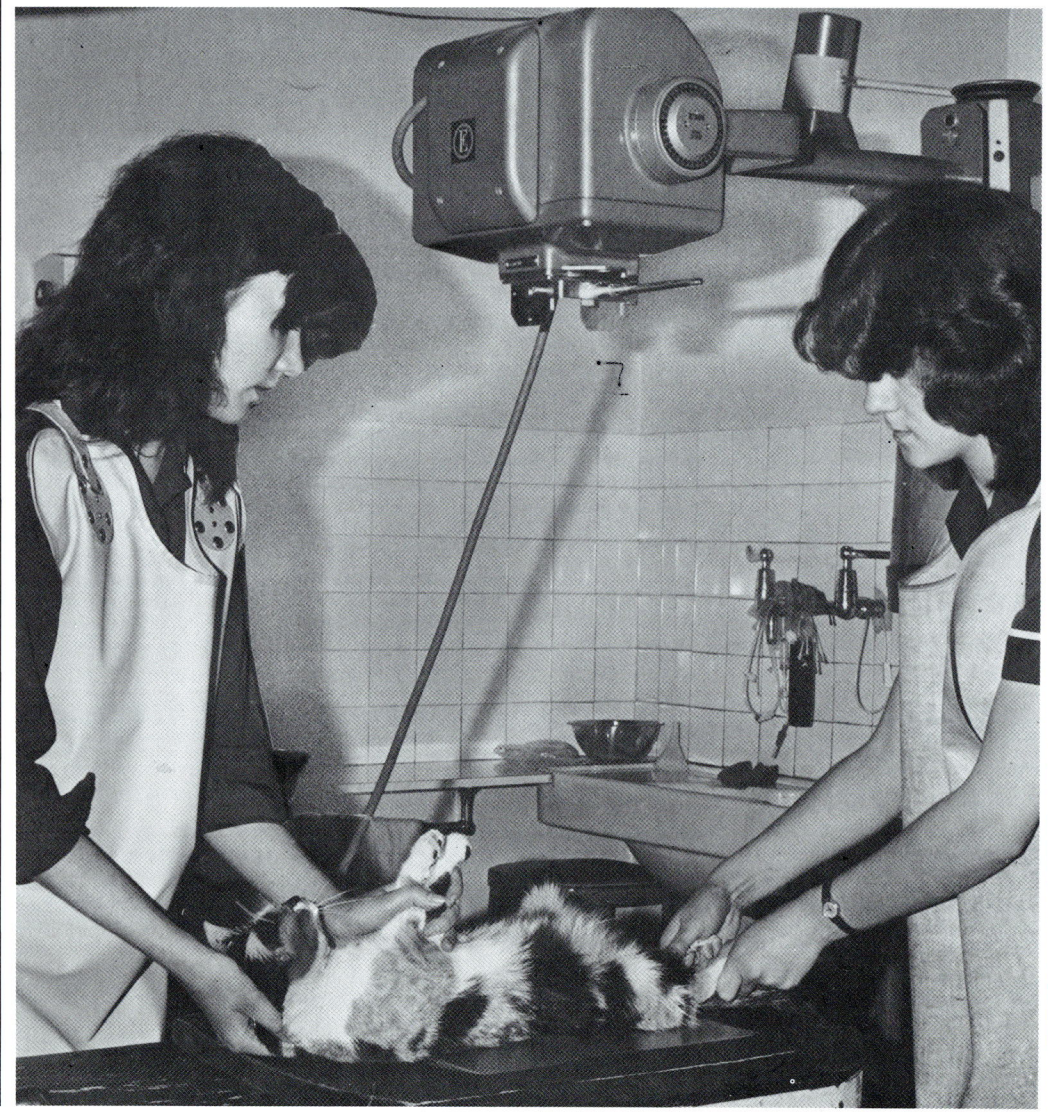

Eine Katze wird geröntgt. Tierärzte machen grundsätzlich Röntgenaufnahmen, um das genaue Ausmaß der Unfallverletzungen, besonders bei Brüchen, festzustellen.

Katzenwürmer

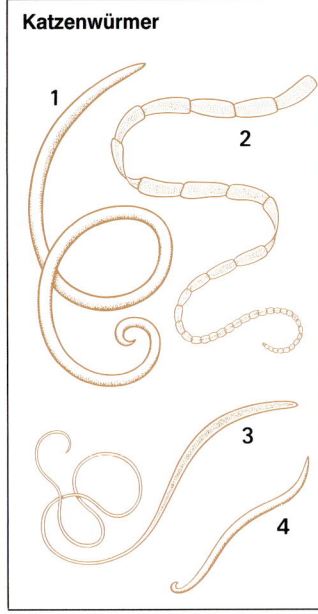

Die wichtigsten Katzenwürmer. Die nicht maßstabgetreue Zeichnung zeigt die Umrisse der am häufigsten vorkommenden Würmer.
1 Spulwurm
2 Bandwurm
3 Peitschenwurm
4 Hakenwurm

chen nach der für die Gabe von flüssiger Medizin beschriebenen Methode.

Parasiten

Die verschiedensten Kleinorganismen leben auf oder in Katzen. Wenn eine Katze zuviele in sich trägt, kann das gesundheitsschädlich werden. Die meisten verbreiten sich von einer Katze zur anderen durch den Kot oder über das Fell, einige können durch die Muttermilch auf die Kätzchen übertragen werden.

Innere Parasiten

Rundwürmer. Katzen-Spulwürmer sind fadenähnliche, gebrochen weiße Würmer von 5 bis 13 cm Länge. Sie hausen in den Eingeweiden und können ausgehustet oder über den Kot übertragen werden.

Anzeichen und Symptome
Ernster Husten
Blähbauch (besonders bei Kätzchen)
Durchfall
Stumpfe Haare und Augen
Übergroßer Appetit
Sichtbares drittes Augenlid

Abhilfe. Der Tierarzt wird die geeigneten Präparate entsprechend Größe, Alter und Gewicht der Katzen verschreiben. Es ist ratsam, Kätzchen und Katzen jedes Jahr zu entwurmen, und das Wurmmittel 14 Tage nach der ersten Gabe nochmals zu verabreichen. Eine kranke Katze darf niemals entwurmt werden, da dies fatale Folgen hätte. Desgleichen sollten Sie Zuchtkatzen entwurmen vor dem Belegen und nicht, wenn sie schon tragend sind. Deckkater sollten regelmäßig entwurmt werden. Hygienische Katzenhaltung ist sehr wichtig im Kampf gegen Würmer.

Hakenwürmer. Diesen gilt besondere Aufmerksamkeit, denn sie saugen das Blut der Katze in den Eingeweiden. Anämie kann daher ein Anzeichen für diese Parasiten sein. Sie ist in den Vereinigten Staaten häufiger anzutreffen als anderswo.

Bandwürmer sind abgeschnürte Flachwürmer. Ein Bandwurm beißt sich mit dem Kopf im Eingeweide der Katze fest. Vom Schwanzende des Bandwurmes lösen sich mit Eiern gefüllte Segmente, die von der Katze mit dem Kot ausgeschieden werden.

Anzeichen und Symptome
Kleine reiskornähnliche Segmente, die sich manchmal noch bewegen, erscheinen rund um den Anus. Bei dunkelhaarigen Katzen sind sie besser auszumachen als bei hellen.

Abhilfe. Flöhe sind die Zwischenträger im Bandwurm-Zyklus, so daß ein Entflohen gleichzeitig mit der oralen Entwurmung gegen Bandwürmer vorgenommen werden muß. Weiter werden Bandwürmer übertragen durch Mäuse, Wühlmäuse und Kaninchen, die von freilaufenden Katzen gefressen werden. Deswegen sollten Mäusefängerinnen regelmäßig entwurmt werden. Es gibt verschiedene Mittel, die die Katze schnell und ohne große Nebenwirkungen von Bandwürmern befreien. Eine Wiederholung wegen erfolgter Neueinnistung muß jedoch erfolgen. Fragen Sie am besten Ihren Tierarzt nach der richtigen Dosierung.

Coccidien sind mikroskopisch kleine Einzeller, die sich im Darm einnisten und denen eine große Anzahl Symptome zugeschrieben wird. Sie sind meist unproblematisch, mit Ausnahme örtlicher Katzenzwinger in den verschiedensten Weltteilen.

Anzeichen und Symptome
Ständiger anfallsartiger Durchfall
Gewichts- und Konditionsverlust
Blut im Stuhl

Abhilfe. Unbedingte strengste Hygiene ist wichtig, wie beispielsweise sichere Beseitigung, vielleicht durch Verbrennung, des Inhalts der Katzentoilette. Der Tierarzt kann Medikamente verschreiben gegen die Coccidien.

Ein Einzeller namens „Toxoplasma", der als natürlicher Katzenparasit gilt, soll besonders gefährlich sein für schwangere Frauen sein.

Äußere Parasiten

Flöhe sind hartgepanzerte, braune, flügellose Insekten mit abgeflachtem Rückenpanzer. Katzenflöhe hausen im Katzenfell und ernähren sich von ihrem Blut. Sie erscheinen nur in milden und tropischen Klimazonen und sind praktisch unbekannt in nördlichen Regionen, wie in ganz Skandinavien. Katzenflöhe können Hunde oder Menschen beißen, werden sich aber selten bei diesen einnisten. Meist sitzen sie im Rücken und Lätzchen. Schwerer Flohbefall kann zu Anämie, Ekzemen und anderen Beschwerden führen.

Anzeichen und Symptome
Dermatitis (Ekzeme)
Kratzen
Unruhe
Haut fühlt sich grob an
Sichtbares Zeichen: springende Flöhe

Abhilfe. Gegen Flöhe gibt es eine Menge Insektenvernichtungsmittel. Sie werden idealerweise in Puder- oder Sprayform angewandt und können von einem Flohhalsband unterstützt werden, wenn auch die Meinungen über deren Sicherheit auseinandergehen. Im Falle schweren Flohbefalls können Katzen gebadet werden, obwohl Katzen besonders sensibel auf flüssige Insektizide reagieren. Deshalb müssen Sie gründlich nachspülen.

Flöhe brüten außerhalb des Gasttieres, und deswegen sollten der Schlafplatz und alle regelmäßig mit der Katze in Berührung kom-

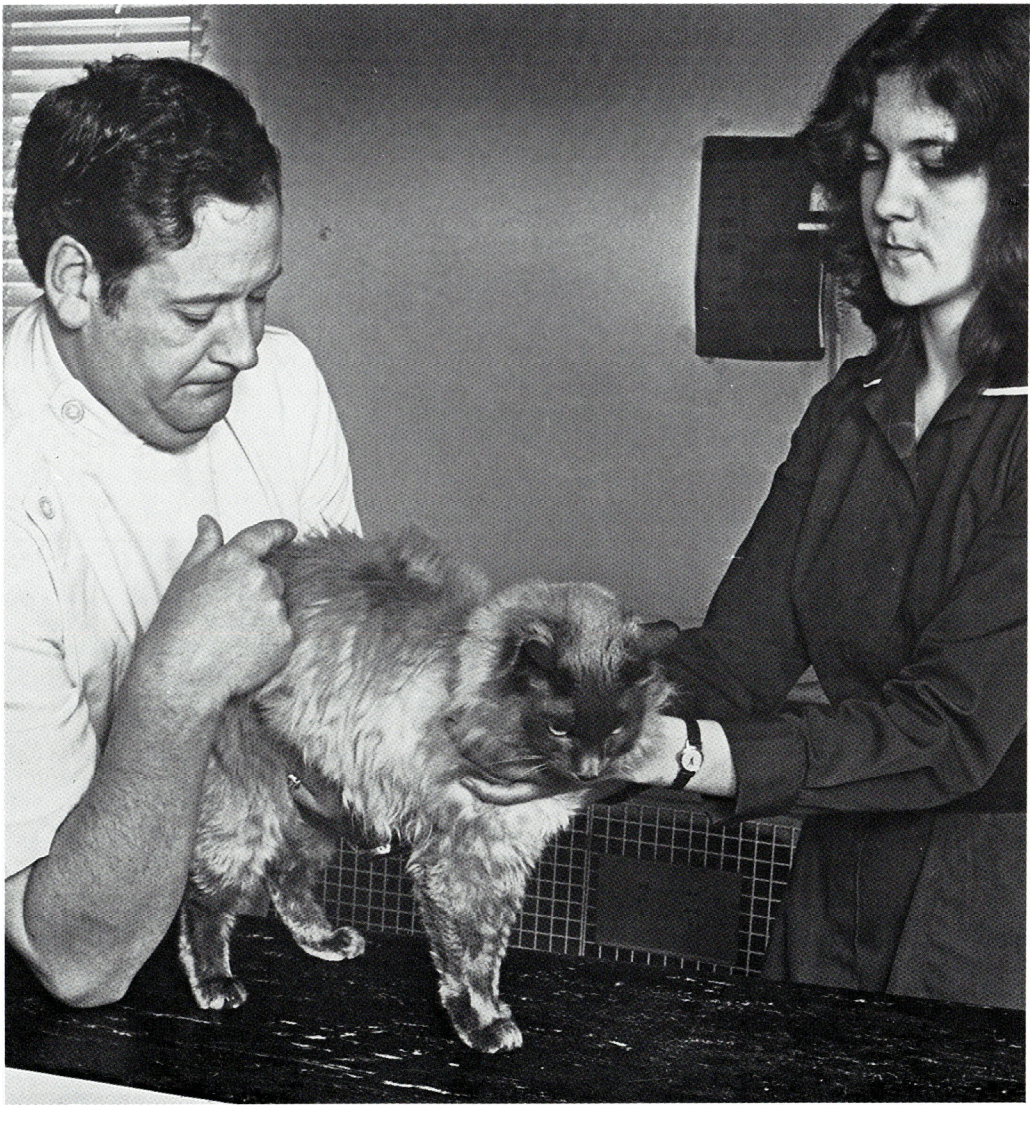

Ein Tierarzt bei der gründlichen Untersuchung einer Katze. Er wird besonders aufmerksam Fell und Haut auf die verschiedenen Parasiten hin untersuchen.

GESUNDHEITSFÜRSORGE

menden Gegenstände sorgfältig entfloht werden. Gewöhnliche Haushaltsinsektizide reichen hierfür aus, sollten aber nicht in Anwesenheit der Katze im Raum versprüht werden, noch ohne Befolgung der Sicherheitsanweisungen des Tierarztes.

Läuse sind blaßgraue, flügellose Insekten mit flachem Panzer. Läuse heften sich mit ihrem Maul an die Haut einer Katze. Sie kleben ihre Eier an die Haare der Katze und verbringen ihr gesamtes Leben auf einem Gasttier.

Anzeichen und Symptome
Kratzen
Sichtbares Zeichen: Sie können Läuse auf dem Kopf der Katze und ihre Nissen (Eier) in deren Fell sehen.

Abhilfe. Verfahren Sie wie bei Flöhen oben beschrieben. Wiederholen Sie die Behandlung aber wöchentlich, da Läuse sehr schwer auszurotten sind. Kämmen Sie sorgfältig alle sichtbaren Nissen aus. Sie können Läuse auch mit der Pinzette aufnehmen und im Desinfektionsmittel ertränken.

Räudemilben können gut zusammen behandelt werden und unterteilen sich in drei Sorten:
Cheyletiella — die alle Körperteile befällt und leicht auf Menschen überspringt;
Notoedres — Kopfmilbe, die Schorf und Haarverlust verursacht und ernste Reizungen rund um den Kopf;
Trombicula — gewöhnlich an den unteren Körperteilen anzutreffen, insbesondere an Beinen und Füßen, und besonders in ländlichen Gegenden.

Anzeichen und Symptome
Variieren von Nichts bis zu starker Reizung
Anzeichen von Haarverlust
Leichter Schorf.

Milben lassen sich normalerweise nur unter dem Mikroskop erkennen, nur die „Trombicula" sind mit dem bloßen Auge auszumachen.

Abhilfe
Dieselbe wie bei Flöhen.

Ohrmilben (Otodectes cynotis)
Diese Milben leben in den Gehörgängen von Hunden und Katzen und können von einem zum anderen übertragen werden.

Anzeichen und Symptome
Heftiges Kratzen
Kopfschütteln
Zuckende oder schiefgehaltene Ohren
Schiefgehaltener Kopf
Braune oder rötliche Wachsflecke am Innenohr

Abhilfe. Man kann Ohrmilben entdecken, indem man mit einem Wattestäbchen über die äußere Ohrmuschel (nur den sichtbaren Teil) fährt und die Ablagerung unter einem Vergrößerungsglas untersucht. Die Milben selber sind kleine, sich bewegende weiße

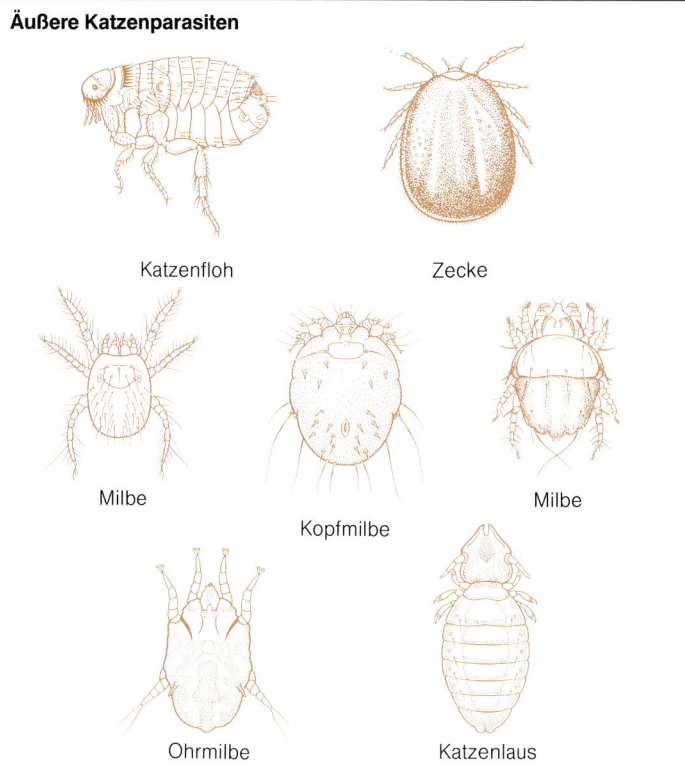

Äußere Katzenparasiten

Katzenfloh — Zecke — Milbe — Kopfmilbe — Milbe — Ohrmilbe — Katzenlaus

Die wichtigsten Ektoparasiten. Art und Schwere des Befalls ist weltweit unterschiedlich. In einigen Gebieten sind die Parasiten Krankheitsträger.

Ein Tierarzt schaut mit dem Auroskop tief in das Innenohr. Mit dieser Untersuchung kann er Ohrmilben, Bakterieninfektionen, eingedrungene Fremdkörper feststellen.

Objekte, während ihre Ablagerungen als rötlich-brauner Schmutz erscheinen. Bei schwerem Befall kann der Tierarzt das Ohr ganz auswaschen und dann Tropfen verschreiben, die Sie täglich einträufeln müssen. Dies dürfte der Katze nur leicht unangenehm sein, vorausgesetzt Sie wenden sie mit Zimmertemperatur an. Massieren Sie die Flüssigkeit tief in das Ohr ein, bevor Sie den Kopf der Katze loslassen, andernfalls wird diese den Kopf schütteln und die Flüssigkeit herausspritzen.

Die Behandlung muß mehrere Wochen fortgesetzt werden, und die Ohren sollen anschließend regelmäßig untersucht werden, um Neuansteckung zu verhindern.

Zecken. Diese befallen meist nur freilaufende Katzen in ländlichen Gebieten. Eine Zecke saugt sich mit dem Mund an der Haut der Katze fest und entzieht ihr Blut. Katzen merken selten den Zeckenbefall.

Anzeichen und Symptome
Sie können Zecken am Körper der Katze hängen sehen. Sie sind kurz nach dem Anheften zumeist weiß und weich, oder im vollgesaugten Zustand grau, fett und erbsenförmig.

In einigen Teilen der Welt, besonders dem buschreichen Ostaustralien, können Zecken die Katzen mit einem Fieber infizieren, das partielle Lähmung der Hinterbeine und, im Falle der Nichtbehandlung, den Tod mit sich bringt. Die Krankheit wird über ein Toxin aus den Speicheldrüsen der Zecke übertragen.

Abhilfe. Ziehen Sie Zecken niemals ohne Vorbereitung heraus — meist bleibt der Kopf in der Haut festgehakt und verursacht eine Entzündung. Betupfen Sie die Zecke mit etwas Alkohol, medizinischem Alkohol, Nagellackentferner oder Öl. Nach etwa 10 Minuten entfernen Sie die Zecke vorsichtig mit der Pinzette. Die Flamme von Streichhölzern oder Zigarettenanzündern sollte nicht zum Entfernen der Zecke eingesetzt werden, da sie das Fell der Katze verbrennen könnten.

Infektionen
Ringelflechte. Dies ist eine durch Sporen übertragene Pilzinfektion, die kahle Stellen im Fell verursacht. Sie sind bei kurzhaarigen Katzen besser auszumachen als bei langhaarigen. Diese Infektion ist höchst ansteckend und kann sich übertragen zwischen Katzen, Hunden, Nagetieren und Menschen.

Anzeichen und Symptome
Kahle, schuppige Stellen
Schorf im Fell

Abhilfe. Der Tierarzt kann Ringelflechte feststellen mit ultraviolettem Licht, in dem die kranken Stellen grün erscheinen, oder durch mikroskopische Untersuchung der Schuppen. Die Behandlung kann aus Bädern bestehen oder der Anwendung von Lotionen und Tabletten. Wenn Sie Flüssigkeiten auf die Haut einwirken lassen sollen, klipsen Sie des besseren Einziehens wegen das Fell beiseite. Es ist wichtig, das Tier fernzuhalten von Katzen, Hunden und Menschen. Behandeln Sie die Katze vorsichtshalber mit Gummihandschuhen und -schürze und waschen Sie gründlichst das Bettzeug und andere häufig von ihr benutzte Gegenstände oder werfen Sie das alles sogar weg.

Tollwut. Sie ist unweigerlich tödlich für Säugetiere und Menschen. Diese Krankheit muß dem Gesundheitsamt gemeldet werden. Es ist eine Virusinfektion, die das Nervensystem angreift und sich durch Bisse oder den Speichel der kranken Tiere überträgt. Die Inkubationszeit ist unterschiedlich lang, aber normalerweise zeigt sich Tollwut bei der Katze innerhalb zwei Monaten nach der Infektion. Katzen können sich damit untereinander anstecken, bei Hunden oder Wildtieren wie Füchsen, Skunks und Waschbären. Die geografische Abgeschiedenheit und strenge Quarantänebestimmungen haben Großbritannien, Australien, Neuseeland und Hawaii vor der Tollwut bewahrt, aber sie ist in anderen Teilen der Welt weitverbreitet.

Anzeichen und Symptome
Wildes, aggressives Benehmen
Speichelfluß
Erweiterte Pupillen
Unkontrollierte Bewegungen
Krämpfe
Lähmung
Tod

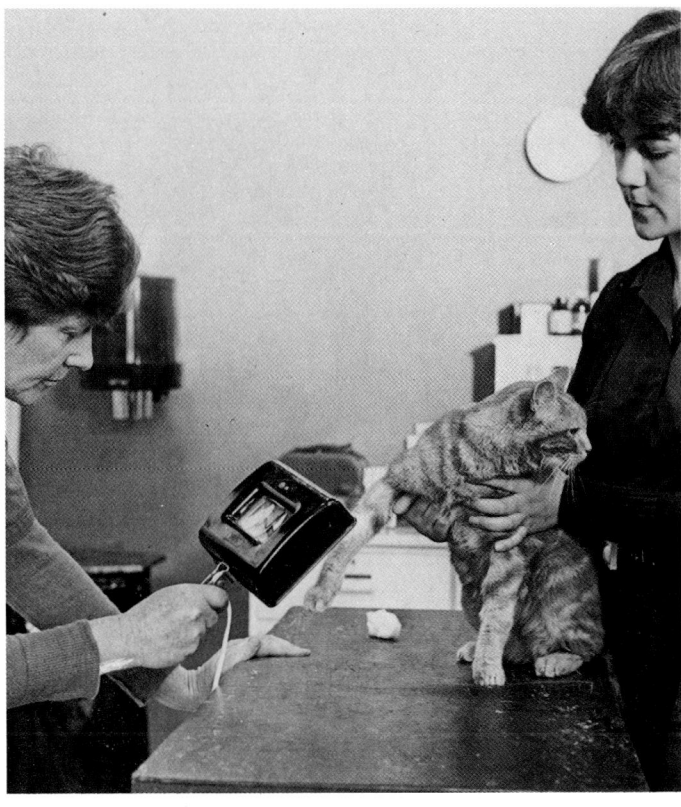

Mit einer Speziallampe kann Ringelflechte festgestellt werden, eine hochansteckende Pilzinfektion der Haut. Unter dem Ultraviolettlicht der Lampe erscheinen die erkrankten Hautstellen grün.

Abhilfe. Außerhalb der oben genannten tollwutfreien Länder muß jeder Biß von Wildtieren verdächtig erscheinen, und die Katze muß umgehend dem Tierarzt zur Untersuchung vorgestellt werden. Freilaufende Katzen in unserem Lande sollten mit drei bis vier Monaten die erste Tollwutspritze erhalten, mit jährlichen oder zweijährlichen Wiederholungen.

Katzenschnupfen. Er verursacht dicke Schleimabsonderungen im Nasentrakt und ist hochansteckend, besonders für Kätzchen. Dagegen kann vorbeugend geimpft werden.

Anzeichen und Symptome
Plötzlicher Ausbruch, Husten, Niesen, Hohe Temperatur, Augenentzündung, Ausfluß aus Nase und Augen, Appetitmangel, Lethargie.

Abhilfe. Es ist übertrieben, Ihre Katze bei jedem Niesen zum Tierarzt zu bringen, sobald aber einige der anderen Anzeichen hinzukommen, darf keine Zeit verloren werden. Eine Woche zu warten, könnte lebensbedrohlich sein. Wenn nur eine von mehreren Katzen diese Symptome zeigt, muß sie von den anderen isoliert werden, selbst nach ihrer Gesundung könnte sie als Zwischenträger die anderen Katzen anstecken. Nach der tierärztlichen Behandlung sollte die Katze gleichmäßig warm gehalten werden, um Erkältungen zu vermeiden, selbst dann kann sie schon dauernden Schaden davongetragen haben und fortan unter verstopfter Nase leiden oder für den Rest ihrer Tage „schniefen".

Staupe. Dies ist die gefährlichste, todbringende Krankheit. Rechtzeitige Impfungen sind fast hundertprozentig wirksam, und alle Katzen und Kätzchen sollten geimpft werden.

Anzeichen und Symptome
Lustlosigkeit, Schmerzen, Ungewöhnliche Temperatur, Appetitmangel, Durchfall, Kollaps, Starkes Austrocknen, Plötzlicher Tod.

Abhilfe. Der Tierarzt sollte sofort gerufen werden. Wenn er nicht sofort kommt, versuchen Sie, etwas Traubenzucker-Wasser-Lösung in das Maul der Katze einzuführen, ohne Gewaltanwendung, und halten Sie sie an einem dunklen, ruhigen Platz. Ohne die spezielle Vorbeugeimpfung könnte der Tod innerhalb 24 Stunden eintreten. Kätzchen sind durch ihre Mutter auf natürliche Weise in den ersten Lebenswochen immun. Der Tierarzt wird für sie Impfstoff und -alter festlegen. Stirbt ein Tier an Staupe, schafft man besser in den nächsten sechs Monaten kein neues Kätzchen an, es sei denn ein geimpftes.

Leukämie. Leukämie ist eine tödliche, kanzeröse Veränderung der Blutzellen und wird durch einen Virus ausgelöst. Sie tritt epidemieartig in einigen Rassen auf, und Sie kaufen am besten Kätzchen aus leukämiefreier Zucht.

Anzeichen und Symptome
Zunehmende Schwäche, Appetitmangel, Kollaps, Plötzlicher Tod.

Abhilfe. Bisher gibt es noch kein Gegenmittel, und das Einschläfern wird empfohlen für Hauskatzen und ist unumgänglich für Zuchtkatzen, da sie einen Risikofaktor für gesunde Katzen darstellen. Bisher gibt es keinen Beweis, daß diese Viruskrankheit auf Menschen übertragen wird, wie man früher glaubte.

Nierenleiden. Nierenleiden befallen meist ältere Katzen.

Anzeichen und Symptome
Übermäßige Wasseraufnahme, Übermäßiges Urinieren, Mundgeruch, Lustlosigkeit, Wiederholtes Erbrechen, Appetitmangel, Gewichtsverlust.

Abhilfe. Nierenleiden sind meist unheilbar. Sobald die Nieren zu kränkeln begonnen haben, benötigen sie ständig mehr Wasser, um dieselbe Menge Körperausscheidungen wegzutransportieren. Das kann zu unabsichtlichen Wasserlachen im Hause führen. Die Katze sollte dafür nicht gescholten werden: sie kann ihr Wasser nicht länger halten. Medikamente können ihr Leben verlängern, aber Nierenkrankheiten sind schleichende und schließlich tödliche Leiden, so daß es möglicherweise humaner ist, die Katze einschläfern zu lassen, bevor sie all ihre Würde verliert.

Blasenleiden. Weitverbreitet sind Blasenkatarrh (mit entzündeter Blase) und Blasensteine. Ersterer geht meist auf eine Infektion zurück; die Steine auf Kristalle, die sich in dem engen Harnleiter eines Katers festgesetzt haben. Blasenkatarrh verursacht Schmerzen und häufiges Wasserlassen. Bei Steinen kann der Urin Blut enthalten, da der Kater Urin durch den verstopften Harnkanal zu pressen versucht. Der Rückstau einer überdehnten Blase kann zu Nierenschäden führen.

Anzeichen und Symptome
Ausscheidung geringer Mengen flockigen Urins, Urin kann bluthaltig sein, Offensichtliche Schmerzen, Unfähigkeit zum Urinieren, Schwäche, Konditionsverlust, Totaler Kollaps.

Abhilfe. Suchen Sie sofort den Tierarzt auf. Er wird wahrscheinlich Antibiotika spritzen gegen den Katarrh und auf operativem oder manuellem Wege versuchen, den blockierenden Stein aus dem männlichen Harnleiter zu entfernen. Unbehandelt könnte eine solche Blockierung tödlich ausgehen. Zu Hause sollte die Katze dazu gebracht werden, möglichst viel Flüssigkeit aufzunehmen, mit Gerstenschleim statt Kranwasser. Um Blasensteinen bei Katern vorzubeugen, geben Sie kein Futter, das Kristalle im Harn verursacht. Trockenfutter sollte nur solchen Katzen gegeben werden, die von sich aus viel Wasser trinken. Ein stets sauberes Katzenklo animiert die Katze, es öfter zu benutzen, was wiederum der Steinbildung in der Blase entgegenwirkt.

Temperaturabhängige Krankheiten
Hitzschlag. Diesem erliegen Katzen jeglichen Alters, wenn sie extremer Hitze ohne ausreichenden Luftzug ausgesetzt sind. Dies kann passieren auf Katzenausstellungen, im geschlossenen Auto oder wenn die Katze in tropisches Klima kommt. Während des Hitzschlags kann die Temperatur der Katze auf 41°C ansteigen.

Anzeichen und Symptome
Leerer Ausdruck, Erschöpfte Haltung, Heftiges Keuchen, Erhöhter Puls, Erbrechen, Bewußtlosigkeit.

Abhilfe. Idealerweise sollte die Katze in kaltes Wasser getaucht werden zur Senkung der Körpertemperatur. Wenn dies unmöglich ist, dürfen viel frische Luft, vielleicht mit einem Fön, oder eine Eispackung oder kalte Abwaschung im Gesicht und eine Körpermassage reichen. Dann bringen Sie die Katze zum Tierarzt.
Um einem Hitzschlag im Auto zuvorzukommen, halten Sie immer Trinkwasser vorrätig und sorgen für Durchzug, besonders wenn Tiere an einem sonnigen Tag unbeaufsichtigt im Auto gelassen werden.

Unterkühlung. Dies ist ein manchmal tödliches Abfallen der Körpertemperatur.

Anzeichen und Symptome
Verringerter Puls
Die Katze fühlt sich kalt an

Abhilfe. Wenn sich Kätzchen kalt anfühlen, drohen sie an Unterkühlung zu sterben. Wärmen Sie sie in Ihrer Hand an und setzen Sie sie dann auf eine nicht zu heiße Wärmequelle. Eine Infrarotlampe mag helfen; Wärmflaschen kühlen zu schnell ab, sind aber im Notfall nützlich. Unterkühlung tritt besonders dann auf, wenn die Katzenmutter während der Geburt gestorben ist und die Kätzchen nicht mehr wärmen kann. In solchen Fällen behelfen Sie sich während der ersten Tage mit künstlicher Wärme. Alte Katzen können, genau wie alte Menschen, an Unterkühlung leiden. Mit dem Alter verlieren sie die körpereigene Steuerung der Temperatur, was zu niedrige Temperaturen bewirkt, besonders in kalter Umgebung. Künstliche Wärme ist angebracht, um es nicht zu Unterkühlung und Tod kommen zu lassen.

Psychische Störungen. Einige Katzen wehren sich gegen zu langes Alleinsein oder gegen eine neue Katzen-Hausgenossin oder menschlichen Zuwachs. Diese Katzen können ihr Mißbehagen durch seltsames Verhalten ausdrücken.

Anzeichen und Symptome
Urinverspritzen an unüblichen Stellen, Spritzen auf Gegenstände des Besitzers, Kotabsetzen im Hause, Aggressives Verhalten.

Abhilfe. Finden Sie heraus, wogegen sich die Katze sträubt. Wie manch gestörtes Kind, sucht auch eine gestörte Katze vermehrte Aufmerksamkeit, da sie sich vernachlässigt fühlt. Dies ist ganz normal, und sobald Sie ihr mehr Zuneigung gönnen, wird sich das Problem von selbst lösen. Wenn sich die Katze weigert, den ganzen Tag ohne menschliche Gesellschaft zu bleiben, gesellen Sie ihr einen Hund oder eine weitere Katze als treuen Freund zu.

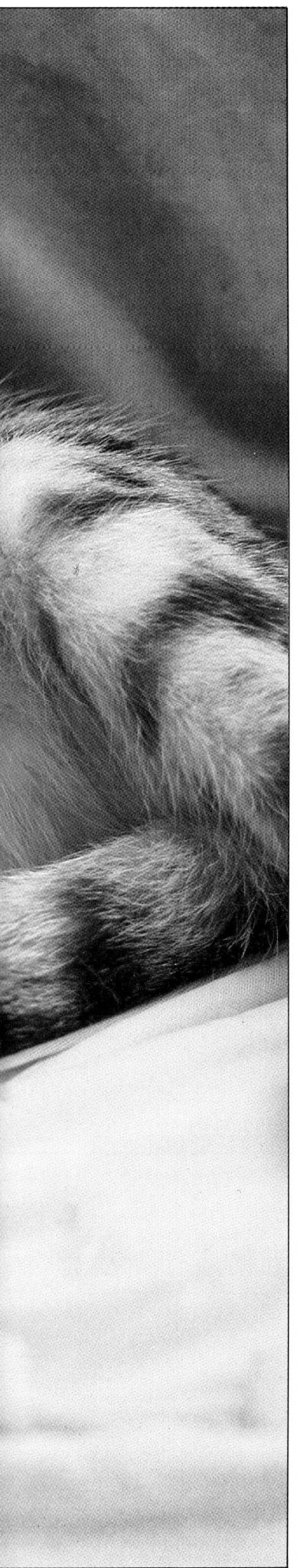

7
Katzenzucht und Aufzucht

Wenn man ihnen die Wahl ließe, würden alle Katzen Junge haben wollen. Diesem Katzeninstinkt ist jedoch nicht zuzustimmen. Da sie sich in so großer Zahl vermehren, würden wir überrannt von Katzen und unfähig sein, ihre unzähligen Jungen würdig unterzubringen. Zum Wohle der Gattung sollten nur die gesündesten, schönsten und gutmütigsten Katzen zur Zucht herangezogen werden. Solch selektives Züchten auf Gesundheit, Aussehen und Temperament hin läßt die heutigen Zuchtkatzen all ihren Vorgängern überlegen sein. Natürlich besteht das Risiko erblicher Defekte aufgrund von Inzucht, aber verantwortungsvolle Züchter wissen das auszuschalten.

Die durchschnittliche Hauskatze wird für gewöhnlich nachts herausgelassen, und die Natur nimmt ihren Lauf. Auf diese Weise kommen Kätzchen jeglicher Farbe und Art zustande, entsprechend der Farben und Typen von Vater und Mutter. Ein Wurf kann sogar auf mehr als einen Vater zurückgehen, und entsprechend farbenfreudig sind die Kleinen. Diese Rassemischung bringt sehr robuste Mischlingskatzen hervor, und die schönsten Kätzchen finden leicht ein Zuhause.

Die Haltung einer Kätzin
Am besten beginnen Sie mit dem Besitz einer Kätzing der gewöhnlichen Rasse. Eine Kätzin ist eine fortpflanzungsfähige Katze. Anfänger sollten sich nicht zusätzlich einen eigenen Deckkater halten wollen in der Hoffnung, die beiden zu paaren, denn dies ist außerordentlich unpraktisch (Seite 128). Sobald Ihre Kätzin rollig ist, bringen Sie sie zu einem Deckkater derselben Rasse. Sie kann zwischen sechs Monaten und zwei Jahren alt sein, aber selbst wenn sie frühentwickelt ist, sollten Sie

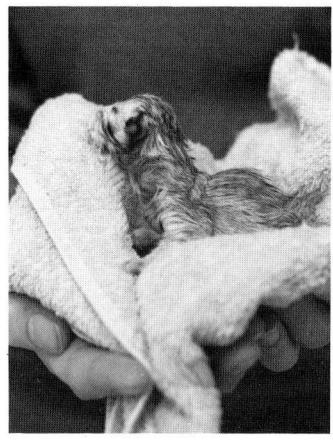

Ein gerade geborenes Kätzchen, noch feucht von der Fruchtblase, in der es auf die Welt kam. Es wird von der Mutter trockengelegt.

Eine Silver Tabby-Mutter säugt ihre Kätzchen. Die neugeborenen Kätzchen finden instinktiv den Weg an die Mutterbrust.

sie erst ab einem Jahr belegen lassen, damit ihr Körper auch wirklich entwickelt ist. Die ausländischen Rassen „singen" viel früher als die anderen kurz- oder langhaarigen. „Singen" erlebt man bei rolligen, das heißt paarungsreifen Katzen. Der Ausdruck „Singen" wurde für Katzen gewählt, weil die meisten unter ihnen zu dieser Zeit sehr stimmgewaltig sind. Ihre lauten Klagerufe in Richtung eines etwa vorbeikommenden paarungswilligen Katers werden begleitet von ihrem Herumrollen auf dem Boden, wobei sie den Kopf herunter und das Hinterteil in die Luft halten und ihre Beine gegen ihre Besitzer oder die Möbel reiben. Ausländische Rassen hat man schon mit vier Monaten „singen" hören, während einige Langhaar- und andere Kurzhaarrassen ihre ersten Rufe nicht vor dem ersten oder zweiten Lebensjahr loslassen. Das Durchschnittsalter dürfte im ersten Frühjahr nach dem Erwachsenwerden mit acht oder neun Monaten liegen.

Besonders Perser sind von Oktober bis März „aus dem Rennen", während viele ausländische Rassen das ganze Jahr über „singen". Katzen jeder Rasse entwickeln ihren eigenen Zeitplan, der von monatlich für einige Orientalen bis zu zweimal jährlich, oder dazwischenliegend für andere, reichen kann — jede Katze hat ihren eigenen Zyklus.

Das „Singen" wird unterstützt von einer Absonderung klarer Vaginalflüssigkeit, die die Kätzin mit der Zunge aufleckt. Ein weiteres Anzeichen der beginnenden Hitze ist daher das häufigere Waschen — besonders in diesem Bereich.

Eine sehr oft rollige Kätzin kann bis zu fünf Würfen in zwei Jahren haben, zu ihrem Besten läßt man sie aber nur einmal pro Jahr belegen. Einige Kätzinnen werfen jahrein, jahraus Junge. Andere wiederum hören mit etwa acht Jahren auf, rollig zu werden. Wieder andere „singen" und paaren sich weiterhin, werden aber nicht mehr trächtig. Wenn Ihre Kätzin nicht mehr trächtig werden soll, lassen Sie sie (nötigenfalls) kastrieren.

Vorbereitung auf den Deckakt
Sobald Ihre Kätzin rollig wird, sollten Sie sie im Hause halten, andernfalls würde sie sich in unglaublich kurzer Zeit ihren eigenen Deckkater aussuchen. Die Katze wird um jeden Preis ausgehen wollen, wobei sie an den Fenstern auf- und abläuft und auf die Türklinken springt. Kinder neigen oft dazu, einer Katze die Tür zu öffnen, die verzweifelt herauszukommen

KATZENZUCHT UND -AUFZUCHT

versucht. Um dieser Versuchung und einem unbeabsichtigten Entwischen vorzubeugen, richten Sie am besten einen Raum mit einem fluchtsicheren, eingezäunten Auslauf und anschließendem Schlafplatz ein. Sie können der Kätzin auch im Garten einen eigenen Auslauf mit Häuschen bauen. Dies alles sollte vor dem ersten Rolligwerden fertiggestellt sein.

Dieses eigene Revier der Kätzin wird sich später bewähren für die Katzenmutter und ihre Kleinen, so daß diesen nichts geschieht oder die Kätzin sie an unpassende Orte verschleppen kann. Hält man sie so in der Kinderstube fest, kann man die Kätzin am Herumstreunen hindern oder vor dem Tod bewahren, bevor die Kleinen flügge sind — ein Unglück, was den Besitzer zu der schwierigen Aufgabe der Flaschenaufzucht verpflichtet.

Sehen Sie sich schon mal nach einem passenden Deckkater derselben Rasse um, während sie auf das erste Rolligwerden Ihrer Kätzin warten; der Züchter, bei dem Sie gekauft haben, kann Ihnen sicher hierzu wertvolle Hinweise geben. Vielleicht möchten Sie die Stammbäume einiger Deckkater einsehen und mit dem Ihrer Kätzin vergleichen. Der Deckkater sollte ein Champion mit viel Erfahrung sein, wenn die Kätzin das erste Mal belegt wird. Eine reifere Kätzin kann sich auch mit einem jüngeren Deckkater abgeben. Der Deckkater sollte die Kätzin in den Punkten ergänzen, wenn nicht gar übertreffen, wo sie noch Schwachstellen aufweist. Wenn beispielsweise ihr einziger Mangel eine ungenügende Augenfarbe ist, wählen Sie einen Deckkater mit außergewöhnlich gutgefärbten Augen. Sie können ihn manchmal schon beurteilen anhand der aus ihm stammenden Ausstellungskätzchen. Einige Deckkater bringen grundsätzlich Kätzchen mit hervorragender Augenfarbe hervor, unabhängig vom Erbgut der Mutter.

Buchen Sie den Deckkater im voraus und lassen Sie seinen Besitzer die ungefähre Zeit der Rolligkeit wissen. Sie können das passende Datum errechnen, sofern Sie von Anbeginn der ersten Rolligkeit an Buch über ihren Zyklus geführt haben. Einige Katzen verlieren die Rolligkeit, wenn man sie zu früh wegbringt. Besser wartet man ein oder zwei Tage, bis die Kätzin wirklich reif ist, statt sie so schnell wie möglich mit dem Kater zusammenzubringen. Wenn sie aufgrund des Wegbringens ihre Rolligkeit verliert, wird es nötig sein, mit dem Katerbesitzer einen so ausgedehnten Aufenthalt der Kätzin beim Kater zu vereinbaren, bis sich ihre Rolligkeit wieder einstellt. Dies wird nur möglich sein, wenn der Deckkater ein Katerhaus mit einem gesonderten Raum für eine wartende Kätzin hat.

Der Deckakt

Die Kätzin muß immer in einem Behälter zum Kater gebracht werden, denn selbst die zu Hause sanfteste und freundlichste Katze ist fähig, wild zu werden beim leisesten Geruch eines Deckkaters, besonders wenn sie rollig ist.

Links: Eine Kätzin in typischer Deckhaltung. Begleitet von dem Kopfrollen auf dem Boden und Klageschreien (zwecks Anziehung der Kater ist dies ein untrügliches Zeichen der Rolligkeit.

Unten: Kätzin (links) und Kater machen sich vor dem Deckakt miteinander bekannt. Dieses Kennenlernen ist ein wichtiger Teil des Paarungsrituals; eine unreife Kätzin wird den Kater zuerst anzischen.

Unten rechts: Kätzin und Kater in der Deckhaltung. Der Kater besteigt die Kätzin von hinten und hält sich mit dem Maul in ihrem Nacken fest. Gleich nach dem Paaren wird die Kätzin sich erregt herumwerfen und manchmal den Kater angreifen.

Ideal ist es, wenn sie direkt in ihr Gehege kann, ohne daß sie durch sein Revier muß, bevor ihre Box geöffnet ist. Gewöhnlich ist die Kätzin durch Gitterdraht vom Kater getrennt, so daß sie sich vor dem Paaren beriechen und kennenlernen können. Die Kätzin wird ihren Verehrer für gewöhnlich anzischen und anspeien beim ersten Anblick, besonders wenn sie noch nicht ganz reif ist. Dies ist normal.

Sobald sie anfangen, Zärtlichkeiten auszutauschen und sich durch das Gitter angurren und aneinander reiben, kann die Kätzin sicher zum Belegen herausgelassen werden. Der Kater hält sich in ihrem Nacken fest und besteigt sie von hinten. Bei ihrem Höhepunkt schmeißt sie

ihn runter und rollt sich heftig im Kreis auf dem Boden. Sie mag ihn sogar angreifen, so daß er klugerweise herunterspringt.

Die Kätzin kann während ihres Aufenthalts beim Kater mehr als einmal belegt werden. Wenn man beide zusammenläßt, werden sie sich mehrmals am Tage paaren. Aber häufiges Paaren bedingt nicht unbedingt viele Nachkommen. Einmal genügt, und ein Wurf mit zehn Kätzchen ist schon aus einer einmaligen Paarung entstanden.

Natürlich gehen Katzen wie auch deren Besitzer ihren eigenen Angelegenheiten nach. Finanziell bedeutet dies die Zahlung einer Deckgebühr, die nicht nur die Dienste des Katers umfaßt, sondern

anteilsmäßig auch das Bereithalten des Deckkaters während des ganzen Jahres, sowie Unterbringung und Futter der Kätzin während ihres oft tagelangen Aufenthalts, wenn sie bei der Ankunft noch nicht deckungswillig ist. Der Katerbesitzer wird meist auf vorheriger Impfung der Kätzin bestehen, so daß ihr Impfpaß bei der Ankunft vorgezeigt werden muß. Der Halter der Kätzin sollte sich gleichermaßen den Paß des Katers vorlegen lassen.

Die trächtige Kätzin

Beim Nachhausekommen kann die Kätzin immer noch „singen", so daß sie im Hause gehalten

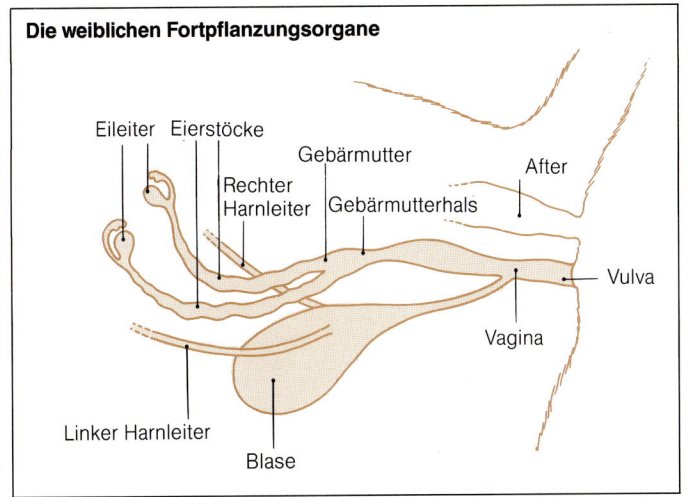
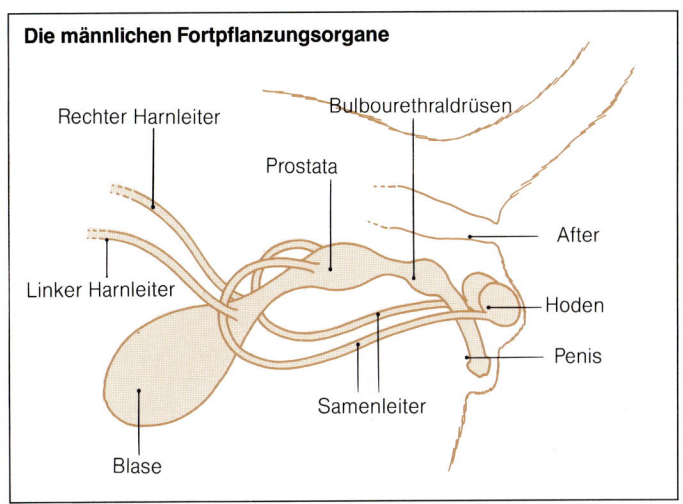

werden muß, bis sie aufhört. Wenn sie in ein paar Tagen oder Wochen wieder zu singen beginnt, wissen Sie, daß sie nicht aufgenommen hat und nochmals zum Decken muß. Der Katerbesitzer mag diesmal keine Gebühr berechnen, ist dazu jedoch nicht verpflichtet und kann ein Entgelt für den Aufenthalt nehmen.

Wenn der Deckakt erfolgreich war, folgt ihm eine Periode herrlichster Ruhe. Die Kätzin wird weiterhin herumjagen, erscheint jetzt aber sehr mit sich und der Welt zufrieden und bietet ein Bild strahlender Gesundheit. Sie sollten ihrem Futter nun zusätzlich Vitamine und Calcium beimischen (Seite 105). Ungefähr drei Wochen nach der Paarung werden ihre Zitzen rosa, und die Kätzin wird sich, diesmal stumm, herumwälzen.

Schließlich wird sie rundlicher und beginnt, im ganzen Haus Nester anzulegen. Sie läßt sich gern bei der Körperpflege helfen, besonders an den für sie unerreichbar gewordenen Stellen. Schneiden Sie bei einer Langhaarkätzin das Haar rund um die Zitzen mit einer vorn abgestumpften Schere ab, bevor sie wirft, so daß das Fell dort nicht naß und beim Trocknen hart wird. Es könnte sonst die säugenden Jungen am Auge verletzen. Bei einer Langhaarkatze sollte auch das Fell rund um die Vagina vor der Geburt beschnitten werden.

Lassen Sie die Kätzin in der letzten Woche nicht aus ihrem eigenen Gehege heraus, in dem Sie ihr ein vollkommenes Wurflager mit dicken Lagen sauberen Zeitungspapiers vorbereitet haben. Es wird ihr viel Freude machen, es für ihre Babys zu einem gemütlichen Nest herzurichten. Ein einfacher Karton genügt. Noch besser ist ein Weinkarton mit oben abnehmbarem Deckel und Inneneinteilung. Schneiden Sie an einer Seite ein rundes Loch als Ein- und Ausstieg für die Kätzin heraus. Das Loch sollte 10 cm über dem Boden liegen und etwa 20 cm Durchmesser haben. Stellen Sie den Karton in eine dunkle, warme, zugfreie Ecke.

Die Geburt
Die Geburt erfolgt 63 Tage nach der Paarung bei einigen Rassen, 65 Tage danach bei Siamesen und anderen ausländischen Rassen oder bis zu 73 Tage danach für Egyptian Mau. 61 bis 70 Tage gelten als normal, falls die Kätzin nicht anderweitig gestreßt ist. Die meisten Kätzinnen möchten ihre Besitzer bei der Geburt um sich haben, besonders beim ersten Mal. Das kann entweder bedeuten, daß Sie vielleicht mehrere Nächte bei Ihrer Kätzin verbringen, oder sie mit in Ihr Schlafzimmer nehmen, so daß wenigstens beide etwas Schlaf bekommen! Wenn sie den vorbereiteten Wurfkarton neben sich ans Bett stellen, wird die Kätzin norma-

KATZENZUCHT UND -AUFZUCHT

lerweise darin liegenbleiben, besonders, wenn Sie ihre Pfote halten und beruhigend auf sie einsprechen. Nach der Geburt können Sie den Wurfkarton wieder in das Gehege der Kätzin stellen.

Die meisten Katzen bekommen ihre Jungen ganz natürlich, ohne große Umstände. Jedes Kätzchen kommt in einem „Amnionssäckchen", der Fruchtblase, zur Welt. Sie muß geöffnet werden, damit das Kleine nicht erstickt. Normalerweise reißt die Mutter sie auf. Wenn sie das unterläßt oder das Kätzchen vernachlässigt, weil vielleicht schon das nächste unterwegs ist, können Sie vorsichtig den Sack mit sauberen Fingern oder Stofflappen aufreißen und den Schleim vom Mund und Näschen des Kätzchens abwischen. Dann wird es atmen können und vielleicht die ersten dünnen Laute von sich geben, die das sofortige Wiederinteresse der Mutter an ihm wecken. Sie wird es rundum ablekken und zum Wärmen an sich ziehen. Es kann sich sogar instinktiv auf die Zitzen der Mutter zubewegen und zu saugen versuchen.

Wenn die Kätzchen kurz hintereinander geboren werden, sollten Sie sicher Hilfestellung leisten. Wenn sie aber in größeren Abständen kommen, wird die Mutter die ganze Arbeit selbst leisten wollen. Dazu gehört das Durchbeißen der Nabelschnur, um das Kätzchen von der Plazenta zu trennen, die es mit der Gebärmutter verband. Die Plazenta wird während der Geburt ausgestoßen.

Geburtsprobleme

Manchmal bringt eine Kätzin auch Stunden nach Beginn der Wehen (in denen sich die Flankenmuskeln in regelmäßigen Abständen zusammenziehen) immer noch keine Jungen zur Welt. Wenn das bei ihr so ist und sie erschöpft wirkt, rufen Sie den Tierarzt. Sie kann eine Steißgeburt haben (wobei das Kätzchen mit dem Hinterteil zuerst geboren wird), oder sonst etwas kann schieflaufen. Eine rundum gesunde Kätzin sollten Sie jedoch getrost in Ruhe und die Dinge ihren natürlichen Lauf nehmen lassen. Mißgestaltete Kätzen werden höchst selten geboren, wenn Sie sich nicht sicher sind, fragen Sie jedoch den Tierarzt und lassen mißgebildete Kätzchen schmerzlos einschläfern. Versuchen Sie nicht, sie selbst zu ertränken. Kätzchen mit einem Wolfsrachen unterscheiden sich durch ihre schrillen, unangenehmen Laute von dem weichen Ton normaler. Oft wird sich die Mutter auf solche Kätzchen legen, um sie zur Ruhe zu bringen und ersticken, und das ist das Beste, was ihnen geschehen kann. Die Kätzin zeigt normalerweise sehr verläßlich an, welche Kleinen aufgezogen werden sollen und welche nicht.

Pflege der Kätzchen

Sobald alle Kätzchen geboren sind, können Sie sie aus dem Karton heraus auf einen Stapel Zeitungen legen, im Karton ein sauberes Bett bereiten und die Kätzchen eines nach dem anderen wieder hineinlegen. Die Kätzin wird sich dagegen

Eine trächtige Kätzin. Die Zitzen sind gut erkenntlich, und die Katze ist entsprechend rundlich. In dieser Zeit ist sie sehr ausgeglichen und strotzt vor Gesundheit. Sie sollte zusätzlich Calcium und Vitamine erhalten. Die Trächtigkeit dauert 61 bis 70 Tage.

Die Mutter leckt eines ihrer frisch geborenen Kätzchen. Dadurch säubert sie instinktiv die Kätzchen vom Fruchtwasser. Die trockenen Kätzchen werden zum Wärmen nah an die Mutterbrust herangezogen und können direkt mit dem Saugen beginnen.

wehren, aber schnell verstehen, daß es zum Besten der Kleinen geschieht, und sie zufrieden schnurrend an sich schmiegen. So kann sie sicher für einige Stunden mit ihren Babys allein gelassen werden. Vielleicht mag sie aber auch etwas warme Milch, eine mit Milch oder anderer warmer Flüssigkeit angemachte Fertigmahlzeit (lesen Sie aber zuvor das Kapitel über Ernährung, da manche Rassen allergisch auf Milch reagieren). Geben sie das Getränk in einen tiefen Napf und halten ihr diesen so, daß sie von ihrem Lager aus trinken kann; einige Katzen weigern sich stundenlang, den Karton zu verlassen, trinken oder fressen aber gern das Angebotene, wenn sie währenddessen weiter ihre Jungen säugen können.

Schließlich verläßt die Mutter das Lager, um die Katzentoilette aufzusuchen, die in der Nähe stehen sollte. Ab nun sind dies die besten Gelegenheiten für Sie, die Kinderstube sauberzumachen. Wenn möglich, schicken Sie die Mutter für diese wenigen Minuten in einen anderen Raum, anderenfalls wird sie sich beim leisesten Ton eines ihrer Kätzchen wieder auf das Lager stürzen. Sobald die Kätzchen alle wieder im neugemachten Bett liegen, können Sie die Mutter hereinlassen. Das Lager muß in der ersten Woche ein- bis zweimal täglich saubergemacht werden, da die Kätzin sicher noch etwas Blut absondern wird.

Das Saubermachen ist die beste Gelegenheit, das Geschlecht der Kleinen festzustellen, obwohl diese oftmals laut schreien ob des plötzlichen Hochgenommenwerdens. Gehen Sie so vor, daß Sie das Kätzchen mit allen Vieren auf Ihre Hand stellen und mit der anderen Hand seinen Schwanz anheben. Die nebenstehende Zeichnung zeigt Ihnen die Unterschiede.

Nach ein paar Tagen wird die Katzenmutter immer hungriger, und man sagt, daß man eine säugende Kätzin überhaupt nicht überfüttern kann. Sie sollte soviel nahrhaftes (mit Vitaminen und Mineralien angereichertes) Futter bekommen, wie sie fressen kann. Während dieser Zeit wird sie dankbar sein für regelmäßige Pflege, und wenn die Kätzchen irgendeine Infektion rund um die Augen aufweisen, sollte Mutters ganze Unterseite mit Baby- oder katzensicherer Seife gewaschen werden. Reinigen Sie die Augen der Kleinen mit feuchten Wattebäuschen — für jedes Kätzchen ein frisches —, bevor sie wieder angelegt werden.

Sollte die Kätzin wieder „singen", bevor die Kleinen entwöhnt sind, muß sie sorgsam mit diesen zusammen eingesperrt werden. Wenn sie aber ihre Milch verliert, keine Milch hat, ausgehen durfte und nicht zurückgekommen ist zu ihren mütterlichen Pflichten, oder während der Geburt gestorben ist (was selten vorkommt), müssen die Kätzchen ohne sie aufgezogen werden. Manchmal kann eine andere Katzenmutter mit genügend Milch die Kätzchen mitversorgen, und dies ist auch die beste Lösung, da sie sie dann auch waschen und warmhalten wird. Wenn Sie keine Pflegemutter auftreiben können, bleibt Ihnen nur die Flaschenaufzucht, eine sehr zeitraubende, aber überaus lohnende Beschäftigung.

Sie werden eine Babyflasche brauchen und Milchpulver. Die Kätzchen wollen in der ersten Woche Tag und Nacht alle zwei Stunden gefüttert werden. Keiner sollte sich dieser Aufgabe widmen, wenn er nicht die Geduld hat, sie durchzustehen. Und das Füttern ist nur ein Teil der Aufgabe: die menschliche Pflegemutter muß ebenso die Bäuchlein der Kleinen massieren, um den Urinfluß anzuregen, muß ihr Hinterteil mit einem feuchten Wattebausch säubern, zweimal täglich das Lager erneuern, und die Kätzchen warmhalten.

Katzenaufzucht
Nachdem sie einem prächtigen Wurf Kätzchen das Leben geschenkt hat, wird Ihre Kätzin in der ersten Woche kaum die Kinderstube verlassen, außer zum Fressen und Benutzen der Katzentoilette. Sie wird sie schnurrend an sich schmiegen, sie säugen und waschen.

Mit ungefähr zehn Tagen werden sich die Augen der Kätzchen öffnen, und die Kleinen werden im Karton herumzuwandern beginnen. Wenn neben dem Wurflager eine Katzentoilette steht, wird die Mutter sie nach dem Säugen dareinsetzen, und instinktiv werden sie wissen warum. Normalerweise sind sie vor dem Entwöhnen schon an die Benutzung der Katzentoilette gewöhnt, vorausgesetzt, Sie haben in weiser Voraussicht eine bereitgestellt. Normale Kätzchen werden etwas von der Katzenstreu oder sonstwie herumliegenden Schmutz fressen, was offensichtlich ihre Darmflora mit den für die Verdauung wichtigen Bakterien anreichert.

Für den Anfang wird ihnen Mutters Milch genügen, aber wenn diese nicht genug Milch hat, werden sie nicht wie gewünscht schnell zunehmen, und Sie werden Zusatznahrung mit einer Schnullerflasche zufüttern müssen. Die Schwächsten, die ohnehin nicht genug bekommen, werden als erste die Flasche annehmen, und die Kätzin wird eifrig jeden verbleibenden Rest auflecken. Tatsächlich ihr eine Schale derselben Milchzubereitung angeboten werden. Eine Woche später kann daraus schon eine Milch-Getreide-Mahlzeit werden, die Sie der Mutter nahe dem Nest servieren. Wenn Sie dieselben Laute benutzen wie die Mutter

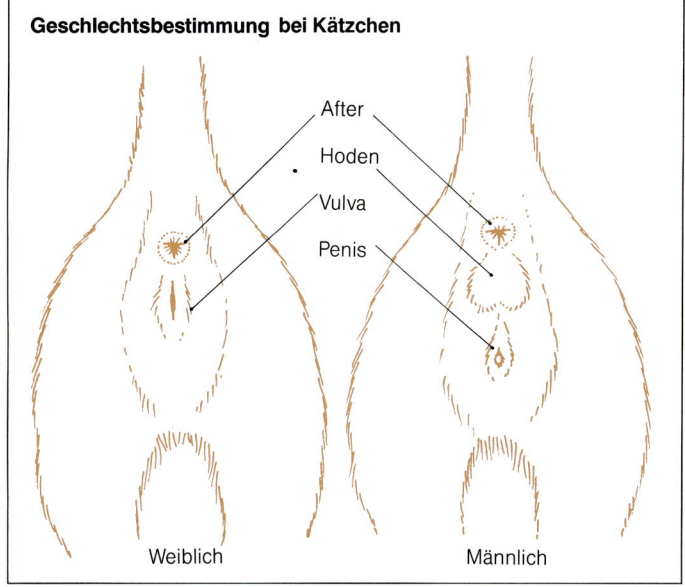

Geschlechtsbestimmung bei Kätzchen

After · Hoden · Vulva · Penis

Weiblich — Männlich

Den Unterschied zwischen weiblichen und männlichen Kätzchen erkennt man am besten in den ersten Lebenstagen. Beim weiblichen Tier liegen Vulva und After eng beieinander; beim männlichen After und die späteren Hoden mit Penis weiter auseinander.

Dank der Muttermilch gedeihen zufriedene, kräftige Kätzchen. Sie saugen etwa drei Wochen, bevor sie auf andere Nahrung umgestellt werden. Solange die Mutter ihre Kleinen säugt, ist sie stets hungrig und frißt Unmengen gehaltvoller Nahrung.

Erziehung der Kätzchen

Sobald die Kätzchen aus der Kinderstube herauskrabbeln, die Katzentoilette benutzen und feste Nahrung zu sich nehmen, beginnt ihre Erziehung. Die Mutter muß ihnen eine Menge beibringen, ehe sie ihr Heim verlassen; und ein erfahrener Züchter macht aus ihnen liebevolle kleine Kameraden, indem er sie öfters herausnimmt und herzlich anspricht. Die für eine Ausstellungskarriere vorgesehenen sollten so angefaßt werden, wie ein Richter später mit ihnen umgeht, so daß sie bei ihrer ersten Schau schon an die Ausstellungsroutine gewöhnt sind.

Fast als erstes lernen die Kätzchen sich zu waschen. Sie mögen es Mutter nachmachen oder instinktiv tun, aber ihre ersten wirkungslosen Bewegungen sind faszinierend zu beobachten. Sie bewegen ihre Pfoten zum Ablecken an den Mund und halten dann die Pfote übers Ohr.

Als Nächstes lernen sie zu spielen. Sie sitzen da und boxen mit den Pfötchen aufeinander los. Wenn eines von ihnen umfällt, stürzt sich das andere instinktiv darauf. Meist spielen immer zwei Kätzchen zusammen, dann bricht eines aus und sucht sich einen anderen Spielgefährten aus. Sie werden auch mit der Mutter zu spielen versuchen, die sie mit einer Pfote festhält und sie wäscht, während sie zu entkommen versuchen. Aber sie ist schlauer als die Kleinen. Daraufhin bewegt sie ihren Schwanz, und ein Kätzchen wird sich darauf stürzen, sie bewegt ihn erneut, und andere folgen dem ersten. Nun kann sie sich entspannen, wohl wissend, daß die Kleinen in der Nähe des Nestes beschäftigt sind. Sie wird in dem Maße ängstlicher, wo sich deren Neugier auf weiter entfernte Dinge konzentriert. Sie werden den vom Züchter angebotenen beweglichen Objekten nachzujagen beginnen. Es gibt Gruppenspielzeuge, die einen ganzen Wurf beschäftigen können, und eine mit einem Gummiband an der Türklinke befestigte Rassel bringt Stunden voller Spaß und Bewegung.

Wenn es im Haus einen Katzenbaum gibt oder der vorausschauende Züchter Bretter in unterschiedlicher Höhe in der Nähe der Kinderstube angebracht hat, werden Sie erstaunt sein, wie schnell selbst das schwächste Kätzchen das höchste Brett erklimmt. Es mag ängstlich aufschreien, sobald es oben angekommen ist und den Abstieg längst nicht so einfach findet, aber die Mutter oder der Züchter werden schnell zu Hilfe kommen. Und so lernen sie klettern und damit den Gebrauch des Kletterbaumes zum Wetzen ihrer Krallen, genau wie Mutter es macht. Wenn kein Katzenbaum vorhanden ist, kann irgendein Kratzpfosten aus Holz, Pappe oder Rinde benutzt werden. Der Heimwerker in der Familie kann oft dazu gebracht werden, einen speziell für die gegebenen Verhältnisse zu basteln.

Wenn die Familie abends zusammensitzt, können die Kätzchen hereingeholt werden, um sich an Menschen zu gewöhnen. Mutter

bei der Fütterung der Jungen, werden sie bald diese Laute mit Fressen in Zusammenhang bringen und angelaufen kommen. Ihre Sprachstunden haben somit begonnen.

Mit drei Wochen können sie eine Mahlzeit aus rohem Fleisch, Kaninchen, Hähnchen oder Fisch bekommen, ganz fein zerkleinert, und vier Stunden von der Getreidemahlzeit entfernt. Wenn die Kleinen Verstopfung zu haben scheinen, können Sie Sardinen und Schwarzbrotkrumen, mit etwas Heißwasser zu einem Brei vermischt, reichen.

Nach vier Wochen geben Sie täglich zwei Milch- und/oder Getreidemahlzeiten und zwei Fleisch- oder Fischmahlzeiten und fügen jedem Kätzchen einen Tropfen Lebertran zu. Achten Sie darauf, daß jedes Kätzchen seinen Anteil bekommt. Wenn ein Kätzchen zu gierig und zuviel frißt, so daß es das Futter gleich wieder erbricht, füttern Sie es getrennt, jeweils nur wenig und langsam.

Selbst wenn die Kätzchen sich schon völlig selbständig ernähren und unabhängig von der Muttermilch zu sein scheinen, lassen Sie sie bei der Mutter, bis sie wenigstens zehn Wochen alt sind, noch besser zwölf Wochen für ausländische Rassen. In dieser Zeit hat die Mutter die Möglichkeit, ihre „Erziehung zu vollenden".

Ein junges Kätzchen wird mit einer gebogenen Schnullerflasche gefüttert. Durch Daumendruck am offenen Ende können Sie den Zufluß zum Kätzchen hin regulieren.

In der ersten Woche sollten die Kätzchen nur zum Säubern des Lagers gestört werden. Dann regelmäßig hochheben, um an Menschen gewöhnt zu werden.

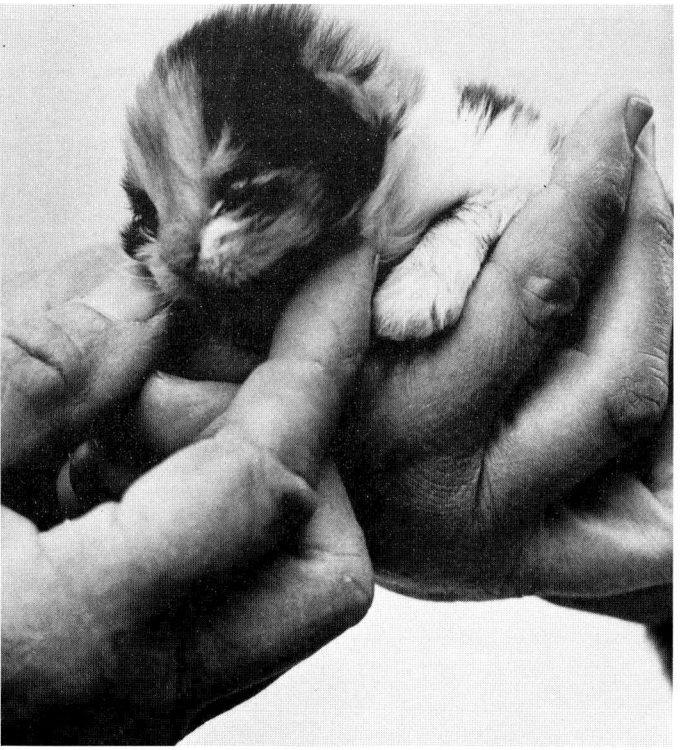

Zum Tragen nimmt die Mutter sehr junge Kätzchen vorsichtig in ihr Maul. Sobald sie älter werden, sind sie für einen solchen Transport zu schwer.

wird sich auf einen Schoß setzen, und die Kleinen werden das nachmachen wollen und möglicherweise an einem Bein hochklettern, wobei sie ihre zarten Krallen des besseren Halts wegen benützen. Andere Kätzchen wiederum werden sanft von einigen Familienmitgliedern hochgenommen, gestreichelt und unterhalten werden. Die Kätzchen haben somit Menschen und das Schoßsitzen entdeckt!

Die Mutter wird ihnen beibringen zu jagen, sich auf die Beute zu stürzen und sie mit Drohlauten gegen andere zu verteidigen, sie in die Luft zu werfen und schließlich zu fressen. Sie wird ihnen beibringen, welchen Menschen man vertrauen und liebevoll begegnen kann, und welchen besser nicht. Sie wird ihnen von Hunden erzählen, falls sie je einen getroffen hat, und von all den anderen Hausbewohnern.

Wenn die Familie keine Zeit zum beschaulichen Rumsitzen hat, zeigt die Mutter den Kleinen die bequemsten Sessel, und sie werden der Aufforderung nachkommen, Mutter aber immer als Boß akzeptieren und die Auswahl zu lassen. Wenn sie heraufdürfen, werden sie schnell die Betten als noch weicher entdecken und feststellen, daß Menschen im Bett noch wärmer sind. Ihre Besitzer mögen sie sogar im Bett dulden als kleine fellverbrämte Wärmflaschen! Das Schnurren bei diesen Gelegenheiten ist wirklich unüberhörbar, und das Gesicht der Kätzchen zeigt ihre Wonne. Bald schon kann die Familie die ersten Pflegeversuche mit Bürste und Kamm starten. Dies wird zunächst spielerisch betrachtet, aber der Mensch kann, ähnlich der Katzenmutter, das Kleine festhalten mit der einen Hand und mit der anderen Bürste und Kamm benützen.

Wenn die Kätzin zum Jagen herausdarf, wird sie nun Mäuse und andere Kleinlebewesen heimbringen (keine der Katzenarten würgt wie viele andere Tiere und Vögel Nahrung aus ihrem Magen für ihre Nachkommen hervor). Sie wird sie knurrend bewachen vor ihren Jungen und diesen dadurch zeigen, was sie tun müssen, wenn sie das Glück hatten, selbst etwas zu fangen. Dies werden sie höchst interessant und aufregend finden. Später wird sie noch lebende Beute anschleppen und sie vor ihnen freilassen. Schon jagen sie diese und stürzen sich unbeholfen darauf. Die Mutter wird sie wieder einfangen und sie ein-, zweimal in die Luft werfen, was die Kleinen neidvoll mitansehen. Sie werden das an Spielmäusen üben, die der Besitzer für sie beschafft hat, und bald genügend Erfahrung haben. Wenn sie ins Freie dürfen, mögen sie vielleicht ihre erste eigene Maus fangen, bevor sie verkauft werden, oder wenigstens Käfer oder Spinnen. So schreitet die Erziehung voran, und es hat sich gezeigt, daß Katzen, denen von ihrer Mutter das Jagen und Töten der Beute beigebracht worden ist, bessere Jägerinnen werden als diese.

Mit zunehmendem Alter verschaffen sie sich Bewegung, indem sie sich gegenseitig jagen oder Nachlaufen spielen. So lernen sie ihre Umgebung kennen, springen quer über die Möbel und die Treppen herauf und herab, oder draußen rund um die Büsche oder die Bäume hinauf. Sie brauchen irgendwo den Platz zum Spielen und Austoben.

So wachsen sie heran zu intelligenten, gesunden, lebhaften wohlerzogenen Katzen mit angenehmen Manieren — zur Freude jedes Katzenhalters.

Die Haltung eines Deckkaters

Nur der erfahrene Züchter sollte sich einen eigenen Deckkater halten. Sie sollten Erfahrungen mit zwei oder mehr eigenen Kätzinnen

Kätzchen spielen instinktiv miteinander, was ihre Muskeln für die spätere Jagd stärkt. Zuhause entdecken sie zahllose Spielmöglichkeiten.

KATZENZUCHT UND -AUFZUCHT

haben, bevor Sie sich daranwagen. Bedenken Sie, daß die Haltung eines Deckkaters kein leichtes Unterfangen ist, sondern eine tiefe und beständige Liebe zu Katzen voraussetzt — zu den eigenen und zu fremden. Der Umgang mit den zur Paarung anreisenden Kätzinnen erfordert unendlich viel Geduld, Verständnis und Wissen um die Katzen. Auch ist der Unterhalt eines Deckkaters teuer, wenn richtig betrieben, da er sein eigenes Revier und nur das beste Futter haben sollte. Zu bedenken ist auch der Geruch: viele Menschen verabscheuen den besonderen Geruch eines zeugungsfähigen Katers. Folglich sollten auch die Meinungen der Familie und — falls vorhanden — Nachbarn berücksichtigt werden.

Es ist ebenso wichtig, herauszufinden, ob die Katzenwelt noch einen weiteren Deckkater Ihrer Lieblingsrasse benötigt: vielleicht gibt es deren schon zu viele und nicht genug zu tun für sie alle. Ein Kater ist sehr unglücklich, wenn er sich nicht genügend betätigen darf, und wenn kein regelmäßiger Bedarf an seinen Dienstleistungen besteht, sollte er lieber kastriert werden. Lassen Sie niemals einen Deckkater frei herumlaufen, um sich mit all den örtlichen Kätzinnen zu vergnügen. Er wird sich mehr betätigen können, kann dafür aber mit einer Krankheit zurückkommen, verletzt oder besiegt werden im Kampf oder verlorengehen, so daß er nicht verfügbar ist für eine anreisende Kätzin.

Um einen Deckkater ständig unter Kontrolle zu halten, brauchen Sie das größte Ihnen erschwingliche Gehege, mit einem Raum zum Paaren für die Katzen und einem Warteraum für den Halter. Ein großer Freiauslauf läßt den Kater genügend Bewegung in frischer Luft genießen. 15 cm breite Bretter, angebracht in unterschiedlicher Höhe des Auslaufs, geben dem Kater die nötige Bewegung. Die perfektesten Katerhäuser beherbergen ein Innenabteil für die Kätzin mit einem gesonderten Auslauf. Sie können beide an denselben Ausgang grenzen. Auf diese Weise braucht die Kätzin nicht durch das Gehege des Katers zu kommen und gehen, obwohl natürlich die Kätzinnen beim Kater in ausbruchsicheren Behältern anreisen müssen und erst dann herausgelassen werden dürfen, wenn alle Fluchtwege versperrt sind.

Kunststoffbedeckter Boden hat sich bewährt in einem Deckkaterhaus; Kunststoff sollte auch die Wände in Spritzhöhe bedecken und mit halbrunden Stäben befestigt sein. Eine waschbare Unterlage in der Mitte des Katergeheges bietet Komfort und eine griffsichere Unterlage für die Katzen während der Paarung. Bei manchem Klima wird es nötig sein, die Lager von Kater und Kätzin zu beheizen oder Infrarotlampen oder eine andere sichere Heizquelle darüber zu installieren. Beleuchtung im Katerhaus erlaubt nötigenfalls das nächtliche Füttern und Paaren. Elektrischen Leitungen sollten außerhalb des Geheges verlegt sein und nur an der Einsatzquelle hereinreichen.

Um in der Katzenwelt erfolgreich sein zu können, muß der Deckkater ein Champion oder künftiger Champion seiner Rasse sein, denn nur die Allerbesten sind gefragt bei den Besitzern von Zuchtkätzinnen. Verständlicherweise möchten diese Leute Preise mit ihren Kätzchen erringen und damit ihren „Zusatz"- oder Cattery-Namen schmücken.

Der gesunde Deckkater wird das ganze Jahr über in Höchstkondition sein. Dies verlangt erstklassige Nahrung mit allerbestem rohem Fleisch, Hähnchen, Kaninchen und Fisch sowie Vitaminen, Mineralien, Eidottern und auch, wenn er es verträgt, Milch.

Sein Futter wird viel kosten, aber jede Deckgebühr enthält anteilige Unterhaltskosten während des gan-

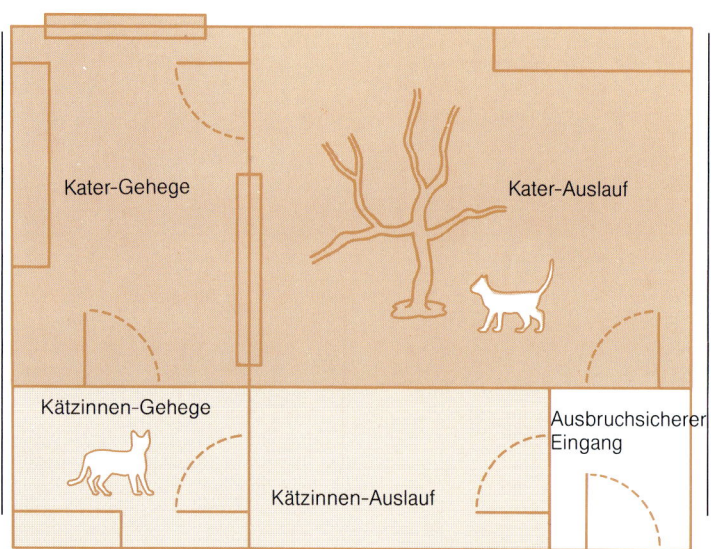

zen Jahres. Er muß den anstehenden Impfungen unterzogen werden, und die Besitzer der Kätzinnen wollen sicher seinen Impfpaß sehen.

Der Einsatz eines Deckkaters

Ein Kater kann schon mit sechs Monaten oder erst zwei Jahren paarungsreif sein. Dies scheint nicht an die Rasse gebunden, sondern individuell verschieden zu sein; einige frühreife Katerchen der ausländischen Rassen haben sich schon mit ihren Schwestern gepaart, als beide noch im Wurf zusammenlebten. Ein Kater kann zum Deckkater ernannt werden, sobald er sich als „Mann erwiesen" hat durch Paarung mit einer Kätzin, die daraufhin Junge geworfen hat. Einige Züchter schränken die Zahl der im ersten Jahr zu bedienenden Kätzinnen ein; andere können die Zahl der Paarungen generell eingrenzen. Die Natur ist für gewöhnlich der beste Ratgeber, und solange der Kater sich in guter Verfassung befindet und genug zu fressen bekommt, sollten Sie ihn sich jedoch an soviel Wochentagen paaren lassen, wie er will. Eine Forschungskatze, ein roter Kater, soll sich monatelang siebzehnmal pro Tag gepaart haben, dann eine dreiwöchige Pause eingelegt haben, in der er keine Kätzin mehr ansehen mochte. Aber nach diesen kurzen Ferien hat er freudig wieder seine gewohnte Arbeit aufgenommen.

Ein erfolgreich eingesetzter Deckkater kann jahrelang, sogar bis zum siebzehnten Lebensjahr etwa, tätig sein, aber einige Deckkater verlieren schließlich das Interesse. Noch wahrscheinlicher ist, daß die anreisenden Kätzinnen nicht länger „aufnehmen", das heißt nicht mehr trächtig werden. Sobald dies einem Deckkater passiert, kann er fortan den Rest seines Lebens als Schmusekater im Haus verbringen.

Zu Beginn seiner Karriere sollten Sie einen jungen Deckkater nur mit erfahrenen, „leichten" Kätzinnen paaren: solchen, die die Spielregeln beherrschen. Das wird ihm Selbstvertrauen geben. Warten Sie mit den noch nie belegten Kätzinnen bis später, wenn er erfahrener ist. Wenn ein junger, schüchterner Deckkater beim ersten Mal an eine hysterische, „schwierige" Katze gerät, kann er Komplexe bekommen. Selbst erfahrene Kätzinnen machen manchmal Umstände und erfordern viel Geduld von seiten des Katers und seines Halters, vielleicht aufgrund schlechter Erlebnisse zu Beginn ihres Sexlebens. Sie mögen die Kätzin mit der Hand beruhigend festhalten müssen, oder einfach das Pärchen miteinander herumlaufen und seine eigenen Probleme lösen lassen.

Wenn die Kätzin ankommt, ist es ganz normal für sie, ihren Zukünftigen anzuspeien, wenn sie noch nicht ganz reif ist, oder wenn sie aufgrund der Reise nicht mehr richtig ist. Normalerweise kümmert er sich nicht sonderlich darum, denn er weiß, daß sie schon bald eine andere Tonart anschlägt. Er wartet geduldig und umfängt sie mit seiner Stimme, bis sie sich rollt und ihn angurrt. Wenn die Besitzerin des Deckkaters die Zeit für gekommen hält, wird sie die Zwischentür öffnen, und die Kätzin wird herauslaufen und auf der Matte eine Deckungshaltung einnehmen. Der Kater wird sie besteigen, sich mit dem Maul an ihrem Nacken festhalten und in sie eindringen. Er wird vielleicht ihr Hinterteil in die gewünschte Position bringen und sie dazu bringen, ihren Schwanz auf eine Seite zu legen. Sie mag ein wenig im Kreis herumtänzeln, oder aktiv ihn abzuwerfen versuchen. Er wird sich jedoch bis zu ihrem Höhepunkt und seiner Ejakulation festzuhalten wissen und erst dann in Sicherheit springen.

Gleich danach wird sie sich aggressiv herumwälzen und ihn sogar anfallen, wenn er sich nicht schnell genug aus dem Staub macht; hierfür sollte ein Brett in etwa 50 cm Höhe vorhanden sein. Die Katerbesitzerin kann sofort ihren Kater ansprechen und ihm sagen, was für ein toller Bursche er sei. Auf keinen Fall aber sollte die Kätzin angefaßt werden, bevor sie sich beruhigt hat. Mit etwas Geschick kann sie in ihr eigenes Revier freiwillig oder mit etwas Überredungskunst zurückkehren, und das Pärchen kann dann zum Waschen sich selbst überlassen werden. Sie werden meist die gegenseitige Gesellschaft und das Fressen zur selben Zeit genießen. Und wenn die Kätzin aus irgendeinem Grund noch über ihre Rolligkeit hinaus dableibt, kann das Pärchen zusammenleben und wird oftmals aneinandergeschmiegt auf einem Lager oder bei der gegenseitigen Wäsche anzutreffen sein.

Wenn die Kätzin nach Hause zurückkehren muß, wird die Katerbesitzerin ihr eine Deckungsurkunde ausstellen mit den Daten der Paarungen und dem etwaigen Geburtstermin. Die Katerbesitzerin wird der Besitzerin der Kätzin ebenso eine Kopie des Katerstammbaumes überreichen und darum bitten, sie zu gegebener Zeit von dem Ergebnis der Paarung zu unterrichten. Die Deckgebühr ist bei Ankunft der Kätzin bezahlt worden. Sie richtet sich nach der Rasse, dem Bekanntheitsgrad oder den Preisen des Katers, der Unterbringung und Fütterung. Sie sollte die Bemühungen des Katers umfassen sowie das eigene Kätzinnen-Gehege und die Aufenthaltsdauer und die anteiligen Kosten für die ganzjährige Unterhaltung des Katers. Wenn die Kätzin nicht „aufnimmt", gewähren einige Katerbesitzer eine kostenlose Wiederholung des Deckaktes, obwohl sie dazu nicht verpflichtet sind, und werden sicher etwas berechnen für Unterkunft und Verpflegung.

Das Leben eines Deckkaters

Das Leben eines Deckkaters kann einsam sein, da die meisten nicht mit in die Wohnung des Halters dürfen. Dies liegt hauptsächlich an ihrer Gewohnheit des Markierens, was menschlichen Nasen sehr unangenehm vorkommt. Tatsächlich handelt es sich dabei um die „Visitenkarte" des Katers, die er abgibt, um Kätzinnen anzuziehen und um sein Revier abzustecken. Obgleich dank dieser Angewohnheit zu einem einsamen Leben in seinem Gehege verurteilt, ist der Deckkater trotzdem ein anhängliches Tier mit Bedürfnis nach Zuneigung. Die Katerbesitzerin muß sich Zeit nehmen für seine Pflege und sich mit ihm beschäftigen, vielleicht bei der Reinigung des Katzenklos, des Geheges oder der Fütterung. Zwischen seinen Einsätzen wird er sich freuen über die Gesellschaft einer nicht rolligen Katze oder gar einer sterilisierten, die im Gehege der Kätzin untergebracht ist. Zwei Deckkater untereinander werden sich ständig bekämpfen, versuchen Sie diese Lösung also niemals; aber zwei Kater in etwa 20 m Entfernung auseinanderstehenden Häusern werden sich gern gegenseitig beobachten. Jedoch nur sehr erfahrene Züchter werden mehr als einen Deckkater halten wollen.

Entwurf eines idealen Katergeheges mit eigenem Revier und Auslauf für die Kätzin. Dort kann sie sich sicher aufhalten, bis sie paarungsreif ist.

Ein geräumiges, luftiges Katerhaus mit Brettern unterschiedlicher Höhe für die Aussicht und Bewegung. Der Holzrahmen ist wartungsfrei. Hier erwartet ein Blue Burma seine nächste Kätzin.

Geschichte und Vererbung

Die ersten domestizierten Katzen lassen sich nachweisen anhand der archäologischen Funde der Zeit von 2500 v.Chr. in Ägypten, wo buchstäblich Hunderttausende mumifizierter Katzen aufgefunden wurden. Katzen waren auch 1000 v.Chr. schon in China und später in Japan bekannt. Die Menschen sahen die Katzen als Schutzgarde gegen die Nagetiere und ließen von ihnen ihre Seidenraupenindustrie, Kornkammern und alten Manuskripte vor den Ratten schützen. Ägyptische Abbildungen und pompejanische Ausgrabungen zeigen Katzen, die entweder gestreift oder getupfte Tabbies waren. Die Ägypter erhoben die Katzen sogar zu Göttern und sprachen ihnen allerlei magische Kräfte zu.

In dem Ausmaße, daß die Kirche im Mittelalter bei dem Versuch, die Menschen zurück zu Gott zu bringen und ihnen das Interesse an der Magie zu nehmen, sowohl die Katzen wie ihre Besitzer verfolgte. Das mag mit zur Ausbreitung der Pest in Europa und Asien im 14. Jahrhundert geführt haben; damals waren nur sehr wenig Katzen übriggeblieben zur Vernichtung der Ratten, die in ihrem Gefolge die Pest mitbrachten. Gegen Ende des 18. Jahrhunderts besann man sich wieder auf den Wert der Katzen bei der Ungeziefervertilgung, und die Katzen bezogen wieder ihren Platz neben dem heimischen Herd als Symbol des perfekten Haustieres.

Erst gegen Ende des 19. Jahrhunderts brachte das Interesse an der Katze die ersten Katzenausstellungen zuwege. Die Menschen begannen, auf die unterschiedlichen Fellfarben und -muster zu achten. Mit zunehmender Anwendung der Vererbungslehre wurden die Züchter interessiert, neue Rassen und neue Farben zu „kreieren" oder die schon vorhandenen zu vervollkommnen; und heute kön-

Eine ägyptische Bronzefigur (etwa 30 v.Chr.) als eine von vielen Abbildungen, die die Verehrung der Ägypter für Katzen zeigen.

Links: Dieser farbenfreudige Wurf British Kurzhaar-Kätzchen ist das Ergebnis der Paarung zweier Katzen mit Genen unterschiedlicher Farbgebung.

nen wir Kopfformen, Augenfarbe, Felltyp und -farbe verändern und sogar Mißbildungen weiterzüchten! Doch was auch immer wir tun, die Katze bleibt immer eine Katze. Aus ihr wird nie etwas anderes werden. Und welch ein Segen, denn es kann kaum jemals etwas so Erhaltenswertes wie die Katze gegeben haben — als vollkommenen Ausdruck des kreativen Schöpfers. Sollte sie verschwinden, würde die Welt um vieles ärmer sein.

Nach dem Ersten Weltkrieg machte die Vererbungslehre große Fortschritte, und man kann nun getrost vorhersagen, daß innerhalb der nächsten ein oder zwei Dekaden jede erdenkliche Katze in jeglicher Farbe, Fellzeichnung und beliebigem Felltyp gezüchtet werden kann. Ob das in allen Fällen gut sein wird, ist fraglich.

Gesundheit und Vitalität
Es ist sinnlos, eine Zuchtlinie mit nicht ganz gesunden Eltern zu beginnen. Jegliche Konstitutionsschwäche verdoppelt sich. Daher muß Ihr Zuchtpaar der Rasse und Gesundheit nach das beste sein, daß Sie sich leisten können.

Geschlecht und Farbe
Die Katze hat 38 Chromosomen, bestehend aus 18 identischen Paaren und einem abweichenden Paar. Das letztere bestimmt das Geschlecht, männlich oder weiblich, und die Natur sorgt dafür, daß beide Geschlechter gleichmäßig stark sich vermehren, obwohl in einem einzelnen Wurf mal mehr Katerchen als Katzen oder umgekehrt auf die Welt kommen können. Bei einigen Rassen scheint es ein Übergewicht der männlichen Kätzchen zu geben, und einige Fellfarben sind geschlechtsgebunden; während die Kater also nur schwarz, braun, blau, lilac, rot oder creme sein können (bei soliden oder anderen Fellmustern), können die Katzen schwarz, braun, blau, lilac, rot, creme, schildpatt oder blau-creme sein. Mit anderen Worten sind alle Schildpatt- und Schildpatt-Weiß-(Calico-)Katzen immer weiblich, in allen Farben und allen Abschwächungen. Höchst selten wird ein Kater mit Tortie- (oder blau-creme-etc.)Zeichnung geboren aus einer Katze mit zusätzlichem Chromosom, aber dieser Kater wird meist steril sein.

Gene
Gene bestimmen das Charakteristikum einer Katze, und es gibt buchstäblich Tausende von Genen an jedem Chromosom, alle mit ihrem bestimmten Platz

GESCHICHTE UND VERERBUNG

Links: Eine Exotisch Kurzhaar, das Ergebnis einer Paarung von Langhaar- mit Kurzhaarkatzen, ergibt einen gedrungenen Körpertyp mit rundem Gesicht und kurzem Haar.

Oben: Eine Seal-point Colourpoint, das Ergebnis der Paarung rezessiv langhaariger mit Kurzhaarkatzen mit Himalayan-Fell. Die Entwicklung brauchte zehn Jahre!

am Chromosom. Es gibt nicht nur Gene für Fellfarben und -muster, sondern auch für Temperament, Augenform und -farbe, Körpertyp, Haartyp, Fruchtbarkeit und jegliche anderen Charakteristika. Während der Zellteilung reproduziert sich das Gen exakt mit großer Präzision. Wenn, höchst selten im Laufe der Jahrhunderte, ein Gen sich nicht exakt reproduziert ansiedelt, gilt das Gen als Mutant und das Kätzchen als Mutation.

Körpertypen

Es gibt zwei grundlegende Körpertypen, die gedrungene Form mit rundem Schädel, erkenntlich an einer ausstellungsreifen Perser- und der Exotisch Kurzhaarkatze; und den feingliedrigen, schmalen schlanken Typ mit keilförmigem Kopf, sichtbar bei den Angora- und Balinese-Langhaarkatzen und den Siamesen, Colourpoint und Ausländisch Kurzhaar. Jede andere Katze liegt typmäßig dazwischen. Einige gelten als „natürliche Rassen" verschiedener geografischer Herkunft, andere gehen zurück auf bewußte Versuche der Züchter, neue Rassen zu „kreieren" durch die Paarung verschiedener Typen, wobei die neue Katze Merkmale beider Seiten aufweisen sollte. Gelegentlich ist ein neuer Typ aufgrund von Mutation erschienen, und wir erhielten die Manx-Katze, völlig schwanzlos oder mit unterschiedlich kurzem Schwanz; die Japanese Bobtail mit einem andersartig geringelten Schwanz; die Faltohrkatze (Scottish Fold), die als natürliche Mutation erst 1961 in Schottland auftauchte; und die Polydaktyl-Katze mit zusätzlichen Zehen. Mit Ausnahme der Scottish Fold erschienen diese anderen vor so langer Zeit, daß niemand mehr das genaue Datum weiß, aber

Oben: Eine Scottish Fold. Das Faltohr geht auf natürliche Mutation zurück, die durch selektives Züchten, besonders in den USA, weiterentwickelt wurde.

Unten: Vorderpfote einer Polydaktyl-Katze mit sechs statt der üblichen fünf Zehen. Bei einigen Katzen sind auch schon sieben Zehen vorgekommen.

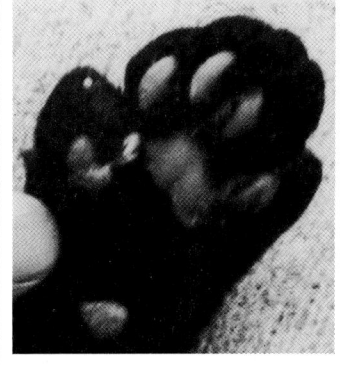

Oben: Ein Siam Seal-point. Der schlanke orientalische Katzentyp erschien im Osten im Himalayan-Fell und in anderen Fellfarben.

Links: Eine elegante blauäugige Angora, eine der Langhaarrassen des feingliedrigen, schlanken Körpertyps mit keilförmigem Kopf.

sie wurden weitergezüchtet aufgrund der geografischen Verbreitung und die zwangsläufige Inzucht verstärkte die Merkmale noch. Manx geht zurück auf ein rezessives Gen, Faltohr auf ein dominantes Gen, und das Polydaktyl-Gen ist ebenso dominant über normale Zehen (Siehe Seite 135).

Fellfarbe und -zeichnung

Die auf den Seiten 10 bis 15 gezeigten verschiedenen Fellfarben und -zeichnungen sind von Katzen natürlich hervorgebracht worden, und es war nur eine Frage der Zeit, bis sie beliebig reproduziert wurden. Es ist fraglich, ob sie alle zutage getreten wären bei wahllosem Paaren von Katzen, ohne züchterische Lenkung, denn einige Farben sind dominant über andere, und die rezessiven Farben wären immer unterlegen gewesen; doch dann kam die Linienzucht wieder auf dank der geografischen Begrenzungen. So könnte es gewesen sein bei der Korat und den Siamesen. Da die Züchter sich nun jedoch in selektivem Züchten auskennen, sind alle möglichen Farben reproduzierbar innerhalb aller Fellmuster und in jedem Körper- und Felltyp oder in Typmischungen. Typische Rassemerkmale sind immer weniger festzuschreiben. Hinsichtlich dieses experimentierfreudigen Zeitalters ist es angebracht, daß sich die leitenden Gremien der weltweiten Katzenverbände zusammensetzen und die gesamte Situation überdenken.

Augen

Es wird angenommen, daß die meisten Katzen in gemäßigten Klimazonen haselnußfarbene Augen hatten — als gute Tarnung für sie im Gebüsch; dies bringt einen zur Annahme, daß die rot- und cremefarbigen Katzen mit bernstein-

GESCHICHTE UND VERERBUNG

farbigen Augen ursprünglich aus Wüstenregionen stammen, wo ihre Farbe ihre Überlebenschance vergrößert haben dürfte. Im Ausstellungswesen werden jedoch oftmals von den Züchtern weit dramatischere Farben bevorzugt.

Temperament

Die Gene für das Temperament unterscheiden sich von Rasse zu Rasse, und es ist festzustellen, daß bei Kreuzung zweier Rassen die hervorgebrachte „Rasse" temperamentsmäßig zwischen beiden liegt. Wenn beispielsweise einige Siamesen mit langhaarigen Katzen gekreuzt werden, sind die daraus entstandenen himalayanfarbigen Langhaarkatzen weniger aggressiv als die ursprünglichen Siamesen, weniger lautstark und destruktiv.

Kopfform

In diesem Jahrhundert wurde aus der Perserkatze mit langer Nase und folglich langer Zunge zur Pflege des langen Fellkleides eine Katze mit kurzem Gesicht entwickelt mit entsprechend kurzer Zunge, die längst nicht mehr so wirkungsvoll für die Pflege ist. Genau umgekehrt verlief es bei der Siamkatze. Am Ende des 19. Jahrhunderts war sie eine Katze mit kurzem, rundem Gesicht, wie alte Bilder von Katzenausstellungen beweisen. Selektives Züchten hat nun einen sehr langen, rennpferdähnlichen Kopftyp hervorgebracht mit sehr langer Zunge, völlig unnötig zur Pflege ihres sehr kurzen Fells. Die Mode hat in allen Fällen die Wechsel bewirkt, und man fragt sich mit Recht, ob dies zum Nutzen der Katzen geschah. Im Falle der Peke-faced Perser bringt beispielsweise die Kürze der Nase in extremen Fällen Atemwegsprobleme mit sich, blockierte Tränenkanäle und selbst Schwierigkeiten bei der Futteraufnahme. Unerfahrene Züchter sollten sich deshalb nicht an das experimentelle Züchten wagen, sondern darauf konzentrieren, nicht nur das Aussehen, sondern auch die praktische Seite jeder Katze weiterzuentwickeln.

Stabilisierung der Merkmale

Sie können ein gewünschtes Merkmal weiterzüchten, wenn Sie eine Katze mit einem oder mehreren der gewünschten, zu stabilisierenden Merkmale mit einem Kater paaren, der ähnliche Merkmale aufweist oder solche, die Sie zu stabilisieren wünschen in Ihrer Zuchtreihe.

Von den daraus fallenden Kätzchen scheiden Sie diejenigen ohne diese Merkmale aus, und paaren die anderen untereinander oder zurück zu ihren Eltern. Wiederum behalten Sie nur diejenigen mit den gewünschten Merkmalen und verkaufen die anderen als Haustiere. Sobald die nächste Generation alt genug ist, paaren Sie auch diese untereinander oder zurück zum ursprünglichen Bestand. Auf diese Weise ziehen Sie eine Linie heran mit den gewünschten Merkmalen. Durch Ausscheiden der anderen Katzen werden einige dieser Merkmale „stabilisiert" und werden künftig bei allen Nachkommen auftreten. Achten Sie darauf, keine Auskreuzungen zu verwenden, die all Ihre bisher vollbrachte Arbeit zunichte machen würden. In diesem Zusammenhang ist es ratsam, mehr als ein Programm zur selben Zeit durchzuführen, und dann rüberzukreuzen zu der anderen, gleichzeitig von Ihnen oder einem anderen Züchter mit demselben Ziel aufgebauten Linie. Dies klingt einfacher, als es wirklich ist, denn manchmal treten abweichende Merkmale auf, die rezessiv oder geschlechtsgebunden sind. Die rote Farbe ist beispielsweise geschlechtsgebunden, und die abgeschwächten Farben sind rezessiv gegenüber den dominanten.

Oben: Bicolor Rexkatzen aus den USA. Das lockige oder Rex-Fell trat als natürliche Mutation in verschiedenen Gegenden auf. Cornish und Devon Rex bilden die beiden genetischen Typen.

Rechts: Eine Snowshoe Seal-point, eine Kurzhaarkatze mit Himalayan-Fell. Ein bewußt eingezüchtetes Gen bringt weißes Spotting hervor.

Dominante und rezessive Faktoren

Farben

Schwarz
dominant über
Blau

Schwarz
dominant über
Chocolate

Chocolate
dominant über
Lilac

Chocolate
dominant über
Cinnamon

Rot
dominant über
Creme

Weiß
dominant über
Alle anderen Farben

Schildpatt
dominant über
Blau-Creme

Schildpatt-und-Weiß (Calico)
dominant über
Dilute Schildpatt-und-Weiß
(Blau-Creme-und Weiß)

Solide Farbe
dominant über
Siam

Solide Farben
dominant über
Burma

Siam
dominant über
Blau-äugige Albino

Blau-äugige Albino
dominant über
Pink-äugige Albino

Piebald (vorwiegend weiß)
dominant über
Solide Farbe

Tabby Getickt (Agouti)
dominant über
Alle anderen Tabbies

Tabby getickt
dominant über
Schwarz

Mackerel Tabby
dominant über
Classic oder Blotched Tabby

Weißes Spotting
dominant über
Solide Farbe
(Es gibt auch rezessives weißes Spotting)

Weißes Unterfell
dominant über
Solide Farbe

Dominanz

Vergleicht man die dominanten mit den rezessiven Faktoren, so werden alle Nachkommen zweier Katzen mit dominanten Merkmalen auch diese aufweisen. Wenn aber beide Katzen den rezessiven Faktor in sich tragen, werden all ihre Nachkommen den rezessiven Faktor aufweisen. Wenn eine Katze mit rezessivem Faktor gepaart wird mit einer solchen mit dominantem, und alle Kätzchen zeigen den dominanten Faktor, ist anzunehmen, daß die dominante Katze nicht den rezessiven Faktor besitzt. Wenn jedoch die Nachkommen zur Hälfte den dominanten Faktor aufweisen und zur Hälfte den rezessiven, hat die Katze mit dem dominanten Faktor ebenso das rezessive Gen in sich. Dies wird eine wichtige Entdeckung im Hinblick auf künftige Paarungen mit dieser Katze sein. Eine Aufstellung der dominanten und rezessiven Gene finden Sie auf dieser Seite. Ausgerüstet mit dieser Tabelle, kann der Züchter sich entscheiden für eine bestimmte Linie innerhalb einer Rasse, oder das

Schmetterlingsmarkierung auf dem Rücken ist typisch für das in allen Rassen vorkommende Classic Tabby-Muster.

Schaffen einer neuen Rasse, neuen Farbvarietät oder einer neuen Kombination der Felltypen, Fellfarben und Augenfarben. Das mag sich über viele Katzengenerationen erstrecken und harte Arbeit bedeuten.

Zusammenfassung

Hieraus ersehen wir, daß heutzutage jegliches Katzen-Charakteristikum manipulierbar ist. Bleibt nur zu hoffen, daß die heutigen und künftigen Züchter sich ihrer züchterischen Verantwortung bei aller Kreativität bewußt bleiben. Anzustreben sind hübsche Katzen mit ebenso praktischen Merkmalen. Wir sollten nicht Monstren und deformierte oder häßliche Katzen weiterzüchten. Die Katze verdient, die wundervolle Kreatur zu bleiben, die sie mit all ihren Arten ist.

Die völlig schwanzlose Katze geht zurück auf Gene für Skelettschäden. Die Paarung zweier Manx bringt einen hohen Prozentsatz Fehlgeburten.

Felltypen

Kurzhaar
dominant über
Langhaar

Langhaar
dominant über
Haarlos

Rauhhaar
dominant über
Normales Haar

Normales Fell
dominant über
Rex-Fell

Andere Faktoren

Faltohr
dominant über
Normales Ohr

Manx-Schwanzlos
dominant über
Normalen Schwanz

Polydaktyl (zusätzliche Zehen)
dominant über
Normale Zehen

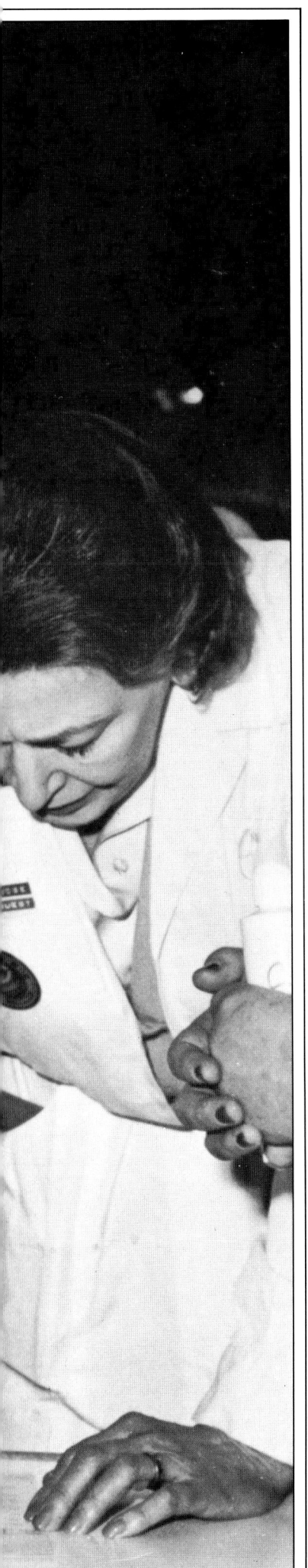

Die Katze auf Ausstellungen

Das Ausstellen einer oder mehrerer eigener Katzen ist ein interessantes Hobby für jung und alt. Es bringt Menschen mit gleichen Interessen zusammen und kann höchst aufregend sein. Als erzieherisches Hobby sollte das Ausstellen bei den Jugendlichen populärer gemacht werden. Es verhilft außerdem den Züchtern zu wissenschaftlichen Einsichten über die Vererbungslehre.

Der beste Einstieg erfolgt über den Besuch einer örtlichen Schau und das Studium der ausgestellten Katzen. Daraus kann ein sehr angenehmer Tag für die ganze Familie werden. Wenn es eine All-Rassen-Schau ist, können Sie dort ähnlich wundervolle Tiere wie die in diesem Buch abgebildeten sehen.

Wenn das Dargebotene in Ihnen den Wunsch nach einer eigenen Zuchtkatze weckt, können Sie solche Kätzchen auf der Schau kaufen, und, falls nicht, haben die meisten Züchter Kätzchen zuhause oder wissen, wo man welche bekommen kann. Gewöhnlich helfen sie einem Neuling sehr gern beim Start und werden Sie begleiten durch die ersten Erfahrungen des Kaufs eines Kätzchens, seiner Ausstellung und vielleicht der Zucht mit ihm. Sie werden vielleicht etwas länger auf ein ausstellungsreifes Kätzchen einer seltenen Rasse warten müssen, aber die Mühe lohnt sich; es wäre sinnlos, eine minderwertige Katze auszustellen oder aus ihr zu züchten.

Wenn Sie ausstellen, aber nicht züchten möchten, ist es am besten, das Tier kastrieren oder sterilisieren zu lassen. (Anders als kastrierte oder sterilisierte Hunde, können zeugungsunfähig gemachte Katzen ausgestellt werden.) Dies ermöglicht Ihnen die Wahl zwischen Kater oder Katze. Andernfalls müssen Sie als erstes eine Katze erwerben, denn nur ein

Eine stolze junge Besitzerin mit ihrem Siamkätzchen, das auf einer englischen Schau einen Preis gewann.

Links: Ein Steward hält ein British Kurzhaar Silver Tabby-Kätzchen, während die Richterin ihre Beurteilung darüber aufschreibt.

erfahrener Züchter mit mehreren Kätzinnen sollte sich daran wagen, einen Deckkater zu halten. Im Kapitel über die Zucht, ab Seite 121, können Sie mehr darüber lesen.

Wenn Sie die Katzenzucht ernsthaft betreiben möchten, brauchen Sie Ihren eigenen Zwingernamen, den alle von Ihnen gezüchteten Kätzchen tragen werden. Sie müssen diesen Namen beim zuständigen Katzenzuchtverein eintragen lassen vor der Geburt der Kätzchen — am besten lassen Sie das vornehmen, sobald Sie sich ernsthaft zum Züchten entschlossen haben. Ein Zwingername würde sich hervorragend als Weihnachts- oder Geburtstagsgeschenk eignen. Mit gesundem Menschenverstand ausgerüstet und der Fähigkeit, sich praktische Kenntnisse der Vererbungslehre anzueignen, sollte es Ihnen möglich sein, Champions zu züchten und sogar ein bekannter Züchter zu werden.

Ausstellungswesen

Katzenausstellungen werden erst seit etwa hundert Jahren veranstaltet. Die erste offizielle Schau in Großbritannien fand am 13. Juli 1871 im Crystal Palace in London statt. Die erste in den USA soll im März 1881 im Bunnels Museum, New York, veranstaltet worden sein, gefolgt von der nächsten im Madison Square Garden, New York, 1895.

Die erste Katzenausstellung in Deutschland wurde 1924 in Nürnberg vom 1. Deutschen Angora-Schutz- und Zuchtverein, dem Vorgänger des heutigen 1. Deutschen Edelkatzenzüchterverbandes, ausgerichtet.

Mittlerweile werden regelmäßige Ausstellungen abgehalten in allen europäischen Ländern, in Australien, Neuseeland, den Vereinigten Staaten, Südafrika und Japan. Mexiko hatte seine erste Katzenausstellung 1978 und Hongkong seine erste 1979. Die größten Ausstellungen sind die National Cat Shows in England mit über 2000 Ausstellern.

Perser bilden die größte Klasse bei allen Ausstellungen, rangmäßig gefolgt von Colourpoint, Siam, Burma und Orientalisch Kurzhaar. Chinchillas bilden die größte Einzelgruppe unter den Langhaar-Ausstellungskatzen in Australien, wo auch Orientalen sehr beliebt sind. Somalis sind bis Australien vorgedrungen, aber noch nicht so weit verbreitet, genausowenig wie die Rex-, Korat- und British Kurzhaar-Katzen.

Die meisten Ausstellungen führen Klassen für Hauskatzen —

sprich sterilisierte Katzen ohne Stammbaum. Ein gefundenes oder geschenktes Kätzchen könnte Sieger dieser Klassen werden, wenn es besonders schön gezeichnet ist. Einige der größeren Ausstellungen in Großbritannien setzen Preise aus für die Hauskatzen in solchen Klassen wie „jegliche Farbe in Langhaar", „beste Kurzhaar schwarz", „attraktivste rötliche Katze" oder „niedlichste Katze". Um sich als Hauskatze auf der Ausstellung zu qualifizieren, muß die Katze unbekannter Abstammung sein.

In Großbritannien, Neuseeland, Australien und Südafrika finden eintägige Ausstellungen statt, wo die Katzen in numerierte Käfige gesetzt werden und die Richter zum Richten von Käfig zu Käfig gehen. In den USA und Mitteleuropa dauert eine Schau ein, zwei oder drei Tage, die Käfige werden hochdekoriert mit Vorhängen, Kissen und den gewonnenen Rosetten aus früheren Ausstellungen, und das Richten findet woanders statt. Stewards sammeln die Katzen jeder Klasse ein und bringen sie zum Richterring, oftmals in einen anderen Raum.

In Europa gibt es sehr viele Katzenvereine, von denen einige sich zusammengeschlossen haben zur Fédération Internationale Féline d'Europe (FIFE), die Mitgliedsverbände in sechzehn europäischen Ländern hat. Außerdem haben sich ihr noch Vereine aus Australien, Brasilien, Mexiko und Singapur angeschlossen. Die FIFE erkennt die Registrierungen anderer europäischer Verbände nur bedingt an. Eine Katze kann auch nicht gleichzeitig bei einem FIFE-Mitgliedsverband und einem anderen Verein registriert sein. FIFE-Mitglieder dürfen keine Kätzchen von Nichtmitgliedern kaufen, noch deren Deckkater verwenden.

Ausstellungen in Deutschland
Wollen Sie ausstellen, so besorgen Sie sich als erstes vom Verband oder der für Sie zuständigen Ortsgruppe die Ausstellungstermine der kommenden Saison und senden dann das Anmeldeformular für die ausgesuchte Schau rechtzeitig, etwa sechs bis acht Wochen vor dem Ausstellungstermin, richtig ausgefüllt und mit Nachweis der Zahlung oder Scheck an den Verband. Die Höhe der Meldegebühren ersehen Sie aus dem Anmeldeformular.

Wichtigste Voraussetzungen für die Teilnahme Ihrer Katze an einer Schau sind die gültigen Impfungen gegen Katzenseuche, Tollwut und möglichst auch gegen Katzenschnupfen. Die Katze muß spätestens vier Wochen vor der Ausstellung geimpft worden sein, die Impfung darf aber auch nicht älter als ein Jahr, bei manchen Katzenseuchenimpfungen auch zwei Jahre sein.

Die verschiedenen Klassen
An Ausstellungen können alle Mitglieder des veranstaltenden Vereins mit ihren Tieren teilnehmen. Jede in diesem Verein registrierte Katze mit eingetragenen Eltern, Großeltern und Urgroßeltern wird zugelassen entsprechend ihrer Rasse, ihrem Geschlecht und Alter.

Bei jeder Ausstellung werden die Katzen aller anerkannten Rassen zur Bewertung in Klassen unterteilt.

Würfe dürfen nicht mehr ausgestellt werden, um die Katzenbabys nicht dem Risiko einer Infektion auszusetzen, obwohl gerade die Wurfklasse auf früheren Ausstellungen beim Publikum immer sehr beliebt war.

Für die Jungtiere gibt es zwei Jugendklassen, über drei bis sechs Monate und über sechs bis zehn Monate, jeweils unterteilt in männliche und weibliche Tiere jeder Rasse, wie das auch bei allen anderen Klassen der Fall ist.

In den offenen Klassen werden alle Tiere ab zehn Monate ausgestellt, das heißt sie müssen am ersten Tag der Ausstellung zehn Monate alt sein. Zusätzlich gibt es noch eine Offene Klasse für männliche und weibliche Kastraten jeder Rasse.

Die beste Bewertung für die Jungtiere in den beiden Jugendklassen ist ein V1. In den Offenen Klassen haben jeweils das beste männliche und das beste weibliche Tier die Chance, ein CAC, die Anwartschaft auf den Titel Champion, zu gewinnen. Wenn eine Katze auf drei Ausstellungen von drei verschiedenen Richtern ein CAC verliehen bekommen hat, darf sie den Titel Champion führen. Der beste männliche und weibliche Kastrat jeder Rasse kann vom Richter ein CAP verliehen bekommen, die Anwartschaft auf den Titel Premior. Auch die CAP müssen von drei Richtern auf drei verschiedenen Katzenausstellungen erteilt werden. Falls das CAC beziehungsweise CAP von nur zwei Richtern gegeben wurde, muß die dritte Bewertung von einem anderen Richter der Schau bestätigt werden.

Ist ein Tier erst einmal Champion oder Premior, kann es auf allen internationalen Ausstellungen mit anderen Champions und Premioren gleicher Rasse um den Titel Internationaler Champion oder Internationaler Premior konkurrieren. Dazu benötigt es dreimal die Bewertung CACIB (Anwartschaft auf den Titel Internationaler Champion) oder CAPIB (Anwartschaft auf den Titel Internationaler Premior).

Ein Internationaler Champion kann zum Grand Internationalen Champion werden, wenn er dreimal Rassesieger gewesen ist oder dreimal für die Wahl der Best in Show vorgeschlagen wurde. Ebenso kann ein Internationaler Premior noch zum Grand Internationalen Premior werden, wenn er dreimal Bester Kastrat der Rasse war oder ebenfalls dreimal zur Best in Show Wahl nominiert wurde.

Aber auch wenn Sie keine Rassekatze mit Stammbaum, sondern eine Hauskatze besitzen, sind Sie als Aussteller willkommen. Für Hauskatzen gibt es eine eigene Klasse, die zumeist in männliche und weibliche Tiere unterteilt ist, gleichgültig welche Farbe sie haben. Die beste Hauskatze wird prämiert.

Katzen, deren beide Elterntiere Rassekatzen sind, die aber keine gültigen Papiere erhalten haben, können im Alter von sechs Monaten in der Novizenklasse vorgestellt werden. Sie müssen von einem Richter die Bewertung V (Vorzüglich) erhalten. Wenn ein zweiter Richter diese Bewertung bestätigt, können sie auf künftigen Ausstellungen in den normalen Klassen gemeldet werden.

Das Standgeld für Hauskatzen ist niedriger als in den anderen Klassen. Die Höhe der Gebühren erfahren Sie aus den Ausstellungsunterlagen und dem Anmeldeformular.

Nachstehend die Klassen, in denen gemeldet werden kann:
Grand International Champion,
Grand International Premior,
Champion International,
Premior International,
Champion Klasse,
Premior Klasse,
Offene Klasse = über zehn Monate,
Jugendklasse = über sechs bis zehn Monate,
Jugendklasse = über drei bis sechs Monate,
Kastraten-Klasse,
Hauskatze,
Novizen.

Die Bewertungen
CACIB. Anwartschaft auf den Titel Internationaler Champion (Certificat d'aptitude au Championat International) kann von allen Champions errungen werden.
CAPIB. Anwartschaft auf den Titel Internationaler Premior (Certificat d'Aptitude au Premior International) kann von allen Premioren errungen werden.
CAC. Anwartschaft auf den Titel Champion (Certificat d'Aptitude au Championat) kann jedem besten Tier jeder Offenen Klasse erteilt werden.
CAP. Anwartschaft auf den Titel Premior (Certificat d'Aptitude au Premior) kann dem besten Kastraten jeder Offenen Klasse erteilt werden.
V. Vorzüglich   88 bis 100 Punkte
Sg. Sehr gut   76 bis 87 Punkte
g. Gut   61 bis 75 Punkte
Zg. Ziemlich gut   46 bis 60 Punkte

Frühzeitige Anmeldung ist notwendig, da einige Ausstellungen schnell ausgebucht sind. Die Zusage erfolgt in der Reihenfolge der Einschreibungen.

Ausfüllen des Anmeldeformulars
Sollte Ihnen zu Anfang nicht klar sein, welche Klasse Sie belegen, ist es nützlich, entweder den Züchter Ihres Kätzchens zu fragen oder einen ausstellungserfahrenen Katzenfreund beziehungsweise einen Angehörigen des Katzenclubs.

Es gibt nur ein Formular für alle Rassen und Klassen. Lesen Sie es bitte sorgfältig. Die nachstehenden Hinweise können Ihnen dabei zusätzlich helfen.

Bevor Sie mit dem Ausfüllen beginnen, suchen Sie sich Stammbaum und Besitztransfer Ihrer Katze heraus. Name der Katze, Vatertier, Muttertier, Geschlecht, Geburtsdatum, Rassenummer und Registrierungsnummer sowie der Besitzername müssen genau so in das Formular eingetragen werden, wie sie im Besitztransfer stehen. Bei unvollständigem oder unkorrektem Ausfüllen wird Ihre Meldung nicht akzeptiert. Vergessen Sie auch nicht Ihren Namen, Ihre Anschrift und vor allen Dingen die Mitgliedsnummer anzugeben. Kreuzen Sie an, in welcher Klasse Ihre Katze gemeldet werden soll. Sodann datieren und unterschreiben Sie das Formular.

Schicken Sie es schnellstmöglich ab, spätestens bis zum Ende der Einschreibfrist, anderenfalls können Sie nicht teilnehmen. In vielen Ausstellungen können nicht alle Anmeldungen berücksichtigt werden; je früher Sie sich also anmelden, desto sicherer werden Sie zugelassen. Notieren Sie sich das Datum Ihrer Anmeldung für eventuelle spätere Rückfragen.

Fügen Sie dem sorgfältig ausgefüllten Formular einen Verrechnungsscheck bei: Denn Anmeldungen werden nur bearbeitet, sofern ein Scheck beiliegt.

Etwa zwei Wochen vor der Schau erhalten Sie Ihre Anmeldebestätigung, die Käfignummer der Katze, der Ausstellerausweis, ein Katalog und eine kleine Marke mit der Käfignummer Ihrer Katze werden erst bei Beginn der Ausstellung ausgehändigt, da das Numerieren erst nach Erstellen des Katalogs erfolgen kann.

Wenn Sie Ihre Katze angemeldet haben, aber an der Veranstaltung mit ihr nicht teilnehmen können, informieren Sie die Ausstellungsleitung möglichst vor Anmeldeschluß. Kann die Katze aus Krankheitsgründen nicht ausgestellt werden und haben Sie der Ausstellungsleitung eine tierärztliche Bescheinigung rechtzeitig vorgelegt, wird Ihnen die Meldegebühr entweder zurückerstattet oder für eine andere Ausstellung verrechnet.

Stellen Sie keinesfalls eine kranke oder trächtige Katze aus, und lassen Sie sie lange Zeit vor der Ausstellung impfen.

Wenn Sie sich Ihre Katze auszustellen entschlossen haben, pflegen Sie sie täglich bis zum Veranstaltungstag und besorgen Sie sich rechtzeitig alles, was für eine Katzenausstellung notwendig ist. Vorbereiten einer Katze auf eine Ausstellungskarriere bedeutet, sie von klein auf entsprechend anzufassen. Wenn sie von mehreren Personen darauf vorbereitet wurde, sollte sie sich an Fremde gewöhnt haben und ruhig bleiben, wenn sie dem Richter präsentiert wird. Kämmen Sie sie täglich und füttern sie ausreichend, so daß Ihr „Ausstellungsstück" sich für jede Ausstellung in Bestform befindet. (Pflegehinweise finden Sie auf den Seiten 107 bis 111.)

Wenn Sie ausstellen, brauchen Sie zur Dekoration des Käfigs Vorhänge, eine Matte oder ein Stück Teppich für den Käfigboden, ferner Futter- und Wassernäpfchen und eine kleine Katzentoilette. Da auf den Ausstellungen die gleichen verbandseigenen Käfige benutzt werden, können Sie sie immer wieder verwenden. Die Käfige haben die Maße 70 × 70 × 70 cm.

Um Ihre Katze optimal zu präsentieren, werden Sie den Katzenkäfig möglichst gut herrichten. Sie werden beispielsweise mit dem Fell und den Augen der Katze kontrastierende oder harmonisierende

Vorhänge, Teppiche und Kissen wählen. Die Vorhänge werden am einfachsten auf Gardinenstangen gezogen, die Sie in das Gitter einhängen. Es gibt auch speziell gefertigte Stangen, die auf der Ausstellung angeboten werden. Desgleichen andere Dinge zum Ausschmücken des Käfigs und zur Katzenpflege.

Zum Auslegen des Bodens empfiehlt es sich, ein Stück festen Teppich, der nicht verrutschen kann, zu nehmen, damit der Käfig während der Ausstellung nicht unordentlich wirkt.

Falls Ihre Katze schon einmal ausgestellt wurde und eine Schleife gewonnen hat, bringen Sie auch diese mit. Am zweiten Ausstellungstag, wenn alle Katzen gerichtet worden sind, dürfen die Käfige auch mit diesen Trophäen geschmückt werden. Dezent angebracht, belebt dies alles das Gesamtbild für den Besucher.

Allerletzte Vorbereitungen

Stellen Sie am Vorabend der Schau alles bereit. Dazu gehören die bereits erwähnten Utensilien, Katzenfutter und -streu. Büchsenöffner und Löffel sowie der Reisebehälter. Halten Sie die Katze im Haus, damit sie auch da ist, wenn Sie reisen möchten.

Es ist ratsam, während der Ausstellung bequeme Schuhe zu tragen; Sie werden sehr viel herumstehen und -laufen. Legen Sie während der Reise nichts in den Transportkoffer, was Sie bei der Ausstellung brauchen; der Katze könnte ein Mißgeschick passieren. Für die Reise genügt eine einfache Decke. Starten Sie keinesfalls mit einer kranken Katze, sie könnte andere anstecken.

Wenn Sie von der Ausstellungsstadt weit entfernt wohnen, werden Sie möglicherweise eine oder zwei Nächte im Hotel verbringen müssen. Klären Sie zuvor, ob das ausgesuchte Hotel auch Katzen aufnimmt. Wenn ja, nehmen Sie ein Zimmer mit Bad und stellen die Katzentoilette ins Badezimmer. Füttern Sie die Katze auch dort, damit Sie keine schwer entfernbaren Flecke im Teppich verursachen.

Wenn Sie das Zimmer für längere Zeit verlassen, sollten Sie für den Eingang ein kleines Plakat vorbereitet haben: „Bitte nicht eintreten, frei herumlaufende Katze!" – anderenfalls muß das Zimmerpersonal Bescheid wissen. Falls Sie im Auto einen großen Deckelkäfig mitbringen konnten, setzen Sie während Ihrer Abwesenheit die Katze da hinein. Für kurze Zeit bleibt sie auch im Transportkoffer.

Nehmen Sie für den ganzen Aufenthalt auch genügend Katzenfutter mit. Konserven sind am besten geeignet. Dosen und Trockenfutter können Sie auch auf der Ausstellung kaufen.

Ich erinnere mich an einen früheren Aufenthalt in einem Luxushotel in einer englischen Kleinstadt. In der Hetze des Aufbruchs hatten wir das Katzenfutter vergessen. Wir baten im Restaurant, uns etwas mageres, zerkleinertes rohes Steak auf einem flachen Teller heraufzuschicken. Das Mahl wurde feierlich auf einem Silbertablett her-

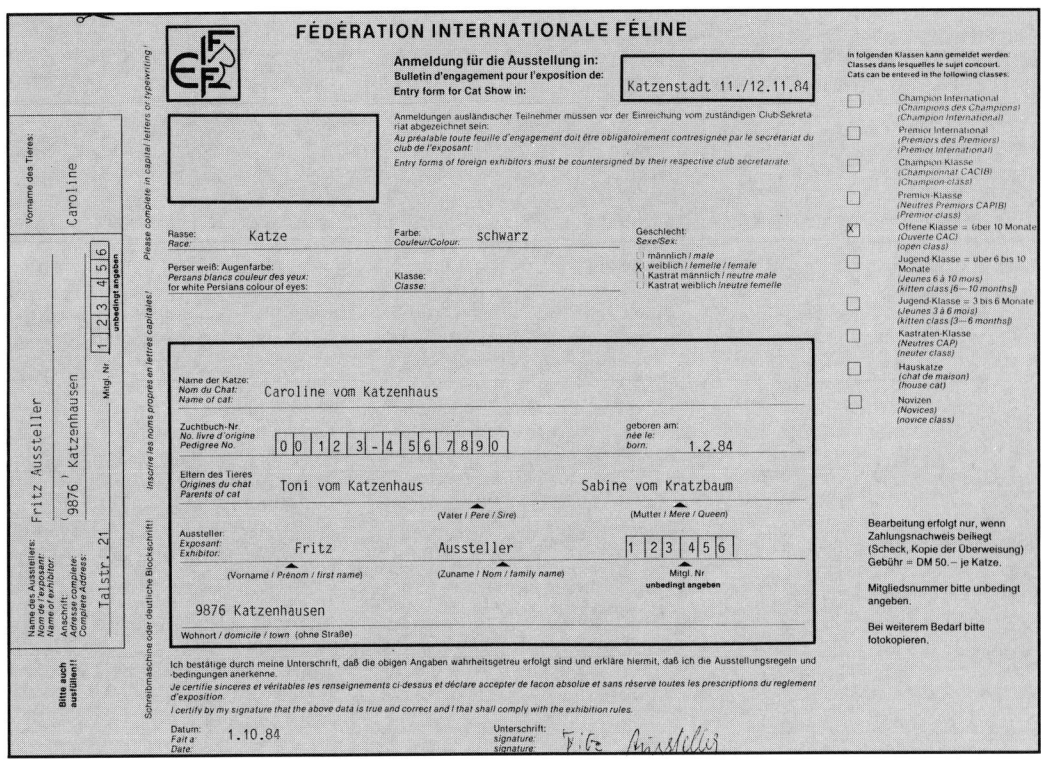

Anmeldeformular für internationale Ausstellungen.

eingereicht, und als wir bei der Abreise die Rechnung erhielten, merkten wir, daß „kleingehacktes Filetsteak" aus diesem Restaurant astronomisch teuer war!

Am nächsten Tag hatte der Leihwagen, der uns zur Ausstellung bringen sollte, eine Panne, und der

---

Diese Katze errang den Sieg in der Hauskatzen-Klasse.

Besitzer des Autoverleihs schickte uns netterweise seinen eigenen Rolls-Royce. Nach soviel fürstlicher Behandlung konnte die Katze ja nur noch gewinnen, und tatsächlich errang mein Brown Burma-Kater sein drittes CAC, was ihm die volle Championship einbrachte!

Nützliche Hinweise für den Ausstellungstag

Machen Sie sich am ersten Ausstellungstag zeitig genug auf den Weg, denn die tierärztliche Kontrolle beginnt meist um sieben Uhr. Den Impfpaß Ihrer Katze und die Anmeldebestätigung müssen Sie griffbereit haben, denn hier werden die Papiere kontrolliert. Die ärztliche Untersuchung stellt sicher, daß nur gesunde Katzen in die Halle eingelassen werden. Wenn aus irgendeinem Grunde Ihre Katze nicht an der Kontrolle teilnehmen kann, müssen Sie mit ihr wieder abreisen.

Gleich nach der Untersuchung können Sie in die Ausstellungshalle. Gegen erneutes Vorzeigen der Bestätigung erhalten Sie am Eingang den Katalog, einen Dauerausweis und ein Schildchen mit der Käfignummer Ihrer Katze. Dieses Schildchen wird mit einem Bändchen oder Gummiband der Katze um den Hals gebunden.

Wenn Sie den Ausstellungskäfig mit Vorhängen, Teppich und Kissen dekoriert haben, vergessen Sie auch nicht das Katzenklo, können Sie die Katze hineinsetzen. Stellen Sie ihr Wasser hin. Füttern wird nicht nötig sein, weil Ihre Katze morgens versorgt worden ist.

Ab neun ist die Ausstellung für das Publikum geöffnet, gegen zehn Uhr beginnt das Richten.

Jetzt haben Sie Zeit, sich eventuell mit anderen Ausstellern bekanntzumachen. Sie können beim Richten zusehen oder anschauen, was die Händler an ihren Ständen für die Bequemlichkeit und zur Pflege der Katzen anzubieten haben. Wenn Ihre Katze erst später gerichtet wird, können Sie die Zeit zu einem Stadtbummel nutzen oder sich in einem Restaurant aufhalten. Meist gibt es eines direkt in oder bei der Halle. Viele Aussteller treffen sich dort, um Neuigkeiten auszutauschen.

Sie sollten im Katalog die Eintragungen über Ihre Katze nachprüfen. Bei einem Fehleintrag sprechen Sie sofort mit der Ausstellungsleitung, damit der Fehler korrigiert werden kann, bevor Ihre Katze gerichtet wird.

Die Rassen sind im Katalog in der Reihenfolge der Rassennummern verzeichnet, und die Katzen tragen fortlaufende Nummern innerhalb der Rassen. Jede Rasse ist bei der Ausstellung in die bekannten Klassen eingeteilt, stets auch in der gleichen Reihenfolge, die Sie aus der Anmeldung bereits kennen, beginnend also mit der Klasse der Internationalen Champions. Katalognummer 1 jeder Ausstellung wird also ein Internationaler Champion, männlich, Perser und schwarz sein. Darauf folgen die Champions, männlich und weiblich, die Internationalen Premioren, die Premiorklasse, dann die Offene Klasse, die Jugendklasse sechs bis zehn Monate, die Jugendklasse drei bis sechs Monate und die Kastraten.

Auf einer der ersten Seiten des Kataloges finden Sie die Namen der Richter und eine Übersicht über die gestifteten Pokale und Ehrenpreise. Dann folgen Angaben über die ausgestellten Katzen mit ihren laufenden Nummern, den Namen der Elterntiere, dem Geburtsdatum und dem Namen des Besitzers. Am Schluß des Kataloges befindet sich eine alphabetisch geordnete Liste der Ausstellernamen und -anschriften mit Angabe der Käfignummern ihrer ausgestellten Katzen.

Lesen Sie den Katalog aufmerksam und notieren Sie sich dabei die Katzen, die Sie näher anschauen möchten. Vielleicht suchen Sie nach einem Deckkater für Ihre Kätzin oder möchten ein Kätzchen eines speziellen Züchters kaufen. Es ist ärgerlich, den Katalog erst zu Hause zu lesen und festzustellen, daß Sie eine besondere Katze gern gesehen hätten, es aber nicht getan haben.

Das Richten

In einem abgetrennten Teil der Halle — meist auf der Bühne — werden die Katzen von den Richtern bewertet. Das Richten ist in Deutschland offen, das heißt Publikum und Aussteller sind dabei zugelassen. Oft erklärt der Richter auch die Vorzüge und Fehler der Katzen, die gerade gerichtet werden. Das ist sehr interessant und lehrreich, insbesondere für die Aussteller, deshalb sollten Sie es nicht versäumen, wenn Ihre Katze gerichtet wird. Jeder Richter ist für die Bewertung verschiedener Rassen zuständig. Die Rassennummern werden zusammen mit seinem Namen an seinem Richtertisch bekanntgegeben.

Jedem Richter sind mehrere Stewards zugeteilt, die die Katzen bringen, das heißt sie holen sie aus den Käfigen und präsentieren sie dem Richter. Jedesmal, wenn eine Katze bewertet wurde, wird der Richtertisch desinfiziert. Desgleichen die Hände der Richter und Stewards. Der Richter erhält für jedes zu richtende Tier zuvor ein Formular, dem er die Rassennummer, das Geschlecht, die Klasse, das Geburtsdatum und die Katalognummer entnehmen kann. Er erfährt jedoch nicht, wie die Katze heißt, aus welchem Zwinger sie kommt, wer der Besitzer ist.

In dieses Formular wird die Beurteilung eingetragen. Gerichtet wird anhand eines genau festgelegten Punktsystems für jede Rasse. Für Typ, Kopf, Augen, Ohren, Fell, Schwanz und Kondition werden Punkte verliehen, deren Gesamtzahl 100 ergeben kann. Falls die Punktezahl nicht erreicht wird, kann der Richter auch bei der besten Katze der Offenen Klasse das CAC vorenthalten.

Sobald die Ergebnisse feststehen, werden die Bewertungsurkunden und Schleifen verteilt. Wenn Ihre Katze gewonnen hat, ist das schon aufregend. Es ist nützlich, genau Buch zu führen über die Gewinne, Preise, Daten der Errigung eines Championats und andere wichtige Informationen.

Die Wahl der „Best in Show" ist der Höhepunkt jeder Ausstellung. Sie findet stets am zweiten Ausstellungstag nach der Mittagspause der Richter, um etwa 14 Uhr, statt.

Die Richter und Richterinnen wählen aus den von ihnen bewerteten Tieren die beste Katze jeder Varietät aus allen vorhandenen Klassen, ohne die Kastratenklasse. Diese Rassesieger können zur Wahl der Best in Show nominiert werden. Sind weniger als drei Tiere einer Rasse vorhanden, kann die Katze, auch ohne Rassesieger zu sein, nominiert werden. Ebenso wird der beste Kastrat jeder Rasse vorgeschlagen. Die Kastraten konkurrieren um den Titel „Bester Kastrat der Ausstellung".

Ein aus den erfahrensten Richtern bestehendes Team stimmt geheim über die Nominierungen ab. Es wählt aus den vorgeschlagenen Tieren die Sieger aus für die übergeordneten Gruppen Langhaar, Semi- oder Halblanghaar, Kurzhaar und Siam zusammen mit Orientalisch Kurzhaar. Vorgeführt werden immer das beste männliche und das beste weibliche Tier jeder dieser Gruppen. Wird der Kater zum schönsten Langhaartier der Ausstellung, erhält die beste Langhaarkatze den Titel „Best opposite Sex". Genauso werden die beiden besten Kastraten der Ausstellung gewählt.

Nach dieser letzten Auswahl wird die Aufregung für Sie als Aussteller geringer, denken Sie aber trotzdem daran, daß die Katze für das Publikum bis zum Ende der Ausstellung gezeigt werden muß. In der Regel endet die Katzenschau um 18 Uhr. Danach können Sie Ihren Liebling wieder in den Transportkoffer setzen, die gewonnenen Schleifen und vielleicht auch einen Pokal einpacken und sich auf die Heimreise vorbereiten.

Nach der Schau

Nach der Schau werden Sie und Ihre Katze müde sein. Am besten fahren Sie gleich nach Hause und ruhen sich aus. Falls Sie zu Hause mehrere Katzen halten, isolieren Sie die Ausstellungskatze nach Möglichkeit für zwei Wochen, falls sie sich infiziert haben sollte. Auch das Ausstellungszubehör sollte desinfiziert werden, einschließlich Ihrer Kleidung und Schuhe. Es gibt bei uns keine Regel, die besagt, daß eine Katze nicht mehrmals im Monat ausgestellt werden darf. Bedenken Sie aber die erhöhte Infektionsgefahr auf Ausstellungen und den Streß, dem sie dort ausgesetzt ist, und bewahren Sie Ihre Katze vor zu häufigem Ausgestelltwerden.

Wenn Sie nicht gewonnen haben, nehmen Sie es anstandslos hin, denn nicht jeder kann gewinnen, und beim nächsten Mal schneiden Sie vielleicht besser ab.

Hat Ihnen und Ihrer Katze der Ausstellungstrubel jedoch gefallen, sollten Sie ruhig weiterhin daran teilnehmen. Einige Katzen genießen förmlich das Ausstellungsleben. War Ihre Katze aber mißgelaunt oder nervös, zeugt es von mehr Tierliebe, sie das nächste Mal zu Hause zu lassen. Sie können doch auch nur zum Spaß zur Ausstellung gehen oder aber eine andere Katze ausstellen.

Vielleicht machen Ihnen die Ausstellungen so viel Freude, daß Sie bei der Organisation mithelfen möchten. Sie können sich an diversen Stellen betätigen, zum Beispiel als Steward für einen der Richter oder im Sekretariat beim Ausschreiben der Bewertungsformulare, Urkunden oder Ähnlichem.

Nach der tierärztlichen Eingangskontrolle werden die Katzen von ihren Besitzern in die Leihkäfige gesetzt.

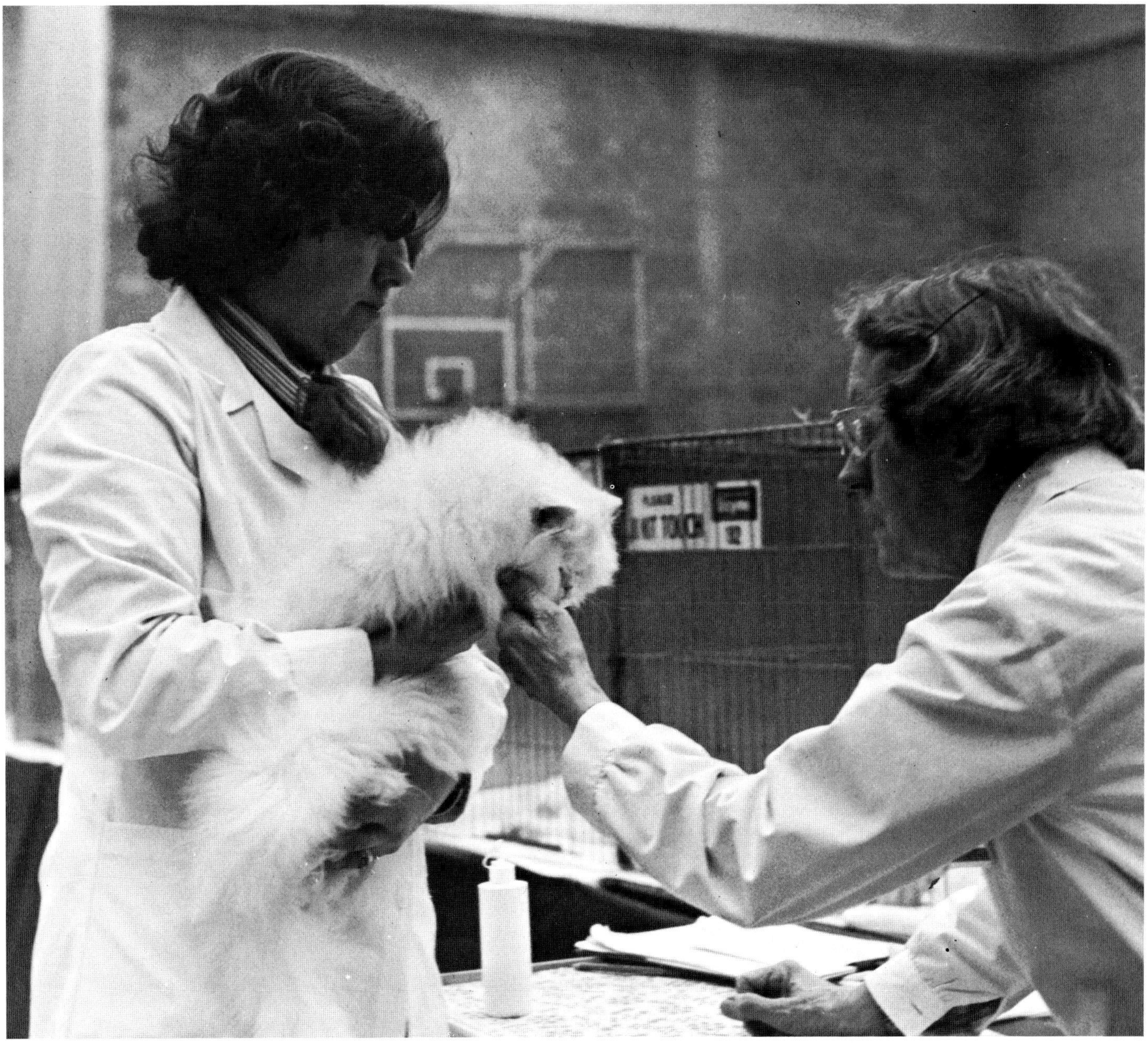

Eine Richterin bei der Arbeit. Die Katzen werden zum Richten in besondere Käfige neben dem Richtertisch gesetzt.

Zum Richten hat die Katze ihre Katalognummer auf einer Marke um den Hals gebunden bekommen.

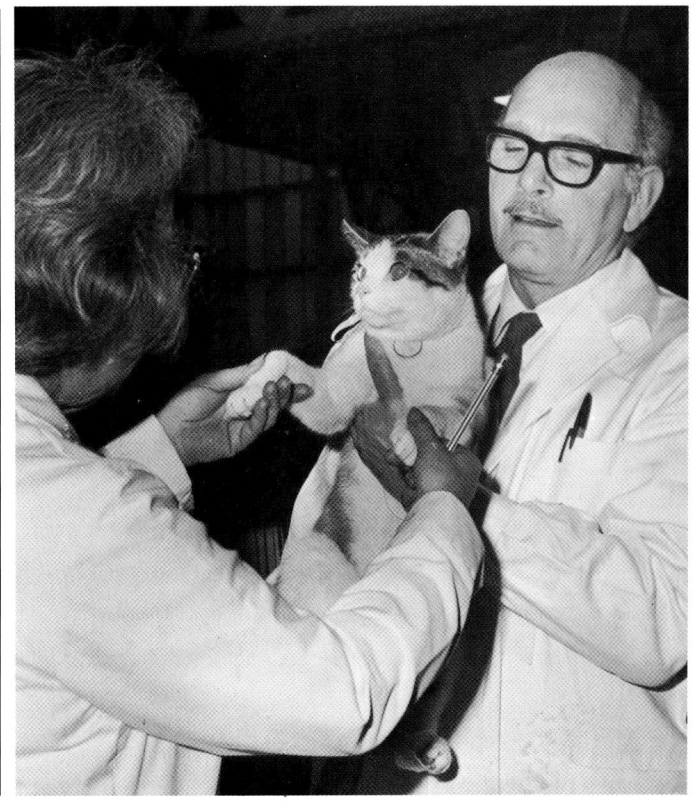

So wird man Steward

Um Steward zu werden, melden Sie sich am besten bei der Ausstellungsleitung. Wenn Sie angeben, bei welcher Rasse Sie am liebsten assistieren möchten, werden Sie sicher auch dem entsprechenden Richter zugeteilt. Als Steward können Sie sich sehr viel Erfahrung aneignen. Sie können später Chefsteward werden und die Grundlagen für eine spätere Richterlaufbahn legen.

Zu den Aufgaben des Stewards gehört es, alles Notwendige für den Richter oder die Richterin vorzubereiten, daß sie mit der Arbeit beginnen können. Er sorgt dafür, daß alle Bewertungsformulare vorliegen, eine Sprayflasche mit Desinfizierungsmittel, Papiertücher zum Tischabwischen, auch Thermoskannen mit Kaffee und Tee für Richter und Stewards, Erkennungsmarken für Richter und Stewards, die aber auch angesteckt werden sollten, und einen Kugelschreiber. All dies wird von dem veranstaltenden Club zur Verfügung gestellt, es gehört aber zu den Aufgaben des Stewards, alles an Ort und Stelle bereitzustellen. Weiterhin ist es seine Aufgabe, die Katzen aus ihrem Käfig zu nehmen und nach dem Richten wieder hineinzusetzen. Folglich kommt es ihm zugute, wenn er mit Katzen gut umgehen kann, denn diese sind während der Schau mitunter nervös und lassen das am Steward aus! Richter und Richterinnen sowie Stewards müssen sich nach jedem Tier die Hände säubern, denn der Geruch der vorhergehenden Katze könnte die folgende beunruhigen.

Nachdem alle Klassen gerichtet worden sind, bringt der Steward alle Utensilien zur Ausstellungsleitung zurück. Dann wird die Best in Show gerichtet, und wieder gehört es zu den Funktionen des Stewards, die von den Richtern und Richterinnen zu den Best in Show erwählten Katzen auf den Tisch zu setzen. Sie werden in Käfige in der Nähe des Richtergremiums

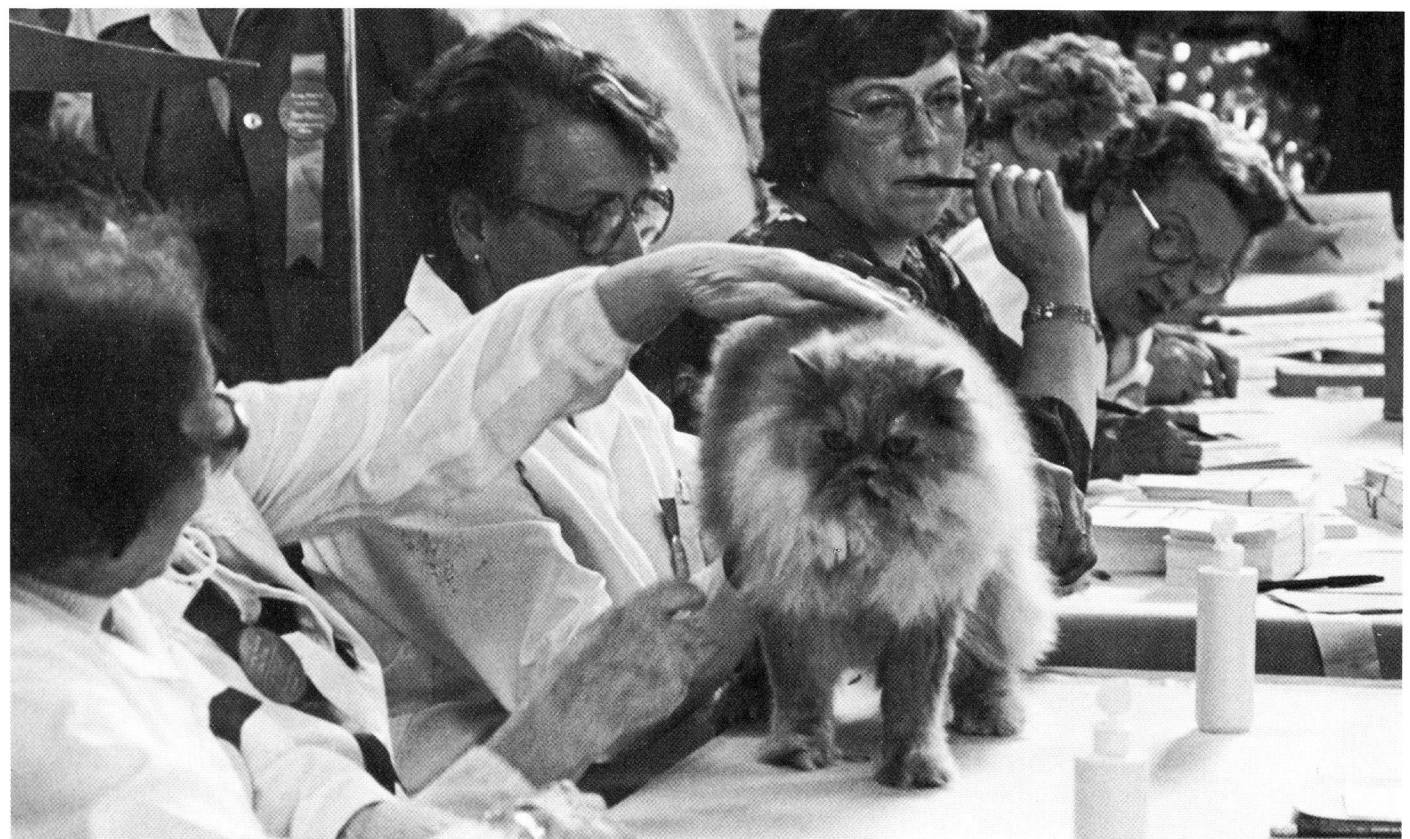

Die „Best in Show"-Katze wird gesucht. Die Klassengewinner werden einem speziellen, besonders erfahrenen Richterteam vorgeführt.

gesetzt, denn oft müssen Sie bis zu ihrem Aufruf recht lange warten. Nach dem Richten wird der Steward sie entweder wieder in einen der Käfige auf der Bühne setzen oder zurück zu ihrem Käfig in der Halle bringen.

Stewards werden nicht bezahlt, aber der Lohn für wahre Katzenliebhaber oder junge Leute mit dem Ziel, Richter(in) zu werden, ist vielfältig. Man kann sehr viel dabei lernen. Stewards sollten ihre Meinung über die verschiedenen Katzen nur auf Befragen durch den Richter äußern. Wenn ein Steward als großer Kenner einer bestimmten Rasse bekannt ist, wird er sicher nach seiner Meinung gefragt werden. Ansonsten sollte er zuhören und lernen!

Wenn Sie viele Jahre als Aussteller und Züchter Erfahrung gesammelt haben, denken Sie vielleicht daran, Richter zu werden. Viele bekannte Richter und Richterinnen werden zum Richten in andere Länder oder sogar Kontinente eingeladen. Das Ausstellungswesen kann Ihnen eine neue interessante Welt mit internationalem Flair eröffnen. Sie können sich auch die Möglichkeit schaffen, Katzen mit Ihrem Zwingernamen weltweit zu exportieren.

Ausstellungswesen in den USA

In den Vereinigten Staaten gibt es mehrere eingetragene Vereinigungen mit eigenen Standards und Regeln. Die größte und mächtigste ist die CFA (Cat Fanciers Association). Die meisten kleineren Vereinigungen akzeptieren eine CFA-Eintragung ohne weitere Nachfrage. Dieses Entgegenkommen wird jedoch nicht immer in beiden Richtungen entgegengebracht. In mancher Hinsicht ist die CFA eine konservative Gesellschaft, so daß es im großen und ganzen für den Züchter günstiger ist, auch anderen Vereinigungen angeschlossen zu sein, bei denen neue Rassen und Farben weit vor der CFA-Anerkennung eingetragen und ausgestellt werden können. Außerdem sind einige der kleineren Vereinigungen in manchen Regionen starke Organisationen, die dem Publikum und den Ausstellern die Möglichkeit zu weitaus mehr Ausstellungen geben, als wenn es nur eine Vereinigung gäbe. Die Eintragung einer Katze bei mehreren Vereinigungen ist nichts Ungewöhnliches und auch das Gewinnen von Titeln innerhalb jeder. Da es so viele Gesellschaften gibt, die Ausstellungen veranstalten, ist es, besonders an der Ost- und Westküste, möglich, Ihre Katze nahezu jedes Wochenende auszustellen.

Die meisten amerikanischen Ausstellungen laufen nach etwa demselben Schema ab, gleichgültig wer Veranstalter ist. Die Katzen werden zur Ausstellungshalle, oft ein Vortrags- oder Bankettsaal eines großen Hotels, gebracht. Sie werden eingecheckt und erhalten ihren Käfig. Alle von denselben Besitzern vorgestellten Katzen werden auch, unabhängig von der Rasse, nebeneinander untergebracht. Aussteller können darum bitten, die Käfige neben bestimmten anderen Ausstellern angewiesen zu bekommen, so daß die meisten Korats oder Manx nah zusammen untergebracht sind.

Die Käfige werden geschmückt mit Stoffvorhängen, farblich passenden Katzenklos, Spielzeug und anderem Zubehör, das der Katze schmeichelt oder zum Thema der Schau paßt. Nahezu alle Veranstalter vergeben Preise für die hübschesten Käfigdekorationen. Für gewöhnlich werden Trophäen und Schleifen von früheren Ausstellungen nicht ausgestellt.

Jede Katze erhält eine Nummer, mit der sie auch im Ausstellungskatalog vorgestellt wird. Der Katalog erwähnt den Namen der Katze, die Namen ihrer Eltern, Besitzer und Züchter und ihr Geburtsdatum. Er zeigt auch ihren Ausstellungsstatus innerhalb dieser Vereinigung an. Novize, Offene Klasse, Champion, Grand Champion, Premior, Grand Premior. Es ist nicht unüblich für eine Katze der Offenen Klasse, in einer anderen Vereinigung als Champion aufzutreten oder als Grand Champion in noch einer anderen, aber diese Statusangaben der anderen Vereine werden im Katalog nicht erwähnt.

Das Richten

In einer Raumecke oder frei im Raum werden die Richtertische aufgestellt. Hinter jedem Tisch stehen zehn Käfige, vor den Tischen gibt es Stuhlreihen für Besucher und Aussteller.

Ein Ausstellungskomitee legt die Klassen fest, so daß jede Katze von jedem Richter und jeder Richterin begutachtet wird. Bei den meisten Ausstellungen sind vier Richter und Richterinnen tätig, aber bei den größeren Repräsentationsschauen können es sogar sechs oder acht sein. Bisher wurden meist zweitägige Ausstellungen abgehalten, aber aufgrund der schlechteren Wirtschaftslage und der gestiegenen Transportkosten versuchen mehr und mehr Ausstellungen, alles in einem Tag über die Bühne zu bringen.

Das Richten beginnt normalerweise um zehn Uhr morgens und kann bis sechs oder sieben Uhr abends dauern. Jeweils zehn Katzen pro Rasse und Farbe werden vorgeführt. Bei einer stark vertretenen Klasse wie den Burmakatzen kann sich das Richten schon sehr lange hinziehen. Die Richter nehmen jede Katze aus dem Käfig, stellen sie auf den Richtertisch, besehen sie prüfend von allen Seiten und wägen sorgfältig ihre Vorzüge ab, bevor sie sie in ihren Käfig zurücksetzen. Dann notieren die Richter sich ihre Bemerkungen und desinfizieren ihre Hände und den Richtertisch, bevor sie die nächste Katze vornehmen. Dieses erste Ansehen besagt noch nicht viel für die Zuschauer. Erst wenn eine Katze ein zweites Mal vorgenommen wird, um mit anderen bedeutenden Konkurrenten verglichen zu werden, wird offenbar, daß sie ernsthaft für wichtige Preise in Betracht kommt.

Diese Auslese wird von allen vier Richtern vorgenommen, die völlig unabhängig voneinander abstimmen. So ist es nicht verwunderlich, daß sie, obwohl nach demselben Standard richtend, eine Katze völlig verschieden beurteilen können. So ist eben das Schaugeschäft! Es verlangt von einer wirklich außergewöhnlichen Katze, sowohl dem Standard entsprechen zu müssen wie auch den persönlichen Vorlieben der vier Experten.

Die Spannung des Tages gipfelt in der Wahl der Best of the Best. Die zehn Katzen, die an diesem Tage die meisten Punkte gewonnen haben, werden zu einem letzten Richten vorgenommen.

Punkte werden gesammelt für jeden geschlagenen Champion. Wenn eine Katze keine disqualifizierenden Fehler aufweist, ist es relativ einfach, bei einer Schau Champion zu werden, aber sobald der Status erreicht ist, wird der Wettbewerb härter. Bei einigen der kleineren Vereinigungen genügen schon 15 Punkte, um Grand Cham-

Rassen

Farbnummer	Rasse	Farbe
Langhaar		
1	Perser	schwarz
1b	Perser	chocolate
1c	Perser	lilac
2	Perser	weiß mit blauen Augen
2a	Perser	weiß mit orangen Augen
2b	Perser	weiß odd eyed
3	Perser	blau
4	Perser	rot
5	Perser	creme
6	Perser	black-smoke
6a	Perser	blue-smoke
6b	Perser	chocolate-smoke
6c	Perser	lilac-smoke
6dSL	Perser	red-shell-cameo
6dSD	Perser	red-shaded-cameo
6dSM	Perser	red-smoke
6ddSL	Perser	creme-shell-cameo
6ddSD	Perser	creme-shaded-cameo
6ddSM	Perser	creme-smoke
6e	Perser	schildpatt-smoke
6g	Perser	blau-creme-smoke
6h	Perser	chocolate-schildpatt-smoke
6j	Perser	lilac-schildpatt-smoke
6eSL	Perser	shell-schildpatt
6eSD	Perser	shaded-schildpatt
6gSL	Perser	shell-blau-schildpatt
6gSD	Perser	shaded-blau-schildpatt
6hSL	Perser	shell-chocolate-schildpatt
6hSD	Perser	shaded-chocolate-schildpatt
6jSL	Perser	shell-lilac-schildpatt
6jSD	Perser	shaded-lilac-schildpatt
7	Perser	schwarz-silber gestromt
7a	Perser	blau-silber gestromt
7b	Perser	chocolate-silber gestromt
7c	Perser	lilac-silber gestromt
8	Perser	schwarz gestromt
8a	Perser	blau gestromt
8b	Perser	chocolate gestromt
8c	Perser	lilac gestromt
9	Perser	rot gestromt
9f	Perser	creme gestromt
10	Perser	chinchilla
10a	Perser	blau-chinchilla
10b	Perser	chocolate-chinchilla
10c	Perser	lilac-chinchilla
10SS	Perser	shaded-silver
10SSa	Perser	blue-shaded-silver
10SSb	Perser	chocolate-shaded-silver
10SSc	Perser	lilac-shaded-silver
11	Perser	schildpatt
11b	Perser	chocolate-schildpatt
11c	Perser	lilac-schildpatt
12	Perser	schildpatt-weiß
12b	Perser	blau-schildpatt-weiß
12ch	Perser	chocolate-schildpatt-weiß
12l	Perser	lilac-schildpatt-weiß
12a	Perser	schwarz-weiß
12abl	Perser	blau-weiß
12ach	Perser	chocolate-weiß
12al	Perser	lilac-weiß
12ar	Perser	rot-weiß
12acr	Perser	creme-weiß
13	Perser	blau-creme
13bSP	Colourpoint	seal
13bBP	Colourpoint	blue
13bChP	Colourpoint	chocolate
13bLP	Colourpoint	lilac
13bRP	Colourpoint	red
13bCrP	Colourpoint	creme
13bSTP	Colourpoint	seal-tortie
13bBTP	Colourpoint	blue-tortie
13bChTP	Colourpoint	chocolate-tortie
13bLTP	Colourpoint	lilac-tortie
13bTbSP	Colourpoint	seal-tabby
13bTbBP	Colourpoint	blue-tabby
13bTbChP	Colourpoint	chocolate-tabby
13bTbLP	Colourpoint	lilac-tabby
13x	Perser, andere, z. B. andere Langhaar	golden-chinchilla, blau-creme-tabby usw.

Farbnummer	Rasse	Farbe
Semi-Langhaar		
13cSP	Birma	seal-point
13cBP	Birma	blue-point
12cCHP	Birma	chocolate-point
13cLP	Birma	lilac-point
13d	Türkische Van	auburn white
13NFa	Norwegische Waldkatze	mit Aguti
13NFaw	Norwegische Waldkatze	mit Aguti und weiß
13NF	Norwegische Waldkatze	ohne Aguti
13NFw	Norwegische Waldkatze	ohne Aguti mit Weiß
13SO	Somali	wildfarben
13SOk	Somali	sorrel
13SObl	Somali	blue
13SOfa	Somali	beige-fawn
13SOsv	Somali	silver
13SOaSv	Somali	sorrel-silver
13SOblSv	Somali	blue-silver
13SOfaSv	Somali	beige-fawn-silver
13MCa	Maine Coon	mit Aguti
13MC	Maine Coon	ohne Aguti
13BASP	Balinese	seal-point
13BABP	Balinese	blue-point
13BAChP	Balinese	chocolate-point
13BALP	Balinese	lilac-point
13BARP	Balinese	red-point
13BACrP	Balinese	creme-point
13BASTP	Balinese	seal-tortie
13BABTP	Balinese	blue-tortie
13ABChTP	Balinese	chocolate-tabby
13BALTP	Balinese	lilac-tabby
13BATbSP	Balinese	seal-tabby
13BATbBP	Balinese	blue-tabby
13BATbChP	Balinese	chocolate-tabby
13BATbLP	Balinese	lilac-tabby
Kurzhaar		
14	British Kurzhaar	weiß mit blauen Augen
14a	British Kurzhaar	weiß mit orangen Augen
14b	British Kurzhaar	weiß odd eyed
14x	British Kurzhaar	andere Farben
15	British Kurzhaar	schwarz
15b	British Kurzhaar	chocolate
15c	British Kurzhaar	lilac
16	British Kurzhaar	blau
17	British Kurzhaar	creme
17d	British Kurzhaar	rot
18btch	British Kurzhaar	schwarz-silber gestromt
18tig	British Kurzhaar	schwarz-silber getigert
18abtch	British Kurzhaar	blau-silber-gestromt
18atig	British Kurzhaar	blau-silber getigert
18btig	British Kurzhaar	chocolate-silber-getigert
18bbtch	British Kurzhaar	chocolate-silber gestromt
18cbtch	British Kurzhaar	lilac-silber gestromt
18ctig	British Kurzhaar	lilac-silber getigert
19btch	British Kurzhaar	rot gestromt
19tig	British Kurzhaar	rot getigert
19fbtch	British Kurzhaar	creme gestromt
19ftig	British Kurzhaar	creme getigert
20btch	British Kurzhaar	schwarz gestromt
20tig	British Kurzhaar	schwarz getigert
20abtch	British Kurzhaar	blau gestromt
20atig	British Kurzhaar	blau getigert
20bbtch	British Kurzhaar	chocolate gestromt
20btig	British Kurzhaar	chocolate getigert
20cbtch	British Kurzhaar	lilac gestromt
20ctig	British Kurzhaar	lilac getigert
21	British Kurzhaar	schildpatt
21b	British Kurzhaar	chocolate-schildpatt
21c	British Kurzhaar	lilac-schildpatt
22	British Kurzhaar	schildpatt-weiß
22bl	British Kurzhaar	blau-schildpatt-weiß
22ch	British Kurzhaar	chocolate-schildpatt-weiß
22l	British Kurzhaar	lilac-schildpatt-weiß
28	British Kurzhaar	blau-creme
31	British Kurzhaar	schwarz-weiß
31bl	British Kurzhaar	blau-weiß
32ch	British Kurzhaar	chocolate-weiß
31l	British Kurzhaar	lilac-weiß
31r	British Kurzhaar	rot-weiß
31cr	British Kurzhaar	creme-weiß
30	British Kurzhaar	schwarz getupft
30a	British Kurzhaar	blau getupft
30b	British Kurzhaar	chocolate getupft

Farbnummer	Rasse	Farbe	Farbnummer	Rasse	Farbe
30c	British Kurzhaar	lilac getupft	27c	Burma	lilac
30d	British Kurzhaar	rot getupft	27d	Burma	rot
30f	British Kurzhaar	creme getupft	27e	Burma	seal-tortie
30S-Sv	British Kurzhaar	schwarz-silber getupft	27f	Burma	creme
30B-Sv	British Kurzhaar	blau-silber getupft	27g	Burma	blau-tortie
30Ch-Sv	British Kurzhaar	chocolate-silber getupft	27h	Burma	chocolate-tortie
30L-Sv	British Kurzhaar	lilac-silber getupft	27j	Burma	lilac-tortie
36	British Kurzhaar	black-smoke	33	Rex Cornish	alle Farben
36a	British Kurzhaar	blue-smoke	33a	Rex Devon	alle Farben
36b	British Kurzhaar	chocolate-smoke	33GR	German Rex	alle Farben
36c	British Kurzhaar	lilac-smoke	34	Korat	blau
14E	Europäisch Kurzhaar	weiß mit blauen Augen	26	andere Kurzhaar	
14Ea	Europäisch Kurzhaar	weiß mit orangen Augen		American Shorthair	alle Farben
14Eb	Europäisch Kurzhaar	weiß odd eyed		American Wirehair	alle Farben
14Ex	Europäisch Kurzhaar	andere Farben		Bombay	schwarz
15E	Europäisch Kurzhaar	schwarz		Egyptian Mau	
15Eb	Europäisch Kurzhaar	chocolate		Exotic Kurzhaar	jede Farbe wie bei Persern
15Ec	Europäisch Kurzhaar	lilac			mit Zusatz Ex
16E	Europäisch Kurzhaar	blau		Japanese Bobtail	alle Farben
17E	Europäisch Kurzhaar	creme		Scottish Fold	alle Farben
17Ed	Europäisch Kurzhaar	rot			
18Ebtch	Europäisch Kurzhaar	schwarz-silber-gestromt	**Siam OKH**		
18Etig	Europäisch Kurzhaar	schwarz-silber getigert	24	Siam	seal-point
18Eabtch	Europäisch Kurzhaar	blau-silber-gestromt	24a	Siam	blue-point
18Eatig	Europäisch Kurzhaar	blau-silber getigert	24b	Siam	chocolate-point
18Ebbtch	Europäisch Kurzhaar	chocolate-silber gestromt	24c	Siam	lilac-point
18Ebtig	Europäisch Kurzhaar	chocolate-silber getigert	32a	Siam	red-point
18Ecbtch	Europäisch Kurzhaar	lilac-silber gestromt	32c	Siam	creme-point
18Ectig	Europäisch Kurzhaar	lilac-silber getigert	32bSP	Siam	seal-tortie-point
19Ebtch	Europäisch Kurzhaar	rot gestromt	32bBP	Siam	blue-tortie-point
19Etig	Europäisch Kurzhaar	rot getigert	32bChP	Siam	chocolate-tortie-point
19Efbtch	Europäisch Kurzhaar	creme gestromt	32bLP	Siam	lilac-tortie-point
19Eftig	Europäisch Kurzhaar	creme getigert	32SP	Siam	seal-tabby-point
20Ebtch	Europäisch Kurzhaar	schwarz-tabby gestromt	32BP	Siam	blue-tabby-point
20Etig	Europäisch Kurzhaar	schwarz getigert	32ChP	Siam	chocolate-tabby-point
20Eabtch	Europäisch Kurzhaar	blau gestromt	32LP	Siam	lilac-tabby-point
20Eatig	Europäisch Kurzhaar	blau getigert	32STP	Siam	seal-tortie-tabby-point
20Ebbtch	Europäisch Kurzhaar	chocolate gestromt	32BTP	Siam	blue-tortie-tabby-point
20Ebtig	Europäisch Kurzhaar	chocolate getigert	32ChTP	Siam	chocolate-tortie-tabby-point
20Ecbtch	Europäisch Kurzhaar	lilac gestromt	32LTP	Siam	lilac-tortie-tabby-point
20Ectig	Europäisch Kurzhaar	lilac getigert	29	Orientalisch Kurzhaar	braun-havana
21E	Europäisch Kurzhaar	schildpatt	29sb	Orientalisch Kurzhaar	schwarz (Ebony)
21Eb	Europäisch Kurzhaar	chocolate-schildpatt	29a	Orientalisch Kurzhaar	blau
21Ec	Europäisch Kurzhaar	lilac-schildpatt	29c	Orientalisch Kurzhaar	lilac-lavender
22E	Europäisch Kurzhaar	schildpatt-weiß	29d	Orientalisch Kurzhaar	rot
22Ebl	Europäisch Kurzhaar	blau-schildpatt-weiß	29e	Orientalisch Kurzhaar	schildpatt
22Ech	Europäisch Kurzhaar	chocolate-schildpatt-weiß	29f	Orientalisch Kurzhaar	creme
22El	Europäisch Kurzhaar	lilac-schildpatt-weiß	20g	Orientalisch Kurzhaar	blue-tortie
28E	Europäisch Kurzhaar	blau-creme	29h	Orientalisch Kurzhaar	chocolate-tortie
31E	Europäisch Kurzhaar	schwarz-weiß	29j	Orientalisch Kurzhaar	lilac-tortie
31Ebl	Europäisch Kurzhaar	blau-weiß	29x	Siam und OKH	andere Farben
31Ech	Europäisch Kurzhaar	chocolate-weiß	35	Orientalisch Kurzhaar	foreign-white
31El	Europäisch Kurzhaar	lilac-weiß	29STbbtch	Orientalisch Kurzhaar	schwarz gestromt
31Er	Europäisch Kurzhaar	rot-weiß	29BTbbtch	Orientalisch Kurzhaar	blau gestromt
31Ecr	Europäisch Kurzhaar	creme-weiß	29ChTbbtch	Orientalisch Kurzhaar	chocolate gestromt
30E	Europäisch Kurzhaar	schwarz getupft	29LTbbtch	Orientalisch Kurzhaar	lilac gestromt
30Ea	Europäisch Kurzhaar	blau getupft	29RTbbtch	Orientalisch Kurzhaar	rot gestromt
30Eb	Europäisch Kurzhaar	chocolate getupft	29CrTbbtch	Orientalisch Kurzhaar	creme gestromt
30Ec	Europäisch Kurzhaar	lilac getupft	29STbtig	Orientalisch Kurzhaar	schwarz getigert
30Ed	Europäisch Kurzhaar	rot getupft	29BTbtig	Orientalisch Kurzhaar	blau getigert
30Ef	Europäisch Kurzhaar	creme getupft	29ChTbtig	Orientalisch Kurzhaar	chocolate getigert
30ES-Sv	Europäisch Kurzhaar	schwarz-silber getupft	29LTbtig	Orientalisch Kurzhaar	lilac getigert
30EB-Sv	Europäisch Kurzhaar	blau-silber getupft	29RTbtig	Orientalisch Kurzhaar	rot getigert
30ECh-Sv	Europäisch Kurzhaar	chocolate-silber getupft	29CrTbtig	Orientalisch Kurzhaar	creme getigert
30EL-Sv	Europäisch Kurzhaar	lilac-silber getupft	29STbsp	Orientalisch Kurzhaar	schwarz getupft
36E	Europäisch Kurzhaar	black-smoke	29BTbsp	Orientalisch Kurzhaar	blau getupft
36Ea	Europäisch Kurzhaar	blue-smoke	29ChTbsp	Orientalisch Kurzhaar	chocolate getupft
36Eb	Europäisch Kurzhaar	chocolate-smoke	29LTbsp	Orientalisch Kurzhaar	lilac getupft
36Ec	Europäisch Kurzhaar	lilac-smoke	29RTbsp	Orientalisch Kurzhaar	rot getupft
16a	Russisch Blau	blau	29CrTbsp	Orientalisch Kurzhaar	creme getupft
16F	Kartäuser	blau	29S-SvTbbtch	Orientalisch Kurzhaar	schwarz-silber gestromt
23	Abessinier	wildfarben	29B-SvTbbtch	Orientalisch Kurzhaar	blau-silber gestromt
23a	Abessinier	sorrel (rotbraun)	29Ch-SvTbbtch	Orientalisch Kurzhaar	chocolate-silber gestromt
23bl	Abessinier	blue	29L-SvTbbtch	Orientalisch Kurzhaar	lilac-silber gestromt
23fa	Abessinier	beige-fawn	29S-SvTbtig	Orientalisch Kurzhaar	schwarz-silber getigert
23Sv	Abessinier	silver	29B-SvTbtig	Orientalisch Kurzhaar	blau-silber getigert
23aSv	Abessinier	sorrel silver	29Ch-SvTbtig	Orientalisch Kurzhaar	chocolate-silber getigert
23blSv	Abessinier	blue silver	29L-SvTbtig	Orientalisch Kurzhaar	lilac-silber getigert
23faSv	Abessinier	beige fawn silver	29S-SvTbsp	Orientalisch Kurzhaar	schwarz-silber getupft
25	Manx	alle Farben	29B-SvTbsp	Orientalisch Kurzhaar	blau-silber getupft
27	Burma	braun (seal)	29Ch-SvTbsp	Orientalisch Kurzhaar	chocolate-silber getupft
27a	Burma	blau	29L-SvTbsp	Orientalisch Kurzhaar	lilac-silber getupft
27b	Burma	chocolate		Hauskatze	alle Farben

Eine Abessinier auf einer Show im weihnachtlich geschmückten Käfig. Die Käfige werden mit viel Liebe geschmückt, und auf einigen Shows werden die schönsten prämiert.

pion zu werden, während die CFA bei den meisten Rassen 250 Punkte verlangt, um Grand Champion zu werden.

Bei den meisten amerikanischen Ausstellungen werden zwischen 200 und 500 vollgeschlechtliche Katzen ausgestellt. Unter 300 ausgestellten Katzen könnten etwa 40 Hauskatzen sein (ohne Punktwertung), weitere 60 könnten Kätzchen sein, und die Premior-Klasse (Kastraten) könnte 30 bis 40 Tiere umfassen. Die vollgeschlechtlichen reinrassigen Erwachsenen treten nicht gegen irgendeine der obigen Klassen an, so daß es praktisch einer Katze unmöglich ist, auf einer einzigen CFA-Schau mit Grand abzuschneiden. Das kann bei einigen der großen Ausstellungen vorkommen, aber doch sehr selten. Wahrscheinlicher ist, daß eine gute Katze über ein oder zwei Saisons ausgestellt wird und nach und nach ihre Punkte erwirbt.

Soviel zeitlichen Luxus können sich die Siamesen und Colourpoint-Katzen nicht leisten. Alle Katzen werden schon als Jungtiere bis zum Alter von acht Monaten ausgestellt. In diesem Alter erwerben sie jedoch keine dauerhaften Punkte. Siamesen und Colourpoints werden sehr häufig zwischen dem achten und zwölften Lebensmonat ausgestellt, damit sie Champions werden können, bevor das Fell nachdunkelt. Da Colourpoints nicht vor dem dritten Lebensjahr voll erwachsen sind, hat man Bestrebungen unternommen, um Katzen mit hellerem Fell und mehr Bluepoints zu züchten, was ihnen eine längere Schaukarriere ermöglicht.

Andere, als Heranwachsende nicht mehr attraktive Rassen wie die Manx werden als Kätzchen ausgestellt und verschwinden dann solange von der Schauscene, bis ihre häßliche Phase vorüber ist. Sobald sie wieder ansehnlich aussehen, mit etwa zwei oder drei Jahren, werden sie erneut ausgestellt und bewerben sich um die Erwachsenenpreise.

Einige Katzen werden zurückgezogen, sobald sie ihre Grand Championship errungen haben, und werden fortan nur noch zum Züchten verwendet; aber viele werden auch weiterhin ausgestellt. Diese Katzen bewerben sich um regionale und nationale Preise. Punkte werden gewonnen genau wie vorher, als die Katze noch kein Grand Champion war. Diese Punkte bestimmen die 10 oder 20 Spitzenkatzen des gesamten Landes und jeder Sektion der Vereinigten Staaten. Bei so vielen ausgezeichneten Katzen im Wettbewerb um die höchsten Preise hat man Kampagnen geplant, so daß eine Katze

Unten: Steward und Richter als perfektes Team auf einer Show, die nur Siegern aus Championship Shows vorbehalten ist.

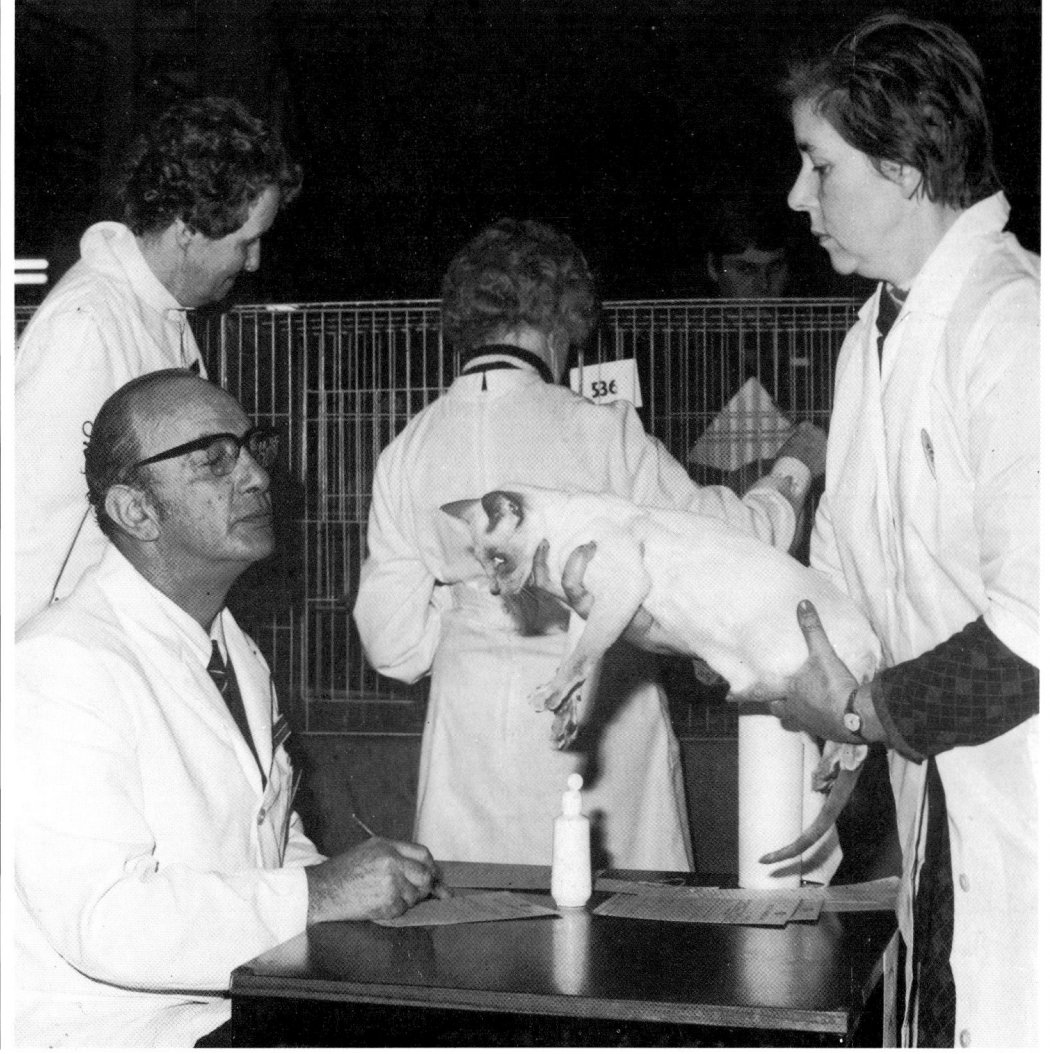

DIE KATZE AUF AUSSTELLUNGEN

jedes Wochenende der Saison an einer oder zwei Ausstellungen teilnimmt. Die Katze kann von Küste zu Küste verschickt und von Agenten genannten anderen Ausstellern vorgeführt werden.

Hauskatzen

Die angenehmsten Preise werden oft in der Hauskatzen-Klasse vergeben. Typische Preise sind Wein, Käse, Schokolade für die Besitzer und Kissen, Spielzeug und Catnip für die Katzen.

Die Hauskatzen-Klasse ist bei den meisten Ausstellungen sehr gut beschickt. Dies ist die Einstiegsklasse, in der die meisten Menschen mit dem Ausstellen beginnen. Nachdem sie durch die ersten Erfolge belohnt worden sind für die gute Pflege ihrer Lieblinge, entscheiden sie sich, eine reinrassige Katze zu kaufen und sich dem offiziellen Wettbewerb zu stellen.

Als Kriterien für Hauskatzen gelten Kondition und Pflege. Die Katzen können jegliches Alter, jede Größe oder beliebiges Aussehen haben. Bei den meisten Vereinigungen müssen sie (mit etwa acht Monaten) sterilisiert oder kastriert worden sein und noch ihre vollständigen Krallen aufweisen. Die Klasse kann unterteilt werden in Langhaar oder Kurzhaar, männliche oder weibliche Tiere. Die Hauskatzen können, müssen aber nicht, von denselben Richtern beurteilt werden, die die Reinrassigen bewerten.

Einige wenige Vereinigungen führen spezielle Klassen für die Hauskatzen, die wie Ausstellungskatzen aussehen, aber offensichtlich keine Schmusekatzen-Exemplare ihrer Rasse sind oder keine Stammbäume haben. Diese Kategorie trennt die makellos aussehenden von den Hauskatzen, und schließt somit beim Richten mögliche Vorurteile für oder gegen sie aus.

Neue Rassen

Weiter gibt es eine Provisorische Klasse für Rassen, die für den Champion-Status vorgesehen sind. Vertreter dieser Rassen werden von den Richtern bewertet, aber sie nehmen nicht richtig am Wettbewerb teil. Einige Rassen haben schon fünf Jahre in einer Provisorischen Klasse verbracht, bevor sie zugelassen wurden zur Championship-Ausscheidung.

Ausgestellte, aber nicht von den Richtern bewertete Katzen werden eingestuft unter „Nur zur Ausstellung" oder „Zum Verkauf". Rein experimentelle Katzen, die noch nicht den provisorischen Status erlangt haben, können jedoch ausgestellt werden, um sie dem Publikum vorzustellen, und um eine inoffizielle Reaktion der Richter und anderen Aussteller hervorzurufen.

Über vier Monate alte Kätzchen und zum Verkauf vorgesehene Katzen werden oftmals ausgestellt, weil doch viele Besucher eine Katze erwerben möchten. Weit häufiger jedoch hängen Züchter Hinweise auf und händigen den möglichen Käufern ihre Adressen aus, um ihre Kätzchen vor dem Stress eines Ausstellungstages zu bewahren, und um besser den Möchte-gern-Besitzer daraufhin zu prüfen, ob das Kätzchen bei ihm ein gutes Zuhause bekommt.

Ausstellungs-Kosten

Katzenausstellungen werden veranstaltet, damit die Leute ihre Katzen ausstellen können, und damit dadurch Einnahmen erzielt werden. Meist beträgt die durchschnittliche Meldegebühr pro Katze $ 15,00 sowohl für Zucht- wie auch für Hauskatzen. Manchmal gibt es einen kleinen Rabatt für Aussteller mit mehreren Katzen. Gewöhnlich sorgt der veranstaltende Club für einen Imbißstand, so daß die Ausstellung für das Essen nicht verlassen zu werden braucht. Die meisten Ausstellungen veranstalten gleichzeitig eine Tombola zur Aufstockung der Clubkasse. Eine Veranstaltung mit 500 Ausstellungskatzen, 5000 Besuchern, 20 Verkaufsständen und einer Menge hungriger Teilnehmer kann schon zur Goldgrube werden. Nach Abzug der Kosten für die Saalmiete, Richter, Trophäen, Werbung, Drucksachen und anderen Nebenkosten wird der veranstaltende Club meist den Großteil oder alle Einnahmen für wohltätige Zwecke wie Katzenheime oder Katzenforschungsprojekte spenden.

Katzenausstellungen bilden das Herzstück der Katzenliebhaberei in Amerika. Der in die Millionen gehende Katzenbestand und die für ihn ausgegebenen Dollars werden weltweit publiziert. Das enge Zusammenleben, verbunden mit strenger Gesetzgebung hinsichtlich der Sauberhaltung der Großstadtstraßen durch Hunde haben die Katze zum Lieblingstier Nummer Eins der Amerikaner gemacht. Nur ein kleiner Prozentsatz unter ihnen ist reinrassig; noch weniger werden für das Züchten verwendet. Die Züchter hoffen, die Kosten für Unterhalt und Ausstellungen wieder hereinzubekommen. Reinrassige Katzen sind teuer — genau wie das Futter, die Tierarztkosten und Meldegebühren. Kaum jemand verdient Geld mit seinen Katzen, aber durch Katzenausstellungen wird Geld verdient, das der Katzenwelt im Ganzen zugute kommt. Es fließt in Tierheime, Sterilisations- und Kastrationskliniken und Aufklärungskampagnen, wie auch in Forschungsprogramme zur Verbesserung der Gesundheits- und Geburtenkontrolle.

Sehr viele Zuschauer drängen sich um die Richtertische der Hauskatzen-Klasse, denn sie sehen gern Katzen, die ihrer Schmusekatze zu Hause ähneln, Preise und Applaus einheimsen. Sie unterhalten sich mit den Ausstellern und lernen viel über Katzenpflege. Sie merken, daß sie ihre Katze besser sterilisieren oder kastrieren und impfen lassen sollten, wenn sie sie bei der nächsten Schau ausstellen wollen.

Ohne die Zuchtkatzen gäbe es keine Katzenausstellungen, aber im Endeffekt nützt das Ausstellen dieser exotischen Geschöpfe allen anderen Katzen sehr.

Ausstellungswesen in anderen Ländern

Der Ausstellungsablauf ist von Land zu Land verschieden. Auch der Punktestandard der einzelnen Rassen ist unterschiedlich. Die tierärztliche Kontrolle richtet sich nach den örtlichen Krankheiten. In Neuseeland, Australien und Südafrika entspricht sie in etwa der europäischen.

Neuseeland. In Neuseeland gibt es viele verschiedene Clubs, die alle ihre Ausstellungen veranstalten. Richter müssen seit mindestens fünf Jahren schon selbst Katzen der von ihnen gerichteten Rasse (Lang- oder Kurzhaar) gezüchtet haben, bevor sie zugelassen werden. Oft werden ausländische Richter zum Richten auf große Ausstellungen eingeladen. Es werden nur Championship Shows abgehalten, die aber Hauskatzen-Klassen zulassen.

Die Veranstaltungen dauern nur einen Tag, und, wie in Europa auch, die Katzen werden anonym, nach Rassen gruppiert, im Käfig untergebracht. Zusätzlich zu den Offenen Klassen gibt es verschiedene Nebenklassen, einschließlich der „Typ-Klassen", wo die Katze nur nach Typ, nicht nach Fellfarbe und -zeichnung, bewertet wird.

Es werden auch Lotterien abgehalten, bei denen der Gewinner einen Teil der Eintrittsgelder gewinnt. CAC's werden den Gewinnern der Offenen Klassen bei ausreichender Eignung zugesprochen, und, wie in allen europäischen Ländern braucht eine Katze drei CAC's unter drei verschiedenen Richtern, um Champion zu werden.

Das Richten wird an den Käfigen und unter Ausschluß von Zuschauern vorgenommen. Stewards nehmen die Katzen aus dem Käfig und machen für den Richter Aufzeichnungen. Das Richten ist meist um 13 Uhr zu Ende, und die Aussteller können die Halle wieder betreten, um sich die Plazierung ihrer Katzen anzusehen und um die Käfige zu dekorieren, damit das Publikum voll auf seine Kosten kommt.

Australien. Es gibt sieben Länder in Australien, und jedes hat wenigstens eine Katzenvereinigung, aber alle kooperieren untereinander. Sie laden Richter von anderen Vereinigungen ein, erkennen die fremden Registrierungen an und stellen auf Ausstellungen aus, die von Clubs der anderen Vereinigungen abgehalten werden.

Richter brauchen eine solide Ausbildung und werden nicht nur aufgrund ihrer Züchter- oder Stewarderfahrungen zugelassen. Wie in England werden sie nicht bezahlt und erhalten nur einen Unkostenersatz.

Alles Richten, auch für Best in Show, erfolgt vor dem Käfig. In allen Klassen treten die Katzen nur gegen Bewerber der eigenen Rasse an. Nur für Best in Show messen sie sich auch mit anderen Rassen.

Südafrika. Die Schauen werden entsprechend der britischen abgehalten, und der Richter geht von Käfig zu Käfig. Zwei Stewards nehmen die Katzen aus dem Käfig, und der Richter diktiert seine Bemerkungen einem Schreiber.

Für jede Katze gibt es ein eigenes Formular mit Angaben über Rasse, Geschlecht, Alter und ähnliches (und dem später vom Richter auszufüllenden Namen), auf dem der Richter einen schriftlichen Bericht abgibt. Diese Berichte werden später von den Ausstellern eingesehen.

Alle Klassen, die eine Katze bei einer beliebigen Schau belegen kann, werden von demselben Richter gerichtet, aber Rassesieger oder Best in Show nur von einem Richterkollegium. Dieses sitzt in einer abgetrennten Saalecke, und die Katzen werden von Stewards dorthin gebracht.

Die Richter durchlaufen eine sehr strenge Ausbildung: Clubs nominieren passende Leute, die dann eine Reihe von Kursen und

Eine Chinchillakatze mit ihren Trophäen bei einer Katzenschau. Ihr Fell zeigt vorzügliche Ausstellungsform.

Eine vielversprechende Teilnehmerin der Hauskatzen-Klasse mit ihrem Frauchen bei einer englischen Spezialschau.

Vorführungen durchlaufen müssen, die mit Examen abschließen. Richter werden nicht bezahlt, erhalten nur einen Unkostenersatz.

Ausstellungswesen in Großbritannien

Als Aussteller vom Kontinent haben Sie wegen der strengen Quarantänevorschriften keine Möglichkeit, an englischen Katzenausstellungen teilzunehmen, wie es sonst in Mitteleuropa der Fall ist.

Falls Sie die Gelegenheit haben, als Besucher eine Show in Großbritannien zu erleben, werden Sie sehen, daß schon das äußere Bild in der Halle anders ist als bei uns. Die Käfige sind nicht bunt dekoriert mit Vorhängen, Kissen und Schlafhöhlen, sondern nur mit weißen Decken, Futternäpfen und weißen Katzentoiletten ausgestattet. Diese Gleichförmigkeit soll den Richtern helfen, die Katzen aufgrund der eigenen Verdienste, nicht nach der Umgebung zu beurteilen. Während des Richtens müssen die Aussteller die Halle verlassen und dürfen sie für gewöhnlich erst gegen Mittag mit dem Publikum zusammen wieder betreten.

In Großbritannien nehmen ehrenamtliche Richter, zusammen mit einem oder zwei Stewards, das Richten vor. Diese suchen die in jeder Klasse zu richtenden Katzen heraus und präsentieren sie dem Richter, meist auf einem Drehtisch, der von Käfig zu Käfig transportiert wird. Der Tisch wird vor jedem Wettbewerber desinfiziert, genau wie die Hände der Richter und Stewards. Nach jedem Tier machen die Richter sich Notizen in ihrem Buch. Gerichtet wird anhand eines genau festgelegten Punktsystems.

Alle Richter(innen) nominieren unter den von ihnen bewerteten Katzen eine beste Katze, ein bestes Kätzchen und einen besten Kastraten. Ein meist aus den fünf erfahrensten Richtern bestehendes Richterkollegium prüft alle nominierten Katzen, vorausgesetzt sie haben ihre Rasse-Klasse gewonnen, und stimmen geheim über die Best-Nominierungen ab. Wenn die Schau in Sektionen unterteilt ist, gibt es für jede Sektion ein eigenes Richterkollegium. Sie können schließlich, wenn ein solcher Preis ausgesetzt ist, die Best Exhibit in Show wählen aus den besten Katzen und Kätzchen. Kastraten treten nicht gegen vollgeschlechtliche Katzen an, aber aus den anderen nominierten Kastraten kann ein bester Kastrat gewählt werden.

Es gibt drei verschiedene Typen von Ausstellungen:

1 Championship. Sie wird durchgeführt innerhalb der strengen Regeln des Governing Council of Cat Fancy (GCCF) und CAC's werden verliehen. Offene Klassen sind für alle Rassen vorgesehen, und im Falle von Rassen mit Champion-Status werden die Klassen unterteilt in männliche und weibliche erwachsene Katzen.

2 Sanction. Durchgeführt innerhalb derselben Regeln wie die Championship-Schau, und mit denselben Klassen, es werden aber keine CAC's verliehen. Sie gilt als Generalprobe für die Champion-Schau.

Zu einigen Champion- oder Sanction-Schauen sind nur bestimmte Rassen oder Rassengruppen zugelassen; das nennt man Spezielle Rasse-Schauen.

3 Exemption. Abgehalten unter nahezu denselben Bedingungen wie die obigen, viele der Regeln werden aber vereinfacht angewandt. Beispielsweise brauchen die Klassen nicht unterteilt zu werden wie etwa bei bestimmten anderen Schauen. Dadurch können bei einer kleinen Schau alle erwachsenen Siamesen der verschiedenen Farben in ein- und derselben Offenen Klasse antreten. Exemption Schauen werden oft als Teil einer Landwirtschaftsausstellung durchgeführt.

Zusätzlich zu den oben beschriebenen drei Ausstellungstypen werden oft besondere Zuchtkatzen-Ausstellungen abgehalten, manchmal in Verbindung mit einem Treffen des Katzenclubs. Hier werden die Katzen nur ausgestellt, nicht bewertet.

Hauskatzen-Schauen werden mitunter auch abgehalten innerhalb von Landwirtschaftsschauen oder ähnlichen Veranstaltungen. Dort können Hauskatzen ausgestellt werden, aber eine beim GCCF registrierte Katze kann nur an einer Champion-, Sanction- oder Exemption-Schau teilnehmen. Klassen für Hauskatzen unbekannter Herkunft können bei den drei offiziellen Ausstellungstypen eingerichtet werden, aber nicht alle Ausstellungen haben den entsprechenden Platz für solche Klassen.

Ein Siam lilac-point Best Kitten wird von der stolzen Ausstellungsleiterin gehalten, deren harte Arbeit die Schau ermöglichte.

Reisen und Unterbringung

Manchmal ist es nötig, die Katze mitzunehmen — sei es zum Tierarzt, zur Katzenpension oder einer Ausstellung. Die ruhigste Katze kann sehr lebhaft, ja unkontrollierbar werden infolge ungewohnter Umgebung, Gerüche oder Geräusche. Aus diesem Grunde halten Sie eine Katze auch für die kürzeste Strecke nicht auf dem Arm: sie kann plötzlich wild werden und sich losreißen und auf Nimmerwiedersehen verschwinden. Dies kann auch mit einer lose im Wagen befindlichen Katze geschehen bei offenem Fenster oder offener Tür.

Ein katzensicherer Transportbehälter ist deswegen für die Reise unerläßlich. Der ideale Behälter ist leicht zu tragen und reinigen, luftig, aber vor allem ausbruchsicher, wie beispielsweise der rechts abgebildete. Es ist klug, die Katze einige Stunden vor Fahrtantritt schon einzusperren, so daß sie bei der Abfahrt auch wirklich da ist. Das hingestellte frische Katzenklo vor dem Einsperren wird den gewünschten Effekt haben, die Katze sich vor der Abfahrt lösen zu lassen. Besänftigendes Zureden während der Fahrt beruhigt sie, und sonst sehr stille Katzen werden plötzlich gesprächig. Sie scheinen die beruhigende Gewißheit von Frauchens Gegenwart zu brauchen.

Sedativa
Vor langen Reisen werden den Katzen manchmal Beruhigungsmittel verschrieben. Sie können für Hunde ausgezeichnet sein, haben auf Katzen aber oft gegenteilige Wirkung: einige werden unkontrollierbar oder noch wilder, als sie es ohne die Mittel waren. Die meisten Katzen reisen höchst zufrieden, wenn auch manchmal laut, ohne sie, wenn Sie also nicht finden, daß sie ein sonst nur schwer zu bändigendes Tier deutlich ruhiger

Katzen gehören auf jeder Fahrt in einen katzensicheren Behälter. Dieser hier aus Kunststoff ist hygienisch und gut durchlüftet.

Links: Diese Katze genießt den Aufenthalt in einer geräumigen Katzenpension mit eigenem Auslauf und hohen Ausguck- und Ausruhplätzen.

machen, sollten Sie sie lieber weglassen. Es ist zweifelhaft, ob Sedativa überhaupt den meisten Katzen helfen, und sehr wahrscheinlich haben sie ernste Nebenwirkungen.

Kurze Reisen
Für wirklich kurze Fahrten wie die zum Tierarzt brauchen Sie nur die Decke der Katze in den Behälter zu geben, so daß ihr wenigstens ein gewohnter Geruch bleibt. Bereiten Sie den Behälter im voraus vor und zeigen Sie ihn der Katze nur bei geschlossenen Türen und Fenstern, da einige Katzen bei seinem Anblick flüchten, wohl aus Erfahrung wissend, daß etwas Unangenehmes bevorsteht. Gehen Sie beim Umzug in ein neues Heim oder der Fahrt zur Katzenpension genauso vor, falls es sich um kurze Strecken handelt. Diesmal geben Sie aber ein Spielzeug oder sonstiges Lieblingsobjekt in den Käfig.

Lange Reisen
Hierbei kann es sich um die Fahrt zur Schau, zum Deckkater oder in die Ferien handeln oder einen Umzug — selbst Transport ins Ausland. Wenn eine Ausstellung sehr weit von Ihrem Zuhause entfernt stattfindet, werden Sie sehr früh aufbrechen oder die Nacht im Hotel verbringen müssen. Benutzen Sie in keinem Falle die Ausstellungsdecke während der Reise, da sie beschmutzt werden könnte, sondern verwahren Sie sie für die Schau. Lange Reisen mit Katzen erfordern genügend Futter- und Wasservorräte und Vorsorge für die natürlichen Bedürfnisse. Bei einer Autofahrt können Sie hin und wieder halten. Lassen Sie bei geschlossenen Autotüren und -fenstern die Katze auf ihr Katzenklo. Setzen Sie sie wieder in ihren Behälter, nachdem sie die Beine ausgestreckt und sich umgeschaut hat und nach etwas Schmusen mit Wasser versorgt worden ist. Letzteres ist besonders wichtig an heißen Tagen. All dies ist Ihnen im Bus, Flugzeug oder Zug verwehrt (obwohl manche es schon im geschlossenen Abteil versucht haben). Für diese Gelegenheiten benutzen Sie am besten einen ausreichend großen Behälter mit kleinem Katzenklo und Behälter für Trockenfutter und Wasser. Trockenfutter ist auf langen Reisen günstiger als Naßfutter, da es keine Fliegen anzieht.

Falls die Reise ins Ausland geht, sollten Sie sich vorher über mögliche Quarantänebestimmungen am Aufenthaltsort erkundigen. Nach Großbritannien einreisende Katzen müssen beispielsweise sechs

REISEN UND UNTERBRINGUNG

Monate in Quarantäne verbringen. Diese Vorkehrungen sind notwendig, weil Großbritannien tollwutfrei ist und es bleiben möchte. Streng bestraft wird der Versuch, eine Katze ins Land zu schmuggeln.

Urlaub
Ob Sie eine Katze mit in den Urlaub nehmen oder nicht, hängt von der Katze und den Umständen ab. Sofern Sie eine Ferienwohnung besitzen, werden Sie feststellen, daß sich Ihre Katze sehr schnell an den Wechsel zwischen beiden Wohnungen gewöhnt. Wenn Sie aber an einem der Katze unbekannten Ort Urlaub machen, sollte sie in einem Drahtkäfig eingesperrt sein und nur an der Leine in einem hundesicheren Gebiet ausgeführt werden. Es ist niemals sehr befriedigend, eine Katze anzubinden, zumal da die meisten Katzen große Ausreißer sind.

Bedenken Sie auch, daß Katzen sich im Gegensatz zu Hunden nicht so einfach fremden Katzen anschließen, denn sie haben ein ausgeprägtes Gefühl für „ihr" Territorium und fühlen sich bedroht, sobald eine fremde Katze dort eindringt. Es gibt Ausnahmen, aber im allgemeinen ist es besser für eine Katze, zuhause zu bleiben oder in eine Katzenpension zu gehen, statt ihr Frauchen in den unbekannten Urlaubsort zu begleiten.

Rechts: Manchmal ist ein Besuch beim Tierarzt nötig. Dieser durchsichtige Behälter läßt die Katze gut zur Geltung kommen; einige Katzen aber möchten auf dem Transport lieber ungesehen bleiben.

Katzenbehälter und -käfige
1 Plastikummantelter Drahtkäfig. Gut durchlüftet und leicht zu reinigen.
2 Kleiner zweigeteilter Wurfkäfig mit einem „Privatabteil".
3 Solider Pappkarton mit seitlichen Luftlöchern. Zusammenfaltbar, preiswert und nützlich.
4 Diese Vinyltasche hat einen durchsichtigen Kunststoffeinsatz und ist leicht zu tragen.
5 Dieser Hi-Flyer wurde speziell für Katzen entwickelt. Er kann zuhause als zwei Betten oder Wurflager benutzt werden. Die zwei Hälften passen ineinander, und man kann auch ein Vorhängeschloß anbringen. Ein kleines Katzenklo und einhängbare Näpfe bewähren sich auf langen Reisen.
6 Dies ist eine kleinere, aber schwerere Ausführung in Polyäthylen.
7 Durchsichtige Behälter sind beliebt bei Leuten, die ihre Katze zur Schau stellen möchten.
8 Fiberglasbehälter haben Metalltüren mit Schlössern. Qualitativ gut, aber etwas teuer.
9 Diese Fiberglaskäfige sind ideal für eine Nacht in der Katzenpension, als Isolierbehälter und zum Erholen von einer Operation.
10 Der große kunststoffummantelte Drahtspielkäfig mit Fiberglasboden bietet die ideale Möglichkeit, Kätzchen zu verwahren während Ihrer Abwesenheit.

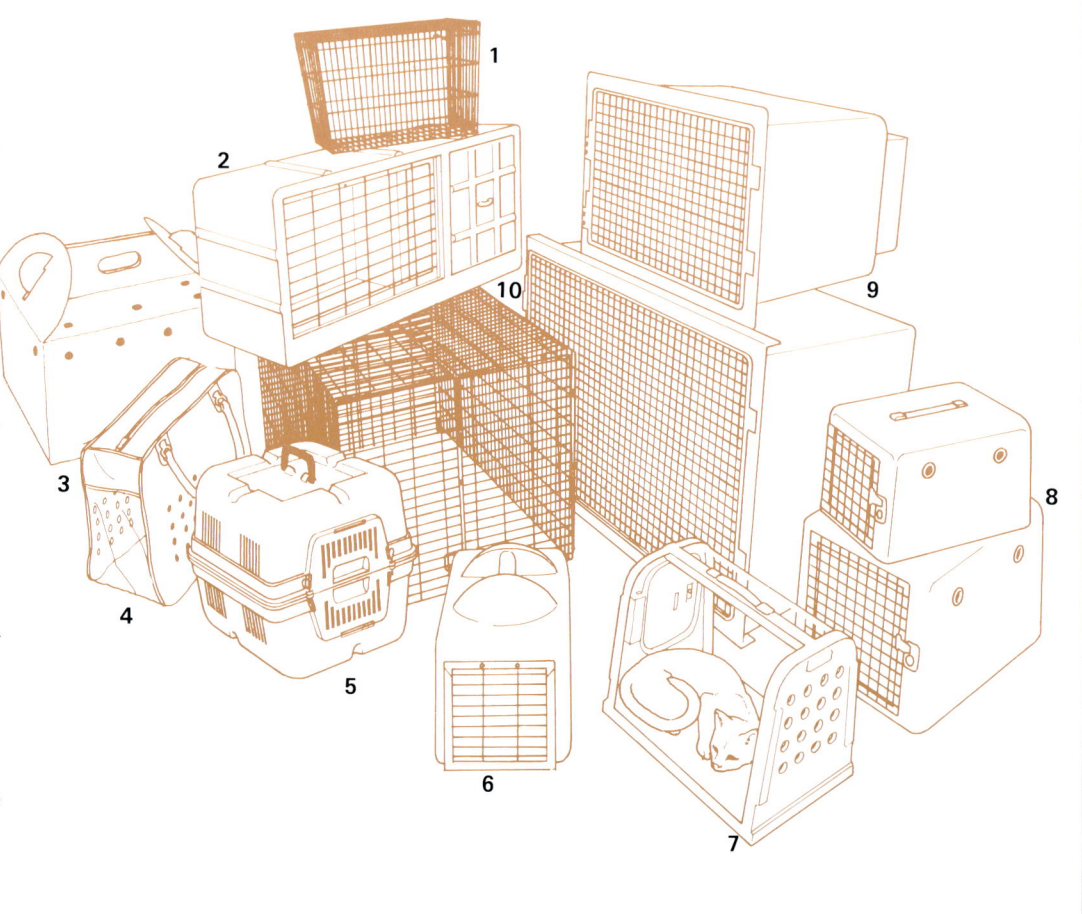

Eine Katze kann schon mal für eine Nacht allein zuhause gelassen werden, wenn genügend Wasser und Futter zur gewohnten Zeit mit einem automatischen Futternapf gegeben wird. Es gibt verschiedene Ausführungen dieser Futterspender. Wenn Sie mehr als einen Tag wegbleiben, muß jemand im Haus leben als „Catsitter", oder wenigstens kommen, um die Katze zu ihren gewohnten Zeiten zu füttern und um das Katzenklo zu säubern. Auf diese Weise kann das Tier in seiner bekannten Umgebung bleiben und hat zusätzlich täglich menschliche Ansprache.

Katzenpensionen

Wenn sich während Ihrer Abwesenheit keine verantwortungsvollen Freunde oder Nachbarn zum Versorgen der Katze finden, muß die Katze in eine Katzenpension. Es gibt aber nicht nur gute. Wenn Sie also eine gefunden haben, sollten Sie so früh wie möglich dort Ihre Abwesenheit bekanntgeben. Vielleicht sollten Sie vorher einige Katzenpensionen ansehen. Suchen Sie nach Möglichkeit eine aus, die für jede Katze ein eigenes Haus mit Freiauslauf bietet, von wo die Katze die anderen sehen kann, aber nicht in Hautkontakt mit ihnen kommt. Halten Sie Ihre Katze für einige Stunden im Haus, bevor Sie zur Pension aufbrechen.

Es empfiehlt sich, ein Paket Katzengras zu kaufen und eine Lage eine Woche vor der Abfahrt auszusäen. Bitten Sie den Pensionsinhaber, gleich nach der Ankunft eine zweite Lage auszusäen. So wird Ihre Katze während ihres ganzen Aufenthaltes auf frischem Gras herumkauen können. Bringen Sie ruhig genügend Catnip mit, das Sie lange vorher mit der Wurzel aus dem Garten in einen Blumentopf gepflanzt oder direkt in Blumentöpfe gesät haben. Die Katze wird das Herumkauen auf Catnip genießen und sich mit Wonne darin wälzen! Ihr Lieblingsspielzeug und ein heimatlich riechendes Kissen lassen die Katze sich wohler fühlen. Nennen Sie der Katzenpension auch gewisse Freßvorlieben und -abneigungen und etwaige andere Eigenheiten, die zu beachten sind.

Quarantäne

Die einer Quarantäne unterliegenden Katzen verbringen lange Zeit in einer Quarantänestation: sechs Wochen in einigen Ländern, sechs Monate für nach Großbritannien einreisende Katzen. Diese Katzen benötigen dieselbe Grundpflege wie die kürzer bleibenden. Lediglich ihr Gras muß jede Woche neu angepflanzt werden. Aber sechs Monate ohne Frauen oder Herrchen ist schon eine harte Prüfung für die meisten Katzen. Monatliche oder, bei kürzeren Entfernungen, öftere Besuche halten die Bande aufrecht zwischen der Katze und ihren Besitzern. Wenn Sie eine neue Katze importieren, wird sich die Katze dank Ihrer Besuche schneller an Sie gewöhnen. Ich vermute, daß Menschen, die ihre Katze nie besuchen „weil es sie aufregen könnte", dies aus eigener Bequemlichkeit sagen. Katzen lieben es, wenn Besucher kommen.

Die ideale Katzenpension bietet jeder Katze ein eigenes Haus mit Freiauslauf. Nur Katzen desselben Haushalts können zusammen sein. Diese beiden Siamesen betrachten mit Interesse die anderen Katzen.

Rechts: Zwei junge Katzenhalter helfen ihrer Katze beim Einleben in der Pension. Mit ihrem eigenen Korb und der vertrauten Decke fühlt sie sich fast wie zuhause, so daß die Jungens getrost ihre Ferien verbringen können.

Besuch beim Deckkater

Eine rollige Katze kann zum Belegen zu einem Deckkater gebracht oder ohne Begleitung dorthin gesandt werden. In solchen Fällen ist ein ausbruchsicherer Transportbehälter doppelt wichtig, denn eine singende Kätzin ist ein Ausbrecher ohnegleichen, der sich durch die schmalsten Ritzen zwängt. Es ist ratsam, den Behälter erst dann zu öffnen, wenn die Kätzin in dem ihr für die Dauer ihres Aufenthalts bestimmten Revier angekommen ist. Oft kommt es zum Kampf, wenn der Kater auf die Kätzin trifft, wenn der Kater zu hitzig und die Kätzin noch nicht reif oder aufgrund der Reise nicht mehr rollig ist. (Lesen Sie das Kapitel über Zucht, ab Seite 121.) Die Kätzin bekommt meist einen Diätplan mit über ihre besonderen Freßvorlieben und -abneigungen.

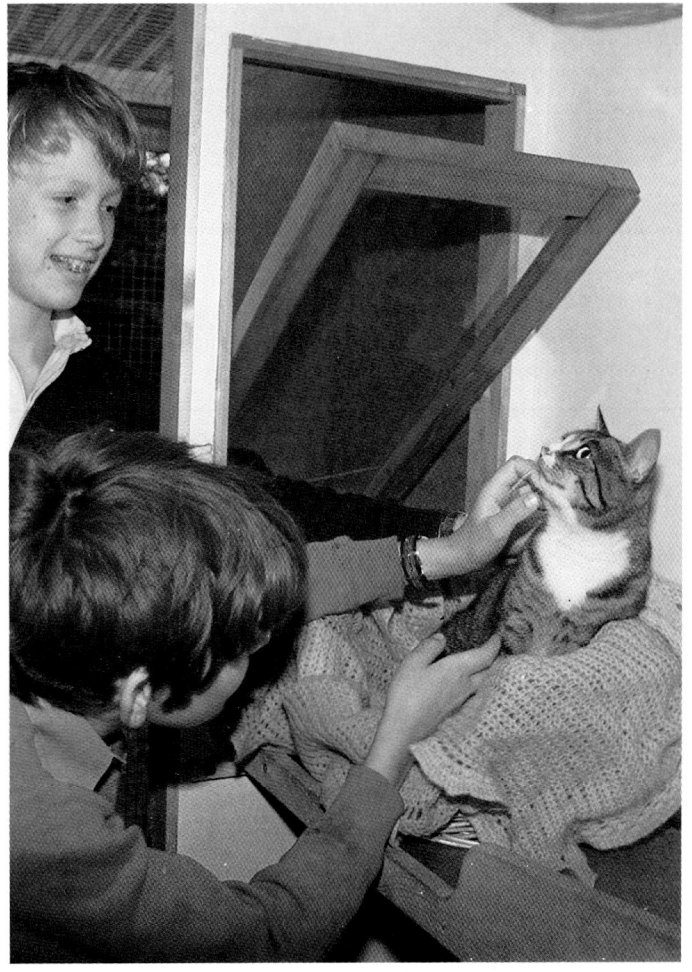

Deine Katze und das Gesetz

Wer eine Katze kauft oder hält, sollte den Inhalt der wichtigsten Rechtsvorschriften kennen, um seine eigenen Rechte zu wahren, die Interessen seiner Mitmenschen nicht zu beeinträchtigen und nicht zuletzt der Katze selbst zu ihrem Recht zu verhelfen.

Kauf

Der Kauf einer Katze ist ein Rechtsgeschäft, das nach den Vorschriften des Bürgerlichen Gesetzbuches mündlich oder schriftlich abgeschlossen werden kann. Im Zivilrecht, das die Rechte und Ansprüche der Bürger untereinander regelt, gelten Tiere als Sachen, weil sie ihr Tun und Unterlassen nicht selbst verantworten können. Der Verkäufer hat für alle erheblichen, zum Zeitpunkt der Übergabe bestehenden Mängel zu haften, allerdings nur dann, wenn der Käufer den Fehler nicht kannte oder hätte erkennen können. Der Verkäufer hat auch dafür einzustehen, daß eine Katze die zugesicherten Eigenschaften hat, zum Beispiel Rassereinheit. Fehlt eine solche Eigenschaft oder hat der Verkäufer einen Fehler arglistig verschwiegen, so kann der Käufer Schadenersatz wie Futter- oder Tierarztkosten verlangen. In allen anderen Fällen steht es ihm nur frei, den Kaufpreis angemessen herabzusetzen oder den Kauf rückgängig zu machen. Der Käufer muß stets beweisen, daß ein Fehler zum Zeitpunkt der Übergabe bereits vorhanden war und daß der Wert der Katze dadurch erheblich gemindert wird. Es empfiehlt sich daher, einen Kauf in Gegenwart von Zeugen abzuschließen. Bei Krankheiten sollte möglichst bald ein Tierarzt aufgesucht werden, der gutachtlich die erforderlichen Voraussetzungen bestätigen kann. In schriftlichen Kaufverträgen schließt das Kleingedruckte häufig jegliche Haftung des Verkäufers aus. Ob dies rechtens ist, wird von Gerichten unterschiedlich beurteilt. Eine spätere Klage, gestützt auf das Gesetz über allgemeine Geschäftsbedingungen, hat am ehesten bei Jungkatzen Aussicht auf Erfolg. Nach dem genannten Gesetz muß dem Verkäufer neu hergestellter Sachen nämlich zumindest ein Recht auf Nachbesserung oder Ersatzlieferung eingeräumt werden. Wer also einen Formular-Kaufvertrag nicht scheut, sollte sich unter Zeugen oder schriftlich die Eigenschaften zusichern lassen, auf die es ihm besonders ankommt. Ansprüche müssen binnen sechs Monaten geltend gemacht werden. Bei arglistiger Täuschung oder Betrug wird der Schutz des Geprellten durch eine dreijährige Verjährungsfrist gesichert.

Wer — selbst im guten Glauben — eine gestohlene Katze kauft, muß sie seinem rechtmäßigen Eigentümer zurückgeben. Den Kaufpreis kann der Käufer nur vom Dieb oder Hehler zurückverlangen. Eine gesunde Jungkatze kauft man am sichersten beim Züchter. Auch in Zoohandlungen, die jeweils nur einen Wurf Jungkatzen im Auftrage ihrer Kunden verkaufen, ist das Ansteckungsrisiko relativ gering. Wer auf Rassereinheit keinen Wert legt, sollte auch an Fundkatzen denken, die in Tierheimen ihr Leben fristen.

Katze entlaufen

Ist die Katze verschwunden, sollte man Tierheim und Polizei informieren oder durch Anschläge oder Zeitungsanzeigen nach dem Tier suchen. Man gibt dadurch das Eigentum an dem Tier nicht auf, muß allerdings auch für etwaige Schäden haften. Wer seine Katze dagegen aussetzt oder erkennbar froh ist, daß sie entlaufen ist, verzichtet auf sein Eigentum. Eine gefundene oder zugelaufene Katze kann also herrenlos sein oder noch jemand anderem gehören. Deshalb muß man den Fund bei der Gemeinde, der Polizei oder dem Fundbüro anzeigen. Dann kann man die Katze vorerst selbst behalten oder im Tierheim abliefern. Meldet sich innerhalb von sechs Monaten kein Eigentümer, darf man das Tier behalten. Anderenfalls muß der Eigentümer dem Finder die entstandenen Kosten für Unterbringung, Futter, Tierarzt, Telefonate und ähnliches erstatten und einen Finderlohn zahlen.

Um seine Eigentumsansprüche zu dokumentieren und der entlaufenen Katze ein ungewisses Schicksal, zum Beispiel in einer Tierversuchsanstalt, zu ersparen, kann man seine Katze tätowieren lassen. Das kann zum Beispiel bei der Kastration in Narkose erfolgen. Der Deutsche Tierschutzbund e. V. bietet die Möglichkeit, ein tätowiertes Haustier in seinem zentralen Register kostenlos aufzunehmen.

Die Katze in der Mietwohnung

Ob in einer Mietwohnung die Haltung einer Katze erlaubt ist, richtet sich nach dem Mietvertrag. Im allgemeinen wird die Tierhaltung von der Zustimmung des Vermieters abhängig gemacht. Eine solche Zustimmung kann auch stillschweigend erfolgen, wenn der Vermieter von der Tierhaltung weiß und daraufhin keine Einwände erhebt. Eine vertraglich oder im Einzelfall erteilte Genehmigung kann der Vermieter widerrufen, wenn durch die Katzenhaltung die Wohnung beschädigt wird oder die Mitmieter sich zu Recht über Beeinträchtigungen beschweren, sei es starker Katzengeruch, seien es Katzenhaare im Treppenhaus oder auch Ruhestörungen durch die Tiere. Es liegt also am Katzenhalter selbst, solche Folgen zu vermeiden.

Ist laut Mietvertrag die Tierhaltung verboten, kann der Mieter, nachdem er freiwillig den Vertrag eingegangen ist, kaum mit Aussicht auf Erfolg eine Duldung der Katzenhaltung erzwingen. Allerdings darf der Vermieter seine Rechte nicht willkürlich ausüben: Gestattet er einem Mieter die Tierhaltung, so kann er dem anderen eine vergleichbare schlecht verwehren. In Eigentumswohnungen ist die Katzenhaltung generell erlaubt, solange die Miteigentümer nicht über Gebühr belästigt oder geschädigt werden.

Haftpflicht

Auch Katzen können erhebliche Schäden anrichten, Verkehrsunfälle verursachen, andere Tiere beißen oder Nachbars Blumenbeet umgraben. Der Tierhalter muß für solche Schäden und für alle Folgen einstehen, egal ob ihn ein Verschulden trifft. Für Tierhalter gilt grundsätzlich dieses Prinzip der Gefährdungshaftung, weil das Gesetz davon ausgeht, daß Tiere grundsätzlich unberechenbar und nicht vernunft- sondern instinktgesteuert sind und daher von Natur aus eine gewisse Gefahr darstellen. Allerdings richten Katzen viel weniger Schäden an als Hunde. Deshalb ist das Haftungsrisiko für Hauskatzen auch durch die Privathaftpflichtversicherung abgedeckt, die mithin jeder Katzenhalter abschließen sollte.

Haustiere, die den Straßenverkehr gefährden können, sind nach der Straßenverkehrsordnung von Straßen fernzuhalten. Das ist sicher bei Katzen nicht ganz einfach. Dennoch sollte man seine Katze auch zu ihrem eigenen Schutz entsprechend beaufsichtigen, wenn man bedenkt, wie viele Katzen Opfer des Straßenverkehrs werden.

Tierschutz

Das Tierschutzgesetz dient dem Schutz des Lebens und Wohlbefindens des Tieres. Niemand darf einem Tier ohne vernünftigen, das heißt im Interesse eines höherwertigen Rechtsgutes zwingenden Grund Schmerzen, Leid oder Schäden zufügen. Diese Grundsätze gewähren Tieren strafrechtlich einen besonderen Rechtsschutz, der sie aus dem zivilrechtlichen Sachbegriff deutlich hervorhebt.

Wer eine Katze hält oder betreut, hat für angemessene Nahrung und Pflege sowie für eine verhaltensgerechte Unterbringung zu sorgen und muß dem Bewegungsbedürfnis des Tieres angemessen Rechnung tragen. Zur Pflege gehört auch die Gesundheitsvorsorge und eine angemessene Behandlung bei Krankheiten und Verletzungen. Artgerecht ist nur eine regelmäßige Fütterung mit für Katzen geeignetem Futter.

Über diese allgemeinen Grundsätze hinaus gibt es zum Schutz der Katzen besondere Ge- und Verbote: Eine gebrechliche, unheilbar kranke oder altersschwache Katze darf nur zur schmerzlosen Tötung abgegeben werden. Es ist verboten, eine Hauskatze auszusetzen oder anläßlich eines Umzuges zurückzulassen, um sie loszuwerden. Gerade solche Tiere verwildern oft oder gehen elend zugrunde. Jeder, der ein Tier aussetzt, weiß, daß er etwas Unrechtes tut, und er tut dies deshalb im Verborgenen. Nachweisbare Verstöße sollten deshalb angezeigt und verfolgt werden.

Zu einer Ausbildung, Filmaufnahme, Schaustellung oder Werbung dürfen Katzen nur herangezogen werden, wenn damit keine offensichtlich erheblichen Schmerzen, Leiden oder Schäden verbunden sind. Eine Katze, auch eine verwilderte, darf nicht dadurch gequält werden, daß sie als Ausbildungs- oder Prüfungsobjekt für die Schärfe eines Jagdhundes mißbraucht wird. Auch das Hetzen von Hunden auf Katzen ist verboten, soweit dies nicht im Rahmen der waidgerechten Jagd unumgänglich ist.

Ohne vernünftigen Grund darf eine Katze nicht getötet werden. Vertretbar ist die Tötung kranker Katzen, auch bei menschengefährdenden Krankheiten. Unumgänglich kann eine Tötung in Notwehrsituationen sein. Dagegen darf niemand aus Überdruß oder Verärgerung seine eigene oder eine fremde Katze umbringen. In Tierheimen müssen Katzen oft getötet werden, die kein neues Zuhause mehr finden können, um nachfolgenden Artgenossen mit besseren Chancen Platz zu machen. Die Tötung einer Katze muß unter Vermeidung von Schmerzen, am besten durch Injektion eines einschläfernden Mittels erfolgen. Im Rahmen der Jagdausübung bleibt in der Regel nur der erlaubte Abschuß wildernder Katzen. Ein Tier töten darf nur, wer die dazu erforderlichen Kenntnisse und Fähigkeiten besitzt.

Die Überpopulation und das damit verbundene Katzenelend lassen sich kaum durch Tötung einzelner Tiere lösen. Besser ist die vorsorgliche Kastration von Katern und Katzen, die im Alter von sechs bis neun Monaten, gegebenenfalls auch später, bei allen nicht zur Zucht vorgesehenen Tieren von einem Tierarzt unter Betäubung vorgenommen werden sollte.

Die Katze und das Wild

Katzen haben zwar kein so ausgeprägtes Bewegungsbedürfnis wie Hunde, dennoch können und dürfen sie nicht dauernd eingesperrt bleiben. Das heißt aber nicht, daß man seine Katze zu jeder Tages- und Jahreszeit unbeaufsichtigt herumstreunen lassen muß. Von März bis September, und wenn der Schnee den Boden bedeckt, sollte man Katzen besonders sorgfältig beaufsichtigen, um die frei lebenden Vögel zu schützen. Eine gut gehaltene, vor dem Ausgang satte Katze wird sich das Wildern kaum angewöhnen und wenig Schaden anrichten. Wer jedoch leichtfertig wildlebende Tiere beunruhigt oder ohne vernünftigen Grund fängt, verletzt oder tötet — die Katze fungiert hier als „Tatwerkzeug" —, der muß damit rechnen, daß das Tier eingefangen und unschädlich gemacht wird. Verstöße gegen diese Vorschriften des Naturschutzgesetzes können darüber hinaus mit einer Geldbuße geahndet werden.

Nach dem Jagdrecht hat der Jagdausübungsberechtigte die Befugnis, wildernde Katzen abzuschießen. Als wildernd gelten Katzen, die sich mehr als 200 oder 300 Meter vom nächsten bewohnten Haus entfernt halten. Gegen den Halter einer wildernden Katze kann der Jäger Strafanzeige wegen Jagdwilderei oder Sachbeschädigung erstatten. Die Hauskatze gehört also ins oder ans Haus, zu ihrem Besten und zum Schutze des Wildes.

Tollwutgefahr

Tollwut ist eine äußerst gefährliche, auch den Menschen tödlich bedrohende Infektionskrankheit, die nach strengen tierseuchenrechtlichen Vorschriften bekämpft wird. Sie tritt in weiten Teilen der Bundesrepublik Deutschland regelmäßig auf. Die Seuche wird hauptsächlich durch Füchse verbreitet. Da Fuchs und Katze sich bei der Jagd auf Mäuse leicht ins Gehege kommen, sind Katzen besonders ansteckungsgefährdet. Sie sollten daher regelmäßig gegen Tollwut schutzgeimpft werden. Wird Tollwut festgestellt, so wird ein Tollwut- oder Wildtollwut gefährdeter Bezirk um den Seuchenherd herum gebildet und durch Hinweisschilder kenntlich gemacht. Dort darf man Katzen nicht frei umherlaufen lassen. Innerhalb geschlossener Ortschaften dürfen sich geimpfte Katzen allerdings frei bewegen. Hat eine ungeimpfte Katze Kontakt mit tollwutkranken oder -verdächtigen Tieren gehabt, so muß sie aus Sicherheitsgründen getötet werden; eine geimpfte darf unter amtsärztlicher Aufsicht eingesperrt werden und beobachtet werden, bis feststeht, daß sie nicht doch erkrankt. Bei Tollwutverdacht dürfen keine Heilversuche angestellt werden. Schon der Verdacht ist dem Amtstierarzt anzuzeigen. Ist ein Mensch durch eine verdächtige Katze verletzt worden, so wird sie in Quarantäne beobachtet. So kann am schnellsten der Verdacht geklärt werden, denn eine ausgebrochene Tollwuterkrankung führt bei der Katze in wenigen Tagen zum Tod und ist dann am ehesten im Labor nachzuweisen.

Katzenausstellungen müssen spätestens vier Wochen zuvor beim Kreistierarzt oder Ordnungsamt angezeigt werden. Alle zur Ausstellung kommenden Katzen müssen mindestens vier Wochen und höchstens zwölf Monate vorher gegen Tollwut geimpft sein. Unabhängig davon sollten Ausstellungskatzen auch gegen Katzenschnupfen und Katzenseuche geimpft sein, weil ein Zusammenkommen so vieler Tiere stets ein erhöhtes Ansteckungsrisiko bedeutet.

Die Katze auf Reisen

Viele Katzen werden heute mit in den Urlaub genommen. Sie reisen am besten in einem verschließbaren Katzenkorb. Das dient auch der Sicherheit im Auto. Selbstverständlich sollte man sich vor Reiseantritt erkundigen, ob man ins Hotel oder auf den Campingplatz eine Katze mitbringen darf. Im Flugzeug reisen Katzen in der Regel im Frachtraum, wo die gleichen Druck- und Temperaturbedingungen wie in der Passagierkabine herrschen.

Für Auslandsreisen müssen Katzen mindestens vier Wochen vor Reiseantritt und höchstens zwölf Monate vor der Rückkehr in die Bundesrepublik Deutschland gegen Tollwut geimpft sein. Das gleiche gilt für jede Einfuhr von Katzen aus dem Ausland. Für Reisen nach Dänemark, Österreich und in die Schweiz genügt die tierärztliche Impfbescheinigung im gelben Internationalen Impfpaß. Die Beneluxländer und Frankreich verlangen eine amtstierärztliche Bestätigung der Impfung; Spanien, Portugal, Italien, Jugoslawien, Griechenland und die Ostblockländer darüber hinaus eine aktuelle amtstierärztliche Gesundheits- und Seuchenfreiheitsbescheinigung. Nach Großbritannien, Irland, Schweden, Norwegen und Finnland kann man Katzen im Urlaub nicht mitnehmen; diese Länder gestatten die Einfuhr nur nach bis zu sechsmonatiger Quarantäne. Die DDR schreibt für die Einreise eine besondere amtstierärztliche Bescheinigung vor, die nicht älter als fünf Tage sein darf. Im Transitverkehr nach Berlin genügt stattdessen eine gültige amtstierärztlich durchgeführte oder beglaubigte Tollwutimpfung.

Kann oder soll die Katze nicht mitreisen, wird sie am besten bei Verwandten oder Bekannten untergebracht. Wenn das nicht möglich ist, sollte man rechtzeitig einen Platz in einem Tierheim oder einer Katzenpension reservieren, nachdem man sich davon überzeugt hat, daß das Tier dort gut aufgehoben ist. Wegen der dort unvermeidlichen Ansteckungsrisiken sollte die Katze spätestens vier Wochen zuvor voll geimpft sein.

Wohin mit der toten Katze?

Wer ein eigenes Grundstück besitzt, darf seine Katze dort begraben. Das Grab muß mindestens 80 cm tief sein und darf nicht an einem öffentlichen Weg liegen oder das Grundwasser gefährden. Wer diese Möglichkeit nicht hat oder nicht nutzen will, muß seine Katze bei einer Tierkörperbeseitigungsanstalt oder -sammelstelle abliefern oder — unter Umständen gegen Gebühr — von dort abholen lassen. Das Liegenlassen, Wegwerfen oder Verscharren toter Tiere in freier Natur ist jedenfalls aus seuchen- und umwelthygienischen Gründen verboten. Seuchenverdächtige tote Tiere müssen so aufbewahrt werden, daß sie für andere Tiere und fremde Personen nicht erreichbar sind. Eine verdächtige tote Katze wird am besten in einem fest verschlossenen Plastiksack aufbewahrt, der in einem geschlossenen Raum gelagert werden sollte. Bei Tollwutverdacht wird im allgemeinen eine amtliche Untersuchung und danach Beseitigung des Tierkörpers angeordnet. Für die Beseitigung herrenloser Tiere auf öffentlichen Straßen und Flächen muß die Gemeinde sorgen.

Da meint der Mensch, ein tolles Schild erhöhe die Karriere . . ., in feinen Katzenkreisen gilt nur Lebensart als Ehre.

Verzeichnis der Rassen

A
Abessinier 74
    Ruddy 74
    Sorrel 74
Amerikanisch Kurzhaar 52
    Abgeschwächtes Calico 52
    Bicolor 52
    Black Smoke 52
    Blau 52
    Blau-creme 52
    Blau Tabby 52
    Braun Tabby 52
    Calico 52
    Cameo Smoke 52
    Cameo Tabby 52
    Chinchilla 52
    Classic Tabby-Zeichnung 52
    Creme 52
    Creme Tabby 52
    Mackerel Tabby-Zeichnung 52
    Patched Tabby (Torbie) 52
    Rot 52
    Rot Tabby 52
    Schildpatt 52
    Schildpatt Smoke 52
    Schwarz 52
    Shaded Cameo 52
    Shell Cameo 52
    Silver Shaded 52
    Silver Tabby 52
    Van-Katzen Bicolor 52
    Van-Katzen Blue-cream 52
    Van-Katzen Calico 52
Amerikanisch Rauhhaar 78
Angora 38

B
Balinese 34
    Blue-creme-point 34
    Blue-point 34
    Chocolate-point 34
    Creme-point 34
    Lilac-creme-point 34
    Lilac-point 34
    Red-point 34
    Seal-point 34
    Tabby-(Lynx-)point 34
    Tortie-point 34
Bicolor Perser 20
Birmakatzen 34
    Blue-point 34
    Chocolate-point 34
    Lilac-point 34
    Seal-point 34
Blaucreme Perser 26
Blauer Perser 20
Blau Schildpatt- und -Weiß 48
Bombay 70
British Bicolor Kurzhaar 46
British Black 44
British Blue 46
British Cream 46
British Kurzhaar 44
British Kurzhaar Blau-Creme 48
British Kurzhaar Schildpatt 48
British Kurzhaar Schildpatt- und -Weiß 48
British Kurzhaar Tabby 50
    Blau Tabby 50
    Braun Tabby 50

Classic Tabby-Zeichnung 50
Creme Tabby 50
Mackerel Tabby-Zeichnung 50
Rot Tabby 50
Silver Tabby 50
Spotted Tabby-Zeichnung 50
British Smoke Kurzhaar 48
    Black Smoke 48
    Blue Smoke 48
British Tipped Shorthair 46
British White 44
Burma 68
    Blau 68
    Blau Tortie 68
    Braun 68
    Braun Tortie 68
    Chocolate 68
    Chocolae Tortie 68
    Creme 68
    Lilac 68
    Lilac Tortie 68
    Rot 68

C
Chartreuse 46
Chinchilla Perser 22
    Chinchilla 22
    Golden Chinchilla 24
    Silver Masked Perser 24
Chocolate Schildpatt Perser 28
    Chocolate Schildpatt 28
Colourpoint 32
    Blue-cream-point 32
    Blue-point 32
    Chocolate-point 32
    Cream-point 32
    Lilac-cream-point 32
    Lilac-point 32
    Red-(Flame-)point 32
    Seal-point 32
    Tabby-(Lynx-)point 32
    Tortie-point 32
Colourpoint Kurzhaar 60
    Blue-cream-point 60
    Blue Tabby-point 60
    Chocolate Tabby-point 60
    Chocolate Tortie-point 60
    Cream-point 60
    Cream Tabby-point 60
    Lilac-cream-point 60
    Lilac Tabby-point 60
    Red-point 60
    Red Tabby-point 60
    Seal Tabby-point 60
    Seal Tortie-point 60
    Torbie-point 60
Cornish Rex 76
Creme Perser 20
Cymric 40

D
Devon Rex 76

E
Egyptian Mau 66
    Bronze 68
    Pewter 68
    Silver 68
    Smoke 68

H
Havana Brown 62
Himalayan Hybrids 32

J
Japanese Bobtail 56

K
Kashmir 32
    Chocolate 32
    Lilac 32
Korat 72
Kurzhaarkatzen 43

L
Langhaarkatzen 17
Lilac-Creme Perser 28

M
Maine Coon 36
Manx 56

N
Norwegische Waldkatze 36

O
Ociat 66
    Dark Chestnut 66
    Light Chestnut 66
Oriental Cinnamon 62
Oriental Particolor 64
    Blue Tortie 64
    Brown Tortie 64
    Chestnut Tortie 64
    Lilac ream 66
Oriental Shaded 64
Oriental Smoke 64
Oriental Tabby 64
    Blue Tabby 66
    Brown Tabby 66
    Cameo Tabby 66
    Chocolate Tabby 66
    Cream Tabby 66
    Klassische Tabby-Zeichnung 66
    Lilac Tabby 66
    Mackerel Tabby-Zeichnung 66
    Red Tabby 66
    Silver Tabby 66
    Spotted Tabby-Zeichnung 66
    Ticked Tabby-Zeichnung 66
Oriental Tipped 64
Oriental Torbie 66
Orientalisch Blue 64
Orientalisch Cream 64
Orientalisch Ebony 64
Orientalisch Kurzhaar 54
Orientalisch Lilac 62
Orientalisch Red 64
Orientalisch Self Brown 62
Orientalisch White 64

P
Peke-Faced Perser 30
    Red 30
    Red Tabby 30
Perser 18

R
Ragdoll 30
    Bicolor 30
    Blue-point 30
    Chocolate-point 30
    Colourpoint 30
    Lilac-(Frost-)point 30
    Mitted 30
    Seal-point 30
Rex 76
Roter Perser 20
Russisch Blau 72

S
Schildpatt Perser 26
Schildpatt Weiß Perser 26
    Blau Schildpatt-Weiß 26
    Schildpatt-Weiß 26
Schwarzer Perser 18
Scottish Fold 54
Shaded Perser 24
    Golden Shaded 24
    Pewter 24
    Schildpatt Shaded 24
    Shaded Cameo 24
    Silver Shaded 24
Shell Cameo Perser 22
    Blau-Creme Particolor Cameo 24
    Cameo Tabby 24
    Shell Cameo 24
    Shell Schildpatt 24
Singapura 74
Smoke Perser 24
    Black Smoke 24
    Blue Smoke 24
    Cameo Smoke 24
    Schildpatt Smoke 26
Snowshoe 60
    Blue-point 60
    Seal-point 60
Somali 40
    Red 40
    Wildfarben 40
Sphync 78

T
Tabby Perser 28
    Blue 28
    Blue Tabby 28
    Brown 28
    Brown Tabby 28
    Cameo Tabby 28
    Classic Tabby-Zeichnung 28
    Creme Tabby 28
    Mackerel Tabby 28
    Patched Tabby (Torbie)-Zeichnung 28
    Silver 28
Tonkinese 70
Türkische Van-Katzen 38

V
Van-Perser 28
    Van Bicolor 28
    Van Blau-reme 28
    Van Calico 28

W
Weißer Perser 18

Weiterführende englische Literatur

Alcock, James *A Cat of Your Own*
  Sheldon Press, London 1980
Ashford & Pond *Rex, Abyssinian & Turkish*
  John Gifford Ltd, London 1972
Beadle, Muriel *The Cat History, Biology & Behaviour*
  William Collins, Sons & Co Ltd Glasgow
Burgess, Grace *Cats & Common Sense*
  Price Milburn, New Zealand 1973
Catac Publications *All About Shows & Showing*
  Catac Publications, Bedford, England 1979 (Reprint)
Dunhill, Mary *Siamese Cat Owners Encyclopaedia*
  Pelham Books Ltd, London 1978 (Reprint)
Epton, Nina *Cat Manners & Mysteries*
  Michael Joseph, London 1973
Faler, Kate *This is the Abyssinian Cat*
  TFH Publications Inc. N.J. USA 1981
Feline Advisory Bureau *Boarding Cattery Construction & Management*
  Feline Advisory Bureau 1979 (Reprint)
Fireman, Judy *Cat Catalog*
  Workman Publishing Co, New York, USA 1976
Greer, Milton *The Fabulous Feline*
  Dial Press, New York, USA 1961
Henderson & Coffey *Cats & Cat Care*
  David & Charles 1973
Joshua, Joan *Cat Owners Encyclopaedia Veterinary Medicine*
  TFH Publications Inc, N.J. USA 1979
Jude, A.C. *Cat Genetics*
  TFH Publications Inc, N.J. USA 1977 (Reprint)
Kirk, Hamilton *The Cat's Medical Dictionary*
  Routledge & Kegan Paul 1956
Lauder, P. *The Siamese Cat*
  B.T. Batsford Ltd, London 1978 (Reprint)
Linzey, Andrew *Animal Rights*
  SCM Press Ltd 1976
Lippman, M *Cat Training (How To Do Tricks!)*
  TFH Publications Inc, N.J. USA 1974
Loxton, Howard *Guide to the Cats of the World*
  Elsevier Phaidon, Oxford, England 1975
MacBeth & Booth *The Book of Cats*
  Secker & Warburg Ltd, London 1976
Manolson, Frank *C is for Cat*
  Pan Books Ltd, London 1979 (Reprint)
Manolson, Frank *My Cat's in Love*
  Pelham Books Ltd, London 1970
Manton, S.M. *Colourpoint, Longhair & Himalayan Cats*
  Ferendue Books 1979 (Reprint)
McCoy J.J. *Complete Book of Cat Health & Care*
  Herbert Jenkins Ltd, London 1969
McDonald Brearley, J. *All About Himalayan Cats*
  TFH Publications Inc, N.J. USA 1976
McGinnis, Terrie *The Well Cat Book*
  Wildwood House Ltd, London 1976
Meins & Floyd *Groom Your Cat*
  TFH Publications Inc, N.J. USA 1972
Mery, Fernand *The Life, History & Magic of the Cat*
  Paul Hamlyn, London 1967
Moyes, Penny *How To Talk To Your Cat*
  Arthur Barker Ltd, London 1979 (Reprint)
Naples, Marge *This Is The Siamese Cat*
  TFH Publications Inc, N.J. USA 1978 (Reprint)
Nelson Vera M. *Siamese Cat Book*
  TFH Publications Inc, N.J. USA 1976 (Reprint)
Pond, Grace *The Cat (The Breeds, the Care & the Training)*
  Orbis Publishing Ltd, London 1980 (Reprint)
Pond, Grace *Complete Cat Encyclopaedia*
  W H Heinemann, London 1979 (Repeat)
Pond, Grace *Observers Book of Cats*
  Frederick Warne (Publishers) Ltd 1979 (Reprint)
Pond, Grace *Pictorial Encyclopaedia of Cats*
  Purnell Books, Maidenhead, Berks, England 1980
Pond & Raleigh, G & I *Standard Guide to Cat Breeds*
  Macmillan London Ltd, London 1979
Pond & Sayer *Intelligent Cat*
  Davis-Poynter Ltd, London 1977
Ramsdale, J. *Persian Cats & Other Longhairs*
  TFH Publishing Inc, N.J. USA 1976 (Reprint)
Robinson, Roy *Genetics For Cat Breeders*
  Pergamon Press Ltd, Oxford, England 1978 (Reprint)
Sayer, Angela *Encyclopaedia of the Cat*
  Octopus Books Ltd, London 1979
Sheppard, K *The Treatment of Cats by Homoeopathy*
  Health Science Press, Holsworthy, Devon 1960
Silkstone Richards, Pocock, Swift & Watson *The Burmese Cat*
  B.T. Batsford Ltd, London 1979 (Reprint)
Silkstone Richards, D. *Pedigree Cat Breeding*
  B.T. Batsford Ltd, London 1977
Smythe, R.H. *Cat Psychology*
  TFH Publications Inc, N.J. USA
Soderberg, P.M. *A.B.C. Cat Diseases*
  TFH Publications Inc, N.J. USA 1967
Thies, Dagmar *Cat Breeding*
  TFH Publications Inc, N.J. USA 1980 (Reprint)
Thies, Dagmar *Cat Care*
  TFH Publications Inc, N.J. USA 1980 (Reprint)
T.V. Vet *Cats Their Health & Care*
  Farming Press Ltd, Suffolk, England 1977
Urcia, Ingeborg *All About Rex Cats*
  TFH Publications Inc, N.J. USA 1981
Urcia, Ingeborg *This is the Russian Blue*
  TFH Publications Inc, N.J. USA 1981
West, Geoffrey *All About Your Cat's Health*
  Pelham Books Ltd, London 1980
Williams, Kathleen *Siamese Cats* (Foyles Handbook)
  W & G Foyle Ltd, London 1980 (Reprint)
Wilson, Meredith D *Encyclopaedia of American Cat Breeds*
  TFH Publications Inc, N.J. USA 1978
Wolfgang, Harriet *Short Haired Cats*
  TFH Publications Inc, N.J. USA 1963
Wright & Walters, M & S *The Book of the Cat*
  Pan Books Ltd, London 1980
Zimmerman, Ruth *Abyssinians*
  TFH Publications Inc, N.J. USA 1980

Bildnachweis

Artists
Copyright of the artwork illustrations on the pages following the artists' names is the property of Salamander Books Ltd.

Colour artwork
John Francis (Linden Artists): Pages 10-79

Line artwork
John Francis (Linden Artists): 18-41, 44-79
Alan Hollingbery: 116, 128
Keller-Cross: 88, 90, 102, 109 (BL), 114
Gordon Riley: 117, 118
Clive Spong (Linden Artists): 89, 109 (T), 123, 125

Photographs:
The Publishers wish to thank the following photographers and agencies who have supplied photographs for this book. The photographs have been credited by page number and position on the page: (B) Bottom, (T) Top, (BL) Bottom left, etc.
Alice Su: 76(T), 134(B)
Animal Graphics: Title page, Copyright page, 16, 24, 26, 28, 46, 50, 74, 88(BL), 92, 94(B), 96(B), 97(TL, TR), 98(T), 102, 103(T), 104(B), 122, 123
Animal Photography Ltd: 80, 84, 86, 91(TR), 94(T)
Animals Unlimited: Half title page, 8, 20, 68, 70, 76(B), 126(T)
British Museum: 131
Catac: 88(BR), 89(B)
Creszentia: Contents page, 36, 38, 40, 42, 44, 54, 58, 60, 78, 130, 132(B), 133(B, TR), 134(T)
Anne Cumbers: Endpapers, 22, 48, 62, 72, 82, 83, 85, 87, 89(T), 90(T), 91(TL), 93, 95, 99, 104(T), 105, 112, 114(B), 120, 121, 124, 125, 126(B), 127, 128-9, 132(T), 133(TL), 135(L), 147(T)
Folkestone Herald: 133(BR)
Fox Photos Ltd: 101
Marc Henrie: 106-119, 135(R), 136, 138-146, 147(B)
Roger Hyde (© Salamander Books Ltd.): 100, 103(B)
Kentfield Taylor: 90(B)
Panther Photographic International: 96(T), 97(B), 98(B), 115(T)
Hugh Smith: 137
Verein Deutscher Katzenfreunde E.V., 2000 Hamburg 13, Seiten 153, 157, 158, 159

Author's Acknowledgment
Dorothy Richards would like to thank the Governing Council of the Cat Fancy (UK) and the Cat Fanciers' Association (USA) for granting permission for extracts from the show standards to be quoted; also the many people in the USA and Norway who sent in material on new breeds. A word of thanks to Miss Pat Turner, who answered awkward questions on genetics and a final thank you to June Brown and Debra Smith, who did much of the typing.

Publishers' Acknowledgment
The Publishers would like to thank the following individuals and organizations for their help in the preparation of this book: Elizabeth Pegg of the Royal Veterinary College, London, for advice on cat parasites; Grace Pond for help wiht the showing section; Maureen Cartwright for copy-editing and proof-reading: David Lambert for sub-editing; Stuart Craik for preparing the index.

Weiterführende deutsche Literatur aus der Sachbuchreihe »deine katze«

Anneliese Donay-Weber	Russisch-Blau-Katzen	Carola Ruff	Colourpointkatzen
Anneliese Donay-Weber	Siamkatzen	Carola Ruff	Europäische Kurzhaarkatzen
Gideon Gautschi	Türkische Van-Katzen	Carola Ruff	Perserkatzen
Anneliese Hackmann	Birmakatzen	Barbara Simon	Maine-Coon-Katzen
Egon Nieser	Hauskatzen	Edeltraud Voigt	Abessinierkatzen
Silke Offschinski	Somalikatzen	Siegfried und Inge Wöllner	Rexkatzen

Die braunrote, im Wesen sanft und zärtliche Abessinier-Katze ist eine der wenigen Kurzhaar-Rassekatzen, die keine Siam-Katze als Ahnvater hat.

Uns entgeht nichts, was da draußen passiert. Und wenn uns etwas wirklich lockt, dann sind wir auch gleich zur Stelle.

Von links nach rechts: Eine langhaarige, majestätisch anmutende Birma-Katze, die zum ersten Mal in Frankreich gezüchtet wurde. Eine Colourpoint/ Khmer — sie entstand 1930 in den USA aus einer Kreuzung zwischen Siam- und Perserkatzen. Eine Perser-Katze, die zu den bekanntesten Rassekatzen gehört. Sie weist viele Farbvariationen auf.

Diese Birma-Kätzchen langweilen sich nie. Wo sie auch sind, sie entdecken eigentlich immer etwas, womit sie sich beschäftigen können.

Wer kommandiert und gern befiehlt, ist nie mein Freund gewesen. Ich mag nur den, der fröhlich spielt — wie alle Siamesen.

Bücher für Katzenfreunde:
Die Reihe »Deine Katze«

Zwölf Bände umfaßt die Reihe »Deine Katze«, in der bekannte und beliebte Katzenrassen beschrieben werden. Die Bände enthalten in kurzgefaßter, leicht verständlicher Form alles Wissenswerte über Katzen: Herkunft, Gestalt und Rassestandard, Hinweise für die Haltung, Pflege- und Ernährungstips, Ratschläge für die Aufzucht von Jungtieren, Tips für Ausstellungen und vieles mehr. Auf alle Fragen zu diesen Themen geben die Autoren – zumeist erfahrene Züchter – ausführlich Antwort und machen so diese Reihe zu einem wertvollen Ratgeber sowohl für »Anfänger« als auch für »fortgeschrittene« Katzenliebhaber. Jeder Band umfaßt 64 Seiten mit zahlreichen farbigen Abbildungen. Kartoniert je 15,80 DM. Zu beziehen durch Buchhandlungen und Fachgeschäfte.

Abessinierkatzen von Edeltraut Voigt
Birmakatzen von Anneliese Hackmann
Colourpointkatzen von Carola Ruff
Europäisch Kurzhaarkatzen von Carola Ruff
Hauskatzen von Egon Nieser
Maine-Coon-Katzen von Barbara Simon
Perserkatzen von Carola Ruff

Rexkatzen von Siegfried und Inge Wöllner
Russisch-Blau-Katzen von Anneliese Donay-Weber
Siamkatzen von Anneliese Donay-Weber
Somalikatzen von Silke Offschinski
Türkische Van-Katzen von Gideon Gautschi

Verlag Paul Parey · Hamburg und Berlin

PAUL PAREY